AF549741

DIE SUCHE NACH WIRKLICHKEIT UND BEDEUTUNG 2

WAS KÖNNEN WIR WISSEN?

KÖNNEN WIR WISSEN, WAS WIR UNBEDINGT WISSEN MÜSSEN?

DAVID GOODING
JOHN LENNOX

David Gooding | John Lennox
WAS IST DER MENSCH?
Würde, Möglichkeiten, Freiheit und Bestimmung

Best.-Nr. 271 698
ISBN 978-3-86353-698-5
Christliche Verlagsgesellschaft Dillenburg

Titel des englischen Originals:
Questioning Our Knowledge:
Can we Know What we Need to Know?
Book 3, The Quest for Reality and Significance

Wenn nicht anders angegeben, wurde folgende Bibelübersetzung verwendet:
Elberfelder Bibel 2006, © 2006 by SCM R. Brockhaus in der
SCM Verlagsgruppe GmbH Witten/Holzgerlingen. (ELB)

1. Auflage

www.cv-dillenburg.de

Übersetzung: Christiane Henrich
Satz und Umschlaggestaltung:
Christliche Verlagsgesellschaft Dillenburg
Umschlagmotiv: © Myrtlefield Trust/Frank Gutbrod

Druck: GGP Media GmbH, Pößneck
Printed in Germany

UNSEREN JÜNGEREN
KOMMILITONEN GEWIDMET,
IN DER ERINNERUNG,
DASS WIR SELBST
EINST STUDENTEN WAREN
UND IMMER NOCH SIND.

INHALTSVERZEICHNIS

ABBILDUNGEN

WOZU DIESES BUCH LESEN?

„Ich habe schon hunderte Gehirne seziert und dabei noch nie einen Gedanken gefunden!“, soll ein berühmter Neurochirurg gesagt haben.

Haben Sie sich schon einmal gefragt, …

… warum feuernde Neuronen in unserem Gehirn einen Gedanken produzieren können, der die Struktur des ganzen Universums beschreiben kann?

… warum unsere Gedanken offenbar die uns umgebende Wirklichkeit so gut beschreiben können, dass wir es schaffen konnten, bis zum Mond zu fliegen?

… wie wir unsere Umwelt wahrnehmen und warum verschiedene Personen manchmal zu völlig unterschiedlichen Ergebnissen kommen können?

… warum wir manchmal entdecken, dass wir falsch gedacht haben?

… wie die Wirklichkeit da draußen und unser Erleben da drinnen zusammenpassen?

Wenn Sie diese Fragen langweilig oder trivial finden, so rate ich Ihnen ab, dieses Buch zu lesen!

Wenn Sie mir hingegen zustimmen, dass diese Fragen zu den spannendsten und grundlegendsten Fragen der menschlichen Existenz gehören, dann wird Ihnen dieses Buch eine exzellente Landkarte auf dem komplexen Weg durch das Labyrinth der Epistemologie sein, also der Lehre davon, was und wie wir wissen können.

Es gibt wohl kein schwierigeres Thema als zu erforschen, warum wir etwas erforschen können; darüber nachzudenken, wie wir nachdenken, um wissen zu können, was wir überhaupt wissen können. Deswegen wird dieser Weg auch kein leichter sein.

Aber das Wunderbare ist: Wir sind nicht die Ersten, die diese Fragen stellen, sondern viele schlaue Köpfe haben sich darüber schon den Kopf zerbrochen und sind zu unterschiedlichen Antworten gekommen.

Dieses Buch zeigt wie eine Landkarte die unterschiedlichen Kontinente des Wissens und auf welchem Untergrund sie schwimmen, was jeweils ihre zugrundliegenden Denkvoraussetzungen und Konsequenzen sind.

Ist unser Wissen immer nur ein glücklicher Zufallstreffer? Können wir à la Sokrates nur wissen, dass wir nichts wissen – oder nicht einmal das? Oder können wir mit unserem kleinen Gehirn doch die Prinzipien des ganzen

Universums verstehen und nutzbar machen? Ist das Unbegreiflichste am Universum, dass wir es begreifen können, wie Einstein sagte? Aber warum?

Welche Weltanschauungen und Denkmodelle geben uns ein angemessenes Fundament, das unsere Erfahrung vom Wissen der Wirklichkeit am besten beschreibt?

Wenn das Universum nur Materie ist, so feuern unsere Gehirn-Neuronen per Zufall und Notwendigkeit. Wenn sich das Universum einem unendlichen personalen Geist verdankt, der unseren Geist nach seinem eigenen Modell gemacht hat, so können wir durchaus davon ausgehen, dass wir Gottes Gedanken in der Wirklichkeit nachdenken können …

Viel Freude und Gewinn beim Lesen dieses Buches!

Dr. Alexander Fink
Institut für Glaube und Wissenschaft, www.iguw.de

ZUR DEUTSCHEN AUSGABE

Liebe Leser,

mit *Was können wir wissen?* liegt nun der zweite Band der im Deutschen vierbändigen Buchreihe von David Gooding[1] und John Lennox zu den großen, existenziellen Fragen der Menschheit vor.

Die Frage nach Wissen und Wahrheit ist heute wieder neu aktuell geworden. Angesichts von Fake News, alternativen Fakten usw. ist eine große Unsicherheit auf breiter Ebene entstanden. Verstärkt wird dies durch neue technische Möglichkeiten, besonders im Bereich der Sozialen Medien wie z. B. Twitter. Aber bei aller neuen Technik sind die Grundfragen doch gleich geblieben: Was ist wirklich wahr? Welches Wissen gilt? Was kann man überhaupt genau wissen? Gut also, das Thema einmal grundsätzlich und gründlich zu behandeln.

Wer das tun will, kommt um den Bereich der *Erkenntnistheorie* nicht herum – eine der Grunddisziplinen der theoretischen Philosophie. Erkenntnistheorie zu betreiben heißt, über das Denken selbst nachzudenken: Welche Möglichkeiten hat die menschliche Vernunft, und was sind ihre Grenzen?

Ein abstraktes, theoretisches Thema also – und damit ist dieses Buch eine echte Herausforderung für den heutigen Leser. Jedoch lohnt sich die Lektüre, denn hier bieten die beiden Autoren eine qualifizierte und zuverlässige Zusammenfassung von komplexen Themengebieten an:

Skeptizismus, von der Antike beginnend; die unterschiedlichen Wahrnehmungstheorien; die verschiedenen Konzepte von Idealismus und Realismus, subjektives und objektives Wissen, Rationalismus und Empirismus, Vernunft und Glaube; unterschiedliche Wahrheitstheorien; postmodernes Denken, und hier besonders der französische Dekonstruktivismus und der amerikanische Pragmatismus.

Zu diesen großen Themen untersuchen die Autoren die Lehren der wichtigsten Philosophen: Aristoteles, John Locke, David Hume, Immanuel Kant, W. F. Hegel, Jaques Derrida und Richard Rorty u. a.

---

1 Verstorben im August 2019

Gerade die Kapitel über Kant und Derrida sind inhaltlich sehr herausfordernd.[2] Aber wer sich darauf einlässt, findet hier einen kompetenten Überblick über den Rahmen der großen erkenntnistheoretischen Debatten, die wir heute im Bereich Kultur, Wissenschaft und Politik führen. Wer diese Hintergründe kennt und beurteilen kann, findet sich in den verwirrenden aktuellen Diskussionen um Wahrheit und Wissen viel besser zurecht.

Dabei schlagen die Autoren auch immer eine Brücke zum christlichen Denken, denn Ziel der gesamten Reihe ist ja ein Vergleich der unterschiedlichen Weltanschauungen. Interessant ist dabei, dass dies auch wichtige Themen der Bibel sind und dass gerade die Wahrheitsfrage ein Kernthema für das Leben und Wirken von Jesus Christus war.

Der Verlag, im August 2020

2 Vielleicht hilft es hier, wenn man die sehr abstrakten Abschnitte zunächst einmal relativ schnell liest, ohne zu versuchen, jede Einzelheit gleich zu verstehen oder zu behalten. Später kann man dann bestimmte Punkte vertiefen. Bitte beachten Sie, dass wir bei den Kant-Zitaten die Rechtschreibung und Schreibweise der deutschen Meiner-Ausgabe beibehalten haben.

VORWORT ZUR SERIE

Viele Studenten haben ein Problem – viele Probleme sogar, aber eines ganz besonders: Ihre Kindheit ist vorbei, das Erwachsenenleben beginnt, und nun müssen sie sich einer Flut von Veränderungen stellen, die die Unabhängigkeit des Erwachsenseins mit sich bringt. Das kann spannend sein, ist manchmal aber auch beängstigend: Plötzlich muss man auf eigenen Füßen stehen und selbst entscheiden, wie man leben möchte, welche Berufslaufbahn man einschlagen will, welche Ziele man verfolgen und welche Werte und Prinzipien man sich zu eigen machen will.

Wie trifft man solche Entscheidungen? Zunächst einmal durch reichlich Nachdenken. Mit der Zeit werden wachsendes Wissen und Erfahrungen einem diese Entscheidungen leichter machen. Aber vernachlässigt man diese grundlegenden Entscheidungen zu lange, besteht die Gefahr, dass man sich einfach durchs Leben treiben lässt. Schnell vernachlässigt man dabei den charakterformenden Prozess, die eigene Weltsicht zu durchdenken. Denn genau das brauchen wir: Einen in sich stimmigen Rahmen, der dem Leben eine echte Perspektive und überzeugende Werte und Ziele gibt. Eine solche Weltsicht zu gestalten – besonders zu Zeiten, in denen die traditionellen Vorstellungen und Werte der Gesellschaft radikal infrage gestellt werden –, kann eine gewaltige Aufgabe für jeden sein, nicht zuletzt auch für Studenten. Schließlich bestehen Weltanschauungen normalerweise aus vielen Elementen, die unter anderem aus Wissenschaft, Philosophie, Literatur, Geschichte und Religion stammen. Und man kann von keinem Studenten erwarten, schon in einem dieser Bereiche ein Experte zu sein, geschweige denn in allen Bereichen (aber wer von uns ist das schon?).

Dabei müssen wir nicht auf die gesammelte Weisheit der späteren Lebensjahre warten, um zu erkennen, was die großen Themen des Lebens sind. Denn wenn wir erst einmal begriffen haben, was wirklich wichtig ist, wird es umso einfacher sein, fundierte und weise Entscheidungen jeder Art zu treffen. Als Beitrag dazu haben die Autoren diese Buchserie geschrieben, insbesondere für jüngere Menschen, die sich mit diesen Themen auseinandersetzen wollen. Dabei steht jedes Buch dieser Serie für sich, liefert gleichzeitig aber einen Beitrag zum umfassenden Bild des Gesamtprojektes.

Daher werden wir jeweils am Anfang die Themen in einer umfassenden Einleitung darlegen. Hier geben wir einen Überblick über die grundlegenden Fragen, die wir stellen müssen, über die wichtigsten Standpunkte, die wir kennen sollten, und warum die Bedeutung und das Wesen der letzten Wirklichkeit für jeden von uns wichtig sind. Denn es ist unvermeidbar, dass sich jeder von uns irgendwann und auf irgendeine Weise mit den grundlegenden Fragen unserer Existenz auseinandersetzt. Ist unser Dasein hier gewollt oder sind wir nur zufällig hier? In welchem Sinn – wenn es ihn denn gibt – sind wir wichtig, oder sind wir einfach winzige Staubkörnchen, die eine bedeutungslose Ecke des Universums bevölkern? Liegt in all dem ein Sinn? Und wenn unser Dasein wirklich wichtig ist, wo können wir verlässliche Antworten auf diese Fragen finden?

In Buch 1, *Was ist der Mensch?*, betrachten wir Fragen rund um die Bedeutung des Menschen. Wir werden nicht nur über die Freiheit des Menschen nachdenken und wie diese oft auf gefährliche Weise abgewertet wird, sondern werden auch das Wesen und die Grundlage der Moral betrachten und dabei die Gemeinsamkeiten und Unterschiede verschiedener Moralvorstellungen untersuchen. Denn jede Interpretation der Freiheit, für die Menschen sich entscheiden, wirft Fragen nach der Macht auf, die wir über andere Menschen und auch über die Natur ausüben, manchmal mit katastrophalen Folgen. Was sollte uns leiten, wenn wir Macht ausüben? Was – wenn überhaupt etwas – sollte unseren Entscheidungen Grenzen setzen? Und in welchem Maß können diese Einschränkungen uns davon abhalten, unser volles Potenzial zu entfalten und unsere Bestimmung zu verwirklichen?

Die Gegebenheiten dieser Fragen führen uns zu einem weiteren Problem. Auch wenn wir uns für eine Weltanschauung entschieden haben, ist es nun einmal nicht so, dass sich das Leben dann automatisch vor uns entfaltet und wir keine weiteren Entscheidungen mehr zu treffen haben. Ganz im Gegenteil: Von Kindheit an werden wir immer mehr mit der praktischen Notwendigkeit konfrontiert, ethische Entscheidungen zu treffen, über Richtig und Falsch, Gerechtigkeit und Unrecht, Wahrheit und Lüge. Solche Entscheidungen beeinflussen nicht nur unsere individuellen Beziehungen zu den Menschen in unserer direkten Umgebung: Wir alle tragen unseren Teil dazu bei, den sozialen und moralischen Grundton einer Nation und sogar der ganzen Welt mitzuprägen. Wir brauchen daher jede mögliche Hilfe, um zu lernen, wie man wahrhaft ethische Entscheidungen trifft.

Aber alles Nachdenken über Ethik bringt uns unweigerlich zu der Frage, was die letzte Autorität hinter der Ethik ist. Wer oder was besitzt die Autorität, uns zu sagen: „Du solltest dies tun“ oder „Du solltest dies nicht tun“? Wenn wir keine befriedigende Antwort auf diese Frage haben, fehlt unserer Vorstellung von Ethik eine ausreichend tragfähige und gültige Grundlage.

Letztendlich führt uns die Antwort darauf unweigerlich zu einer weiter reichenden philosophischen Frage: In welchem Verhältnis stehen wir zum Universum, dessen Teil wir sind? Was ist das Wesen der letzten Wirklichkeit? Gibt es einen Schöpfer, der uns geschaffen hat? Der uns mit einem moralischen Bewusstsein versehen hat und der von uns erwartet, nach seinen Gesetzen zu leben? Oder ist der Mensch das Produkt geistloser, amoralischer Kräfte, die sich nicht um Ethik scheren? Dann ist es der Menschheit selbst überlassen, ihre eigenen ethischen Regeln zu schaffen, so gut sie kann. Dann muss sie versuchen, einen größtmöglichen Konsens dafür zu erhalten, entweder durch Überzeugungsarbeit oder – leider – sogar durch Gewalt.

Wir werden dieses Thema im vierten Buch unter der Überschrift *Was ist Wirklichkeit?* abschließend besprechen. Dort werden wir die Sichtweisen und Glaubensüberzeugungen aus unterschiedlichen Teilen der Welt und aus verschiedenen Jahrhunderten vergleichen: die indische Philosophie des Shankara, die Natur- und Moralphilosophie der alten Griechen mit einem Beispiel aus der griechischen Mystik, den modernen Atheismus und Naturalismus und schließlich den christlichen Theismus.

Die Auseinandersetzung mit unterschiedlichen Sichtweisen wirft weitere Fragen auf: Wie können wir wissen, welche von ihnen wahr ist – wenn überhaupt eine wahr ist? Und was ist überhaupt Wahrheit? Gibt es überhaupt so etwas wie eine absolute Wahrheit? Und woran können wir diese erkennen, wenn wir auf sie stoßen? Daraus ergibt sich eine grundlegende Frage, die nicht nur unsere wissenschaftlichen und philosophischen Theorien beeinflusst, sondern auch unsere alltäglichen Erfahrungen: Wie können wir überhaupt irgendetwas wissen?

Den Teil der Philosophie, der sich mit diesen Fragen auseinandersetzt, nennt man Erkenntnistheorie, und diesem Thema widmen wir uns im vorliegenden Buch 2, *Was können wir wissen?*. Hier beschäftigen wir uns besonders mit einer Theorie, die in jüngerer Zeit sehr populär geworden ist: dem Postmodernen Denken. Damit werden wir uns intensiv auseinandersetzen, denn wenn diese Denkrichtung wahr wäre (und wir denken, sie ist es nicht), würde dies nicht nur ernsthafte Auswirkungen auf die Ethik haben, sondern auch die Wissenschaft und die Interpretation von Literatur beeinträchtigen.

Wenn wir grundlegende ethische Prinzipien beurteilen wollen, die allgemein befolgt werden sollten, sollten wir beachten, dass wir nicht die erste Generation sind, die über diese Frage nachdenkt. Daher stellt Buch 3, *Was sollen wir tun?*, eine Auswahl von namhaften ethischen Theorien vor, damit wir von solchen Einsichten profitieren können, die von bleibendem Wert sind. Gleichzeitig wollen wir herausfinden, wo eventuell ihre Schwächen oder sogar Irrtümer liegen.

Aber jede ernsthafte Untersuchung des ethischen Verhaltens der Menschheit wird letztendlich ein weiteres praktisches Problem aufwerfen: Wie Aristoteles vor langer Zeit bemerkte, kann uns die Ethik zwar sagen, was wir tun sollten, aber sie gibt uns selbst nicht die Kraft, die wir brauchen, um es auch wirklich zu tun. Es ist eine unbestreitbare Tatsache, dass es uns oft nicht gelingt, die Dinge zu tun, die richtig sind, obwohl wir wissen, dass sie aus ethischer Sicht richtig sind und es unsere Pflicht wäre, sie zu tun. Andererseits tun wir oft auch Dinge, von denen wir wissen, dass sie falsch sind und wir sie eigentlich nicht tun sollten. Warum ist das so? Wenn wir auf dieses Problem keine Antwort finden, wird sich die Ethiktheorie – wie auch immer diese aussehen mag – letztlich als unwirksam erweisen, weil sie nicht praktikabel ist.

Daher empfinden wir es als unzureichend, Ethik einfach nur als Philosophie zu behandeln, die uns sagt, welche ethischen Maßstäbe wir im Leben anstreben sollten. Unser menschliches Dilemma ist, dass wir Dinge tun, obwohl wir wissen, dass sie falsch sind. Wie können wir diese universale Schwäche überwinden?

Jesus Christus, dessen Betonung der ethischen Lehre unverkennbar und in mancher Hinsicht beispiellos ist, beharrte darauf, dass ethische Unterweisung unwirksam bliebe, wenn nicht zuvor eine geistliche Neugeburt stattgefunden habe (siehe Joh 3). Aber das führt uns auf das Gebiet der Religion, welches viele Menschen als schwierig empfinden. Welches Recht hat die Religion, über Ethik zu sprechen, sagen sie, wenn Religion doch die Ursache so vieler Kriege gewesen ist und noch immer zu so viel Gewalt führt? Dasselbe trifft jedoch auch auf politische Philosophien zu – was uns ja auch nicht davon abhält, über Politik nachzudenken.

Dann wiederum gibt es viele Religionen, und sie alle behaupten, ihren Anhängern beim Erfüllen ihrer ethischen Pflichten helfen zu können. Wie können wir wissen, ob sie wahr sind und uns wirkliche Hoffnung geben können? Es hat den Anschein, dass man eine Religion erst praktizieren und persönlich erfahren muss, bevor man wissen kann, ob die von der Religion angebotene Hilfe wirklich ist oder nicht. Wir, die Autoren dieses Buches, sind Christen und würden es als anmaßend betrachten, wenn wir die Bedeutung anderer Religionen für ihre Anhänger beschreiben würden. Daher beschränken wir uns im Abschnitt *Antworten einfordern* in Buch 4 darauf, darzulegen, warum wir die Behauptungen der christlichen Botschaft für gültig halten und die Hoffnung, die sie verspricht, für wirklich.

Wenn man über Gott spricht, stößt man dabei jedoch auf ein offensichtliches und sehr schwerwiegendes Problem: Wie kann es einen Gott geben, dem Gerechtigkeit wichtig ist, wenn er anscheinend nicht versucht, der Ungerechtigkeit ein Ende zu setzen, die unsere Welt zerstört? Und wie kann man an einen allliebenden, allmächtigen und allwissenden Schöpfer glauben, wenn so viele Menschen so viel Leid ertragen müssen, das ihnen nicht nur durch die Grausamkeit des Menschen, sondern auch durch Naturkatastrophen und Krankheiten zugefügt wird? Dies sind gewiss schwerwiegende Fragen. Es ist das Ziel des Abschnitts *Den Schmerz des Lebens ertragen* in Buch 4, diese Schwierigkeiten zu diskutieren und mögliche Lösungen zu betrachten.[3]

Am Ende bleibt nun nur noch der Hinweis, dass die Teile dieses Buches durch Fragen ergänzt werden, die sowohl beim Verständnis des Themas helfen sollen als auch eine breite Diskussion und Debatte anregen wollen.

DAVID GOODING
JOHN LENNOX

3 Im Gegensatz zur englischen Ausgabe, die sechs Bände umfasst, ist die deutsche Ausgabe auf vier Bände konzipiert. Dieser Band 2 ist im Original Band 3. Die deutsche Ausgabe fasst die Bände 5, 6 und 2 der englischen Ausgabe (in dieser Reihenfolge) ungekürzt in Band 4 *Was dürfen wir hoffen?* zusammen.

KAPITELÜBERSICHT

EINFÜHRUNG IN DIE SERIE

Unsere Weltanschauung ... umfasst all unsere Ansichten – ob nun schlecht oder gut durchdacht, richtig oder falsch – über die schweren, aber faszinierenden Fragen zu unserer Existenz und dem Leben:

Wie erkläre ich mir das Universum?
Wo liegt sein Ursprung?
Wer bin ich?
Wo komme ich her?
Wie kann ich Dinge wissen?
Hat mein Leben irgendeine Bedeutung?
Habe ich irgendwelche Pflichten?

EINE WELTANSCHAUUNG ENTWICKELN FÜR EIN LEBEN VOLLER MÖGLICHKEITEN

In dieser Einleitung werden wir uns mit der Notwendigkeit jedes Menschen befassen, eine eigene Weltanschauung zu entwickeln. Wir werden diskutieren, was eine Weltanschauung ist und warum es wichtig ist, eine zu bilden, und wir werden die Frage stellen, auf welche Stimmen wir dabei hören müssen.

Wenn wir anfangen, darüber nachzudenken, wie wir die Welt sehen, werden wir auch prüfen, ob wir überhaupt die letzte Wahrheit über die Wirklichkeit wissen können. So wird uns jedes der Themen in dieser Serie zurück zu folgenden beiden zusammenhängenden Fragen führen: Was ist real? Und warum ist es von Bedeutung, ob wir wissen, was real ist? Daher werden wir am Ende dieser Einleitung fragen, was wir mit „Realität" meinen und was das Wesen der letzten Realität ist.[1]

WARUM WIR EINE WELTANSCHAUUNG BRAUCHEN

In unserer modernen Welt gibt es die Tendenz, sich immer mehr zu spezialisieren. Die große Vermehrung des Wissens im vergangenen Jahrhundert hat zur Folge, dass wir nur dann mit der immer größer werdenden Flut von neuen Entdeckungen Schritt halten und deren Bedeutung erfassen können, wenn wir uns auf das eine oder andere Thema spezialisieren. In gewisser Hinsicht ist dies zu begrüßen, denn es ist das Ergebnis von etwas, das schon an sich eines der Wunder unserer modernen Welt ist: der fantastische Fortschritt in den Bereichen Wissenschaft und Technik.

---

1 Bitte beachten Sie, dass diese Einleitung in jedem Buch der Serie dieselbe ist, mit Ausnahme des letzten Abschnitts (Unser Ziel).

Dabei müssen wir uns jedoch auch daran erinnern, dass wahre Bildung ein größeres Ziel als das im Blick hat. Wenn wir beispielsweise den Fortschritt in unserer modernen Welt verstehen wollen, müssen wir ihn vor dem Hintergrund der Traditionen betrachten, die wir aus der Vergangenheit geerbt haben. Dafür brauchen wir ein gutes Geschichtsverständnis.

Manchmal vergessen wir, dass schon die antiken Philosophen sich mit den grundlegenden philosophischen Prinzipien auseinandergesetzt haben, die jeder Wissenschaft zugrunde liegen und uns Antworten geliefert haben, von denen wir noch immer profitieren können. Wenn wir dies vergessen, investieren wir vielleicht viel Zeit und Mühe darin, dieselben Probleme zu durchdenken, und doch sind vielleicht die Antworten, die wir finden, nicht so gut wie die der antiken Philosophen.

Außerdem besteht die Rolle der Bildung sicher darin zu versuchen zu verstehen, wie all die verschiedenen Wissens- und Erfahrungsbereiche im Leben zusammenpassen. Um ein großes Gemälde zu verstehen, muss man das Bild als Ganzes betrachten und den Zusammenhang all seiner Details begreifen, statt sich nur auf eines seiner Bestandteile zu konzentrieren.

Auch wenn wir zu Recht auf der Objektivität der Wissenschaft bestehen, dürfen wir nicht vergessen, dass wir es sind, die Wissenschaft betreiben. Und daher müssen wir früher oder später die Frage stellen, wie wir uns selbst in das Universum einordnen, das wir untersuchen. Dabei dürfen wir uns beim Studium nicht so sehr in die materielle Welt und ihre Technologien vertiefen, dass wir unsere Mitmenschen vernachlässigen; denn wie wir später noch sehen werden, sind sie wichtiger als der gesamte Rest des Universums.[2] Das Erforschen von uns selbst und unseren Mitmenschen erfordert natürlich mehr als naturwissenschaftliche Kenntnisse. Dazu gehören auch die Bereiche Philosophie, Soziologie, Literatur, Kunst, Musik, Geschichte und einiges mehr.

Aus pädagogischer Sicht sind daher die Wechselwirkungen und die Einheit allen Wissens wichtig und spannende Themen. Wie kann man zum Beispiel wissen, was eine Rose ist? *Was ist die Wahrheit über eine Rose?*

Um diese Frage angemessen zu beantworten, sollten wir eine ganze Reihe von Personen konsultieren. Als Erstes die Naturwissenschaftler. Wir beginnen mit den *Botanikern*, die ständig Listen mit allen bekannten Pflanzen und Blumen der Welt zusammenstellen und überarbeiten und diese dann nach Familien und Gruppen klassifizieren. Sie helfen uns, unsere Rose

2 Besonders im ersten Buch dieser Serie, *Was ist der Mensch?*

wertzuschätzen, indem sie uns sagen, zu welcher Familie sie gehört und was ihre Unterscheidungsmerkmale sind.

Als Nächstes werden wir von den *Pflanzenzüchtern* und *Gärtnern* erfahren, was die Geschichte unsere Rose ist, wie sie aus anderen Arten gezüchtet wurde und unter welchen Bedingungen ihre Sorte am besten gedeihen kann.

BILD I.1. ***Eine Rose***
In William Shakespeares Stück *Romeo und Julia* spielt die Angebetete die Bedeutung der Tatsache herunter, dass ihr Geliebter aus dem rivalisierenden Haus Montague stammt, indem sie die Schönheit einer der bekanntesten und beliebtesten Blumen der Welt beschwört: „Was ist ein Name? Was uns Rose heißt, wie es auch hieße, würde lieblich duften."[3]

© unsplash.com/Ivan Jevtic

Dann würden uns die *Chemiker, Biochemiker, Biologen* und *Genetiker* etwas von den chemischen und biochemischen Bestandteilen unserer Rose und der verblüffenden Komplexität ihrer Zellen erzählen: von diesen mikrominiaturisierten Fabriken und ihren Mechanismen, die komplizierter sind als alle, die von Menschen gebaut werden, und dabei doch so klein sind, dass wir hoch spezialisierte Ausrüstung benötigen, um sie zu sehen. Sie werden uns etwas über die riesige codierte Datenbasis genetischer Informationen erzählen, mit denen die Zellfabriken die Bausteine der Rose produzieren. Sie werden neben einer Menge anderer Dinge den Prozess beschreiben, durch den die Rose lebt: wie sie durch Photosynthese die Energie des Sonnenlichts in Zucker umwandelt und durch welche Mechanismen sie bestäubt wird und sich verbreitet.

Danach werden uns die *Physiker* und *Kosmologen* sagen, dass die chemischen Bestandteile unserer Rose aus Atomen bestehen, die sich wiederum aus verschiedenen Partikeln wie Elektronen, Protonen und Neutronen

3 http://www.zeno.org/Literatur/M/Shakespeare,+William/Tragödien/Romeo+und+Julia/Zweiter+Aufzug/Zweite+Szene

zusammensetzen. Sie werden darlegen, woher das Grundmaterial des Universums stammt und wie es gebildet wurde. Wenn wir fragen, wie solches Wissen zu unserem Verständnis von Rosen beitragen kann, würden die Kosmologen vielleicht darauf hinweisen, dass die Erde der einzige Planet in unserem Sonnensystem ist, auf dem Rosen wachsen können! Nicht nur in dieser Hinsicht ist unser Planet sehr besonders – und das ist sicherlich etwas, über das man staunen kann.

Aber wenn uns die Botaniker, Pflanzenzüchter, Gärtner, Chemiker, Biochemiker, Physiker und Kosmologen alles erzählt haben, was sie wissen – und damit könnte man viele Bände füllen –, würden viele von uns immer noch das Gefühl haben, dass sie gerade erst begonnen haben, uns die Wahrheit über Rosen zu sagen. In der Tat haben sie uns nicht erklärt, was für die meisten von uns wohl das Wichtigste an einer Rose ist: die Schönheit ihrer Form, ihrer Farbe und ihres Duftes.

Denn eines ist dabei ganz wichtig: Wissenschaftler können zwar die verblüffende Komplexität der Mechanismen erklären, die hinter unserem Seh- und Geruchssinn liegen und es uns ermöglichen, die Rosen zu sehen und ihren Geruch wahrzunehmen. Aber wir müssen keinen Wissenschaftler fragen, ob wir Rosen als schön erachten sollen oder nicht: Das können wir selbst sehen und riechen! Wir nehmen dies *intuitiv* wahr. Wir schauen die Rose einfach an und können sofort sehen, dass sie schön ist. Wir brauchen niemanden, der uns sagt, dass sie schön ist. Wenn irgendjemand so töricht wäre und behaupten würde, Schönheit existiere nicht, weil die Wissenschaft Schönheit nicht messen könne, würden wir einfach sagen: „Sei nicht albern."

Aber die Wahrnehmung von Schönheit beruht nicht allein auf unserer eigenen Intuition. Wir könnten auch die *Künstler* fragen. Mit ihrem hoch entwickelten Sinn für Farbe, Licht und Form werden sie uns helfen, in der Rose eine Tiefe und Intensität von Schönheit wahrzunehmen, die uns ansonsten entgehen würde. Sie können unsere Augen schulen.

Und es gibt die *Dichter*. Mit ihren ausgefeilten Fähigkeiten als Wortkünstler werden sie Bildsprache, Metaphern, Anspielungen, Rhythmus und Reime verwenden, um uns zu helfen, die Gefühle zu formulieren und artikulieren, die wir beim Anblick von Rosen empfinden – Gefühle, die wir sonst nur vage und schwer ausdrücken könnten.

Wenn wir der Frage nach der Schönheit der Rose noch tiefer auf den Grund gehen wollten, könnten wir schließlich auch noch die *Philosophen* fragen, insbesondere Experten in Ästhetik. Für jeden von uns ist die Wahrnehmung der Schönheit einer Rose eine sehr subjektive Erfahrung, etwas,

was wir auf einer ganz tiefen Ebene in uns drin wahrnehmen und empfinden. Dennoch erwarten wir, wenn wir anderen Menschen eine Rose zeigen, dass diese uns zustimmen, die Rose sei schön. Und gewöhnlich wird ihnen das nicht schwerfallen.

Die Wertschätzung von Schönheit scheint also eine höchst subjektive Erfahrung zu sein, und doch lässt sich Folgendes beobachten:

1. Es gibt einige objektive Kriterien für die Entscheidung, was schön ist und was nicht.

2. Jeder Mensch besitzt einen Sinn für Ästhetik und die Fähigkeit, Schönheit wahrzunehmen.

3. Wenn manche Menschen in Dingen wie zum Beispiel einer Rose keine Schönheit sehen (vielleicht nicht sehen können) oder wenn sie sogar das Hässliche dem Schönen vorziehen, muss der Grund darin liegen, dass ihre innere Fähigkeit, Schönheit zu sehen, beeinträchtigt ist. Der Grund dafür kann zum Beispiel in einer Farbenblindheit oder der mangelhaften Fähigkeit, Formen zu erfassen, liegen oder aber in irgendeiner psychischen Störung (wie zum Beispiel bei Menschen, die sich eher an Grausamkeit als an Freundlichkeit erfreuen).

Nun könnten wir denken, wir hätten bei der Suche nach der Wahrheit über Rosen alle Möglichkeiten ausgeschöpft, aber das haben wir natürlich noch nicht. Wir haben über die wissenschaftlichen Erklärungen von Rosen nachgedacht. Dann haben wir den Wert betrachtet, den wir ihnen geben, ihre Schönheit und was sie uns bedeuten. Aber gerade weil sie eine Bedeutung und einen Wert haben, ergeben sich weitere Fragen – nach der moralischen, ethischen und letztendlich geistigen Bedeutung von dem, was wir mit ihnen tun. Bedenken Sie folgende beispielhafte Situationen:

Erstes Beispiel: Eine Frau hat mit dem wenigen Geld, das sie dafür erübrigen konnte, ein paar Rosen gekauft. Sie mag Rosen sehr und möchte sie so lange wie möglich behalten. Aber eine arme Nachbarin von ihr ist krank, und sie hat das starke Gefühl, dass sie zumindest ein paar dieser Rosen ihrer kranken Nachbarin schenken sollte. Also hat sie jetzt zwei Instinkte in sich, die im Widerspruch zueinander stehen:

1. einen Instinkt des Selbstinteresses – der starke Wunsch, die Rosen selber zu behalten, und
2. ein instinktives Pflichtgefühl – sie sollte ihren Nächsten lieben wie sich selbst und daher ihre Rosen ihrer Nachbarin schenken.

Dies wirft Fragen auf. Woher kommen diese Instinkte? Und wie soll sie sich für einen von ihnen entscheiden? Manche argumentieren vielleicht, dass ihr egoistischer Wunsch, die Rosen selber zu behalten, nur der Ausdruck der blinden, aber kraftvollen grundlegenden Antriebskraft der Evolution ist: Selbsterhaltung. Aber das uneigennützige Pflichtgefühl, ihrer Nachbarin auf Kosten ihres eigenen Verlustes zu helfen – wo kommt dies her? Warum sollte sie diesem nachgeben? Und sie hat noch ein weiteres Problem: Sie muss sich für das eine oder das andere entscheiden. Sie kann nicht darauf warten, dass Wissenschaftler oder Philosophen oder irgendjemand anderes ihr hilft. Sie muss sich auf eine Handlung festlegen. Wie und auf welcher Grundlage sollte sie sich zwischen den beiden konkurrierenden Forderungen entscheiden?

Zweites Beispiel: Ein Mann mag Rosen, hat aber kein Geld, sich welche zu kaufen. Er sieht, dass er Rosen aus dem Garten eines anderen stehlen könnte, und zwar so, dass er sicher sein könnte, dass der andere es nie herausfinden würde. Wäre es falsch, sie zu stehlen? Wenn weder der Besitzer der Rosen noch die Polizei noch die Gerichte jemals herausfinden würden, dass er sie gestohlen hat, warum sollte er sie nicht stehlen? Wer hat das Recht zu sagen, dass Stehlen falsch ist?

Drittes Beispiel: Ein Mann schenkt einer Frau zum wiederholten Mal einen Strauß Rosen, während ihr eigener Mann im Ausland auf Geschäftsreise ist. Der Verdacht liegt nahe, dass er ihr die Rosen schenkt, um sie zur Untreue gegenüber ihrem Ehemann zu verführen. Das wäre Ehebruch. Ist Ehebruch falsch? Immer falsch? Wer hat das Recht, dies zu sagen?

Um nun solche Fragen sorgfältig und angemessen beantworten zu können, müssen wir die viel grundlegenderen Fragen über Rosen – und auch über alles andere – stellen und beantworten:

Wo kommen Rosen her? Wir Menschen haben sie nicht erschaffen (und sind immer noch weit davon entfernt, irgendetwas dergleichen zu erschaffen). Gibt es einen Gott, der sie entworfen und erschaffen hat? Ist er ihr eigentlicher Eigentümer, der das Recht hat, die Regeln festzulegen, nach denen wir sie verwenden sollten?

Oder sind Rosen einfach aus ewig existierender anorganischer Materie entstanden, ohne irgendeinen Plan oder Zweck, ohne einen letzten Eigentümer, der die Regeln festlegt, wie sie zu verwenden sind? Und wenn dem so ist, ist der einzelne Mensch dann frei zu tun, was er will, solange es niemand herausfindet?

Bis jetzt haben wir die einfache Frage „Was ist die Wahrheit über eine Rose?“ beantwortet und gemerkt, dass wir für eine angemessene Antwort nicht nur auf *eine* Wissensquelle (wie Wissenschaft oder Literatur) zurückgreifen müssen, sondern auf viele. Schon die Betrachtung von Rosen hat uns zu tiefen und grundlegenden Fragen über die Welt geführt, die weit über die Rosen selbst hinausgehen.

Es sind unsere Antworten auf solche Fragen, die in ihrer Gesamtheit den Rahmen bilden, in den wir unser ganzes Wissen über andere Dinge einfügen. Es ist dieser Rahmen, der aus all jenen bewussten oder unbewussten Ideen besteht, die wir über die Grundgegebenheiten der Welt, uns selbst und die Gesellschaft haben, den wir als unsere Weltanschauung bezeichnen. Sie umfasst all unsere Ansichten – ob nun schlecht oder gut durchdacht, richtig oder falsch – über die schweren, aber faszinierenden Fragen zu unserer Existenz und dem Leben: Wie erkläre ich mir das Universum? Wo liegt sein Ursprung? Wer bin ich? Wo komme ich her? Wie kann ich Dinge wissen? Hat mein Leben irgendeine Bedeutung? Habe ich irgendwelche Pflichten? Unsere Weltanschauung ist das Gesamtbild, in das wir alles andere einfügen. Sie ist die Brille, durch die wir blicken, um die Welt zu verstehen.

Unsere Weltanschauung ist das Gesamtbild, in das wir alles andere einfügen. Sie ist die Brille, durch die wir blicken, um die Welt zu verstehen.

DIE GRUNDLEGENDEN FRAGEN STELLEN

„Wer Erfolg haben will, muss die richtigen Fragen stellen“, soll Aristoteles gesagt haben. Das müssen auch wir tun, wenn wir eine Weltanschauung entwickeln wollen.

Tröstlich ist, dass wir nicht die Ersten sind, die solche Fragen stellen. Das haben in der Vergangenheit schon viele getan (und tun es auch weiterhin in der Gegenwart). Das heißt, dass sie schon einen Teil der Arbeit für uns erledigt haben! Um von ihrem Denken und ihrer Erfahrung zu profitieren, wird es für uns hilfreich sein, einige dieser grundlegenden Fragen zusammenzutragen, die praktisch von allen gestellt werden. Dann wollen wir darüber nachdenken, warum diese besonderen Fragen als so wichtig erachtet werden. Anschließend werden wir kurz einige der verschiedenen

BILD I.2.

Die Schule von Athen von Raffael

Wahrscheinlich malte der italienische Renaissance-Maler Raffael zwischen 1509 und 1511 das Fresko *Scuola di Atene* (Die Schule von Athen) für den Vatikan – eine Versinnbildlichung der Philosophie. Viele glauben, dass die Handgesten der zentralen Figuren, Platon und Aristoteles, und die Bücher, die jeder von ihnen in der Hand hält, *Timaios* und *Nikomachische Ethik*, zwei Herangehensweisen an die Metaphysik symbolisieren. Zudem hat Raffael eine Reihe von weiteren großen griechischen Philosophen der Antike auf seinem Bild abgebildet, darunter Sokrates (die achte Figur links neben Platon).

Antworten zusammenfassen, bevor wir dann die Aufgabe in Angriff nehmen, unsere eigenen Antworten zu formulieren. Lassen Sie uns also eine Liste von „Weltanschauungs-Fragen“ zusammenstellen. Am Anfang stehen Fragen über das Universum im Allgemeinen und unseren Heimatplaneten Erde im Besonderen.

Das erste Volk in Europa, das wissenschaftliche Fragen über die Bestandteile und die Funktionsweise der Erde und des Universums stellte, waren die Griechen. Scheinbar stellten sie ihre Fragen aus rein intellektueller Neugier. Ihre Forschung war absichtslos. Sie waren nicht zuerst an einer Technologie interessiert, die sich daraus ergeben könnte. Es war reine, nicht angewandte Wissenschaft. An dieser Stelle möchten wir kurz darauf hinweisen, dass es jedem Bildungssystem immer noch guttut, wenn auf seinem Lehrplan ein Platz für die reine Wissenschaft reserviert ist und intellektuelle Neugier um ihrer selbst willen gefördert wird.

Aber wir können es uns hier nicht leisten, uns nur auf reine Wissenschaft zu beschränken (und noch weniger nur auf Technik, so großartig diese auch sein mag). Dies wurde bereits Jahrhunderte zuvor von Sokrates erkannt. Zunächst interessierte er sich nur für das Universum, kam jedoch allmählich zu dem Schluss, dass es viel wichtiger sei, herauszufinden, wie sich Menschen verhalten sollten, als zu ergründen, woraus der Mond gemacht war. So wandte er sich von der Physik ab und widmete sich der Moralphilosophie.

Zudem kamen die Leiter der großen philosophischen Schulen des antiken Griechenlands zu der Erkenntnis, dass man keine angemessenen Lehrsätze über das moralische Verhalten des Menschen bilden könne, ohne zu verstehen, in welchem Verhältnis die Menschen zum Universum stehen und zu den Kräften und Prinzipien, die es kontrollieren. Damit lagen sie sicherlich richtig, was uns zu der grundlegendsten aller Fragen führt.[4]

Die erste grundlegende Frage einer Weltanschauung

Was liegt hinter dem beobachtbaren Universum? Die Physik lehrt uns, dass die Dinge nicht immer so sind, wie sie scheinen. Ein hölzerner Tisch, der stabil erscheint, ist in Wirklichkeit eine Zusammensetzung aus Atomen, die durch starke Kräfte zusammengehalten werden, die in den ansonsten leeren Zwischenräumen wirken. Auch ist jedes Atom in Wirklichkeit ein weitgehend leerer Raum und kann in gewisser Hinsicht als ein von Elektronen umkreister Zellkern beschrieben werden. Der Zellkern nimmt nur etwa ein Milliardstel des Raumes in einem Atom in Anspruch. Spaltet man

4 Siehe Buch 3, *Was sollen wir tun?*

den Zellkern, stößt man auf Protonen und Neutronen. Diese wiederum sind aus Quarks und Gluonen zusammengesetzt. Sind das nun die Grundbausteine der Materie oder gibt es vielleicht noch geheimnisvollere Elementarbausteine? Das ist eine der spannenden Fragen der modernen Physik. Und während die Suche weitergeht, bleibt eine brennende Frage: Was steckt überhaupt hinter der Grundmaterie?

Die Antworten auf diese Fragen lassen sich grob in zwei Gruppen aufteilen: Die einen vertreten die Ansicht, dass nichts „hinter" der Grundmaterie des Universums steckt, und die anderen, dass es da auf jeden Fall etwas geben muss.

Gruppe A: Es gibt nichts außer Materie. Sie ist die oberste Realität, selbstexistent und ewig. Sie ist von nichts und niemandem abhängig. Sie ist blind und zwecklos; dennoch steckt in ihr die Kraft, sich selbst – noch immer blind und zwecklos – in all die Varianten der Materie und des Lebens zu entwickeln und zu organisieren, die wir heute im Universum sehen. Das ist die Philosophie des Materialismus.

Gruppe B: Hinter der Materie, die einen Anfang hat, steht eine nicht erschaffene, selbstexistente, kreative Intelligenz oder, wie Juden und Muslime sagen würden: „Gott", und Christen: „der Gott und Vater unseres Herrn Jesus Christus". Dieser Gott erhält das Universum und wirkt in ihm, ist aber selbst kein Teil von ihm. Er ist Geist, nicht Materie. Das Universum existiert als Ausdruck seiner Gedanken und zum Zweck der Erfüllung seines Willens. Das ist die Philosophie des Theismus.

Die zweite grundlegende Frage einer Weltanschauung

Das führt uns zu unserer zweiten grundlegenden (dreiteiligen) Frage zur Weltanschauung: *Wie ist unsere Welt entstanden, wie hat sie sich entwickelt, und wie kam es dazu, dass sie von einer so erstaunlichen Vielfalt des Lebens bevölkert wurde?*

Auch hier kann man die Antworten auf diese Fragen grundsätzlich in zwei Gruppen einteilen:

Gruppe A: Leblose Materie formte sich – ohne vorherigen Plan oder Ziel – in das Konglomerat, das zu unserer Erde wurde, und brachte dann irgendwie (was noch nicht erforscht oder erkannt wurde) als Ergebnis ihrer inhärenten Eigenschaften und Kräfte durch Spontanerzeugung Leben hervor. Die zunächst niederen Lebensformen entwickelten sich schrittweise in die gegenwärtige große Vielfalt des Lebens. Dies geschah durch natürliche Prozesse wie Mutation und natürliche Selektion – ebenfalls Mechanismen ohne Plan oder Ziel. Daher steckt weder hinter der Existenz des Universums noch hinter der Existenz der Erde oder ihrer Bewohner irgendein letzter rationaler Sinn.

Gruppe B: Das Universum, das Sonnensystem und der Planet Erde wurden erdacht und präzise konstruiert, um das Leben auf der Erde zu ermöglichen. Darauf weisen sowohl die verblüffende Komplexität der Lebenssysteme als auch die atemberaubende Perfektion ihrer Mechanismen hin.

Es ist nicht schwer zu erkennen, welche unterschiedlichen Auswirkungen diese zwei radikal unterschiedlichen Sichtweisen auf die Bedeutung und das Handeln des Menschen haben.

Die dritte grundlegende Frage einer Weltanschauung

Die dritte grundlegende Frage zur Weltanschauung besteht wieder aus mehreren zusammenhängenden Fragen. *Was ist der Mensch? Woher kommen seine Rationalität und sein Sinn für Moral? Welche Hoffnungen hat er für die Zukunft und auf ein Leben nach dem Tod (falls dieses existiert)?*

Die üblichen Antworten auf diese zentralen Fragen lassen sich erneut in zwei Gruppen einteilen:

Gruppe A: *Die menschliche Natur:* Menschen sind nichts als Materie. Sie besitzen keinen Geist, und ihr rationales Denkvermögen ist aus geistloser Materie durch nicht rationale Prozesse entstanden.

Moral: Der Sinn des Menschen für Moral und Pflicht entstammt einzig und allein der sozialen Interaktion zwischen ihm und seinen Mitmenschen.

Menschenrechte: Menschen besitzen keine angeborenen natürlichen Rechte, sondern nur die Rechte, die ihnen von der Gesellschaft oder der aktuellen Regierung gewährt werden.

Sinn im Leben: Der Mensch schafft sich seinen eigenen Sinn.

Die Zukunft: Die erträumte und ersehnte Utopie wird erreicht werden, entweder durch die unaufhaltsamen Auswirkungen der inhärenten Kräfte der Materie und/oder Geschichte oder wenn der Mensch lernt, die biologischen Prozesse der Evolution selbst zu steuern und kontrollieren.

Der Tod und das Leben danach: Der Tod bedeutet für jedes Individuum die totale Auslöschung. Nichts überlebt.

Gruppe B: *Die menschliche Natur:* Die Menschen wurden von Gott geschaffen als sein Ebenbild (zumindest laut Judentum, Christentum und Islam). Die rationale Kraft der Menschen leitet sich vom göttlichen „Logos“ ab, durch den sie erschaffen wurden.

Moral: Ihr Sinn für Moral basiert auf gewissen „Gesetzen Gottes“, die ihr Schöpfer in sie hineingelegt hat.

Menschenrechte: Menschen besitzen gewisse unabdingbare Rechte, die alle anderen Menschen und Regierungen respektieren müssen, einfach weil sie Geschöpfe Gottes sind, geschaffen im Bilde Gottes.

Sinn im Leben: Der Hauptsinn im Leben ist, die Gemeinschaft mit Gott zu genießen und ihm wie auch ihren Mitgeschöpfen zu dienen, um ihres Schöpfers willen.

Die Zukunft: Die ersehnte Utopie ist kein Traum, sondern eine sichere Hoffnung, die sich auf den Plan des Schöpfers gründet, die Menschheit und die Welt zu erlösen.

Der Tod und das Leben danach: Der Tod bedeutet keine Auslöschung. Der Mensch wird nach dem Tod von Gott zur Rechenschaft gezogen. Sein letzter Zustand wird entweder die völlige Gemeinschaft mit Gott im Himmel sein oder aber der Ausschluss aus seiner Gegenwart.

Dies sind grob gesagt die Fragen, die Menschen immer wieder im Laufe der Geschichte gestellt haben, und ein kurzer Überblick über einige der Antworten, die die Menschen auf diese gegeben haben und immer noch geben.

Der grundlegende Unterschied zwischen den beiden Gruppen von Antworten

Nun ist es offensichtlich, dass die zwei Gruppen von Antworten sich diametral gegenüberstehen; aber wir sollten hier kurz innehalten, um sicherzugehen, dass wir auch wirklich verstanden haben, was genau die Art und die Ursache dieser Gegensätze sind. Wenn wir darüber nicht sorgfältig genug nachdenken, könnten wir schnell zu dem Schluss kommen, dass die Antworten der Gruppe A der Wissenschaft und die Antworten der Gruppe B der Religion zuzuordnen sind. Doch damit würden wir die Situation grundsätzlich falsch einschätzen. Es stimmt zwar, dass die Mehrheit der heutigen Wissenschaftler den Antworten der Gruppe A zustimmt, aber es gibt auch eine wachsende Anzahl von Wissenschaftlern, die die Antworten der Gruppe B unterstützen. Es handelt sich daher hierbei nicht um einen Konflikt zwischen Wissenschaft und Religion. Tatsächlich geht es um einen fundamentalen Unterschied zwischen den zugrunde liegenden Philosophien, die die Interpretation der Beweise bestimmen, die von der Wissenschaft geliefert werden. Atheisten werden die Beweise auf eine Art interpretieren, Theisten (oder Pantheisten) auf eine andere.

Das ist verständlich. Kein Wissenschaftler betreibt Forschung, ohne dabei völlig frei von Vorannahmen zu sein. Der Atheist betreibt Forschung mit der Vorannahme, es gebe keinen Gott. Das ist seine Grundphilosophie, das ist seine Weltanschauung. Er behauptet, er könne alles ohne Gott erklären. Manchmal wird er sagen, dass er sich überhaupt nicht vorstellen könne, welche wissenschaftlichen Beweise es für die Existenz eines Gottes geben könnte; und es überrascht nicht, dass er keine zu finden scheint.

Der Theist wiederum beginnt mit dem Glauben an Gott und findet in seinen wissenschaftlichen Entdeckungen zahlreiche – überwältigende, wie er sagen würde – Beweise für die Handschrift Gottes in der ausgeklügelten Gestaltung des Universums und seinen Mechanismen.

Es zeigt sich einmal mehr, wie wichtig es ist zu erkennen, mit welcher Weltanschauung wir beginnen. Manche von uns, die noch nie intensiver über diese Dinge nachgedacht haben, haben vielleicht das Gefühl, dass sie gar keine Weltanschauung haben und sich daher völlig unvoreingenommen den Fragen des Lebens im Allgemeinen und den Fragen der Wissenschaft im Besonderen nähern. Aber das ist äußerst unwahrscheinlich. Wir übernehmen Vorstellungen, Überzeugungen und Einstellungen von unserer Familie und der Gesellschaft. Dies geschieht häufig nebenbei und ohne dass wir erkennen, wie diese meist unbewussten Einflüsse und Voranahmen unsere Antworten auf die Fragen bestimmen, die uns das Leben stellt. Deshalb ist es so wichtig, unsere Weltanschauung bewusst zu durchdenken und sie gegebenenfalls anzupassen, wenn die Beweise dies erfordern.

> *Wir übernehmen Vorstellungen, Überzeugungen und Einstellungen von unserer Familie und der Gesellschaft. Dies geschieht häufig nebenbei und ohne dass wir erkennen, wie diese meist unbewussten Einflüsse und Voranahmen unsere Antworten auf die Fragen bestimmen, die uns das Leben stellt.*

Daher sollten wir in diesem Prozess der Wissenschaft auf jeden Fall Gehör schenken und auch zulassen, dass sie unsere Voranahmen hinterfragt und korrigiert, falls das nötig ist. Aber um eine vernünftige Weltanschauung zu entwickeln, sollten wir genauso auf viele andere Meinungen und Stimmen hören.

STIMMEN, AUF DIE WIR HÖREN SOLLTEN

Bisher haben wir einige Fragen zur Weltanschauung aufgegriffen und die Antworten untersucht, die darauf gegeben werden. Jetzt müssen wir uns selbst diese Fragen stellen und anfangen, unsere eigenen Antworten zu finden.

Wir brauchen eine eigene Weltanschauung, die wir persönlich durchdacht und aus freiem Willen für uns angenommen haben. Niemand hat das Recht, uns seine Weltanschauung aufzuzwingen. Zum Glück sind die Zeiten vorbei, in denen die Kirche Galileo zwingen konnte, das zu leugnen, was ihn die Wissenschaft klar gelehrt hatte. Ebenfalls sind die Zeiten überwiegend vorüber, in denen der Staat dem Volk unter Androhung von Gefängnis oder Todesstrafe eine atheistische Weltanschauung aufzwingen konnte.

Die Menschenrechte fordern, dass es jedem freisteht, die Weltanschauung zu haben, an die er glaubt, und diese auch durch vernünftige Argumente zu verbreiten – natürlich nur so lange, wie dies keinem anderen schadet.

Wir, die Autoren dieses Buches, haben eine theistische Weltanschauung. Aber wir werden nicht versuchen, irgendjemandem unsere Sicht aufzuzwingen. Wir kommen aus einer Tradition, deren Grundprinzip lautet: „Jeder soll mit voller Überzeugung zu seiner Auffassung stehen!"

Daher muss jeder zu seiner eigenen Überzeugung gelangen und eine eigene Weltanschauung entwickeln. Dabei gibt es eine Reihe von Stimmen, auf die wir hören müssen.

Die Stimme der Intuition

Die erste Stimme, auf die wir hören müssen, ist die Intuition. Es gibt Dinge im Leben, die wissen wir nicht durch lange philosophische Überlegungen oder genaue wissenschaftliche Experimente, sondern durch direkte, instinktive Intuition. Wir „sehen", dass eine Rose schön ist. Instinktiv „wissen" wir, dass Kindesmissbrauch falsch ist. Ein Wissenschaftler kann manchmal „sehen", was die Lösung für ein Problem sein wird, noch bevor er durch wissenschaftliche Techniken den formalen Beweis geliefert hat.

Einige Wissenschaftler und Philosophen versuchen uns immer noch davon zu überzeugen, dass die Gesetze von Ursache und Wirkung im menschlichen Gehirn völlig deterministisch sind und unsere Entscheidungen deshalb im Voraus festgelegt sind: Eine echte Wahl sei nicht möglich. Aber, was auch immer sie sagen, wir wissen doch intuitiv, dass wir in Wirklichkeit frei entscheiden können – ob wir beispielsweise ein Buch lesen oder stattdessen spazieren gehen oder ob wir die Wahrheit sagen oder lügen wollen. Wir wissen, dass wir die Freiheit haben, uns für das eine oder das andere zu entscheiden, und alle anderen wissen es auch und handeln dementsprechend. Diese Freiheit ist so sehr Teil unserer ureigenen Vorstellung von Würde und Wert eines Menschen, dass wir (meistens) darauf bestehen, als eigenverantwortliche Menschen behandelt zu werden und andere ebenso zu behandeln. Aus diesem Grund wird der Richter, wenn wir ein Verbrechen begangen haben, uns fragen a) ob wir, als wir das Verbrechen begingen, wussten, dass wir etwas Falsches taten, und b) ob wir unter Zwang handelten oder nicht. Die Antwort auf diese Fragen wird das Urteil maßgeblich mitbestimmen.

Daher müssen wir der Intuition angemessene Beachtung schenken und dürfen nicht zulassen, dass uns mit pseudointellektuellen Argumenten Dinge eingeredet (oder ausgeredet) werden, von denen wir intuitiv wissen, dass sie richtig (oder falsch) sind.

Andererseits hat die Intuition auch ihre Grenzen. Sie kann irren. Als die antiken Wissenschaftler zuerst vermuteten, die Welt sei eine Kugel, wurde diese Vorstellung sogar von ansonsten großen Denkern abgelehnt. Sie empfanden es intuitiv als absurd, dass es auf der anderen Seite der Erde

Menschen geben könnte, die „verkehrt herum" laufen und deren Füße auf unsere Füße ausgerichtet sind (daher der Begriff „antipodisch"), während ihr Kopf gefährlich im leeren Raum hängt! Aber ihre Intuition hatte sie getäuscht. Die frühen Wissenschaftler, die an die Kugelform der Erde glaubten, hatten recht; die Intuition der anderen war falsch.

Die Lektion daraus ist, dass wir sowohl unsere Intuition als auch die Wissenschaft benötigen, damit diese sich gegenseitig kontrollieren und gegebenenfalls korrigieren.

Die Stimme der Wissenschaft

Die Wissenschaft spricht in unsere moderne Welt mit einer sehr kraftvollen und einflussreichen Stimme. Sie kann stolz auf eine Reihe von fulminanten theoretischen Durchbrüchen verweisen, die eine fast endlose Palette von technischen Nebenprodukten hervorgebracht hat: von der Erfindung der Glühbirne zur virtuellen Realität, vom Rad zur Mondrakete, von der Entdeckung von Aspirin und Antibiotika zum Entdecken des genetischen Codes, vom Staubsauger zum Smartphone, vom Rechenbrett zum Parallelrechner, vom Fahrrad zum autonomen Fahrzeug. Die Vorzüge dieser wissenschaftlichen Errungenschaften sind offensichtlich, und sie wecken nicht nur unsere Bewunderung, sondern verleihen der Wissenschaft auch eine immense Glaubwürdigkeit.

Doch für viele Menschen hat die Stimme der Wissenschaft auch eine gewisse Ambivalenz, denn ihre Errungenschaften wurden nicht immer nur zum Wohle der Menschheit eingesetzt. Im vergangenen Jahrhundert hat die Wissenschaft in der Tat die schrecklichsten hocheffektiven Vernichtungswaffen hervorgebracht. Der Laser, der zur Wiederherstellung der Sehkraft eingesetzt wird, kann genauso zur Steuerung von Raketen mit tödlicher Wirkung verwendet werden. Diese Entwicklung hat in der jüngeren Vergangenheit zu einer starken antiwissenschaftlichen Reaktion geführt.

Das ist verständlich, aber wir müssen uns vor dem offensichtlichen Trugschluss hüten, der Wissenschaft die Schuld für den Missbrauch ihrer Entdeckungen zu geben. So ist beispielsweise die Schuld an der durch die Atombombe bewirkte Verwüstung nicht in erster Linie bei den Wissenschaftlern zu suchen, die die Möglichkeit der Kernspaltung entdeckt haben, sondern bei den Politikern, die darauf bestanden, diese Entdeckungen für die Herstellung von Massenvernichtungswaffen für die globale Kriegsführung zu nutzen.

Die Wissenschaft an sich ist moralisch neutral. Die Christen unter den Wissenschaftlern würden sogar sagen, sie sei eine Form der Anbetung Gottes – durch das ehrfurchtsvolle Erforschen seiner Werke – und daher auf jeden Fall begrüßenswert. Aus diesem Grund ließ James Clerk Maxwell, ein schottischer Physiker des 19. Jahrhunderts, der die berühmten Gleichungen der elektromagnetischen Wellen entdeckte, den folgenden Vers aus den hebräischen Psalmen über die Tür des Cavendish-Labors in Cambridge schreiben: „Groß sind die Taten des Herrn, zu erforschen von allen, die Lust an ihnen haben" (Ps 111,2). Der Vers ist heute noch dort zu lesen.

Natürlich müssen wir unterscheiden zwischen der Wissenschaft als methodische Forschung und einzelnen Wissenschaftlern, die diese Untersuchungen durchführen. Wir müssen auch unterscheiden zwischen den Fakten, die sie über jeden (vernünftigen) Zweifel erhaben herausfinden, und den vorläufigen Hypothesen und Theorien, die sie auf Grundlage ihrer anfänglichen Beobachtungen und Experimente formulieren und von denen sie sich bei ihren weiteren Forschungen leiten lassen.

Diese Unterscheidungen sind wichtig, denn Wissenschaftler behandeln manchmal ihre vorläufigen Theorien fälschlicherweise als bewiesene Fakten und präsentieren diese in Lehrveranstaltungen und öffentlichen Vorlesungen so, obwohl sie nie wirklich bewiesen wurden. Manchmal passiert es auch, dass Wissenschaftler eine vorläufige Theorie vorschlagen, die die Aufmerksamkeit der Medien erregt, die diese an die Öffentlichkeit weitergeben. Dabei wird ein solcher Presserummel erzeugt, dass der Eindruck entsteht, diese Theorie sei unbestritten bewiesen.

> *Wissenschaftler behandeln manchmal ihre vorläufigen Theorien fälschlicherweise als bewiesene Fakten und präsentieren diese in Lehrveranstaltungen und öffentlichen Vorlesungen so, obwohl sie nie wirklich bewiesen wurden.*

Dann muss man sich wieder die Grenzen der Wissenschaft in Erinnerung rufen. Wie wir bei unseren Überlegungen über die Schönheit von Rosen festgestellt haben, gibt es Dinge, für die man von der eigentlichen Wissenschaft keine Erklärung erwarten kann oder sollte.

Manchmal vergessen Wissenschaftler dies und schaden dem Ansehen der Wissenschaft, indem sie sich mit höchst übertriebenen Behauptungen auf sie berufen. Der berühmte Mathematiker und Philosoph Bertrand Russell zum Beispiel schrieb: „Welches Wissen auch immer erlangt werden kann, es muss durch wissenschaftliche Methoden erlangt werden; und was die Wissenschaft nicht herausfinden kann, kann die Menschheit nicht wissen."[5]

5 Russell, *Religion and Science*, 243

Der Nobelpreisträger Sir Peter Medawar hatte eine vernünftigere und realistischere Sicht auf die Wissenschaft. Er schrieb:

„Ein Wissenschaftler kann sich und seinen Beruf auf keine andere Weise schneller in Misskredit bringen, als wenn er – zumal dann, wenn keinerlei Erklärung verlangt ist – rundheraus erklärt, dass die Wissenschaft die Antworten auf alle Fragen, die der Rede wert sind, bereits besitze oder bald besitzen werde und dass jene Fragen, die keine wissenschaftliche Beantwortung zulassen, auf irgendeine Art und Weise Unfragen oder ‚Pseudofragen' seien, die nur Einfaltspinsel stellen und nur Tölpel zu beantworten sich anmaßen."[6]

An anderer Stelle sagt Medawar: „Dass die Wissenschaft Grenzen hat, wird daran deutlich, dass sie nicht in der Lage ist, grundlegende kindliche Fragen zu beantworten, die die ersten und die letzten Dinge betreffen, wie: ‚Wie hat alles angefangen?', ‚Weshalb sind wir hier?', ‚Was ist der Sinn des Lebens?'"[7] Er fügt hinzu, dass wir uns an die Dichtung und die Religion wenden müssten, um Antworten auf diese Fragen zu finden.

Wenn wir nun alles über die Grenzen der Wissenschaft gesagt haben, was gesagt werden muss, ist die Stimme der Wissenschaft dennoch eine der wichtigsten Stimmen, auf die wir hören müssen, wenn wir unsere Weltanschauung entwickeln. Natürlich können wir nicht alle wissenschaftliche Experten sein. Aber wenn die Experten ihre Ergebnisse den Studenten anderer Bereiche oder der allgemeinen Öffentlichkeit präsentieren (was sie immer häufiger tun), müssen wir ihnen zuhören – so kritisch, wie man Experten in anderen Bereichen auch zuhört. Aber zuhören müssen wir.[8]

Die Stimme der Philosophie

Die nächste Stimme, auf die wir hören sollten, ist die Stimme der Philosophie. Für manche ist allein der Gedanke an Philosophie einschüchternd, aber im Grunde genommen denkt bereits jeder philosophisch, der ernsthaft versucht, die Wahrheit einer Aussage zu ergründen. Der bedeutende Philosoph Anthony Kenny schreibt:

---

6 Medawar, *Ratschläge für einen jungen Wissenschaftler,* 61

7 Medawar, *Limits of Science,* 59–60

8 Die Leser, die sich gerne umfassender mit diesem Thema beschäftigen möchten, weisen wir auf den Text *Was ist Wissenschaft?* im Anhang hin (S. 283) sowie auf die dort gelisteten Bücher von John Lennox.

> Philosophie ist spannend, weil sie die umfangreichste aller Disziplinen ist, denn sie erforscht grundlegende Konzepte, die sich durch unser gesamtes Reden und Denken über jedes Thema ziehen. Zudem kann man sie anwenden, ohne besondere vorhergehende Ausbildung oder Anweisung; jeder, der bereit ist, scharf nachzudenken und einer Argumentationslinie zu folgen, kann Philosophie betreiben.[9]

Ob uns dies bewusst ist oder nicht: Unsere alltägliche Art zu denken und zu argumentieren hat sehr viel mit Philosophie zu tun – wir haben also auch hier bereits auf ihre Stimme gehört!

Von der Philosophie können wir in vieler Weise profitieren. An erster Stelle steht das leuchtende Beispiel von Männern und Frauen, die sich geweigert haben, einfach die Sicht der Mehrheit ihrer Zeit zu übernehmen.

Sokrates sagte, dass „ein Leben ohne Selbsterforschung ... gar nicht verdient, gelebt zu werden."[10] Diese Männer und Frauen waren dazu entschlossen, ihre ganze intellektuelle Kraft einzusetzen, um zu verstehen, woraus das Universum besteht und wie es funktioniert. Was ist der Platz des Menschen im Universum? Was ist das Wesen der menschlichen Natur? Warum machen wir Menschen so oft Fehler und schaden so uns selbst und der Gesellschaft? Was könnte uns helfen, falsche Handlungen zu vermeiden? Und was könnte unser höchstes Ziel im Leben – unser *Summum Bonum*[11] (lateinisch für *höchstes Gut*) – sein? Ihr Eifer, die Wahrheit zu entdecken und dann gemäß dieser Wahrheit zu leben, kann uns beschämen. Es sollte uns jedenfalls ermutigen, ihrem Beispiel zu folgen.

Zweitens entdeckten Philosophen seit Sokrates, Platon und Aristoteles in ihrer Suche nach Wahrheit, wie wichtig präzises logisches Denken war und welchen Regeln es folgen sollte. Der Nutzen für die Menschheit davon ist unschätzbar, denn dadurch haben wir gelernt, klar zu denken und Vorannahmen, die manchmal sogar unbemerkt unseren wissenschaftlichen Experimenten und Theorien zugrunde liegen, aufzudecken. Wir haben gelernt, Denkvoraussetzungen offenzulegen, die Aussagen und Meinungen zugrunde liegen, auf Trugschlüsse in Argumentationen hinzuweisen, Zirkelschlüsse aufzudecken usw.

Jedoch hat die Philosophie, genau wie die Wissenschaft, ihre Grenzen. Sie kann uns nicht sagen, welche Prinzipien oder grundlegenden Prämissen

---

9 Kenny, *Brief History of Western Philosophy,* xi

10 Platon, *Des Sokrates Verteidigung,* 38a7, Übers. F. Schleiermacher

11 Höchstes Gut; höchster Wert

wir wählen sollen, aber sie kann und wird uns helfen zu erkennen, ob das Glaubenssystem, das wir auf diese Grundsätze aufbauen, in sich logisch schlüssig ist.

Es gibt noch einen dritten Nutzen, den wir aus der Philosophie ziehen können. Die Geschichte der Philosophie hat gezeigt, dass keines der vielen verschiedenen philosophischen Systeme oder keine Weltanschauungen, die von stringent denkenden Philosophen nur auf Grundlage menschlicher Argumentation entwickelt wurden, alle anderen Philosophen überzeugen konnten, geschweige denn die allgemeine Öffentlichkeit. Keines dieser Systeme hatte dauerhaft Bestand, eine Tatsache, die recht frustrierend sein kann. Aber vielleicht ist diese Frustration auch gar nicht schlecht, denn sie kann uns zu der Frage führen, ob es vielleicht noch eine andere Informationsquelle gibt, ohne die unser menschlicher Verstand allein per Definition unzureichend wäre. Und wenn wir in Bezug auf die Philosophie frustriert sind, weil sie uns erst so erfolgversprechend schien, aber am Ende so wenig geliefert hat, und wir deswegen nach einer anderen Informationsquelle Ausschau halten, könnte sich unsere Frustration sogar als großer Nutzen erweisen.

Die Stimme der Geschichte

Doch gibt es noch eine weitere Stimme, auf die wir hören sollten: die der Geschichte. Wir können uns glücklich schätzen, dass wir in einer Zeit leben, in der die Menschheitsgeschichte bereits so weit fortgeschritten ist. Schon im 1. Jahrhundert v. Chr. wurde von Heron von Alexandria eine einfache Form des Düsenantriebs beschrieben. Doch beim damaligen Stand der Technik kannte man keine Mittel, um diese Entdeckung irgendwie praktisch und sinnvoll einzusetzen. Es sollten noch 1800 Jahre vergehen, bevor es Wissenschaftlern gelang, Düsentriebwerke zu entwickeln, die stark genug für Flugzeuge waren.

Als in den 1950er- und 1960er-Jahren Wissenschaftler auf Grundlage einer Entdeckung Albert Einsteins behaupteten, es sei möglich, Laserstrahlen zu erzeugen, und dies dann auch wirklich taten, sagten viele Leute spöttisch, dass Laser die Lösung für ein nicht existierendes Problem seien, denn niemand konnte sich vorstellen, welchen praktischen Nutzen sie haben könnten. Die Geschichte hat gezeigt, dass diese Kritiker falschlagen, und hat die Wissenschaftler gerechtfertigt (als ob reine Wissenschaft irgendeine Rechtfertigung bräuchte!).

In anderen Fällen hat uns die Geschichte das Gegenteil gelehrt. So gab es eine Zeit, in der die Phlogistontheorie der Verbrennung fast überall Akzeptanz fand. Doch die Geschichte hat sie schließlich als falsch erwiesen.

Fanatische religiöse Sekten haben (trotz eines ausdrücklichen Verbots in der Bibel) immer wieder einmal vorhergesagt, dass das Ende der Welt zu dieser oder jener Zeit und an diesem oder jenem Ort stattfinden werde. Die Geschichte hat ausnahmslos gezeigt, dass diese Vorhersagen falsch waren.

Im letzten Jahrhundert erlebte das philosophische System des logischen Positivismus einen kometenartigen Aufstieg. Es schien die philosophische Landschaft zu beherrschen und verdrängte alle anderen Systeme. Doch die Geschichte offenbarte den fatalen Fehler in diesem System: Es basierte auf einem Nachweisprinzip, das prinzipiell nur zwei Arten von Aussagen als bedeutsam zuließ – *analytische* Aussagen (die per Definition wahr sind, wie zum Beispiel eine Tautologie wie „eine Füchsin ist ein weiblicher Fuchs") oder *synthetische* Aussagen (die man durch ein Experiment verifizieren kann, wie „Wasser besteht aus Wasserstoff und Sauerstoff"). Dabei wurden alle metaphysischen Aussagen als bedeutungslos zurückgewiesen. Doch wie der Philosoph Karl Popper sagte, ist das Verifikationsprinzip selbst weder analytisch noch synthetisch und daher bedeutungslos. Der logische Positivismus widerlegt sich somit selbst. Professor Nicholas Fotion sagt in einem Artikel über dieses Thema in *The Oxford Companion to Philosophy:* „Ende der 1960er-Jahre wurde deutlich, dass diese Bewegung überholt war."[12]

Zuvor hatte Marx mit Berufung auf Hegel seinen dialektischen Materialismus erst auf die Materie und dann auf die Geschichte bezogen. Er behauptete, er habe in den Abläufen der sozialen und politischen Geschichte ein Gesetz entdeckt, das unweigerlich zur Errichtung einer Utopie auf Erden führen könnte; und Millionen von Menschen setzten ihr Leben dafür ein, diesen Prozess voranzutreiben. Doch es hat sich gezeigt, dass die Geschichte ein solches unaufhaltsames Gesetz nicht zu kennen scheint.

Die Geschichte hat auch ein vernichtendes Urteil über die Theorie der Nationalsozialisten gefällt, die arische Rasse sei den anderen überlegen, was – so wurde es zugesichert – zu einer neuen Weltordnung führen würde.

Die Geschichte ist daher ein sehr wertvoller, wenn auch manchmal beängstigender Richter über unsere Ideen und Gedankensysteme. Wir sollten auf jeden Fall ihren Lektionen viel Beachtung schenken und für sie dankbar sein.

Aber es gibt noch einen weiteren Grund, aus dem wir auf die Geschichte hören sollten. Geschichte bringt uns in Berührung mit den großen Männern und Frauen, die sich weltweit als Vordenker erwiesen haben und deren Einfluss heute noch lebendig ist. Zu denen gehört natürlich auch Jesus Christus.

12 Fotion, *Logical Positivism*

Wie wir wissen, wurde er von seinen Zeitgenossen abgelehnt und hingerichtet. Aber das trifft auch auf Sokrates zu. Sokrates' Einfluss besteht weiter; doch der Einfluss von Christus war und ist noch immer unendlich viel größer als der des Sokrates oder jeder anderen weltweiten Führungsperson. Es wäre sehr seltsam, wenn wir zwar auf Sokrates, Platon, Aristoteles, Hume, Kant, Marx und Einstein hören würden, aber es versäumen oder uns weigern würden, auf Christus zu hören. Die zahlreichen (und teilweise sehr frühen) Manuskripte des Neuen Testaments liefern uns einen authentischen Bericht über seine Lehre. Nur Leute mit starken Vorurteilen würden ihn einfach ablehnen, ohne sich zuerst anzuhören, was er sagt.

> *Geschichte bringt uns in Berührung mit den großen Männern und Frauen, die sich weltweit als Vordenker erwiesen haben und deren Einfluss noch heute lebendig ist. Es wäre sehr seltsam, wenn wir zwar auf Sokrates, Platon, Aristoteles, Hume, Kant, Marx und Einstein hören würden, aber es versäumen oder uns weigern würden, auf Christus zu hören.*

Die Stimme der göttlichen Selbstoffenbarung

Die letzte Stimme, die beansprucht, gehört zu werden, ist eine Stimme, die sich unentwegt durch die ganze Geschichte zieht und sich nicht zum Schweigen bringen lässt: Sie behauptet, es gebe eine andere Informationsquelle jenseits von Intuition, wissenschaftlicher Forschung und philosophischem Denken. Diese Stimme ist die Stimme der göttlichen Selbstoffenbarung. Ihr Anspruch lautet, dass der Schöpfer, dessen Existenz und Macht intuitiv durch seine geschaffenen Werke wahrgenommen werden kann, auch darüber hinaus nicht still und distanziert geblieben ist. Im Laufe der Jahrhunderte hat er durch seine Propheten und vor allem durch Jesus Christus zu unserer Welt gesprochen.

Natürlich werden Atheisten sagen, dass dieser Anspruch ins Reich der Märchen gehört. Atheistische Wissenschaftler werden einwenden, dass es keinerlei wissenschaftliche Beweise für die Existenz eines Schöpfers gebe (sie würden sogar behaupten, dass die Annahme der Existenz eines Schöpfers die Grundlage der wahren wissenschaftlichen Methodologie zerstöre – mehr dazu erfahren Sie im Anhang dieses Buches). Daher sei die Vorstellung, wir könnten direkte Informationen vom Schöpfer selbst erhalten, bereits vom Gedanken her absurd. Diese Reaktion stimmt natürlich vollkommen mit der Grundannahme des Atheismus überein.

Doch scheinbare Absurdität ist jedoch kein positiver Beweis dafür, dass etwas nicht möglich oder nicht wahr ist. Denken Sie daran, dass viele

Vordenker, als sie zuerst mit der Vermutung in Berührung kamen, die Erde sei keine Scheibe, sondern eine Kugel, diese sofort zurückwiesen, weil ihnen der Gedanke absurd erschien.

Im 2. Jahrhundert v. Chr. beschloss ein gewisser Lukian von Samosata, das zu entlarven, was er für fantasievolle Spekulationen der frühen Wissenschaftler und groteske Reiseberichte von sogenannten Entdeckern hielt. Er schrieb ein Buch, das er augenzwinkernd *Verae historiae* (Wahre Geschichten) nannte. In dem Werk erzählte er von seiner Reise durch den Weltraum zum Mond. Er habe entdeckt, dass die Mondbewohner eine besondere Art von Spiegel hätten, mit dem sie sehen könnten, was die Menschen auf der Erde tun. Sie besäßen auch so etwas wie einen Brunnenschacht, durch den sie sogar hören könnten, was die Menschen auf der Erde sagen. Seine Erzählung war so nüchtern, als hätte er tatsächliche Ereignisse aufgeschrieben. Aber er erwartete, dass seine Leser sofort erkennen würden, dass dies gedanklich völlig absurd war, was wiederum bedeutete, dass diese Dinge unmöglich existieren konnten und dass das auch für immer so bleiben würde.

Doch ohne dass er davon wusste, existierten in der Natur bereits die Kräfte und Stoffe, die es der Menschheit einmal ermöglichen würden (als sie lernte, diese Kräfte zu nutzen), Astronauten in die Umlaufbahn des Mondes zu senden, auf ihm zu landen und Bild- und Ton-Kommunikation zwischen Mond und Erde herzustellen!

Wir sollten auch daran denken, dass atomare Strahlung und Radiofrequenzemissionen aus fernen Galaxien nicht erst von Wissenschaftlern in den letzten Jahrzehnten erfunden wurden. Sie waren die ganze Zeit da, wenn auch unsichtbar und unentdeckt, und jahrhundertelang hatte niemand an sie geglaubt oder noch nicht einmal darüber nachgedacht. Doch entdeckt wurden sie erst in jüngerer Zeit, als brillante Wissenschaftler sich die Möglichkeit vorstellen konnten, dass entgegen jeder öffentlichen Erwartung solche Phänomene existieren könnten. Sie suchten nach ihnen und fanden sie.

Ist es also gedanklich wirklich so absurd zu glauben, dass unser menschlicher Intellekt und unsere Rationalität nicht aus geistloser Materie durch unpersönliche und ziellose Kräfte entstanden sind, sondern von einem höheren persönlichen Intellekt und einer höheren Vernunft stammen?

Eine alte, aber immer noch gültige Analogie wird uns an dieser Stelle helfen. Wenn wir im Hinblick auf einen bestimmten Automotor fragen: „Wo liegt der Ursprung dieses Automotors?", wäre eine Antwort: „Er hat seinen Ursprung in der Produktionsanlage dieser oder jener Fabrik und wurde von Menschen und Robotern zusammengebaut."

Eine weitere, tiefer gehende Antwort wäre: „Er hat seinen Ursprung in den Materialien, aus denen seine Bestandteile gefertigt wurden."

Aber im eigentlichen Sinn des Wortes „Ursprung" hat das Automobil, von dem dieser besondere Motor nur ein Teil ist, seinen Ursprung weder in der Fabrik noch in seinen Grundmaterialien, sondern in etwas ganz anderem: im intelligenten Geist einer Person - seinem Erfinder. Das wissen wir natürlich durch die Geschichte und aus eigener Erfahrung, aber wir wissen es auch intuitiv: Es ist offensichtlich wahr.

Millionen von Menschen haben es ebenfalls intuitiv wahrgenommen - und spüren es noch immer -, dass auch das, was Christus und seine Propheten über den „Anfang" unserer menschlichen Rationalität sagten, offensichtlich wahr ist: „Am Anfang war das Wort - der Logos -, und der Logos war bei Gott, und der Logos war Gott ... Alle Dinge sind durch ihn geschaffen ..." (Joh 1,1-2; unsere Übersetzung). Das ist auf jeden Fall eine um einiges wahrscheinlichere Geschichte als die, dass unsere menschliche Intelligenz und Rationalität ursprünglich geistloser Materie entsprungen sein sollen, durch zufällige Mutationen, selektiert durch eine nicht zielgerichtete Natur.

Der Begriff „Logos" steht sowohl für Rationalität als auch für die Ausdrucksform dieser Rationalität durch verständliche Kommunikation. Wenn diese rationale Intelligenz Gott ist und zugleich persönlich ist und wir Menschen unser Menschsein und unsere Intelligenz von ihm erhalten haben, dann ist es alles andere als absurd zu denken, dass der göttliche Logos mit uns auch kommuniziert. Denn das entspricht seinem eigenen Wesen und dem Ausdruck dieser Intelligenz, dass sie kommuniziert. Im Gegenteil, wenn man von vornherein die Möglichkeit einer göttlichen Offenbarung ausschließt und seine Ohren vor dem verschließt, was Jesus Christus zu sagen hat, ohne sich seine Lehre zuvor anzuhören, um zu sehen, ob sie nun wahr ist oder nicht, ist das keine wahre wissenschaftliche Einstellung: offen zu sein für Neues und jeden vernünftigen Weg zur Wahrheit zu erkunden.[13]

Außerdem wird die Befürchtung, die Annahme der Existenz eines Schöpfergottes würde wahre wissenschaftliche Methodologie untergraben, durch reine geschichtliche Fakten widerlegt. Sir Francis Bacon (1561–1626), der weitestgehend als Vater der modernen wissenschaftlichen Methode betrachtet wird, glaubte, dass Gott sich in zwei großen Büchern offenbart habe: dem Buch der Natur und dem Buch des Wortes Gottes, der Bibel. In

13 Diese Fragen und damit zusammenhängende Themen werden ausführlicher im vierten Buch dieser Serie im Abschnitt *Antworten einfordern* behandelt.

seinem berühmten Werk *Advancement of Learning* (1605) schrieb Bacon: „Kein Mensch ... sollte denken oder behaupten, ein Mensch könnte zu sehr im Buch des Wortes Gottes oder im Buch von Gottes Werken ... nachforschen oder bewandert sein. Vielmehr sollten die Menschen einen unaufhörlichen Fortschritt oder Sachverstand in beidem anstreben."[14] Es ist dieses Zitat, das Charles Darwin an den Anfang seines Werkes *Die Entstehung der Arten* (1859) stellte.

Wissenschaftshistoriker weisen darauf hin, dass es diese theistische Sicht der „zwei Bücher" war, die maßgeblich für den kometenhaften Aufstieg der Wissenschaft am Anfang des 16. Jahrhunderts verantwortlich war. C. S. Lewis bezieht sich auf eine Aussage eines der bedeutendsten Historiker aller Zeiten, Sir Alfred North Whitehead: „Professor Whitehead weist darauf hin, dass erst Jahrhunderte des Glaubens an einen Gott, der ‚die persönliche Energie Jahwes' mit ‚der Rationalität eines griechischen Philosophen' verbindet, jene feste Erwartung einer systematischen Ordnung bewirken konnten, die die Geburt der modernen Wissenschaft möglich machte. Die Menschen wurden zu Wissenschaftlern, weil sie erwarteten, dass es in der Natur ein Gesetz gäbe; und sie erwarteten ein Gesetz in der Natur, weil sie an einen Gesetzgeber glaubten."[15] Mit anderen Worten: Der Theismus war die Wiege der Wissenschaft. In der Tat waren die meisten führenden Wissenschaftler zu jener Zeit weit davon entfernt, die Vorstellung eines Schöpfers als gedanklich absurd abzutun, sondern glaubten an einen Schöpfer.

Johannes Kepler	1571–1630	Himmelsmechanik
Blaise Pascal	1623–1662	Hydrostatik
Robert Boyle	1627–1691	Chemie, Gasdynamik
Isaac Newton	1642–1727	Mathematik, Optik, Dynamik
Michael Faraday	1791–1867	Magnetismus
Charles Babbage	1791–1871	Computerwissenschaft
Gregor Mendel	1822–1884	Genetik
Louis Pasteur	1822–1895	Bakteriologie
Lord Kelvin	1824–1907	Thermodynamik
James Clerk Maxwell	1831–1879	Elektrodynamik, Thermodynamik

14 Bacon, *The Advancement of Learning*, 8
15 Lewis, *Wunder*, 125–6

Alle diese berühmten Männer hätten Einstein zugestimmt: „Wissenschaft ohne Religion ist lahm, Religion ohne Wissenschaft blind."[16] Die Geschichte zeigt uns also sehr deutlich, dass der Glaube an Gott für die Wissenschaft kein Hindernis ist, sondern vielmehr einen der wichtigsten Impulse für ihre Entwicklung gegeben hat.

Auch heute gibt es viele hochrangige Wissenschaftler, die an Gott glauben. Zum Beispiel ist Professor William D. Philips, der 1997 den Nobelpreis für Physik erhielt, praktizierender Christ, wie auch der weltberühmte Botaniker und ehemalige Direktor der Königlichen Botanischen Gärten in London, der *Kew Gardens*, Sir Ghillean Prance. Ebenso trifft dies auf den ehemaligen Direktor des Nationalen Gesundheitsinstituts der Vereinigten Staaten zu, den Genetiker Francis S. Collins, der durch seine Leitung des internationalen Humangenomprojekts bekannt wurde, das 2003 seinen Höhepunkt in der vollständigen Entschlüsselung der menschlichen DNA fand.[17]

Viele Menschen haben aber folgenden Einwand: Wenn man sich nicht sicher sein kann, ob Gott überhaupt existiert, ist es dann nicht unwissenschaftlich, nach Beweisen für die Existenz Gottes zu suchen? Sicher nicht. Nehmen wir als Beispiel Professor Carl Sagan und das von ihm geförderte SETI-Projekt (SETI = The Search for Extra Terrestrial Intelligence; auf Deutsch: Die Suche nach außerirdischer Intelligenz). Sagan war ein berühmter Astronom, aber als er seine Suche begann, hatte er keine verbindlichen Beweise, auf die er aufbauen konnte. Er ging einfach auf Grundlage einer Hypothese vor: Wenn sich intelligentes Leben auf der Erde entwickelt hat, ist es auch möglich - vielleicht sogar wahrscheinlich –, dass es sich auch auf anderen geeigneten Planeten im Universum entwickelt hat. Er hatte keine Garantie, dass sich diese Hypothese als wahr erweisen würde oder dass er auf Leben stoßen würde, selbst wenn es existierte. Aber trotzdem fand er und auch die NASA (die Nationale Luft- und Raumfahrtorganisation) es für sinnvoll, viel Aufwand, Zeit und erhebliche Geldsummen zu investieren, um mit Radioteleskopen entfernte Galaxien abzuhören, um herauszufinden, ob es irgendwo im Universum sonst noch intelligentes Leben geben könnte.

Warum sollte es also weniger wissenschaftlich sein, nach einem intelligenten Schöpfer zu suchen, insbesondere, wenn es Belege dafür gibt, dass

16 Einstein, *Science and Religion*

17 Diese Liste könnte weitergeführt werden, wie eine Internetsuche nach „berühmte christliche Wissenschaftler" zeigen wird.

das Universum den Stempel seines Geistes trägt? Die einzig gültige Rechtfertigung dafür, dass man nicht nach Gott sucht, wären überzeugende Beweise dafür, dass Gott nicht existiert beziehungsweise nicht existieren kann. Aber niemand hat solche Beweise.

Doch für viele Menschen scheint die göttliche Offenbarung trotzdem vollkommen unmöglich zu sein, weil sie den Eindruck haben, die Wissenschaft sei aus der Wiege herausgewachsen, in der sie geboren wurde, und habe dann irgendwie bewiesen, dass es doch keinen Gott gibt. Aus diesem Grund werden wir im Anhang dieses Buches ausführlicher darauf eingehen, was Wissenschaft eigentlich ist, was es heißt, eine wirklich wissenschaftliche Perspektive einzunehmen, was die Wissenschaft bewiesen hat und was nicht und wie die Wissenschaft oftmals allgemein missverstanden wird. Doch hier müssen wir zunächst noch weiter gehende Fragen über die Realität betrachten.

> *Die einzig gültige Rechtfertigung dafür, dass man nicht nach Gott sucht, wären überzeugende Beweise dafür, dass Gott nicht existiert beziehungsweise nicht existieren kann. Aber niemand hat solche Beweise.*

Die Bedeutung der Realität

Eine der zentralen Fragen, die wir jetzt untersuchen werden, lautet: Können wir die letzte Wahrheit über die Realität wissen? Bevor wir verschiedene Aspekte der Realität betrachten, müssen wir definieren, was wir mit „Realität" meinen. Lassen Sie uns daher mit dem üblichen Gebrauch in unserer Alltagssprache beginnen. Danach können wir dann den Gebrauch des Begriffs auf höheren Ebenen betrachten.

In unserer Alltagssprache haben das Substantiv „Realität" sowie das Adjektiv und das Adverb „real" mehrere, unterschiedliche Bedeutungen, je nachdem, in welchem Kontext sie stehen. Hier ein paar Beispiele:

Zum einen ist das Gegenteil von „real" in manchen Situationen „eingebildet" oder „imaginär". So könnte beispielsweise ein durstiger Reisender in der Sahara in der Ferne etwas sehen, was er für eine Oase mit Wasser und Palmen hält, obwohl da eigentlich keine Oase ist. Was er zu sehen glaubt, ist eine Luftspiegelung, eine optische Illusion. Die Oase ist nicht real, sagen wir, sie existiert nicht wirklich.[18] Oder eine Patientin, der während einer

18 Luftspiegelungen entstehen, „wenn sich große Unterschiede in der Temperatur und folglich auch in der Dichte zwischen zwei dünnen Luftschichten auf oder direkt über dem Boden entwickeln. Dadurch wird das Licht gebrochen oder abgelenkt, während es

schweren Operation starke Medikamente injiziert wurden, kann aus der Narkose aufwachen und unter Halluzinationen leiden. Sie kann glauben, sie sehe alle möglichen seltsamen Wesen durch ihr Zimmer laufen. Aber wenn wir sagen, dass diese Dinge, die sie zu sehen glaubt, nicht real sind, meinen wir damit, dass diese eigentlich nicht existieren. Wir könnten natürlich argumentieren, dass etwas im Gehirn der Patientin geschieht und sie ähnliche Eindrücke erlebt, als wären diese seltsamen Wesen real. Ihre Eindrücke sind daher in dem Sinne real, dass sie in ihrem Gehirn existieren, aber sie entsprechen nicht der äußeren Realität, von der die Patientin glaubt, sie sei der Ursprung dieser Sinneseindrücke. Die Mechanismen ihres Gehirns erzeugen ein falsches Bild: Die seltsamen Wesen existieren nicht. Sie sieht nicht *sie*. Sie sind nicht real. Auf Grundlage solcher Beispiele (der Reisende und die Patientin) haben manche Philosophen argumentiert, dass keiner von uns sich jemals sicher sein kann, ob die Sinneseindrücke, die wir von der äußeren Realität zu empfangen glauben, die äußere Welt auch wirklich darstellen und keine Illusionen sind. Ihre Argumente werden wir ausführlich in Buch 2 dieser Serie, *Was können wir wissen?*, behandeln und dabei auch auf die Erkenntnistheorie und verwandte Themen eingehen.

Zusammenfassend lässt sich Folgendes sagen: Weder der Reisende noch die Patientin nahmen die äußere Realität so wahr, wie sie wirklich war. Aber die Gründe für ihr Unvermögen waren unterschiedlich: Beim Reisenden war es eine äußere Illusion (möglicherweise verstärkt durch den Durst), die ihn dazu brachte, die Realität falsch zu interpretieren und sich vorzustellen, es gebe dort eine wirkliche Oase, obwohl diese nicht da war. Bei der Patientin gab es in ihrem Raum nichts Ungewöhnliches, was ihre Wahrnehmungsstörung verursacht hätte. Das Problem lag vollständig in ihrem Inneren. Die Medikamente hatten die Wahrnehmungsmechanismen ihres Gehirns verzerrt.

---

durch eine Schicht zur nächsten wandert. Am Tag, wenn sich eine warme Schicht direkt über dem Boden befindet, werden Objekte nahe des Horizontes oftmals auf flachen Oberflächen widergespiegelt, wie zum Beispiel Strände, Wüsten, Straßen und Wasser. Dies erzeugt die flimmernden, schwebenden Bilder, die man oft an sehr heißen Tagen beobachten kann." *Oxford Reference Encyclopaedia*, 913.

Aus diesen beiden Beispielen können wir einige praktische Lektionen lernen:

1. Es ist für uns alle wichtig, von Zeit zu Zeit die Frage zu stellen, ob das, was wir einfach so als Realität empfinden, auch wirklich der Realität entspricht.

2. In Fällen wie den gerade beschriebenen muss die externe Realität der Maßstab sein, anhand dessen wir darüber urteilen, ob unsere Sinneswahrnehmungen richtig oder falsch sind.

3. Ob man Menschen von ihren inneren subjektiven Fehlwahrnehmungen befreien kann, hängt davon ab, ob man sie irgendwie dazu bringen kann, sich der externen, objektiven Realität zu stellen und sie wahrzunehmen.

Zweitens lautet in anderen Situationen das Gegenteil von „real" in der Alltagssprache „gefälscht", „unecht", „betrügerisch". Wenn wir zum Beispiel ein Stück Metall als „reales" oder „wirkliches Gold" bezeichnen, meinen wir damit, dass es echtes Gold ist und nicht so etwas wie Messing, das nur wie Gold aussieht. Die praktische Bedeutung davon, dass man in der Lage ist, zwischen dem zu unterscheiden, was in diesem Sinne real ist und was wiederum unecht oder gefälscht, lässt sich leicht aufzeigen.

Nehmen wir als Beispiel die Münzprägung. In vergangenen Jahrhunderten, als Münzen aus echtem Gold oder Silber hergestellt wurden (oder hergestellt werden sollten), verunreinigten Betrüger oft das Material der Münzen durch die Beimischung von minderwertigem Metall. Wenn die Käufer oder Verkäufer keine Möglichkeiten hatten zu überprüfen, ob die Münzen echt waren oder den vollen Wert besaßen, konnten sie leicht betrogen werden.

In unserer modernen Welt drucken Fälscher falsche Banknoten und bringen sie heimlich in Umlauf. Wenn der Betrug schließlich aufgedeckt wird, verweigern Banken und Händler die Annahme dieser falschen Banknoten, und unschuldige Leute bleiben auf wertlosen Fetzen Papier sitzen.

Oder ein unehrlicher Juwelier zeigt einer reichen Frau eine Halskette und erzählt ihr, sie sei aus wertvollen Edelsteinen gefertigt worden; und die reiche, arglose Frau bezahlt einen hohen Preis dafür, nur um später festzustellen, dass die Edelsteine nicht echt sind: Sie waren Nachahmungen, die aus einer Art Glaspaste oder Strass hergestellt wurden.

Im umgekehrten Fall bringt eine ältere Frau ihre Halskette, die aus echten Edelsteinen besteht, zu einem Juwelier und bietet sie ihm zum Verkauf an, um etwas Geld für ihren Lebensunterhalt zu erhalten. Doch der skrupellose Juwelier behauptet, die Edelsteine seien nicht so wertvoll, wie sie gedacht hatte: Sie seien aus Glaspaste hergestellte Nachahmungen. Durch diese Täuschung kann er die zögerliche Frau überzeugen, ihm die Halskette für einen viel geringeren Preis zu verkaufen, als sie eigentlich wert ist.

Erneut wird es aufschlussreich sein, die diesen Beispielen zugrunde liegenden Prinzipien genauer zu betrachten, denn später, wenn wir dazu kommen werden, die Realität auf einer höheren Ebene zu studieren, können sie uns hilfreiche Analogien und Gedankenmodelle liefern.[19]

Beachten Sie, dass den letzten drei Beispielen Prinzipien zugrunde liegen, die sich signifikant von den Prinzipien der Beispiele unterscheiden, die wir zuvor betrachtet haben. Die Oase und die seltsamen Wesen waren nicht real, weil sie in der äußeren Welt nicht wirklich existierten. Aber die gefälschten Münzen, die betrügerischen Banknoten sowie die echten und die nachgeahmten Edelsteine existierten alle in der äußeren Welt. In diesem Sinne waren sie alle real, Teil der externen Realität, wirkliche Stücke Materie.

Was war dann das Problem mit ihnen? Es waren die Betrüger, die für die Münzen und die Banknoten einen Wert und eine Kaufkraft beanspruchten, die sie in Wirklichkeit nicht besaßen; und bei den zwei Halsketten hatten die skrupellosen Juweliere in beiden Fällen das Wesen der Materie, aus der die Edelsteine bestanden, falsch dargestellt.

Das führt uns zur Frage: Wie können Menschen vermeiden, auf solche falschen Behauptungen und Falschdarstellungen hereinzufallen? Es ist nicht schwer zu erkennen, warum solche Fragen wichtig werden, wenn wir uns mit der Materie des Universums und seinen Eigenschaften befassen.

Zur Überprüfung, ob ein Objekt aus reinem Gold besteht oder nicht, wird damals wie heute ein schwarzes, feinkörniges, kieselhaltiges Gestein eingesetzt, das als Prüfstein bezeichnet wird. Wenn man reines Gold an diesem Prüfstein reibt, hinterlässt es auf dem Stein besonders beschaffene Streifen. Wenn ein Objekt aus verunreinigtem Gold oder aus minderwertigerem Metall besteht, werden die Streifen, die es auf dem Stein hinterlässt, anders beschaffen sein.

19 Siehe dazu besonders den Abschnitt *Was ist Wirklichkeit?* in Band 4.

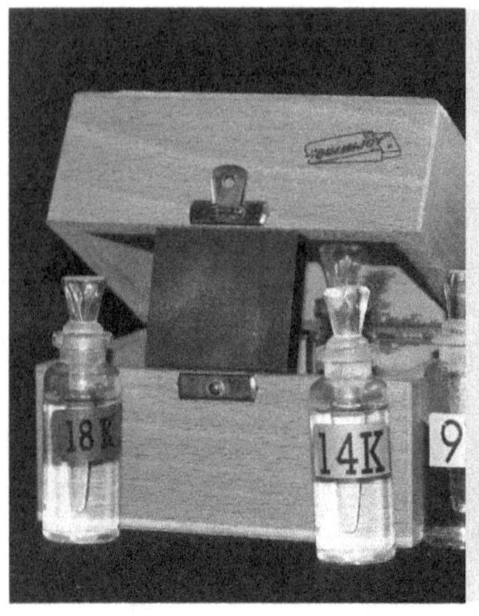

BILD I.3. ***Ein Prüfstein***
Prüfsteine wurden zum ersten Mal von Theophrastos (um 372 bis 287 vor Chr.) in seiner Schrift *De lapidibus* (Über die Steine) erwähnt. Prüfsteine sind Tafeln aus feinkörnigem schwarzen Stein, die dazu verwendet werden, den Gold- oder Silberanteil in einer Metallprobe zu bestimmen oder abzuschätzen. Auf dem Stein sieht man Spuren von Gold.

© jcw – Eigenes Werk, CC BY-SA 3.0/commons.wikimedia.org, ursprünglich in Farbe

In der Antike trugen Händler immer einen Prüfstein mit sich, doch man brauchte auch beachtliches Wissen und Erfahrung, um die Prüfung korrekt zu interpretieren. Bei Banknoten und Edelsteinen können Nachahmungen so geschickt gemacht sein, dass nur ein Experte den Unterschied zwischen echt und falsch erkennen kann. In diesem Fall müssten sich Nichtexperten wie wir auf das Urteil von Experten verlassen.

Aber was sollen wir tun, wenn die Experten sich nicht einig sind? Wie entscheiden wir, welchem Experten wir vertrauen wollen? Gibt es eine Art Prüfstein, den gewöhnliche Leute bei den Experten selbst anwenden können oder zumindest bei ihren Interpretationen?

Es gibt noch eine weitere Situation, die wir an dieser Stelle genauer betrachten sollten, bevor wir uns unserem Hauptthema widmen.

Drittens: Wenn wir mit etwas konfrontiert werden, das beansprucht, ein Bericht über ein vergangenes Ereignis und seine Ursachen zu sein, stellen wir zu Recht folgende Fragen: „Hat dieses Ereignis wirklich stattgefunden? Hat es so stattgefunden, wie der Bericht behauptet? War die vermutete Ursache auch die tatsächliche Ursache?“ Die Schwierigkeit bei Ereignissen aus der Vergangenheit ist, dass wir sie nicht einfach in die Gegenwart holen können und ihren Ablauf in unseren Laboren noch einmal beobachten können. Wir müssen deshalb nach vorhandenen Beweisen suchen, sie analysieren und dann entscheiden, welche Interpretation der Beweise das Geschehene am besten erklärt.

Das ist natürlich nichts Ungewöhnliches. Polizisten, die versuchen, einen Mord aufzuklären und den Mörder ausfindig zu machen, befinden sich konstant in dieser Situation, und auch Historiker, Archäologen und

Paläontologen machen dies ständig. Aber beim Umgang mit Beweisen und ihrer Interpretation können Fehler gemacht werden. Ein Beispiel: Im Jahr 1980 campte eine Familie im australischen Outback, als sie plötzlich von einem Dingo (einem australischen Wildhund) angegriffen wurde. Dabei kam das kleine Kind der Familie ums Leben. Als die Polizei jedoch den Fall untersuchte, glaubten sie die Geschichte der Eltern nicht. Sie unterstellten der Frau, das Kind tatsächlich selbst getötet zu haben. Das Gericht befand sie für schuldig, und sie wurde verurteilt. Doch später tauchten neue Beweise auf, die die Geschichte der Eltern bestätigten und bewiesen, dass wirklich ein Dingo für den Tod des Kindes verantwortlich gewesen war. Erst 2012 wurde das Paar vollständig von den Beschuldigungen freigesprochen.

Zeigt uns dies, dass wir uns nie wirklich sicher sein können, ob ein historisches Ereignis tatsächlich stattgefunden hat? Oder, dass wir uns nie über seine wahren Ursachen gewiss sein können? Natürlich nicht! Es steht völlig außer Zweifel, dass beispielsweise Napoleon Russland eroberte und Dschingis Khan Peking (das damals Zhongdu genannt wurde) belagerte. Wie wir bereits festgestellt haben, lautet die Frage: Was für Beweise müssen wir haben, um uns sicher zu sein, dass ein historisches Ereignis wirklich stattgefunden hat?

Doch genug von diesen Vorübungen – es ist jetzt an der Zeit, den ersten Schritt zur Beantwortung folgender Frage zu tun: Können wir die letzte Wahrheit über die Realität erfahren?

WAS IST DAS WESEN DER LETZTEN REALITÄT?

Wir haben über die Bedeutung von Realität in verschiedenen praktischen Situationen des täglichen Lebens nachgedacht. Jetzt müssen wir anfangen, die Realität auf den höheren Ebenen unserer eigenen individuellen Existenz zu betrachten sowie die unserer Mitmenschen und schließlich die des gesamten Universums.

Wir selbst als Individuen

Lassen Sie uns mit uns selbst als Individuen beginnen. Wir wissen, dass wir existieren. Wir müssen keine langen philosophischen Diskussionen führen, bevor wir wissen, dass wir existieren. Wir wissen es intuitiv. In der Tat können wir dies nicht logisch leugnen. Wenn ich behaupten sollte: „Ich existiere nicht", würde ich meine Behauptung allein dadurch widerlegen, dass ich sie mache. Eine nicht existente Person kann nun einmal nichts behaupten.

Wenn ich nicht existieren würde, könnte ich noch nicht einmal sagen: „Ich existiere nicht", da ich dazu existieren müsste, um dies zu behaupten. Daher kann ich nicht auf logische Weise meine eigene Nichtexistenz behaupten.

Es gibt noch mehr Dinge, die wir intuitiv über uns selbst wissen.

Erstens besitzen wir Selbstbewusstsein, das heißt, wir sind uns unserer selbst als einzelne Individuen bewusst. Ich weiß, dass ich nicht mein Bruder bin oder meine Schwester oder mein Nachbar. Ich bin das Kind meiner Eltern, aber ich bin nicht einfach nur eine Weiterentwicklung meines Vaters und meiner Mutter. Ich bin ein einzelnes Individuum, ein eigenständiger Mensch. Mein Wille ist keine Fortführung ihres Willens, das heißt, wenn sie etwas wollen, will ich nicht automatisch dasselbe. Mein Wille ist mein eigener Wille.

Mein Wille wurde vielleicht geprägt durch viele Erfahrungen in der Vergangenheit, von denen die meisten nun in mein Unterbewusstsein gelangt sind, und wird vielleicht von vielen inneren Wünschen oder Ängsten bedrängt und von den äußeren Umständen. Aber was immer deterministische Philosophen behaupten – tief in unserem Herzen wissen wir, dass wir uns frei entscheiden können. In diesem Sinn ist unser Wille frei. Wäre er es nicht, könnte niemand jemals für sein Fehlverhalten angeklagt werden oder für gute Taten gelobt werden.

Zweitens sind wir uns selbst auch intuitiv als Personen bewusst, die sich wesentlich von unpersönlichen Dingen unterscheiden und ihnen überlegen sind. Es ist keine Frage der Größe, sondern des Geistes und der Persönlichkeit. Ein Berg mag groß sein, aber er ist ohne Geist und unpersönlich. Er besteht aus nicht rationaler Materie; er ist sich nicht bewusst, dass wir da sind. Er ist sich auch seiner selbst nicht bewusst. Ein Berg liebt weder, noch hasst er, er erwartet weder Dinge, noch reflektiert er sie, er hat weder Hoffnungen noch Ängste. Und doch könnte er uns vernichten, wenn er zu einem Vulkan wird – obwohl wir rationale Wesen sind und er ohne Geist ist. Trotzdem sollten wir aus der Tatsache, dass unpersönliche, nicht rationale Materie größer und stärker ist als wir, nicht schlussfolgern, dass sie auch eine höhere Existenzform ist als ein persönlicher, rationaler Mensch. Doch dadurch stellt sich uns folgende Frage: Was ist nun die Stellung unserer menschlichen Existenz in dieser materiellen Welt und dem Universum?

Unsere Stellung in der Welt

Wir wissen, dass wir nicht immer existiert haben. Wir können uns daran erinnern, dass wir einmal kleine Kinder waren. Nun sind wir zu Männern und Frauen herangewachsen. Wir haben auch gesehen, dass Menschen früher oder später sterben und dass die unpersönliche und geistlose Erde zu ihrem Grab wird. Was ist also die Bedeutung eines einzelnen Menschen und seines vergleichsweise kurzen Lebens auf der Erde?

Manche denken, dass es auf die Menschheit als Ganzes ankommt: Das Individuum zählt nur wenig. So gesehen ist die Menschheit wie ein großer Apfelbaum. Jedes Jahr bringt er eine reiche Ernte an Äpfeln hervor. Jeder Apfel ist mehr oder weniger gleich. Ein einzelner Apfel hat keine besondere Bedeutung. Er ist für ein kurzes Leben bestimmt, bevor er wie der Rest der Ernte verspeist und vergessen wird und so Platz macht für die Ernte des nächsten Jahres. Der Baum selbst lebt weiter und bringt Jahr für Jahr neue Ernten hervor, in einem scheinbar endlosen Kreis von Geburt, Wachstum und Verschwinden. So gesehen ist der Baum das bedeutende und dauerhafte Phänomen; der einzelne Apfel dagegen ist fast bedeutungslos.

BILD I.4. ***Ein Apfel***

Apfelbäume brauchen vier bis fünf Jahre, bevor sie die erste Frucht bringen, und die Bildung eines Apfels erfordert die Energie von 50 Blättern. Archäologen haben Beweise entdeckt, dass die Menschen seit Beginn der aufgezeichneten Geschichte Äpfel essen.

©unsplash.com/Fumiaki Hayashi

Unser Ursprung

Aber diese Sicht des Einzelnen im Verhältnis zu seiner Art bringt uns nicht zur Wurzel unserer Frage, denn auch die Menschheit hat nicht immer existiert, sondern hatte einen Anfang, wie auch das Universum selbst. Dadurch wird die Frage nur noch eine Stufe weiter zurückgeschoben: Wem verdanken die Menschheit als Ganzes und das Universum selbst letztlich ihre Existenz? Was ist die große Realität hinter der nicht rationalen Materie des Universums und hinter uns rationalen, persönlichen, individuellen Mitgliedern der menschlichen Art?

Bevor wir beginnen, die Antworten zu untersuchen, die im Laufe der Jahrhunderte auf diese Fragen gegeben wurden, sollten wir beachten, dass uns die Wissenschaft zwar auf eine Antwort hinweisen kann, eine endgültige und vollständige Antwort kann sie uns aber nicht liefern. Das liegt nicht daran, dass mit der Wissenschaft etwas nicht stimmt, die Schwierigkeit liegt einfach in der Natur der Dinge. Die heute am weitesten verbreitete (wenn auch nicht die einzige) wissenschaftliche Theorie zur Entstehung des Universums ist die des Urknalls. Doch die Theorie sagt uns, dass wir hier auf eine Singularität stoßen, auf einen Punkt, an dem alle Gesetze der Physik in sich zusammenbrechen. Wenn das stimmt, folgt daraus, dass uns die Wissenschaft selbst keinen wissenschaftlichen Bericht darüber liefern kann, was davor gewesen ist und durch den Urknall zum Universum geführt hat und letztendlich zu uns als einzelnen Menschen.

Unsere Bestimmung

Die Tatsache, dass die Wissenschaft diese Fragen nicht beantworten kann, heißt natürlich nicht, dass es sich dabei um Pseudofragen handelt, die es nicht wert wären, gestellt zu werden. Adam Schaff, der polnische marxistische Philosoph, beobachtete vor langer Zeit:

„‚Sinn des Lebens‘ oder ‚Mensch und Welt‘, das klingt schrecklich, und man kann schwerlich behaupten, dass es möglich ist, sich in einer so nebelhaften Angelegenheit vernünftig zu äußern. Und dennoch! Wenn wir auch zehnmal sagen, es sei ein typisches Pseudoproblem, *liquidieren wir das Problem damit nicht.*“[20]

Ja, natürlich würden Probleme bestehen bleiben, und sie sind die wichtigsten Fragen des Lebens. Nehmen wir an, wir würden mithilfe der Wissenschaft alles über jedes Atom, jedes Molekül, jede Zelle, jeden elektrochemischen Strom und jeden Mechanismus unseres Körpers und Gehirns wissen. Wie viel weiter wären wir dann? Wir würden wissen, aus was wir bestehen und wie wir funktionieren. Aber wir würden noch immer nicht wissen, wozu wir gemacht wurden.

Stellen wir uns folgende Analogie vor: Eines Morgens wachen wir auf und sehen einen neuen, leeren Geländewagen vor unserem Haus parken, den irgendein anonymer Spender auf unseren Namen zugelassen und zu unserem Gebrauch bestimmt hat. Wissenschaftler könnten jedes Atom und Molekül beschreiben, aus dem das Auto besteht. Ingenieure könnten uns erklären, wie es funktioniert und dass es für den Transport von Menschen

20 Schaff, *Marx oder Sartre?*, 32 (Kursivsetzung durch uns)

entwickelt wurde. Der Jeep ist offensichtlich dazu gedacht, an andere Orte zu fahren. Aber wohin? Weder die Wissenschaft noch die Ingenieure könnten uns sagen, wohin wir mit dem Geländewagen fahren sollen. Sollten wir dann nicht herausfinden, wer der anonyme Spender ist, und klären, ob wir mit dem Geländewagen tun und lassen können, was wir wollen, ohne jemandem dafür Rechenschaft ablegen zu müssen? Oder ob der Geländewagen uns vom Hersteller und Besitzer als dauerhafte Leihgabe zur Verfügung gestellt wurde in der Erwartung, dass wir die Absichten des Spenders berücksichtigen, die Regeln im Fahrerhandbuch befolgen und uns am Ende vor dem Spender dafür verantworten, wie wir das Auto eingesetzt haben?

Das ist genau die Situation, in der wir uns als Menschen befinden. Wir sind ausgestattet mit einem großartigen Exemplar physikalischer und biologischer Ingenieurskunst – unserem Körper und unserem Gehirn. Und wir haben uns weder selbst geschaffen noch die „Maschine“, für die wir verantwortlich sind. Müssen wir uns nicht fragen, wie unser Verhältnis zu dem ist, dem wir unsere Existenz verdanken? Was wäre, wenn sich letztendlich herausstellen würde, dass wir unsere Existenz nicht einem unpersönlichen Etwas verdanken, sondern einem persönlichen Jemand?

Für manche erscheint die zweite Möglichkeit intuitiv unattraktiv, wenn nicht sogar beängstigend; sie würden lieber denken, dass sie ihre Existenz unpersönlicher Materie und unpersönlichen Kräften und Prozessen verdanken. Jedoch hat auch diese Sicht bei manchen sonderbare Ängste ausgelöst. Der Wissenschaftler Jacob Bronowski (1908–74) bekannte sich zu der tiefen, intuitiven Sehnsucht, nicht einfach nur zu existieren, sondern ein erkennbar eigenständiges Individuum zu sein – nicht nur einer von Millionen ansonsten nicht unterscheidbarer Menschen:

> *Müssen wir uns nicht fragen, wie unser Verhältnis zu dem ist, dem wir unsere Existenz verdanken? Was wäre, wenn sich letztendlich herausstellen würde, dass wir unsere Existenz nicht einem unpersönlichen Etwas verdanken, sondern einem persönlichen Jemand?*

„Wenn ich sage, ich möchte ich selbst sein, meine ich so wie der Existenzialist damit, dass ich frei sein möchte, um ich selbst zu sein. Dies impliziert, dass ich von Zwängen befreit sein will (inneren wie äußeren), um auf überraschende Weise zu handeln. Doch damit meine ich nicht, dass ich zufällig oder unberechenbar handeln möchte. Nicht in diesem Sinne möchte ich frei sein, sondern so, dass es mir erlaubt ist, anders als andere zu sein. Ich möchte meinen eigenen Weg gehen –

> aber ich möchte, dass dieser Weg als mein eigener wahrgenommen wird und nicht als Zickzackkurs. Und ich möchte, dass andere dies bemerken: Ich möchte, dass sie sagen: „Wie ungewöhnlich!"[21]

Doch gleichzeitig bekannte er, dass ihn bestimmte Interpretationen der Wissenschaft erschrecken und ihm die Zuversicht rauben:

> „Dort liegt der Dreh- und Angelpunkt unserer Ängste: dass sich der Mensch als Spezies und wir als denkende Wesen uns als reine Maschinen von Atomen erweisen. Wir bekennen uns zum Eigenleben der Amöbe und der Käsemilbe, doch was wir verteidigen, ist der menschliche Anspruch, ein Komplex aus Willen, Gedanken und Emotionen zu sein – einen Geist zu besitzen. ...
>
> Die Krise der Zuversicht ... entspringt dem Wunsch des Menschen, ein Geist und eine Person zu sein, angesichts der nagenden Angst, nur ein Mechanismus zu sein. Die zentrale Frage, die ich stelle, lautet: Kann der Mensch sowohl eine Maschine als auch ein Selbst sein?"[22]

Unsere Suche

Und so kommen wir zu unserer ursprünglichen Frage zurück; aber nun wird deutlich, dass es sich um eine doppelte Frage handelt: Es geht nicht nur darum, was oder wem die Menschheit als Ganzes ihre Existenz verdankt, sondern auch, was der Status des einzelnen Menschen im Verhältnis zu seiner eigenen Art ist und zu den unzählbaren Myriaden von Einzelphänomenen, aus denen das Universum besteht. Oder anders gefragt: Was ist unsere Bedeutung innerhalb der Realität, in der wir uns befinden? Das ist die letzte Frage, die über jedem einzelnen Leben steht, ob wir nun nach Antworten suchen oder nicht. Die Antworten, die wir finden, werden unser Denken in allen wichtigen Lebensbereichen beeinflussen.

Es handelt sich also nicht um rein akademische Fragen, die für unser praktisches Leben ohne Bedeutung wären. Sie stehen im Zentrum des Lebens selbst, und natürlich wurden im Laufe der Jahrhunderte bemerkenswerte Antworten darauf gegeben, von denen viele auch heute noch vertreten werden.

21 Bronowski, *Identity of Man*, 14–15
22 Bronowski, *Identity of Man*, 7–9

Wenn wir verstehen wollen, warum viele unserer Mitmenschen so ernsthaft an ihren Sichtweisen festhalten, müssen wir versuchen, ihre Ansichten zu verstehen und die Gründe zu erkennen, warum sie diese haben. Aber an dieser Stelle müssen wir eine Warnung äußern, die wir auch im Laufe dieser Bücher mehrmals wiederholen werden: Wer anfängt, ernsthaft nach der Wahrheit zu fragen, wird herausfinden, dass er – egal, wie niedrig die Ebene ist, auf der er anfängt – aus logischen Gründen nicht widerstehen kann, auch nach der letzten Wahrheit über alles zu fragen.

Darum wollen wir im Geist der Wahrheit und Aufrichtigkeit direkt sagen, dass wir, die Autoren dieses Buches, Christen sind. Wir geben nicht vor, neutrale Führer auf dieser Reise zu sein. Wir empfehlen Ihnen die Antworten, die wir selbst gefunden haben, von ganzem Herzen. Wir werden Ihnen begründen, warum wir die Aussagen der christlichen Botschaft für gültig halten und glauben, dass sie wirkliche Hilfe bieten können. Dies schließt jedoch nicht aus, dass wir uns in diesem Geiste der Aufrichtigkeit und Fairness auch mit anderen Ansichten auseinandersetzen werden. Wir hoffen, dass jene unter Ihnen, die unsere Ansichten nicht teilen, sich mit diesen im selben Geist auseinandersetzen werden. Mehr können wir nicht verlangen, wenn wir uns gemeinsam auf die Suche machen – die Suche nach Realität und Bedeutung.

UNSER ZIEL

Unseren kleinen Beitrag zu dieser Suche finden Sie in den vier Bänden dieser Serie. In diesem, dem zweiten Buch der Serie[23], befassen wir uns mit der fundamentalen Frage, die nicht nur auf wissenschaftliche und philosophische Theorien Auswirkungen hat, sondern auch auf unsere alltägliche Erfahrung: Wie können wir überhaupt irgendetwas wissen? Der Teil der Philosophie, der sich mit dieser Frage auseinandersetzt, ist bekannt als Erkenntnistheorie, und in unseren ersten vier Kapiteln beschäftigen wir uns mit einigen ihrer wichtigsten Problemstellungen, ihren Vordenkern und großen Konzepten. In den folgenden vier Kapiteln werden wir über die Frage nachdenken, wie wir Wahrheit definieren sollten und ob es so etwas

23 Im Gegensatz zur englischen Ausgabe, die sechs Bände umfasst, ist die deutsche Ausgabe auf vier Bände konzipiert. Dieser Band 2 ist im Original Band 3. Die deutsche Ausgabe fasst die Bände 5, 6 und 2 der englischen Ausgabe (in dieser Reihenfolge) ungekürzt in Band 4 *Was dürfen wir hoffen?* zusammen.

wie absolute Wahrheit gibt. Von den vielen Stimmen, auf die wir hören, werden wir die Bibel für sich selbst sprechen lassen, wenn wir die verschiedenen Facetten der Wahrheit betrachten, die dort angesprochen werden. Wir werden auch einen genaueren Blick auf den Gerichtsprozess von Jesus Christus werfen und überlegen, welche Bedeutung dieser für die Frage nach der Erkenntnis der Wahrheit hat. Schließlich werden wir uns in unseren letzten beiden Kapiteln intensiv mit dem postmodernen Denken auseinandersetzen, sowohl mit seiner Theorie als auch mit seinem potenziellen Einfluss auf Ethik, Wissenschaft und Literaturinterpretation.

WIE KÖNNEN WIR ÜBERHAUPT ETWAS WISSEN?

1

WIE WIR DIE WELT WAHRNEHMEN

Erkenntnistheorie beginnt mit der Frage,
wie, mit welchen Mitteln und in welchem Maße
wir uns nicht nur eine Meinung bilden können,
sondern zu wahrem und sicherem Wissen
über die Welt der Dinge um uns herum gelangen können.
Und in diesem Zusammenhang fragt sie,
ob wir mit Gewissheit wissen können,
ob die Welt der Menschen und Dinge ihr Dasein
einem Schöpfer verdankt, und wenn ja,
ob wir wissen können, wie er ist.

WIE KÖNNEN WIR ÜBERHAUPT ETWAS WISSEN?

Die Frage „Wie können wir überhaupt etwas wissen?" mag albern erscheinen, während wir doch alle wissen, dass wir Tausende von Dingen wissen und unser Leben auf Grundlage dieses Wissens führen. Wir wissen, dass die Welt voller *materieller* Dinge ist, wie Häuser und Stühle, Felsen und Flüsse, Pflanzen und Maschinen. Wir haben auch Wissen, das sich auf *immaterielle* Dinge bezieht: Wir wissen, dass 3 x 3 = 9 ist und dass andere Menschen einen Verstand besitzen so wie wir selbst, und wir kennen die Gesetze der Logik. Wir wissen *historische* Dinge: zum Beispiel, dass Cäsar Augustus Kaiser in Rom war und es Hitler nie gelang, St. Petersburg einzunehmen. Instinktiv wissen wir auch, dass es gewisse *moralische* Wahrheiten gibt – beispielsweise, dass es falsch ist, Kinder zu quälen –, und aus Erfahrung wissen wir, dass nicht jeder immer ehrlich ist und die Wahrheit sagt. Und wir wissen sogar *hypothetische* Dinge, zum Beispiel, was passieren würde, wenn wir mit einem Auto mit 120 km/h gegen eine feste Steinmauer fahren würden.

Alle diese Dinge (und Hunderte mehr) glauben wir so gut zu kennen, dass wir gar nicht erst innehalten und darüber nachdenken müssen, woher wir sie wissen oder ob wir recht haben, wenn wir behaupten, sie zu wissen. Wir wissen diese Dinge nicht nur, wir vertrauen ihnen auch, und zwar so sehr, dass wir dazu bereit sind, auf Grundlage dieses Wissens zu handeln. Das Leben wäre unmöglich, wenn wir dies nicht täten. Warum sollten wir uns also überhaupt die Mühe machen zu diskutieren, *wie* wir Dinge wissen können? Und warum sollten wir unsere Behauptung, wir wüssten diese Dinge, überhaupt rechtfertigen?

Die Grenzen der Sinneswahrnehmung

Einige einfache Beispiele können uns bei der Beantwortung dieser Fragen helfen. Jahrhundertelang glaubte die breite Mehrheit der Menschen daran, dass die Erde stillsteht und die Sonne sich um die Erde dreht. Was die

Sinneswahrnehmung der Menschen anging, hatte keiner das Gefühl, dass sich die Erde mit einer Geschwindigkeit von 1600 km/h dreht und dabei ihre Bewohner mit 108 000 km/h um die Sonne transportiert (auch heute *spürt* dies niemand). Ihre Sinne sagten ihnen, dass die Erde sich nicht bewegt – aber ihre Sinne täuschten sie.

Auch unser Sehvermögen kann uns täuschen. Reisende in der Wüste sehen manchmal etwas vor sich, das sie für eine Oase mit Wasser und Palmen halten, aber wenn sie dann an dieser Stelle ankommen, ist dort nichts als Sand. Was sie gesehen haben, war nur eine Luftspiegelung.[24] Wie können wir also sicher sein, dass wir uns normalerweise auf unsere Sinneswahrnehmung der Außenwelt verlassen können?

Wenn wir jedoch aufgrund dessen versuchen, unsere Sinne einfach zu ignorieren und uns allein auf unseren Verstand verlassen, um die Welt um uns herum kennenzulernen, werden wir bald entdecken, dass auch der Verstand seine Grenzen hat. Wenn Sie in Ihrem Zimmer sitzen, kann Ihnen Ihr Verstand nicht sagen, ob in der Straße um die Ecke außerhalb Ihres Sichtfelds ein rotes Auto parkt oder nicht. Um dies herauszufinden, müssten Sie hingehen und nachsehen – und Ihren Sinnen vertrauen! In solchen Fällen kann der Verstand erst dann anfangen zu arbeiten, wenn er irgendeinen sachlichen Beweis als Grundlage hat.

Ein anderes Beispiel: Wir alle wissen, dass Geschworene auch schon einmal zu falschen Urteilen gekommen sind – Schuldige wurden freigesprochen und Unschuldige verurteilt. Lassen Sie uns dabei annehmen, dass sie in solchen Fällen dennoch ihr Bestes getan haben, die Aussagen zu verstehen, die man ihnen vorgelegt hat, und wirklich glaubten, ihre Urteile seien richtig. Doch offenbar reichte die ehrliche Überzeugung nicht aus, um ihre Richtigkeit zu garantieren. Was hätte zu Recht von ihnen erwartet werden können, damit ihre Überzeugung begründet gewesen wäre? Welcher Überprüfung hätte sie standhalten müssen? Hätten sie sich überhaupt sicher sein können, dass ihre Überzeugung richtig ist? In manchen Ländern gilt für Geschworene die Vorgabe, dass ein Schuldspruch nur dann erfolgen darf, wenn es keinen begründeten Zweifel an der Schuld gibt! Wäre es von Bedeutung, wenn Geschworene sich eigentlich nie absolut sicher sein könnten, dass ihre Urteile richtig sind?

24 Eine Beschreibung dieser und anderer Illusionen finden Sie in der „Einführung in die Serie".

Die Rolle der Erkenntnistheorie

Der Begriff Epistemologie – oder Erkenntnistheorie – stammt von zwei griechischen Wörtern: *epistēmē* („Erkenntnis“) und *logos* („Wissenschaft“ oder „Forschung“). Damit wird ein Zweig der Philosophie bezeichnet, der sich mit unseren Überzeugungen beschäftigt, und zwar nicht mit der Frage, *wovon* wir überzeugt sind, sondern *wie* wir unsere Überzeugungen rechtfertigen. Erkenntnistheorie beginnt mit der Frage, wie, mit welchen Mitteln und in welchem Maße wir uns nicht nur eine Meinung bilden können, sondern zu wahrem und sicherem Wissen über die Welt der Dinge um uns herum gelangen können. Und in diesem Zusammenhang fragt sie, ob wir mit Gewissheit wissen können, ob die Welt der Menschen und Dinge ihr Dasein einem Schöpfer verdankt, und wenn ja, ob wir wissen können, wie er ist.

Erkenntnistheorie fordert uns ebenso dazu heraus zu reflektieren, inwiefern unsere Vorurteile, Wertvorstellungen und sogar unsere wissenschaftlichen Untersuchungsmethoden die Eindrücke, die wir gewinnen, einschränken oder sogar verzerren.

Quantenphysiker sagen uns, dass schon die Mittel, die sie zur Untersuchung von Elementarteilchen einsetzen, diese Teilchen so sehr beeinflussen, dass man nicht gleichzeitig den Ort und die Geschwindigkeit irgendeines Teilchens bestimmen kann. Es ist auch bekannt, dass die persönliche Weltanschauung des Wissenschaftlers seine Interpretation der Versuchsergebnisse und die Theorien, die er daraus bildet, beeinflussen kann (siehe Anhang: „Was ist Wissenschaft?“).

Erkenntnistheorie widmet sich der Prüfung unserer Behauptungen, wir hätten über manche Dinge festes und sicheres Wissen.

Eine Disziplin zweiter Ordnung

Man kann durchaus sagen, dass die Erkenntnistheorie eines der größten, kompliziertesten und daher umstrittensten Gebiete der Philosophie ist. Auf jeden Fall wird sie auf höheren Ebenen äußerst technisch. In diesem Kapitel werden wir zumindest ein paar der wichtigsten Theorien und Positionen betrachten, die auf diesem Gebiet vertreten wurden bzw. immer noch werden. Mehr wird aufgrund des begrenzten Platzes, der uns hier zur Verfügung steht, nicht möglich sein, aber wir hoffen, damit bei unseren Lesern genug Interesse wecken zu können, dass sie das Thema für sich selbst aufgreifen und sich weiter mit ihm beschäftigen.

So viel sollte uns jedoch von Anfang an bewusst sein: Die Erkenntnistheorie ist eine Disziplin zweiter Ordnung, nicht erster Ordnung. Das bedeutet, dass wir nicht erst alle Probleme, die die Erkenntnistheorie aufwirft, verstanden, geschweige denn gelöst haben müssen, bevor wir die faszinierende Aufgabe in Angriff nehmen können, die Welt um uns herum zu verstehen und wertvolle Entdeckungen über die letzte Wirklichkeit zu machen und darüber, was das mit uns zu tun hat. Erst wenn wir viele Dinge entdeckt und erforscht haben, wird die Erkenntnistheorie uns einladen, unsere Überzeugungen rational zu rechtfertigen und zu erklären, wie wir überhaupt wissen können, dass diese Dinge wahr sind. Mit anderen Worten: Die Erkenntnistheorie schreibt nicht vor, wie wir bei der Entdeckung neuen Wissens vorgehen sollen. Sie lädt uns ein, das Wissen, das wir glauben entdeckt zu haben, zu überprüfen, um zu sehen, ob es wahr ist.

> *Erst wenn wir viele Dinge entdeckt und gelernt haben, wird die Erkenntnistheorie uns einladen, unsere Überzeugungen rational zu rechtfertigen und zu erklären, wie wir überhaupt wissen können, dass diese Dinge wahr sind.*

Sehen Sie sich den Prozess des Lebens an sich an: Ein Baby wird mit dem natürlichen Drang geboren, sich selbst und die Welt um es herum kennenzulernen und zu verstehen. Schauen Sie einem Baby zu, das seinen Fuß packt, an seinen Mund führt und so zu entdecken beginnt, dass dieses Ding – was auch immer es ist – ein Teil von ihm selbst ist. Hören Sie einem Kind zu, das unaufhörlich fragt: „Warum dies? Warum das?" Es ist wirklich erstaunlich, wie viel ein Kind bis zu seinem fünften Geburtstag schon gelernt hat (ohne sich jemals dabei mit abstrakten erkenntnistheoretischen Fragen befasst zu haben, wie wir unseren Anspruch auf Wissen rechtfertigen können!). Vieles von dem, was es gelernt hat, wird sich sogar als dauerhaft gültig erweisen, wenn auch natürlich von Zeit zu Zeit ein kritisches Überdenken zu Recht zu einer Anpassung oder sogar Verwerfung von einigen dieser Überzeugungen führen wird.

Im anderen Extrem wäre es ein methodischer Fehler, wenn Wissenschaftler die Erkenntnistheorie als Disziplin erster Ordnung betrachteten und das Gefühl hätten, sie müssten, bevor sie überhaupt versuchen, Entdeckungen zu machen, zunächst durch abstrakte Schlussfolgerungen die theoretische Frage der Erkenntnistheorie „Wie können wir die Außenwelt richtig wahrnehmen?" beantworten. Stattdessen nehmen sie eine Haltung ein, die der Erkenntnistheoretiker Edmund Husserl (1859–1938) als richtige Einstellung für Wissenschaftler beschrieb und empfahl – die „dogmatische Einstellung", wie er sie nannte:

> Die rechte Stellung in der in einem guten Sinne *dogmatischen*, das ist *vorphilosophischen Forschungssphäre*, der alle Erfahrungswissenschaften (aber nicht nur sie) angehören, *ist die, dass man vollbewusst allen Skeptizismus mitsamt aller „Naturphilosophie" und „Erkenntnistheorie" beiseiteschiebt* und Erkenntnisgegenständlichkeiten nimmt, wo man sie wirklich vorfindet — welche Schwierigkeiten immer *hinterher* eine erkenntnistheoretische Reflexion an der Möglichkeit solcher Gegenständlichkeiten aufzeigen mag.[25]

SKEPTIZISMUS

Der Aufstieg des Skeptizismus

In Europa waren es einige der frühen griechischen Philosophen, die sich zuerst darüber bewusst wurden, dass es Fragen zu den Mitteln gibt, mit denen wir die Welt um uns herum kennenlernen. Und so wurde die Erkenntnistheorie geboren. Es dauerte jedoch nicht lange, bis auch der Skeptizismus sich zu Wort meldete. Das griechische Verb *skeptomai*, von dem sich das Substantiv Skeptizismus ableitet, bedeutet im Grund genommen „sorgfältig untersuchen" oder „kritisch prüfen". Jedoch wurde das Substantiv „Skeptizismus" schließlich zur Bezeichnung für die philosophische Haltung, dass man eigentlich gar nichts mit Sicherheit wissen kann. Nach dem Skeptizismus sind das Höchste, was wir je erreichen werden, mehr oder weniger zutreffende Aussagen über die praktischen Dinge des Lebens, doch bei allem, was darüber hinausgeht, müssen wir uns mit Urteilen zurückhalten.

Der Skeptizismus entstand wie folgt: Zunächst studierten die frühen griechischen Denker das Universum, so wie sie es sahen, und versuchten herauszufinden, woraus es bestand und wie es funktionierte.[26] Sie kamen überhaupt nicht auf den Gedanken zu hinterfragen, ob sie eine direkte Vorstellung von der Welt um sie herum hatten. Für sie war es selbstverständlich, dass die Welt so war, wie sie ihnen erschien. Ihr Ziel war es, die Welt

---

25 *Ideen zu einer reinen Phänomenologie und phänomenologischen Philosophie*, erschienen in: *Jahrbuch für Philosophie und phänomenologische Forschung*, 46 (Kursivsetzung im Original). Originalbeitrag erschienen in: Jahrbuch für Philosophie und phänomenologische Forschung 1. Band, Teil 1, Verlag von Max Niemeyer, Halle a. d. S.: 1913; siehe: https://freidok.uni-freiburg.de/fedora/objects/freidok:5973/datastreams/FILE1/content

26 Im Abschnitt *Was ist Wirklichkeit?* in Buch 4 der Serie *(Was dürfen wir hoffen?)*, werden die erwähnten griechischen Denker ausführlicher betrachtet.

nicht nur oberflächlich zu betrachten, sondern zu entdecken, aus welchen Grundsubstanzen sie bestand, und die Prozesse zu verstehen, wie alles als harmonisches Ganzes zusammenwirkte.

Doch dann entwickelte einer von ihnen, Heraklit, die Theorie, dass das Universum durch gleiche und durch gegensätzliche Kräfte in einer Spannung zusammengehalten wird. Laut Heraklit wird Hitze augenblicklich von Kälte überwunden und Kälte schließlich von Hitze usw., wodurch ein Gleichgewicht bewahrt wird. Alles verändert sich ständig. Aber wie kann man dann – so fragten andere Philosophen wie Platon – etwas völlig und sicher über irgendetwas in der Welt wissen, wenn sich diese Sache (und die Welt selbst) ständig, wenn auch nur unmerklich, verändert? Alles, was man haben kann, ist eine mehr oder weniger richtige Meinung darüber.

Im Gegensatz dazu vertrat Parmenides die Ansicht, dass Veränderung eine Illusion ist: Unsere Sinne sagen uns zwar, dass überall Veränderung stattfindet, doch unsere Sinne – so Parmenides – täuschen uns. Er behauptete, dass die Vernunft beweist, dass Veränderung unmöglich ist; daher müssen wir der Vernunft und nicht unseren Sinnen vertrauen, wenn wir wahres Wissen über die Welt haben wollen.

Durch solche gegensätzlichen Ansichten entstanden Differenzen. Philosophische Schulrichtungen entstanden, und jede bestand darauf, dass die jeweilige Theorie die einzig richtige sei, die man mit einer langen Reihe von Argumenten zu beweisen glaubte und als Dogma lehrte.

Dieser Konflikt zwischen rivalisierenden Dogmen führte beinahe unausweichlich bei anderen Philosophen zum Skeptizismus, einem erkenntnistheoretischen Standpunkt, der auch heute noch von einigen Denkern vertreten wird.

Der Skeptizismus tritt in verschiedenen Formen auf: von einem eher milden und begrenzten Skeptizismus bis hin zu einem sehr ausgeprägten und extremen Skeptizismus. Wenn wir nun einige dieser Formen untersuchen, sollten wir unter anderem die dahinterstehende Motivation beachten.

Sokrates (470–399 v. Chr.)

Spätere Mitglieder von Platons Akademie hielten Sokrates selbst für einen Skeptiker, weil er prominente Persönlichkeiten der Stadt hinterfragte, die glaubten, sie hätten die richtigen Antworten auf die großen Fragen des Lebens, wie zum Beispiel „Was ist Gerechtigkeit?“, „Was ist Mut?“ usw. Schon bald konnte er feststellen, dass ihre Behauptung, bestimmte Dinge zu wissen, hinfällig war, aber wenn sie ihn zurückfragten, wie denn die richtigen Antworten lauteten, sagte er bloß, dass auch er es nicht wisse. Das Ergebnis war, dass er viele bekannte „Experten" öffentlich bloßstellte und Überzeugungen zerstörte, die zwar allgemein akzeptiert, jedoch nicht richtig durchdacht waren. Leider hatten einige junge Männer zu jener Zeit den Eindruck, die Philosophie hätte sich einfach nur zum Ziel gesetzt, traditionelle moralische Überzeugungen zu widerlegen, ohne dabei wirkliche Alternativen aufzuzeigen.

Das war jedoch das Letzte, was Sokrates beabsichtigte. Apollos Orakel von Delphi hatte ihn zum weisesten Mann der Erde erklärt, und er hatte dies so gedeutet, dass seine Weisheit in der Tatsache bestand, dass er wüsste, dass er nichts wusste, während andere dachten, sie wüssten etwas, obwohl dem doch nicht so war. Jedoch freute sich Sokrates nicht über seine Unwissenheit, noch war er der Ansicht, dass die großen Fragen des Lebens nicht beantwortet werden könnten und dies eine Entschuldigung dafür sei, nicht mit Eifer nach der Wahrheit zu suchen. Im Gegenteil: Das Bewusstsein seiner eigenen Unwissenheit diente ihm gerade als Ansporn, nach der Wahrheit zu suchen. Und er hoffte, wenn er anderen Leuten aufzeigte, dass ihre augenblicklichen Überzeugungen falsch sind, würde ihnen der Schrecken über ihre nun nachgewiesene Unwissenheit ein ähnlicher Ansporn sein. Daher war sein Skeptizismus (wenn man ihn denn als solchen bezeichnen kann) von sehr gesunder Art. Wir alle brauchen von Zeit zu Zeit eine Dosis davon, um unsere eigenen irrigen Überzeugungen zu hinterfragen und als Ansporn, um nach der Wahrheit zu suchen.

> *Sokrates freute sich nicht über seine Unwissenheit, noch war er der Ansicht, dass die großen Fragen des Lebens nicht beantwortet werden könnten und dies eine Entschuldigung dafür sei, nicht mit Eifer nach der Wahrheit zu suchen. Im Gegenteil: Das Bewusstsein seiner eigenen Unwissenheit diente ihm als Ansporn, nach der Wahrheit zu suchen.*

Pyrrhon (4.–3. Jh. v. Chr.); Sextus Empiricus (ca. 200 n. Chr.)

Pyrrhon war der erste Vertreter des sogenannten pyrrhonischen Skepsis. Inmitten einer Flut von zeitgenössischen philosophischen Theorien behauptete er, dass die Gründe *für* eine Überzeugung niemals besser sind als die *gegen* sie – daher weigerte er sich, sich selbst auf irgendeine positive Überzeugung festzulegen.

Einige Jahrhunderte später schrieb Sextus Empiricus eine Reihe von Werken, in denen die historische Entwicklung dieser Skeptizismus-Schule detailliert geschildert wurde. Er trug eine lange Reihe von Argumenten zusammen, die er formal in Gruppen zusammenfasste, damit seine Anhänger sie zur Rechtfertigung ihres Skeptizismus griffbereit hätten und zu jedem Anlass gegensätzliche Behauptungen über dasselbe Thema präsentieren könnten. Lassen Sie uns ein paar dieser Beispiele betrachten:

Derselbe Turm, der von der Ferne aus rund zu sein scheint, sieht von Nahem quadratisch aus. Mit anderen Worten: Dasselbe Sehvermögen, das behauptet, der Turm sei rund, behauptet nun, er sei quadratisch. Daraus wurde geschlussfolgert, dass man seinen Augen nicht trauen kann.

Oder das Beispiel der Menschenopfer für die Götter: Die Skythen argumentierten, dass es richtig sei, die Griechen, dass es falsch sei. Mit anderen Worten: Moralische Argumente von gleicher Stärke (so wurde behauptet) können dazu eingesetzt werden, völlig gegensätzliche Sichtweisen zu unterstützen.

Wir müssen hier jetzt nicht die Argumente kritisieren, mit denen sie ihre Form des Skeptizismus rechtfertigten. Interessant ist hier, welches Ziel sie mit ihrem Skeptizismus verfolgten: nämlich die Erreichung eines Zustands der Gelassenheit, des Glücks und des Seelenfriedens – welchen die Griechen als *ataraxia* bezeichneten. Dieser glückselige Geisteszustand war nicht einfach das natürliche Ergebnis ihres philosophischen Denkens. Es war vielmehr so, dass sie ihre Denkprozesse bewusst gestalteten, um dieses Ergebnis zu erreichen. Der Prozess war dreistufig:

Stufe 1	*antithesis:* das bewusste Sammeln und Präsentieren widersprüchlicher Argumente für ein und dasselbe Thema
Stufe 2	*epochē:* Aussetzung des Urteils, mit der Begründung, dass die Argumente dafür und dagegen gleich stark seien und es rational nicht möglich sei, zu entscheiden, was richtig sei.
Stufe 3	*ataraxia:* Gelassenheit, Seelenfrieden; man ist dann befreit vom Dogmatismus und kann friedlich in der Welt leben, eigenen Neigungen folgen und sich den Gesetzen und Bräuchen jeder Gesellschaft anpassen, in der man gerade lebt

Es ist zu befürchten, dass viele Menschen in unserer modernen Welt noch immer dieselbe Art von Skeptizismus praktizieren, und zwar aus demselben Grund. Ernsthaft über die großen Fragen des Lebens nachzudenken und sich rational zwischen verschiedenen Weltanschauungen zu entscheiden – das kann ein hartes Stück Arbeit sein. Und wenn man deswegen die allgemein akzeptierten, doch nicht richtig durchdachten Ansichten der heutigen

Gesellschaft hinterfragen muss, kann das den eigenen Seelenfrieden gefährden. Daher nehmen viele Leute den Standpunkt eines Skeptikers ein und rechtfertigen so ihre Weigerung, über die großen Fragen des Lebens nachzudenken. Aber das ist ein feiger Ausweg.

Andererseits sind einige ernsthafte moderne Philosophen, bei denen niemand je auf die Idee kommen würde, ihnen Feigheit vorzuwerfen, nach gründlichem Nachdenken zu dem Schluss gekommen, dass eine Form des partiellen (wenn nicht sogar völligen) Skeptizismus unvermeidbar ist.

René Descartes (1596–1650)

Descartes hat den Ruf, Vertreter eines extremen, wenn nicht sogar obsessiven Zweifels und Skeptizismus zu sein, doch wirklich verdient hat er dies nicht. Sein großes Meisterwerk, *Meditationen über die Grundlagen der Philosophie* (veröffentlicht 1641), legt den Kern seines philosophischen Systems dar. In der Inhaltsübersicht zu diesem Werk schrieb er:

> ... [Diese Gründe werden vorgebracht], nicht als ob ich sie für sehr nützlich hielte, um eben das zu beweisen, was sie beweisen, nämlich, dass es in der Tat eine Welt gibt, dass die Menschen Körper haben und dergleichen, woran niemals jemand mit gesundem Menschenverstand gezweifelt hat.[27]

Um also die berühmten Passagen, in denen er seine Zweifel beschrieb, zu verstehen, müssen wir diese vor seinem Hintergrund betrachten. Als Junge wurde er gründlich in der dogmatischen scholastischen Philosophie jener Zeit ausgebildet, über die er später schrieb:

> Von der Philosophie will ich nur so viel sagen: Ich sah, dass sie von den ausgezeichnetsten Köpfen einer Reihe von Jahrhunderten gepflegt worden ist und dass es gleichwohl noch nichts in ihr gibt, worüber nicht gestritten würde und was folglich nicht zweifelhaft wäre.[28]

Am Titel seines Werkes *(Von der Methode des richtigen Vernunftgebrauchs und der wissenschaftlichen Forschung)* können wir unmittelbar erkennen, dass Descartes' Hauptinteresse mehr der Wissenschaft als der Philosophie im strengen Sinne galt. Für ihn war die Präzision mathematischer

27 *Meditationen über die Grundlagen der Philosophie*, 7

28 *Abhandlung über die Methode*, 1. Teil, Abs. 12 (Übersetzung: Lüder Gäbe, 1997)

Schlussfolgerungen attraktiver und führte zu Ergebnissen, die sicherer waren als jene, die bis dahin die Philosophie mit ihren Argumenten erreicht hatte. Er bekennt:

> Jene langen Ketten ganz einfacher und leichter Begründungen, die die Geometer zu gebrauchen pflegen, um ihre schwierigsten Beweise durchzuführen, erweckten in mir die Vorstellung, dass alle Dinge, die menschlicher Erkenntnis zugänglich sind, einander auf dieselbe Weise folgen.[29]

Sein Buch *Le Monde* („Die Welt"), geschrieben in den frühen 1630er-Jahren, beschäftigte sich mit Physik und Kosmologie. Darin wandte er sich von der jahrhundertealten aristotelischen Tradition ab, die lehrte, dass vom Mond aufwärts die Bewegung der Himmelskörper göttlich vollkommen sei, während die Bewegungen unterhalb des Mondes unvollkommen seien. Er vertrat die Ansicht, dass die Materie des Universums überall dieselbe ist und einheitlichen physikalischen Gesetzen gehorcht. Aus diesem Grund präsentierte er eine umfassende Erklärung des Universums auf Grundlage einfacher mechanischer Prinzipien.[30]

Sein Projekt, die Funktion des Universums auf Grundlage streng logischer mathematischer und mechanischer Prinzipien zu erklären, stieß jedoch natürlich aufgrund der vagen und oftmals irreführenden Eindrücke der Außenwelt, welche wir durch unsere Sinne erhalten (wie im Fall des geraden Stockes, der im Wasser gebogen erscheint), auf Schwierigkeiten. Daher machte es sich Descartes selbst zur Aufgabe, den Geist von den Sinnen zu trennen, denn (so sagt er):

> Nun aber bin ich dahintergekommen, dass diese [die Sinne] uns bisweilen täuschen, und es ist ein Gebot der Klugheit, denen niemals ganz zu trauen, die uns auch nur einmal getäuscht haben.[31]

Dennoch räumt er ein, dass trotz der Tatsache, dass uns visuelle Erscheinungen täuschen können, Zweifel in vielen Situationen absurd ist. Zum Beispiel stellte er fest, dass kein Argument – ganz gleich wie stark –, das sich

29 *Abhandlung über die Methode*, 2. Teil, Abs. 11

30 Zu seiner Zeit waren solche Ansichten gefährlich, und als er von Galileos Verurteilung hörte, stoppte er die Veröffentlichung seines Buches.

31 *Meditationen über die Grundlagen der Philosophie*, 9

auf die vermeintliche Unzuverlässigkeit der Sinne beruft, in ihm Zweifel hervorrufen könnte, dass er in diesem Moment vor dem Kamin sitzt, mit einem Blatt Papier in seinen Händen.

Zu diesem Zeitpunkt und im Bestreben, alles anzuzweifeln, was vernünftigerweise – und unvernünftigerweise – angezweifelt werden konnte, um so eine Wissensgrundlage zu finden und zu etablieren, die nicht angezweifelt werden konnte, machte er sich daran, Zweifel in einer äußerst (so beschrieb er sie) „hyperbolischen" oder übertriebenen Form aufzuwerfen.

Zunächst gab er zu, „dass Wachsein und Träumen niemals durch sichere Kennzeichen unterschieden werden können"[32], und daher könnte er, obwohl er glaubte, vor seinem Kamin zu sitzen, in Wirklichkeit auch im Bett liegen und nur träumen, er säße vor seinem Kamin.

Im Folgenden stellte er ganze Gruppen von äußere Objekten radikal in Zweifel und stellte sich am Ende bewusst die Möglichkeit vor, dass er systematisch von einem bösen Geist getäuscht wird, der die Absicht hat, ihn auf alle möglichen Arten hinters Licht zu führen. Es könnte vielleicht sein, sagt er, dass „Himmel, Luft, Erde, Farben, Gestalten, Töne und alle Außendinge ... nichts als das täuschende Spiel von Träumen" sind, „durch die er meiner Leichtgläubigkeit Fallen stellt"[33].

Sein Gedankenexperiment war heftig, aber zumindest erlangte er so eine feste Grundlage für sicheres und unbestreitbares Wissen: Er konnte nicht daran zweifeln, dass er zweifelte! Und wenn er zweifelte, existierte er auch, denn würde er nicht existieren, könnte er auch nicht zweifeln. Diese Gewissheit drückte er in dem berühmt gewordenen Satz aus: „*Cogito, ergo sum*" – „Ich denke, also bin ich."

Descartes erkannte natürlich, dass eine Gewissheit auf dieser Grundlage nicht von Dauer war: Er konnte sich seiner Existenz nur so lange sicher sein, wie er zweifelte. Doch ausgehend von diesem kleinen Funken an Gewissheit unternahm er den Versuch, ein ganzes System von verlässlichem Wissen zu konstruieren. Seine letzte Garantie war die Existenz und der Charakter Gottes, der nicht zulassen würde, dass sein Geschöpf in dämonischer Weise im Hinblick auf die Wirklichkeit Gottes und seiner Schöpfung getäuscht werden würde.

32 *Meditationen über die Grundlagen der Philosophie*, 10
33 *Meditationen über die Grundlagen der Philosophie*, 15

Die „Gehirn im Tank"-Analogie

Eine moderne Form von extremem Skeptizismus stellt an die Stelle von Descartes' Argument vom „bösen Geist" das sogenannte „Gehirn im Tank"-Argument. Es besagt Folgendes: Das, was ich bis dato selbstverständlich als echte Erfahrung der Welt um mich herum angenommen habe, wäre auch nicht anders, wenn mein Gehirn in Wahrheit meinem Körper entnommen, in einen Tank voll Nährstoffe gesetzt und mit einem Computer verbunden würde, der mich mit stimmigen, aber dennoch irreführenden „Erfahrungen" versorgen würde. In diesem Fall, so der Skeptiker, könnte jeder Beweis, auf den ich mich berufen könnte, jedes Argument, das ich benutzen könnte, um zu beweisen, dass sich mein Gehirn nicht in einem Tank befindet, durch den Computer in meinem Gehirn simuliert worden sein. Wie also, fragt der Skeptiker, kann man dann beweisen, dass das eigene Gehirn sich in Wirklichkeit nicht in einem entsprechenden Zustand befindet? „Solange man es nicht beweisen kann", fügt er hinzu, „sind Ihre Behauptungen, Sie hätten echtes, alltägliches Wissen über die Welt um Sie herum, unberechtigt." Und abschließend sagt er: „Und Sie können nicht darauf hoffen, es jemals beweisen zu können."

Diese und andere skeptische Argumente kommentiert Professor C. J. Hookway mit folgender Bemerkung:

> Natürlich spielen solche Infragestellungen keine Rolle für unsere gewöhnliche Praxis der Meinungsäußerung und -verteidigung: Wenn wir uns auf sie berufen sollten, würden wir albern oder verrückt erscheinen.[34]

Das stimmt. Die meisten Leute würden dem zustimmen. Doch dann sagt Hookway:

> Doch die Bedeutung davon ist unklar: Es könnte ein Zeichen dafür sein, dass diese skeptischen Zweifel nicht legitim oder falsch sind, sodass die Legitimität unserer Überzeugungen dadurch nicht beeinflusst wird, dass wir sie ignorieren können. Wenn dies stimmt, dann können wir es getrost unterlassen, uns mit Argumenten in den Kanon der Skeptiker einzuklinken.[35]

34 *Scepticism*, 795
35 *Scepticism*, 795

Erneut würden viele Leute zustimmen, dass solche skeptischen Argumente nicht legitim und unangemessen sind. Doch Hookway selbst scheint den Skeptizismus als unwiderlegbar zu sehen:

> Wenn wir andererseits einfach pragmatisch mit der Tatsache umgehen, dass der Skeptizismus unwiderlegbar ist (indem wir ihn einfach ignorieren), dann wäre es eine Flucht aus der Verantwortung, wenn wir skeptische Argumente einfach ignorierten ... Mehrere zeitgenössische Philosophen, insbesondere Barry Stroud, vermuten, dass der Skeptizismus unvermeidbar ist.[36]

Hilary Putnam hingegen hat angemerkt, dass ein Gehirn in einem Tank noch nicht einmal den Gedanken formulieren könnte, dass es eines ist.[37]

Über die „Gehirn im Tank“-Analogie lässt sich noch einiges mehr sagen, zumindest aus praktischer Sicht. Ich bin ein Mensch mit einem menschlichen Gehirn. So auch der Skeptiker. Er behauptet, dass mein menschliches Gehirn wie ein Gehirn in einem Tank sein könnte, mit einem Computer verbunden, der mein Gehirn ständig mit irreführenden Eindrücken füttert. Nun, wenn das auf mein Gehirn zutrifft, dann auch auf seines – denn welchen Grund hätte er zu glauben, sein Gehirn sei anders als meines? Und wenn auch sein Gehirn an einen Computer angeschlossen ist, der es mit falschen Eindrücken füttert, dann kommt auch sein Vorschlag, ich solle glauben, mein Gehirn befinde sich in einem Tank, von einem Computer, der ihn auf ähnliche Weise täuscht. Mit anderen Worten: Wenn ich also – um auf dieses Argument einzugehen – seine hypothetische Analogie akzeptiere, muss ich zu dem Schluss kommen, dass auch seine vorgeschlagene Analogie selbst von einer täuschenden Quelle stammt und verkehrt ist und dass er das Gegenteil nicht beweisen kann. Warum sollte ich sie glauben? Jede weitere Diskussion wäre sinnlos.

> *Diese uns täuschenden Computer in der Analogie des Skeptikers, die unser menschliches Gehirn mit falschen Vorstellungen füttern – für was oder wen stehen sie? Im echten Leben müssen Computer von intelligenten Wesen programmiert werden. Wer soll in der Analogie des Skeptikers denn derjenige sein, der die Computer programmiert hat?*

36 *Scepticism*
37 *Vernunft, Wahrheit und Geschichte*, Kap. 1

Und dann gibt es einen weiteren Punkt. Diese uns täuschenden Computer in der Analogie des Skeptikers, die unser menschliches Gehirn mit falschen Vorstellungen füttern – für was oder wen stehen sie? Im echten Leben müssen Computer von intelligenten Wesen programmiert werden. Wer soll in der Analogie des Skeptikers denn derjenige sein, der die Computer programmiert hat?

Natürlich sollten wir die Details einer Analogie nicht über das hinausgehend diskutieren, was diese Analogie veranschaulichen will. Aber wenn an dieser Analogie als Ganzes etwas wahr wäre, würde sie das Ende aller philosophischer, wissenschaftlicher und praktischer Vernunft bedeuten.

Aber die Analogie ist dennoch nützlich, denn sie drängt uns zu entscheiden, was im echten Leben die Quelle und der Stellenwert menschlicher Rationalität ist. Wenn menschliche Rationalität ein Geschenk von Gott dem Schöpfer ist und in wahrer Abhängigkeit von ihm eingesetzt wird, können wir sicher sein, dass sie grundsätzlich ein gutes, gesundes und verlässliches Werkzeug ist. Aber wenn wir von Anfang an davon ausgehen, dass es keinen Gott gibt, sondern menschliche Rationalität das Produkt geistloser Kräfte ist und Gott in ihren Annahmen keinen Platz haben darf, dann dürfen wir nicht überrascht sein, wenn extremer Skeptizismus seine Verstandeskraft am Ende dazu einsetzt zu behaupten, menschliche Rationalität sei hinfällig und trügerisch.

Was kann dann zu Recht als „Wissen" bezeichnet werden?

Der Philosoph G. E. Moore (1873–1958) akzeptierte die These der Skeptiker nicht, die besagt, wir könnten nicht mit Sicherheit wissen, ob es überhaupt eine äußere Welt gibt. Während er seine Hände vor sich hielt, betonte er, er wüsste, dass er zwei Hände habe. Und da Hände Objekte in einer äußeren Welt sind, schloss er daraus, dass es auch eine Außenwelt geben muss.

Nach C. J. Hookway[38] bewundern einige Philosophen Moores robuste Behauptung, dass unser Wissen um die Existenz einer Außenwelt unmittelbar, intuitiv und unumstößlich ist: Es brauche nicht verteidigt zu werden. Andere wiederum haben seine Ansicht kritisiert. Sie geben zwar zu, dass dieses Wissen zwar im alltäglichen, praktischen Leben nicht verteidigt werden müsse, doch auf philosophischer Ebene schon. Doch dies wirft sofort die Frage nach dem Verhältnis von Philosophie und Alltagsleben auf. Stimmt es wirklich, dass wir uns erst dann wirklich sicher sein können, dass

38 *Scepticism*

es eine alltägliche Außenwelt gibt, wenn die Philosophie deren Existenz oder Nichtexistenz bewiesen hat?

Wittgenstein[39] sagte, dass die Gewissheit der Existenz der Außenwelt für ihn ebenso feststehe wie für Moore. Seine Kritik an Moore lautete, dass Moore seine Gewissheit niemals als Wissen hätte bezeichnen sollen. Es ist jedoch nur schwer vorstellbar, dass niemand das Recht hat zu behaupten, dass beispielsweise die Sonne existiert, wenn die Philosophie dies nicht vorher bewiesen hat.

WIE WIR DIE AUSSENWELT WAHRNEHMEN

Mit „Außenwelt“ meinen wir natürlich die objektive Welt um uns herum: die Welt der Menschen, Dinge, Ereignisse und Fakten. Daher lautet die Antwort des gesunden Menschenverstands auf die Frage „Wie nehmen wir die äußere Welt wahr?“: „Durch unsere Sinne: Sehen, Hören, Fühlen, Schmecken und Riechen, und dann durch die Untersuchung und Einordnung der Information, die uns die Außenwelt durch unsere Sinne geliefert hat.“

Doch wie üblich sind die Dinge für den Philosophen nicht ganz so einfach. Philosophen versuchen, den eigentlichen Prozess zu verstehen, der abläuft, wenn wir etwas in der Außenwelt wahrnehmen; und sogar auf dieser ersten Stufe gibt es bereits unterschiedliche Meinungen.

Direkter Realismus und die Repräsentative Wahrnehmungstheorie

An dem einen Extrem in der Debatte steht der „Naive“ bzw. „Direkte Realismus“. Er besagt, dass wir unter normalen Umständen die Außenwelt direkt wahrnehmen. Zum Beispiel sehe ich einen Baum und nehme seine Existenz und Beschaffenheit wahr, indem ich ihn einfach direkt anschaue, ihn berühre, ihn sogar rieche.

Am anderen Extrem in der Debatte steht die „Repräsentative Wahrnehmungstheorie“. Sie behauptet, dass wir niemals einen Baum oder irgendetwas sonst direkt wahrnehmen. Wenn wir einen Baum ansehen, empfängt unser Geist bestimmte subjektive Eindrücke oder Darstellungen des Baumes, und es sind eben jene subjektiven Darstellungen – sogenannte Sinnesdaten –, die wir direkt und unmittelbar wahrnehmen, nicht den objektiven Baum selbst. Und um etwas über diesen Baum zu erfahren, sind wir von diesen Sinnesdaten abhängig. Manche Philosophen, die diese Theorie

39 *Über Gewissheit*, Abs. 151

unterstützen, vergleichen das Ganze mit einem Fußballspiel, das man sich nicht direkt, sondern auf einem Fernsehbildschirm anschaut. Aber die Theorie behauptet nicht, dass wir uns auch unbedingt dieser subjektiven Sinnesdaten bewusst sind, so wie wir uns des Fernsehbildschirms bewusst sind, oder dass wir uns aus den Sinnesdaten formal die Existenz und die Merkmale des Baumes erschließen. Aber dennoch sagt die Theorie, dass genau *das* in Wirklichkeit geschieht: Es ist nicht der Baum selbst, den wir wahrnehmen, es sind nur diese subjektiven Sinnesdaten, und unser Wissen über den Baum baut darauf auf.

Die Konsequenzen dieser Theorie sollten nun klar sein: Stimmte sie, könnten wir niemals überprüfen, ob unsere Eindrücke der objektiven Welt dieser auch wirklich entsprechen, denn egal, wie sehr wir die objektive Welt auch untersuchten, wir würden sie niemals direkt selbst wahrnehmen, wir haben nur einige subjektive Eindrücke von ihr. Wir könnten zwar entscheiden, dass eine Reihe von Sinnesdaten besser ist als eine andere (doch anhand welchen Maßstabs sollten wir darüber urteilen?). Aber wir könnten nie wirklich sicher sein, dass irgendeine Reihe von Sinnesdaten die objektive Wirklichkeit absolut genau wiedergibt.

Wie lässt sich Wahrnehmung definieren?

Bevor wir versuchen, die beiden Extreme in der Debatte zu verstehen und ihren Vergleichswert einzuschätzen, sollten wir zunächst entscheiden, was mit „Wahrnehmung" gemeint ist, denn der Begriff scheint in unterschiedlichen Kontexten verschiedene Bedeutungen zu haben.

Manchmal wird der Begriff „wahrnehmen" bedeutungsgleich mit „sehen" verwendet, auch wenn das Wort „sehen" mit seiner grundsätzlichen, visuellen Bedeutung benutzt wird:

„Der Arzt sah deutliche Anzeichen, dass der Körper vergiftet worden war."

„Der Arzt nahm deutliche Anzeichen wahr, dass ..."

Doch oft bedeutet „wahrnehmen" eine gleichzeitige Sammlung von Informationen aus einer Beobachtung, was das Wort „sehen" nicht unbedingt impliziert. So würde folgende Aussage Sinn ergeben: „Er sah seine Frau, die seltsam gekleidet war, aber er realisierte nicht, dass es seine Frau war." Keinen Sinn würde jedoch folgende Aussage ergeben: „Er nahm seine Frau wahr, die seltsam gekleidet war, aber er realisierte nicht, dass es seine Frau war." „Er nahm seine Frau wahr" bedeutet hier, dass er erkannte, dass es seine Frau war.

Auch ist es ein Unterschied, ob man ein Ereignis sieht oder ob man eine Tatsache bezüglich dieses Ereignisses wahrnimmt. Man kann einen

Raubüberfall sehen, ohne unbedingt dabei zu realisieren, dass es sich um einen Raubüberfall handelt. Aber es ist nicht logisch zu sagen: „Ich sah die Tatsache, dass ein Raubüberfall stattfand, aber realisierte nicht, dass es sich um einen Raubüberfall handelte." Geht es um die Feststellung von Tatsachen, tragen sowohl „sehen" als auch „wahrnehmen" die Bedeutung von „verstehen".

Das Wort „wahrnehmen" kann auch verwendet werden, wenn man eine dahinterliegende Wirklichkeit erkennt, die durch Äußerlichkeiten verdeckt ist. So könnte man hinter dem, was man zunächst für Laubwerk gehalten hat, einen getarnten Soldaten wahrnehmen.

In unserer Diskussion der Repräsentativen Wahrnehmungstheorie (im Folgenden mit RWT abgekürzt) müssen wir uns von Zeit zu Zeit fragen, in welchem Sinne der Begriff „Wahrnehmung" verwendet wird.

Argumente für die Repräsentative Wahrnehmungstheorie

Argumente für RWT bauen größtenteils auf der Behauptung auf, sie könnte täuschende Erfahrungen besser erklären als der Direkte Realismus.

- *Halluzinationen*

Manche Krankheiten oder Drogenkonsum können bei Menschen Halluzinationen verursachen. Sie können dann zum Beispiel eine rot-, weiß- und blaugepunktete Schlange sehen, die durch ein Loch in der Schlafzimmerwand auf sie zukommt, und davon überzeugt sein, dass sie real ist, obwohl sie natürlich nicht existiert. RWT behauptet: Der Direkte Realismus kann diese Art von Erfahrung nicht erklären, denn dieser behauptet ja, dass wir eine direkte visuelle Erfahrung der äußeren objektiven Welt haben. Wenn er recht hätte, wie könnte man dann jemals erklären, wie jemand eine rot-, weiß- und blaugepunktete Schlange sieht, wenn solche Dinge in der Außenwelt doch gar nicht existieren?

Manche Krankheiten oder Drogenkonsum können bei Menschen Halluzinationen verursachen. Sie können dann zum Beispiel eine rot-, weiß- und blaugepunktete Schlange sehen, die durch ein Loch in der Schlafzimmerwand auf sie zukommt und davon überzeugt sein, dass sie real ist, obwohl sie natürlich nicht existiert.

RWT behauptet, diesen Sachverhalt erklären zu können:

Weder bei Halluzinationen noch beim echten Sehen nimmt der Beobachter die objektive Wirklichkeit der Außenwelt wahr. In beiden Fällen sind die subjektiven

Sinnesdaten seines eigenen Gehirns das, was der Beobachter direkt wahrnimmt. Laut RWT liegt der Unterschied darin, dass beim echten Sehen der Grund für die Sinnesdaten eine objektive Wirklichkeit außerhalb des Sehenden ist, während bei Halluzinationen der Grund für die Sinnesdaten eine subjektive Störung im Gehirn des Beobachters, Drogen in der Blutbahn oder eine psychologische Fehlanpassung ist. Da RWT etwas erklären kann, was der direkte Realismus nicht erklären kann, muss also RWT korrekt sein.

- *Luftspiegelungen*

Unterwegs auf einer langen, geraden Straße in der Sommerhitze haben viele Menschen schon öfters etwas vor sich gesehen, dwas für sie wie eine große Wasserfläche aussah. Als sie dann an diese Stelle kamen, fanden sie dort aber kein Wasser. Denn in Wirklichkeit haben sie nur eine Luftspiegelung gesehen. Darauf aufbauend, behauptet RWT, dass sie die objektive Realität nicht direkt wahrgenommen haben, als sie das Wasser vor sich sahen. Daher muss laut RWT der Direkte Realismus in diesem Fall falsch sein.

- *Wahrnehmungsirrtum*

Ein gerader Stock, ins Wasser getaucht, erscheint gebogen, obwohl er es nicht ist. Laut RWT konnte man keinen direkten Wahrnehmungskontakt zu dem Stock haben, als er gebogen erschien. Wieder scheint der direkte Realismus falschzuliegen.

- *Perspektivische Relativität*

Schaut man direkt von oben auf einen rechteckigen Tisch, wird dieser auch rechteckig aussehen. Steht man jedoch an einer Ecke und schaut diagonal über den Tisch zur anderen Ecke, wird er aussehen, als hätte er die Form eines Parallelogramms. Doch aus objektiver Sicht kann der Tisch nicht beide Formen haben. Daher muss die Theorie des Direkten Realismus, dass wir einen direkten Wahrnehmungskontakt mit der objektiven Wirklichkeit haben, in einem von beiden Fällen falsch sein; und wenn das in diesem einen Fall so ist, wie können wir dann sicher sein, dass das nicht auch in Hunderten anderen Fällen ebenso ist?

Bewertung der Repräsentativen Wahrnehmungstheorie
Wenn dies nun die Hauptargumente für RWT sind, wie überzeugend sind sie? Lassen Sie uns dies einmal genauer betrachten.

- *Halluzinationen*

Niemand, nicht einmal extrem naive Realisten, würde leugnen, dass unsere Sehmechanismen manchmal (z. B. durch Drogen oder Krankheiten) beeinträchtigt werden können. Alle würden anerkennen, dass der Kranke, der in einer Halluzination eine rot-, weiß- und blaugepunktete Schlange sieht, in diesem Moment keinen direkten visuellen Kontakt zu einer objektiven Wirklichkeit hat. Aber aus dieser außergewöhnlichen Erfahrung während einer Krankheit allgemeine Schlüsse zu ziehen und zu behaupten, man könnte auch dann, wenn man gesund ist, die Wirklichkeit niemals direkt wahrnehmen, wäre eine unlogische Schlussfolgerung.

Außerdem würde, wenn jemand behauptet, eine rot-, weiß- und blaugepunktete Schlange zu sehen, jeder wissen, dass die Person halluziniert, weil Schlangen mit einem solchen Aussehen gar nicht existieren. Aber stellen Sie sich vor, eine halluzinierende Person sagt, sie sehe auf dem Teppich ein braunes Kaninchen sitzen. In diesem Fall wären laut RWT ihre Sinnesdaten genau die gleichen, wie wenn auf dem Teppich wirklich ein braunes Kaninchen säße. Dann könnte sie allein durch Sehen niemals den Unterschied zwischen einem Kaninchen in einer Halluzination und einem echten Kaninchen erkennen, da die Sinnesdaten die gleichen wären. Aber wenn sie wollte, könnte die Person eines tun: Sie könnte ihre Hände ausstrecken und das echte Kaninchen berühren oder sogar festhalten. Ein Kaninchen jedoch, das es nur in ihrer Halluzination gibt, könnte sie niemals berühren.

Das erinnert uns daran, dass wir nicht nur einen, sondern fünf Sinne besitzen und dass wir die Informationen, die uns ein Sinn liefert, anhand der Information der anderen Sinne überprüfen können. Außerdem kann uns jeder unserer Sinne manchmal unerwartete Informationen liefern, bevor der Verstand Zeit gehabt hat, sie aufzunehmen und zu verarbeiten. Aber so ist es nicht immer. Der Verstand arbeitet oft direkt mit unseren Sinnen zusammen und verwendet sie im Zusammenspiel, um zu entdecken, was er wissen möchte. Wenn der Verstand der Meinung ist, die Augen hätten nicht sorgfältig genug hingeschaut, kann er sie erneut hinsehen lassen, um genauere und detailliertere Informationen zu erhalten. Der Verstand eines Blinden kann seine Finger anweisen, in direkten Kontakt mit einem Gegenstand zu treten, und dann arbeitet der Verstand mit dem Tastsinn zusammen, um herauszufinden, ob dieser Gegenstand eine raue oder eine glatte Oberfläche hat, ob er rund oder eckig ist, heiß oder kalt usw. Es ist also ein Fehler, sich zu sehr auf die visuelle Wahrnehmung zu konzentrieren und den Verstand nur als zweite, verzögerte Stufe im Prozess der Wahrnehmung zu behandeln.

- *Luftspiegelungen*

In der „Einführung in die Serie“ am Anfang dieses Buches haben wir den Unterschied zwischen Halluzinationen und Luftspiegelungen betrachtet und herausgefunden, dass es im Fall einer Luftspiegelung nicht richtig wäre zu sagen, wir seien visuell nicht in Kontakt mit der objektiven Wirklichkeit. Eine Frau, die etwas sieht, was für sie wie eine Wasserfläche auf der Straße aussieht, beobachtet tatsächlich ein reales, objektives atmosphärisches Phänomen. Zugegeben, sie deutet das Gesehene falsch, aber das Phänomen selbst ist tatsächlich real. Wenn sie an die Stelle der Straße gelangt, wo sie glaubte, Wasser gesehen zu haben, wird das atmosphärische Phänomen verschwunden sein, und alles, was sie dann sieht, ist allein die Straße. Vielleicht versteht sie nicht, warum sie dachte, Wasser gesehen zu haben, aber sie wird – ob ihr das bewusst ist oder nicht – Zeugin einer wirklichen Lichtbrechung unter bestimmten atmosphärischen Bedingungen und deren Effekte in der Außenwelt gewesen sein.

- *Wahrnehmungsirrtum*

Das Beispiel des geraden Stockes, der gebogen erscheint, wenn ein Teil davon ins Wasser getaucht wird, wurde im Laufe der Jahrhunderte schon tausendfach zitiert. Vielleicht überrascht es, dass man noch immer Philosophen findet, die es als Argument für RWT anführen, obwohl Wissenschaftler schon lange aufgezeigt haben, warum der Stock im Wasser geknickt wirkt. Wenn eine Lichtwelle die Grenze zwischen einem transparenten Medium (wie Luft) und einem weiteren (wie Wasser) durchbricht, verändert sie ihre Geschwindigkeit. Wenn die Welle zudem in einem schiefen Winkel auf das Wasser trifft, ist ein Teil davon bereits im Wasser, während der andere noch außerhalb des Wassers ist und mit normaler Geschwindigkeit unterwegs ist. Das Ergebnis ist, dass die Richtung der Welle gebogen wird: ein Phänomen, das wir als Lichtbrechung bezeichnen. Und aus diesem Grund erscheint ein gerader Stock, der zum Teil ins Wasser getaucht wird, außerhalb des Wassers gerade und unter Wasser geknickt.

Wir brauchen uns nicht weiter mit den Details dieses Phänomens zu beschäftigen, doch für unsere Zwecke sollten wir uns die Experimente aus unseren Physikbüchern in Erinnerung rufen, mit denen die Wissenschaftler die Lichtbrechung entdeckt haben: Sie leiteten einen Lichtstrahl zuerst durch die Luft und dann in einem schiefen Winkel durch ein weiteres Medium wie Glas. Sie maßen den Unterschied der Geschwindigkeit des Lichtes sowie das Ausmaß der Beugung der Lichtwelle, und mithilfe von Trigonometrie erarbeiteten sie den Brechungsindex.

Der Punkt ist folgender: Was würde RWT über diese Untersuchung des Verhaltens des Lichtes sagen? Haben die Wissenschaftler dies ohne direkte objektive Wahrnehmung des Lichtes durchgeführt, einfach nur durch die Wahrnehmung der subjektiven Sinnesdaten in ihrem eigenen Kopf?

- *Perspektivische Relativität*

Die Tatsache, dass ein rechteckiger Tisch wie ein Parallelogramm aussieht, wenn man ihn von einer Ecke aus anschaut, muss niemanden täuschen, wie auch immer die eigenen Sinnesdaten sein mögen. Wir können die Winkel der Ecken des Tisches messen und so wissen, dass er rechteckig ist, und der gesunde Menschenverstand wird uns sagen, dass ein Holztisch seine Form nicht dadurch verändert, dass man ihn aus einem anderen Winkel betrachtet. Noch wird dadurch bewiesen, dass wir niemals eine direkte Wahrnehmung des Tisches haben. Wie könnten wir die Winkel des Tisches denn messen, wenn wir ihn niemals direkt genug sehen könnten, um den Winkelmesser richtig zu platzieren und die Winkel abzulesen? Und offensichtlich müssen wir die Winkel ablesen, bevor sie zu Sinnesdaten in unserem Kopf werden! Zudem ist das Phänomen der perspektivischen Wirklichkeit so bekannt, dass es keine denkende Person täuschen kann. Für Astronomen ist dies selbstverständlich: Sie werden die Erscheinung eines Objekts am Himmel zum Beispiel so erklären, dass es sich dabei um eine Spiralgalaxie handelt, die wir von der Seite betrachten, und dass wir aus diesem Grund nicht wirklich sehen, dass sie eigentlich spiralförmig ist.

Ein Gedankenexperiment

Bis jetzt haben wir Beispiele für visuelle Wahrnehmung betrachtet, weil sich RWT bei ihrer Theorie auf Fälle von offenbar irreführender visueller Wahrnehmung beruft. Doch es könnte wie gesagt ein Fehler sein, sich allein auf die visuelle Wahrnehmung zu konzentrieren. Zusätzlich zu unseren fünf Sinnen haben wir die Vernunft und die Erinnerung, und oft können zwei oder mehr Sinne zusammen angewendet werden, und gleichzeitig können die Vernunft und die Erinnerung hinzukommen, um eine direkte und korrekte Wahrnehmung von etwas zu erhalten. Lassen Sie uns zur Veranschaulichung ein Gedankenexperiment durchführen:

Stellen Sie sich vor, wir stehen mitten auf einer geraden Eisenbahnstrecke. Wenn wir die Strecke entlangblicken, sieht es so aus, als würden die beiden Schienen in der Ferne zusammenlaufen, bis wir sie nicht länger auseinanderhalten können. In diesem Moment werden unsere Sinnesdaten feststellen, dass sie eins geworden sind.

Auf einmal taucht hinter uns ein Zug auf. Wir machen den Weg frei und lassen den Zug passieren. Als er in der Ferne verschwindet, wird der Zug immer kleiner aussehen, und laut RWT stellen unsere Sinnesdaten fest, dass der Zug schrumpft.

Doch nun kommen die Vernunft und die Erinnerung ins Spiel: Die Vernunft sagt uns, dass Lokomotiven nicht kleiner werden können, nur indem sie fahren (solange sie nicht Lichtgeschwindigkeit erreichen!), und die Erinnerung an Züge, mit denen wir unterwegs waren, ruft uns ins Gedächtnis, dass Züge nicht kleiner werden, wenn sie sich fortbewegen. Also wissen wir in Wirklichkeit – obwohl unsere visuelle Wahrnehmung sieht, wie der Zug kleiner wird –, dass er immer noch dieselbe Größe hat wie in dem Moment, als er an uns vorbeifuhr. Das heißt, während wir zusehen, wie der Zug den Punkt in der Ferne erreicht, an dem die Schienen so aussehen, als vereinigten sie sich (und in unseren Sinnesdaten auch immer noch so aussehen), können wir die uns bekannte Größe der Lokomotive in der Ferne als Maßstab verwenden, um den Abstand zwischen den beiden Schienen an diesem Punkt zu messen, und können absolut davon überzeugt sein, dass die Schienen, auch wenn es anders aussieht, dort denselben Abstand zueinander haben wie an dem Ort, wo wir stehen.

All dies läuft gleichzeitig in unserem Kopf ab. Die anfängliche visuelle Wahrnehmung legt nahe, dass die Schienen zusammenführen. Dann ermöglicht uns die visuelle Wahrnehmung zu sehen, was passiert, wenn der Zug den Punkt der scheinbaren Zusammenführung erreicht, und wir sehen, dass der Zug nicht anhält, sondern weiterfährt. Gleichzeitig nimmt der Verstand mit absoluter Gewissheit wahr, dass die Schienen sich nicht vereinigt haben können, sondern den gleichen Abstand wie sonst auch haben. Mit anderen Worten: Es stimmt nicht immer, dass das Sehen subjektive Sinnesdaten erzeugt, die die Vernunft dann in der Folge in gültige Vorstellungen verwandelt. Bei einer sachkundigen Person können Vernunft und Erinnerung mit dem Sehen zusammenarbeiten, um eine richtige Wahrnehmung der objektiven Realität zu erreichen.

Abschließende Gedanken über die Repräsentative Wahrnehmungstheorie

In einem Kommentar zu RWT bemerkt der Philosoph Roger Scruton:

> ... sie scheint zu besagen, dass wir physische Objekte nur durch die Wahrnehmung anderer Dinge wahrnehmen, nämlich der Idee oder des Bildes, das sie repräsentieren. Wie aber nehmen wir dann diese Idee bzw. das Bild wahr? Sicherlich brauchen wir eine weitere Idee, welche diese Idee, dieses Bild wiederum für unser Bewusstsein darstellt, um es *wahrzunehmen?* Doch nun befinden wir uns in einer Endlosschleife. Einen Moment mal, kommt als Antwort, ich habe nicht gesagt, dass wir geistige Bilder genauso wahrnehmen, wie wir physische Objekte wahrnehmen. Im Gegenteil – wir nehmen die geistigen Bilder *direkt* wahr, die Objekte aber nur *indirekt.* Aber was heißt das? Vermutlich Folgendes: Während ich beim physischen Objekt Fehler machen kann, kann ich keine Fehler beim geistigen Bild machen, das unmittelbar, unkorrigierbar und selbst-vermittelnd ist, weil es Teil des Bewusstseinsvorgangs ist. Aber warum sollte ich in diesem Fall überhaupt sagen, dass ich etwas *wahrnehme?* Wahrnehmung ist immer ein Weg, *Dinge herauszufinden;* sie impliziert eine Trennung zwischen dem Wahrnehmenden und dem Wahrgenommenen, und diese Trennung bringt auch die Möglichkeit von Irrtümern mit sich. Eine solche Möglichkeit von Irrtümern zu leugnen hieße, die Trennung zu leugnen. Das geistige Bild wird überhaupt nicht wahrgenommen; es ist einfach ein *Teil* von mir. Anders ausgedrückt: Das geistige Bild *ist* die Wahrnehmung selbst. In diesem Fall bricht der Kontrast zwischen direkter und indirekter Wahrnehmung zusammen. Wir nehmen physische Objekte *in der Tat* wahr, und zwar direkt. ... Und wir nehmen physische Objekte wahr, indem wir repräsentativ-bildliche Erfahrungen *machen.*[40]

40 *Modern Philosophy*, 333

Mit anderen Worten: Zwischen unserer Wahrnehmung und Objekten in der Außenwelt gibt es nichts Drittes, das quasi unabhängig ist und Sinnesdaten genannt wird. Die Sinnesdaten, oder geistigen Vorstellungen, sind unsere Wahrnehmung der Außenwelt, und diese Wahrnehmung der Welt ist direkt.

Das bedeutet nicht, dass unsere direkte Wahrnehmung niemals falschliegt. Tatsache ist: Wenn wir unsere Sinne einsetzen, um Informationen über die äußere, objektive Welt zu erhalten, muss der Mensch lernen, seine fünf Sinne korrekt einzusetzen und deren Informationen korrekt zu interpretieren; und jeder von uns muss dies selbst tun. Ein Jugendlicher kann ein Musikgeräusch hören, wenn Klangwellen in sein Ohr und dann in sein Gehirn gelangen, und dennoch falsch einschätzen, von welchem Musikinstrument es stammt. Erfahrung, Sehvermögen, Bildung und Erinnerung werden nötig sein, bevor er sofort erkennen kann, von welchem Instrument das Geräusch ausgeht. Doch das heißt nicht, dass er den Klang am Anfang nicht direkt gehört hätte. Eine kürzlich erblindete Person wird einen empfindlicheren Tastsinn entwickeln müssen, um Blindenschrift lesen zu können. Und da das Licht sich so verhält, wie wir eben erfahren haben, müssen wir lernen, wie wir korrekte Informationen durch unsere Augen erhalten können. Außerdem interpretieren wir von Zeit zu Zeit das falsch, was wir sehen, hören, fühlen und riechen, und deshalb müssen wir lernen, unsere Sinne zu schulen und unser Urteilsvermögen zu schärfen. Aber all das bedeutet nicht, dass wir keine direkte Wahrnehmung von der Außenwelt haben können.

2

DIE EXTREME: FALSCHE ALTERNATIVEN

Was die Eindrücke betrifft,
welche von den Sinnen herstammen,
so ist ihre letzte Ursache, meiner Meinung nach,
durch menschliche Vernunft nicht zu erkennen;
es wird stets unmöglich sein, mit Gewissheit
zu entscheiden, ob sie unmittelbar
durch den Gegenstand veranlasst
oder durch die schöpferische Kraft des Geistes
hervorgebracht werden oder endlich
von dem Urheber unseres Seins kommen.

David Hume, Ein Traktat über die menschliche Natur

EIN MITTELWEG?

Wir können uns nicht lange mit Erkenntnistheorie befassen, ohne festzustellen, dass manche Debatten in diesem Bereich der Philosophie uns vor die Wahl zwischen zwei Extrempositionen stellen wollen.

Hier ein paar dieser Extreme:

I. Idealismus und Realismus
II. Wissen ist subjektiv und Wissen ist objektiv
III. Rationalismus und Empirismus
IV. Vernunft und Glaube

In diesem Kapitel werden wir zunächst die Punkte I und II betrachten und uns dann länger mit Punkt III beschäftigen, insbesondere in Bezug auf John Locke und David Hume. Unser nächstes Kapitel wird sich Immanuel Kants Beitrag zur Erkenntnistheorie widmen, und in dem darauffolgenden Kapitel wird Punkt IV im Mittelpunkt stehen.

Unser gesunder Menschenverstand könnte sofort auf den Gedanken kommen, dass – wie so oft im Leben – die Wahrheit weder bei dem einen noch dem anderen Extrem liegt, sondern irgendwo in der Mitte. Im Laufe der Geschichte bis heute haben sich jedoch immer wieder große Denker dem einen oder anderen Extrem verschrieben. Und wenn wir die Geschichte des menschlichen Denkens, aber auch die Ansichten verstehen wollen, von denen unsere Mitmenschen auf der ganzen Welt zutiefst überzeugt sind, müssen wir uns zunächst bemühen, ihre Sichtweisen und die Begründung dafür zu verstehen.

IDEALISMUS UND REALISMUS

Lassen Sie uns zunächst die Bedeutung dieser Begriffe betrachten.

Idealismus

Was er nicht ist: Im alltäglichen Gebrauch ist ein Ideal die Vorstellung von Perfektion, vom maximal Guten, von der besten aller möglichen Situationen, ob nun privat und persönlich oder öffentlich und politisch. Ein „ideales Verhalten“ ist das beste Verhalten, das man sich vorstellen kann, welches wir alle anstreben, obwohl es uns in der Praxis nicht immer gelingt. In diesem Kontext bezeichnet Idealismus also die Einstellung, nach Perfektion zu streben, auch wenn man oft eine nicht ideale Wirklichkeit akzeptieren und damit zurechtkommen muss. Aber das ist *nicht* das, was Idealismus in der Erkenntnistheorie bedeutet.

Was er ist: Idealismus ist eine metaphysische Theorie[41] über das Wesen der Wirklichkeit. Sie besagt, dass das, was wirklich ist, in gewisser Weise auf den Inhalt unseres Geistes beschränkt oder zumindest damit verbunden ist.[42]

Eine extreme Form des Idealismus wurde von dem irischen Philosophen George Berkeley (1685–1753) vertreten. Er war der Ansicht, dass Gegenstände nur so existieren, wie sie von uns (oder von Gott) wahrgenommen werden: Sie hätten keine Existenz unabhängig von unserer Wahrnehmung von ihnen.[43]

Realismus

Am anderen Ende des Spektrums, als Gegenstück zum Idealismus, steht der Realismus – auch wenn heute vielleicht niemand mehr ganz auf einer Seite dieser Extreme steht. Daher wäre es wohl besser, den Unterschied so zu

---

41 A. d. V.: „Metaphysik (griech. *ta meta physika:* dasjenige nach der Physik), die philosophische Disziplin, die sich mit den über alle einzelnen Naturerscheinungen hinausgehenden Fragen des Seins beschäftigt. Sie fragt nach den ersten Gründen und letzten Zwecken alles Geschehens und ist somit höchste Disziplin der Philosophie.“ Aus *Philosophie, Metzler kompakt,* Hrsg. P. Prechtl, Stuttgart, 2005, S. 117

42 Wir sollten Platons Theorie der „Formen“ oder „Ideen“ (siehe den Abschnitt *Was ist Wirklichkeit?* in Buch 4 der Serie, *Was dürfen wir hoffen?)* nicht mit Idealismus verwechseln. Platon glaubte, dass Ideen bzw. Formen unabhängig außerhalb von uns und unserem Geist existieren.

43 Berkeley war eigentlich ein Empiriker in der Tradition von John Locke, mit dem wir uns gleich beschäftigen werden. Doch widersprüchlicherweise war Berkeley ein metaphysischer Idealist und leugnete die Existenz von Materie.

erklären: Behauptet man, unser Wissen über Dinge sei größtenteils von unserem Geist abhängig, bewegt man sich in Richtung Idealismus; behauptet man, etwas sei eher von unserem Geist unabhängig, bewegt man sich in Richtung Realismus.

Es wäre natürlich lächerlich zu behaupten, dass alles immer auf jede Art und Weise von unserem Geist unabhängig ist: Schmerz zum Beispiel nehmen wir in unserem Geist wahr. Gäbe es unseren Geist nicht, gäbe es auch keinen Schmerz. Andererseits würden die meisten Menschen zustimmen, dass die Andromeda-Galaxie trotzdem existieren würde, auch wenn kein menschlicher Geist auf der ganzen Welt mehr darüber nachdächte und sie vergäße. Nicht alles ist also immer von unserem Geist abhängig.

Wie gesagt, wenn es um unsere Wahrnehmung von Dingen geht, ist offensichtlich, dass uns alle Informationen, die wir über die Wirklichkeit sammeln können, durch unseren Geist vermittelt werden. Die Menge an Wissen, die wir aufnehmen und verstehen können, ist also durch die Fähigkeiten und Vorstellungen unseres Geistes begrenzt. Gleichzeitig liefert uns die Wirklichkeit selbst Antworten auf die Fragen, die wir stellen, um die äußere Wirklichkeit zu entdecken.

Nicholas Rescher (geb. 1928), der sich selbst als pragmatischen Realisten bezeichnet, drückt es wie folgt aus:

> Vielleicht ist das stärkste Argument, das für den Idealismus spricht, dass jede Beschreibung des Realen, die wir erdenken können, zwangsläufig eine von unserem Geist erdachte sein wird: *Unser* einziger Zugang zu Informationen über das, was real ist, ist die Vermittlung durch unseren Geist. Was am Idealismus richtig zu sein scheint, findet sich in der Tatsache, dass wir bei der Untersuchung des Wirklichen klar auf die Verwendung unserer eigenen Vorstellungen beschränkt sind, um unsere eigenen Fragen zu beantworten; wir können nur etwas über die Realität in unserem eigenen Verständnisrahmen lernen. Doch was am Realismus richtig zu sein scheint, ist, dass die Antworten auf die Fragen, die wir an die Wirklichkeit stellen, von der Wirklichkeit selbst stammen – wie auch immer die Antworten lauten mögen, sie sind im Grunde genommen so, wie sie sind, weil die Wirklichkeit selbst sie so bestimmt. Der Geist schlägt etwas vor, aber die Wirklichkeit entscheidet.[44]

44 *Idealism*, 429. In seinem Artikel listet Rescher acht unterschiedliche Formen von Idealismus auf.

Ein Realist wiederum würde Reschers Bemerkungen gerne einschränken. Es ist sicherlich richtig, dass wir größtenteils „bei der Untersuchung des Wirklichen klar auf die Verwendung unserer eigenen Vorstellungen beschränkt sind“. Aber es ist ebenso wichtig, dass wir bei der Untersuchung des Wirklichen unsere eigenen Vorstellungen nicht (ob bewusst oder unbewusst) als unveränderliche Kriterien betrachten, anhand derer wir die Wirklichkeit beurteilen.

Im Laufe des letzten Jahrhunderts hat sich ein radikal neues wissenschaftliches Verständnis von Wirklichkeit herausgebildet. Realisten wie Einstein gingen davon aus, dass das Universum eine eigene innewohnende Intelligibilität (Verständlichkeit) besitzt, und zwar unabhängig von uns und davon, ob wir diese schließlich entdecken und verstehen oder nicht. Daher waren sie bereit, sich nicht mit den Konzepten der klassischen newtonschen Physik zufriedenzugeben, sondern offen gegenüber möglichen höheren Ebenen der tiefliegenden Strukturen der Wirklichkeit zu sein und diese zu erfassen, nicht unbedingt durch aufwendige deduktive Schlussfolgerungen, basierend auf ihren bereits gebildeten Konzepten, sondern erst einmal durch direkte Intuition. Folge war eine enorme Zunahme unseres Wissens und ein weitaus höheres Verständnis vieler Dinge. Man nahm es als erfrischende Herausforderung an, auch kontraintuitive Sachverhalte ins Auge zu fassen. Ein Ehrfurcht gebietendes Bewusstsein dafür entstand, dass die Wirklichkeit eine noch tiefere Intelligibilität besitzt, die momentan noch unsere kognitiven Kräfte und unsere Vorstellungskraft übersteigt.

> *Realisten wie Einstein gingen davon aus, dass das Universum eine eigene Intelligibilität (Verständlichkeit) hat, und zwar unabhängig von uns und davon, ob wir diese schließlich entdecken und verstehen oder nicht.*

Rescher hat gewiss recht, wenn er die Tatsache betont, dass die Fragen, die wir an die Wirklichkeit stellen, von der Wirklichkeit selbst beantwortet werden, und daher müssen wir immer bereit sein, unseren Geist der Wirklichkeit unterzuordnen. Aber erst, wenn wir auf die Wirklichkeit hören und mehr über sie lernen, erfahren wir, was die richtigen und vernünftigen Fragen sind, die wir an sie stellen sollten.

Die Menschen in der Antike stellten sich die Erde flach und unbeweglich vor. Daher fragten sie sich, was wohl mit der Sonne geschah, wenn sie jeden Abend über den Rand der Erde sank. Erlosch sie und wurde dann jeden Morgen neu geboren? Oder wanderte sie unter der Erde entlang und ging bei Tagesanbruch im Osten wieder auf? Auf Basis dieser grundlegenden

Vorstellungen konnten ihre Fragen nicht beantwortet werden. Eine bessere Beobachtung der astronomischen Wirklichkeit führte schließlich dazu, dass sie ihre alten Vorstellungen zugunsten besserer Theorien aufgaben. Dann erst waren sie in der Lage, angemessenere Fragen an die Wirklichkeit zu stellen.

WISSEN IST SUBJEKTIV UND WISSEN IST OBJEKTIV

Lassen Sie uns auch hier wieder mit einer Definition der Begriffe beginnen.

Das Substantiv *Subjekt* wird in vielen Sprachen mit unterschiedlicher Bedeutung verwendet. Im Englischen bezeichnet das entsprechende Wort *subject* zum Beispiel ein Schulfach wie Chemie oder Englisch. Es kann aber auch für Thema verwendet werden, zum Beispiel das Thema eines Gesprächs.

Im Bereich Grammatik und Syntax hat *Subjekt* jedoch eine fast gegensätzliche Bedeutung. In dem Satz „Maria liest ein Buch" bezeichnen wir „Maria" als *Subjekt* des Verbes: Sie ist diejenige, die liest. „Ein Buch" ist hingegen das *Objekt* des Verbes, die Sache, auf die sich die Handlung des Verbes bezieht – in diesem Fall die Sache, die gelesen wird.

Wenn ich als Töpfer eine Vase herstelle, bin ich das Subjekt, das herstellt, und die Vase ist das Objekt, das hergestellt wird. Zudem wende ich als Subjekt die Schöpfungskraft meines Intellekts und meines Sinnes für Ästhetik zur Bearbeitung des Grundmaterials (Ton) an und erschaffe etwas Neues und Schönes. In diesem Prozess bin ich der Einzige, der aktiv ist; der Ton ist passiv.

In diesem Sinn werden wir den Begriff *Subjekt* in diesem Teil unserer Studie verwenden. Dabei geht es um folgende Fragen: Sind wir nur passiv Lernende, wenn wir die Welt um uns herum kennenlernen und verstehen wollen? Werden unserem Geist vom Universum objektive Fakten diktiert und einprägt, und wir müssen dann diese Fakten akzeptieren und uns ihnen unterwerfen? Oder sind wir aktive und kreative Subjekte? Und ist die einzige Bedeutung, die das Universum hat, jene, die wir ihm durch unser eigenes kreatives Denken verleihen?

Das Thema der Subjektivität in den Fokus rücken

Dies ist ein Thema, das die umfangreichen Schriften von Nikolai Alexandrowitsch Berdjajew (1874–1948) durchzieht. Er widersprach vehement den Ansichten des englischen Philosophen John Locke (1632–1704), dem Vater des englischen Empirismus. Locke, wie wir in unserem nächsten Abschnitt sehen werden, war der Ansicht, dass unser Geist wie ein leeres Stück Papier ist, auf dem die Außenwelt Eindrücke hinterlässt. Laut Locke haben wir keine direkte Wahrnehmung der Außenwelt. Erst wenn die Welt ihre Eindrücke auf unserem Geist hinterlässt und ihm die Sinnesdaten geliefert hat, kann unser Intellekt beginnen, davon ihre Bedeutung abzuleiten. Die Außenwelt ist unser Lehrer; sie liefert uns die Fakten, die wir demütig akzeptieren und zu verstehen versuchen.

Davon wollte Berdjajew nichts wissen; er hatte das Gefühl, der Mensch werde dadurch seiner Freiheit und seines Status beraubt. Für Berdjajew ist der Mensch das große Subjekt. Es ist sein kreativer Geist, der die Bedeutung der objektiven Welt des Materiellen oder, um seinen Begriff zu gebrauchen, der „objektivierten“ Welt wahrnimmt, wenn nicht sogar erschafft. Es ist der Mensch, der die Bedeutung der Welt bestimmt und ihr Sinn verleiht.

- *Der Mensch, der Wissende, als Subjekt*

Man kann Berdjajew zustimmen, zumindest in dem Maße, dass der Mensch, was das Erforschen und insbesondere auch das Verwalten der Erde betrifft, kein passives Objekt ist, das einfach die Eindrücke empfängt, welche die Welt bei ihm hinterlässt. Er ist ein Subjekt, das die Initiative ergreifen kann.

Das können wir am Fortschritt der Wissenschaften sehen. Röntgen, Madame Curie und Rutherford saßen nicht einfach nur still da und warteten darauf, dass das Atom ihnen seine innere Struktur offenbaren würde. Sie ergriffen die Initiative, dachten sich kreativ geniale Experimente aus, um dem Atom seine Geheimnisse zu entlocken, und bedienten sich dann der ausgefeiltesten Mathematik, um ihre Befunde zu interpretieren.

Dennoch wäre es eine recht einseitige Sicht, den Menschen als Subjekt so zu betonen und dabei die objektive Wirklichkeit und wahre Erhabenheit des Universums zu schmälern oder sogar zu negieren.

- *Die objektive Wirklichkeit des Universums*

Wenn der Mensch das Subjekt ist, das Dinge weiß, dann lässt sich mit Gewissheit sagen, dass dieses Wissen, um echt zu sein, auch ein echtes Objekt braucht, um tatsächlich Wissen darüber zu sein. Wenn es zudem sinnvoll sein soll, dieses Wissen zu besitzen, muss das Objekt, auf das es sich bezieht, auch existieren und seinen eigenen inhärenten Wert besitzen. Außerdem wäre das Wissen eines Menschen, das kein Wissen über ein reales Objekt wäre, im negativen Sinn des Wortes subjektiv.

Wenn wir außerdem am Anfang das Werturteil fällen, die Schöpfung der Materie und des Universums sei eine Art „Sündenfall" gewesen, werden wir zwangsläufig zu einer Fehleinschätzung des Universums und seines Schöpfers kommen. Es gibt jedoch eine jahrhundertelange Tradition, die das materielle Universum als einen Missstand betrachtet, der durch die Vermischung der „Weltseele" bzw. des „Weltgeistes" mit Materie durch eine niedere Gottheit entstanden ist. Dieser Sicht begegnen wir im Hinduismus und Neuplatonismus, und sie wurde immer wieder von einer Reihe von mystischen Denkern vertreten.[45] Nach dieser Sicht erhält man wahres Wissen, indem man die Materie durchdringt, das heißt nicht zu ihrer inneren Struktur und ihrer Funktionen, sondern bis zum „Weltgeist", von dem sie nur eine flüchtige illusorische Verkörperung ist. Zu dieser existenzialistischen, mystischen Sicht schien auch Berdjajew zu neigen:

> Für die existenzialistische Philosophie des Geistes ist die natürliche materielle Welt ein Niedergang, sie ist das Produkt von Objektivierung, Selbstentfremdung innerhalb der Existenz. Aber die *Gestalt* des menschlichen Körpers und der *Ausdruck* der Augen gehören zur geistlichen Persönlichkeit und stehen nicht im Widerspruch zum Geist.[46]

Diese Sicht der Welt entspricht nicht der Sicht der Bibel. Nach der Bibel war die Erschaffung der materiellen Welt kein Niedergang, keine „Selbstentfremdung und Exteriorisierung des Geistes, wodurch dieser ins Äußere katapultiert wurde"[47]. Das ist eine alte gnostische Sicht von Materie. Die Erschaffung der objektiven materiellen Welt war eine bewusste Tat Gottes, ein Ausdruck seines Geistes, und das Ergebnis nannte er „sehr gut" (1Mo 1,31).

Auch hatte der menschliche Geist nicht schon ewig existiert als Teil des Weltgeistes, der von Gott ausgeströmt und vorübergehend in Materie gefangen gehalten wurde, wie Hinduismus und Gnostizismus lehren. Nach der

---

45 Eine Analyse dieser Sicht im Hinduismus und Neuplatonismus finden Sie in Buch 4 dieser Serie *Was dürfen wir hoffen?* im letzten Teil *Was ist Wirklichkeit? – (Hinduismus* und *Neuplatonismus).*

46 *Beginning and End,* 104, Kursivsetzung durch uns

47 *Beginning and End,* 87

Bibel wurden der Geist und die Intelligenz des Menschen von Gott aus dem Nichts geschaffen, genauso wie das Universum. Der Geist des Menschen ist kein Teil Gottes, wie es auch die Natur nicht ist. Obwohl sie von Gott geschaffen und fortlaufend erhalten wird und obwohl sie ständig von sich selbst weg auf ihren Schöpfer verweist, hat die Natur ihre eigene, gottgegebene (wenn auch eingeschränkte), objektive Autonomie, Bedeutung und ihren eigenen Wert. Ihre Autonomie und ihr ureigener Wert sollten also nicht durch falsche Spiritualität abgewertet werden. Es stimmt nicht, dass man, wenn man nur tief genug in das erschaffene Universum hineinblickt, schließlich auf den unerschaffenen Geist Gottes als ein Substrat der Materie stößt.

Das heißt, wenn wir das Universum um uns herum kennenlernen und verstehen wollen – auch wenn wir Subjekte und zum schöpferischen Denken fähig sind –, müssen wir unseren Geist voll Demut der objektiven Wirklichkeit des Universums unterordnen (so wie es die Wissenschaft permanent tut) und uns das Universum die von Gott geschaffenen Fakten über sich selbst lehren lassen. Und die Wahrheit unserer Entdeckungen muss immer überprüft werden – nicht anhand unseres subjektiven Urteils, sondern anhand der objektiven Fakten der Natur.[48]

RATIONALISMUS UND EMPIRISMUS

Um die Debatte zwischen Rationalismus und Empirismus zu verstehen, müssen wir natürlich erst einmal die Begriffe definieren. Der Begriff „Rationalismus“ stammt von dem lateinischen Wort *ratio*, das unter anderem „Vernunft“ bedeutet. Empirismus leitet sich von dem griechischen Wort *empeiria* ab, das „Erfahrung“ bedeutet. Doch diese Feststellung alleine wird kaum erklären, warum überhaupt eine Debatte zwischen Vernunft und Erfahrung entstanden ist im Zusammenhang mit dem Versuch des Menschen, das Universum und seinen eigenen Platz darin zu verstehen. Warum sollte jemand überhaupt auf den Gedanken kommen, dass Vernunft und Erfahrung in irgendeiner Weise Gegensätze sein könnten? Entspricht es nicht dem gesunden Menschenverstand, beide vielmehr als Partner in dem

48 Hier sollte angemerkt werden, dass Berdjajew das wissenschaftliche Studium des Universums voll unterstützte, obwohl er zu Recht ein überzeugter Gegner des Materialismus war (*Beginning and End*, 86–88).

erhabenen gemeinsamen Abenteuer zu sehen, die majestätische Realität des Universums zu erforschen?

Leider wurden die frühen Rationalisten und frühen Empiriker oft so dargestellt, als seien sie Mitglieder zweier gegensätzlicher Lager, die nur wenig gemeinsam hätten. Tatsächlich ist die Wahrheit weit davon entfernt. Die frühen Rationalisten leugneten nicht, dass die Erfahrung der objektiven Realität absolut notwendig ist: Wenn wir keine Erfahrungen vom Universum machen können, hat die Vernunft nichts, worüber sie nachsinnen und was sie erklären kann. Und die Empiriker für ihren Teil gaben offen zu, dass die Vernunft eine wesentliche Rolle bei der Interpretation und dem Verstehen unserer Erfahrungen der Außenwelt spielt und spielen muss.

Was war dann der Unterschied zwischen den sogenannten Rationalisten und den sogenannten Empirikern? Um es für den Moment einmal einfach auszudrücken (obwohl wir später noch genauer auf diese Erklärung eingehen müssen): Es war die Frage nach der Relation von Vernunft und Erfahrung beim Versuch, das Universum zu verstehen. Die Rationalisten tendierten dazu, der Vernunft Priorität einzuräumen; die Empiriker neigten hingegen dazu, die Erfahrung an die erste Stelle zu setzen. Trotzdem werden wir diese Debatte und die Emotionen, die sie bis heute hervorruft, erst dann vollständig verstehen können, wenn wir zuerst kurz den historischen Kontext betrachten, in dem die Debatte im modernen Europa entstand.

Der historische Kontext der Debatte

Die Debatte erlangte öffentliche Aufmerksamkeit im Zuge einer intellektuellen Bewegung, die als „Aufklärung" bekannt ist, welche im 17. Jahrhundert ihren Anfang nahm. Ihre Motivation und ihr Geist wurden von Immanuel Kant schließlich beschrieben als

> Ausgang des Menschen aus seiner selbstverschuldeten Unmündigkeit. Unmündigkeit ist das Unvermögen, sich seines Verstandes ohne Leitung eines anderen zu bedienen. Selbstverschuldet ist diese Unmündigkeit, wenn die Ursache derselben nicht am Mangel des Verstandes, sondern der Entschließung und des Mutes liegt, sich seiner ohne Leitung eines andern zu bedienen. *Sapere aude!* Habe Mut, dich deines eigenen Verstandes zu bedienen! ist also der Wahlspruch der Aufklärung.[49]

49 Siehe *Beantwortung der Frage ...* in der *Berlinischen Monatsschrift*, Dezember-Heft 1784, 481

Deshalb wurde die Aufklärung als „Zeitalter der Vernunft" bekannt. Zu lange, meinte man, hätten sich die Menschen aus Mangel an Mut wie Kleinkinder verhalten und Ansichten und Überzeugungen akzeptiert, die ihnen von den Autoritäten von Kirche und Staat auferlegt wurden.

Nun war ihr Intellekt schließlich den Kinderschuhen entwachsen und hatte die Erwachsenenreife erreicht. Sie fürchteten sich nicht länger, Sichtweisen und Überzeugungen zu vertreten, zu denen sie durch ihre eigene Verstandeskraft gelangt waren.

Die Bildung in Schulen und Universitäten im damaligen Europa bedurfte sicherlich schon lange einer Reform; und Männer wie Galileo Galilei (1564–1642) und Isaac Newton (1642–1727) lösten sich von den abstrakten kosmologischen Theorien von Platon und Aristoteles und begannen, mit einer offenen Geisteshaltung die tatsächlichen, gottgeschaffenen, objektiven Realitäten des Universums empirisch zu erforschen.

Platon zum Beispiel hatte mit seiner dualistischen Denkweise die Erkenntnistheorie in zwei unterschiedliche Gebiete aufgeteilt: das Reich der Ideen, der ewigen, unveränderlichen Formen – nur hier können wir hoffen, echtes Wissen zu erlangen; und das Reich der Sinneswahrnehmung, in der sich ständig alles verändert – hier können wir nur mehr oder weniger richtige Meinungen über Dinge haben.

Auf ähnliche Weise unterschied Aristoteles' dualistische Kosmologie scharf zwischen der Himmelmechanik und der irdischen Mechanik. Für ihn war die ideale, vollkommene Bewegung kreisförmig, und eine solche Bewegung konnte man im himmlischen Reich oberhalb des Mondes beobachten. Doch unterhalb des Mondes war die Bewegung linear und damit ein Beispiel für die Unvollkommenheit der sublunaren Welt. Man glaubte auch, dass der Mond eine Seele im Sinne einer eigene Bewegungsquelle habe.

Doch dann richtete Galileo sein Teleskop auf den Himmel und beobachtete Krater auf dem Mond, Flecken auf der Oberfläche der Sonne und die Phasen der Venus. So zeigte nun die Technik, dass die Welt oberhalb des Mondes eben nicht im Sinne Aristoteles' vollkommen war.

Dann entdeckte Newton das Gesetz der universellen Gravitation und gab ihm einen mathematischen Ausdruck. Dies zeigte, dass Aristoteles' dualistische Kosmologie falsch war. Das Universum war einheitlich, und das Gesetz der Gravitation galt überall. Das ganze Universum war von derselben Intelligibilität gekennzeichnet, und alles konnte von menschlicher Intelligenz erforscht werden.

Daher kann man verstehen, wie diese brillanten Erfolge des „rationalen" Empirismus – im Unterschied zum autoritären Dogma der traditionellen

Philosophie – die Einstellung der Menschen gegenüber der Aneignung von Wissen über das Universum veränderten. Sie waren nun nicht länger von abstrakter Philosophie oder natürlicher Theologie abhängig. Jetzt war die Vernunft – und zwar die menschliche Vernunft – die ultimative Quelle allen Wissens und höchster Richter über ihre Wahrheit. Nicht, dass alle Atheisten gewesen wären: Descartes, Locke und Leibniz (1646–1716) waren Theisten. Newton war Deist, der antireligiöse Spinoza (1632–77) war ein Pantheist. David Hume (1711–76) war Atheist, und Immanuel Kant (1724–1804) glaubte an Gott, die unsterbliche Seele und ein Leben nach dem Tod.

- *Der Streit zwischen Rationalismus und Empirismus*

Doch allein dadurch, dass man die Vernunft an höchste Stelle setzte, wurden nicht alle Probleme der Erkenntnistheorie gelöst. Wenn schließlich die Vernunft das Universum *erklären* sollte, müsste sie von Anfang an zugeben, dass abstrakte Argumentation das Universum nicht *erschaffen* hat (und nicht erschaffen haben konnte). Sie müsste zunächst die Tatsachen über das Universum kennenlernen, bevor sie damit anfangen könnte, diese zu studieren und zu erklären. Und wie nun konnte man diese Tatsachen kennenlernen?

Lockes Erkenntnistheorie

Lockes Sicht, die er ausführlich in seinem berühmten Werk *Versuch über den menschlichen Verstand* (1689) darlegte, war, dass all unser Wissen über die Welt aposteriorisch ist, das heißt, es kommt *nach* unserer Erfahrung und leitet sich *von* dieser ab. Er lehnte die rationalistische Theorie ab, dass wir von Beginn an mit primären, selbstevidenten Vorstellungen bzw. Gedanken ausgestattet sind, die irgendwie bei unserer Geburt in unseren Geist eingepflanzt wurden. Nach dieser Theorie kennen wir diese Vorstellungen – sogenannte „angeborene Ideen“ *(innate ideas)* – schon, bevor wir beginnen, die Außenwelt zu erforschen, und verwenden sie, um mit ihnen die Welt zu analysieren und diese unserem Verständnis zu unterwerfen.[50] Locke vertrat die Ansicht, dass unser Geist bei der Geburt wie ein leeres Blatt Papier ist, frei von jeglichen Zeichen und ohne irgendwelche Ideen.[51] Woher erhält der Geist dann all die notwendigen Materialien, über die die Vernunft nachdenken und die

50 Siehe *Versuch über den menschlichen Verstand 1.2.1*

51 Eine „Tabula rasa“, wie „eine leere Tafel“ oder „ein unbeschriebenes Blatt“

er in Wissen umwandeln kann? Locke sagt: „Ich antworte darauf mit einem einzigen Worte: *Von der Erfahrung.* Auf ihr gründet sich unsere gesamte Erkenntnis, von ihr leitet sie sich schließlich her.“[52]

Im Folgenden erklärt er, dass unser Wissen, dem alle unsere Ideen entspringen, durch zwei Quellen gespeist wird:

1. *Unsere Sinne:* Gegenstände in der Außenwelt wirken auf unsere Sinne, und diese Sinne übermitteln dem Geist bestimmte Wahrnehmungen dieser äußeren Gegenstände, und so kommen wir zu den Ideen, die wir von gelb, weiß, heiß, kalt, weich, hart, bitter, süß etc. haben.

2. *Die inneren Operationen des eigenen Geistes:* Sie statten den Verstand mit einer anderen Reihe von Ideen aus, die durch Dinge in der Außenwelt nicht hätten erlangt werden können, nämlich Wahrnehmung, Denken, Zweifel, Glauben, Schlussfolgerungen, Wissen, Wollen und all die verschiedenen Tätigkeiten unseres eigenen Geistes.[53]

Locke leugnete oder verachtete also nicht die Rolle der Vernunft. Ohne die Vernunft könnten wir niemals die Bedeutung der Eingebungen erkennen, die unsere Sinne empfangen. Er leugnete auch nicht, was Rationalisten wie Descartes und Leibniz behaupteten: Es sei die Vernunft, durch die wir die Gesetze der Logik wahrnehmen würden (z. B. dass A nicht dasselbe sein kann wie etwas, was nicht A ist, und dass der Außenwinkel eines Dreiecks gleich der Summe der beiden inneren ihm gegenüberliegenden Winkel ist). Was er jedoch im Gegensatz zu diesen Rationalisten behauptete, war, dass diese Fähigkeiten zur logischen Schlussfolgerung einem Kind nicht bereits von Geburt an mitgegeben werden: Sie entwickelten sich einfach in einem Kind, wenn es heranwachse und lerne, die zahlreichen Eindrücke zu reflektieren, mit denen seine Sinne seinen Geist ausgestattet hätten.[54] Auch bestreitet er nicht die Gültigkeit des abstrakten Denkens, was wir an seinen Bemerkungen über die Überprüfung von Ideen sehen können.

52 Siehe *Versuch 2.1.2 ff.*
53 Siehe *Versuch 2.1.2–4*
54 Siehe *Versuch 2.1.6 ff.*

- *Die Überprüfung von Ideen*

Locke war folgender Ansicht: Abstrakte Wahrheiten wie beispielsweise die Mathematik bedürfen neben der Feststellung ihrer logischen Stimmigkeit keiner weiteren Überprüfung. Der Grund dafür ist, dass sich ihre „Archetypen" (wie er sie nannte) im Inneren des Geistes befinden. Sie geben nicht vor, eine „Substanz" zu besitzen; das heißt, sie behaupten nicht, Gegenstände zu sein, die in der äußeren materiellen Welt existieren. Der Verstand legt ihre Axiome fest und baut durch logische Deduktion seine Theoreme auf. Ob das so konstruierte formale System mit der äußeren Realität übereinstimmt oder nicht, hat für die Gültigkeit des Systems keine Bedeutung. Es hat nicht den Anspruch, irgendetwas in der Außenwelt darzustellen. Die einzige notwendige Überprüfung ist die Feststellung der inneren logischen Stimmigkeit des Systems. Wenn jedoch behauptet würde, dass dieses System wirklich irgendeinen tatsächlichen Zustand in der Außenwelt darstellte, dann hinge seine Gültigkeit davon ab, ob es einer Prüfung anhand dieser äußeren Realität standhalten würde. Desgleichen muss die Gültigkeit aller Konzepte überprüft werden, zu denen wir durch vernünftige Reflexion dieser Sinneseindrücke gelangen, die Gegenstände der Außenwelt in unserem Geist hinterlassen – anhand dieser Gegenstände selbst.[55]

- *Eine Bewertung von Lockes Erkenntnistheorie*

Wir können daher sicher sagen, dass sich die Erkenntnistheorie des Empirikers Locke nicht sehr von der der Rationalisten wie Descartes unterscheidet. Beide stimmten darin überein, dass sowohl die Vernunft als auch die Erfahrung eine Rolle bei der Aneignung von Wissen spielen. Der Hauptunterschied liegt in ihren jeweiligen Antworten auf die Frage, ob Menschen mit bestimmten angeborenen Ideen in ihrem Geist zur Welt kommen oder nicht.

55 Ein interessantes Beispiel dieser Prinzipien kann man in der Arbeit des russischen Mathematikers Nikolai Iwanowitsch Lobatschewski und anderer sehen. Durch rein abstrakte mathematische Argumentation entdeckten sie unabhängig voneinander die nicht euklidische Geometrie. Ihre Theorie, die in sich logisch stimmig war, zog erst dann breites öffentliches Interesse auf sich, als entdeckt wurde, dass die wirkliche Raumzeit Merkmale der nicht euklidischen Geometrie aufweist.

a. Beide waren sich einig, dass ungeborene Kinder einfache „Gedanken“ und „Ideen“ haben, wie z. B. Schmerzen und die Empfindung von Wärme. Keiner von ihnen behauptete, dass kleine Kinder schon tiefgründige philosophische Gedanken haben.

b. Beide waren sich einig, dass die Denkfähigkeit – nicht unbedingt tatsächliches Denken – eine Eigenschaft ist, welche Menschen von Tieren unterscheidet.[56]

c. Beide waren sich einig, dass bestimmte mathematische Sätze (z. B. 3 + 2 = 5) oder logische Gesetze (z. B. dass es unmöglich ist, dass eine Sache gleichzeitig existiert und nicht existiert) nicht von der Erfahrung abhängen. Aber Locke behauptete, dass eine Person zunächst einen Lernprozess durchlaufen muss, bevor sie diese Ideen begreifen kann. Descartes vertrat die Ansicht, dass diese Ideen zwar angeboren sind, aber er gab zu, dass viele Leuten ihnen erst nach gründlichem Nachdenken bewusst zustimmen.

d. Locke vertrat die Ansicht, dass angeborene Konzepte, wenn die Erfahrung fehlt, nicht ausreichen, um das Phänomen des menschlichen Wissens zu erklären. Descartes drückte es genau andersherum aus: Ohne ein Element von angeborenen Konzepten reicht die Erfahrung nicht aus, um zu erklären, was wir wissen.

Der Unterschied ist schließlich gar nicht so groß.[57]

56 Siehe Band 1: *Was ist der Mensch?*, S. 131 f.: Noam Chomsky vertrat die Ansicht, dass menschliche Babys zwar nicht mit einer fertigen Sprache, aber mit einer angeborenen Sprachfähigkeit geboren werden, die es ihnen erlaubt, jene Sprache zu lernen, die ihre Gesellschaft spricht, und die logischen Konzepte zu verstehen, die Grammatik und Syntax ausdrücken.

57 Siehe die detaillierte Diskussion in Kenny, *Brief History of Western Philosophy*, 208–212

- *Leibniz' Kritik an Locke*

Leibniz wurde unter anderem dadurch berühmt, dass er unabhängig von Newton die Infinitesimalrechnung entwickelte. Im Bereich Erkenntnistheorie war er Rationalist und kritisierte Lockes Theorien noch schärfer, als wir es hier getan haben. Er bestand auf der absoluten Unterscheidung zwischen dem, was er als „notwendige Wahrheit“ und „kontingente Wahrheit“[58] bezeichnete. Eine notwendige Wahrheit ist etwas, was in allen möglichen Welten wahr ist; das Gegenteil davon ist unmöglich. Eine kontingente Wahrheit ist etwas, dessen Gegenteil möglich sein könnte. So ist 2 + 3 = 5 eine notwendige Wahrheit. Sie wäre in allen möglichen Welten wahr. Ihr Gegenteil ist unmöglich. Andererseits ist die Aussage „Wellington schlug Napoleon in der Schlacht von Waterloo“ eine kontingente Wahrheit. Auch wenn dies etwas ist, was tatsächlich passierte und daher nicht verändert werden kann, hätte es auch anders sein können. Es ist logisch nicht undenkbar, dass Napoleon Wellington hätte besiegen können.

Leibniz meinte also, dass das Wissen notwendiger Wahrheiten A-priori-Wissen ist. Solches Wissen erweist sich nicht nur als wahr, sondern ist notwendigerweise wahr, unabhängig von jeglicher Erfahrung. Dies ist nach Leibniz so, weil die Seele von Anfang an die Ursprünge verschiedener Konzepte und Grundsätze enthält. Mit anderen Worten: Die Konzepte und Grundsätze sind angeboren.

Daher widersprach Leibniz entschieden Lockes Vorstellung, dass der Geist eines Kindes bei seiner Geburt wie ein leeres Stück Papier ist und dass alles, was schließlich darauf geschrieben wird, aus der Erfahrung stammt, und dass abstrakte Argumente nur das reflektieren können, was uns die Erfahrung geliefert hat. Auf Grundlage der Erfahrung, so Leibniz, könne Locke vielleicht aufzeigen, dass etwas richtig sei; aber er könne niemals aufzeigen, dass etwas notwendigerweise wahr sei. Dies könnten nur angeborene Konzepte.

58 A. d. V.: Kontingent: zufällig oder bedingt

• *Eine ernsthafte Schwäche in Lockes Erkenntnistheorie*

Wir müssen uns hier jetzt nicht zwischen Leibniz und Locke entscheiden, denn bevor wir Locke verlassen, müssen wir eine Schwäche in seiner Erkenntnistheorie aufzeigen, die einen lang anhaltenden und bedauerlichen Effekt auf einige seiner Nachfolger hatte.

Als Erstes scheint er eine frühe Form der Repräsentativen Wahrnehmungstheorie gelehrt zu haben, deren Problematik wir in Kapitel 1 diskutiert haben. In dem Prozess, mit dem wir Gegenstände in der Außenwelt kennenlernen, sind die Schritte nach Locke wie folgt:

1. Die Gegenstände wirken auf unsere Sinne.

2. Unsere Sinne übermitteln unserem Geist das, was man heute als Sinnesdaten bezeichnen würde und von Locke als *Wahrnehmungen* oder *Ideen* dieser Gegenstände bezeichnet wird.

3. Unser Geist wendet bei diesen Wahrnehmungen bzw. Ideen seine eigene Denkfähigkeit an und kommt so dahin, dass er sie versteht.[59]

Dann lenkt Locke seine Aufmerksamkeit auf die Frage, was an den Außengegenständen die Kraft hat, Sinneseindrücke und folglich Ideen in unserem Geist hervorzurufen. Was auch immer diese Kraft besitzt, bezeichnet er als *Qualität* des äußeren Gegenstands. Als Beispiel führt er einen Schneeball an. Er habe die Kraft, „die Ideen von weiß, kalt und rund zu erzeugen“. Die Kraft in dem Schneeball, die diese Ideen in uns hervorruft, bezeichnet er als „Qualitäten“ des Schneeballs.[60]

Als Nächstes unterteilt er diese Qualitäten von Außengegenständen in zwei Gruppen:

59 Bitte beachten Sie, dass Locke die Begriffe „Wahrnehmung“ und „Idee“ unterschiedslos verwendet. Manchmal spricht er so, als ob die Sinneseindrücke, die äußere Gegenstände auf dem Geist hinterlassen, „Wahrnehmungen“ und „Ideen“ sind. Und manchmal hört es sich bei Locke so an, als würden die Sinneseindrücke durch ihre Reflexion durch den Geist in „Wahrnehmungen“ und „Ideen“ umgewandelt. Vgl. z. B. *Versuch 2.1.2–4* und *2.8.7–8*

60 *Versuch 2.8.8*

1. „Ursprüngliche“ oder „primäre Qualitäten“ wie Festigkeit, Ausdehnung, Gestalt, Bewegung oder Ruhe und Zahl.[61]

2. „Sekundäre Qualitäten“ wie Farben, Gerüche, Geräusche, Geschmäcke etc.[62]

Damit kommt er zum Punkt seiner Analyse:[63]

a. Die Ideen, die in unserem Geist durch die „primären Qualitäten“ äußerer Gegenstände hervorgerufen werden, sind ihnen *ähnlich*, und ihre Muster existieren wirklich in den Gegenständen selbst.

b. Die Ideen, die in unserem Geist durch die „sekundären Qualitäten“ hervorgerufen werden, ähneln diesen „sekundären Qualitäten“ überhaupt nicht. Unsere Ideen davon existieren in den Gegenständen selbst nicht.

Dann fasst er den praktischen Nutzen zusammen, den er in diesen erkenntnistheoretischen Unterscheidungen sieht: „Hieraus können wir auch lernen, welche Ideen die Ebenbilder von etwas sind, was in den nach ihnen benannten Körpern real existiert, und welche nicht.“[64]

Die praktische Frage, um die es hier geht, ist sehr wichtig. Wenn unsere Sinne uns Wahrnehmungen und Ideen aus der Außenwelt übermitteln, die falsch sind und keine Entsprechung in der Außenwelt haben, müssen wir uns dieser Tatsache bewusst werden und dann unsere Ideen korrigieren. Aber wie sollen wir unsere falschen Ideen korrigieren? Denn wenn unser Geist völlig von unseren Sinnen abhängig ist, um Informationen über die Außenwelt zu erhalten, ohne die er gar nicht anfangen kann zu denken, wie sollen wir dann unsere falschen Ideen über die Außenwelt korrigieren? Locke versucht, uns rein logisch

Wenn unsere Sinne uns Wahrnehmungen und Ideen aus der Außenwelt übermitteln, die falsch sind und keine Entsprechung in der Außenwelt haben, müssen wir uns dieser Tatsache bewusst werden und dann unsere Ideen korrigieren.

61 *Versuch 2.8.9*
62 *Versuch 2.8.10–14*
63 *Versuch 2.8.15*
64 *Versuch 2.8.22*

aufzuzeigen, dass unsere falschen Ideen nicht wahr sind. Sie sind in uns durch sekundäre Qualitäten des Gegenstands hervorgerufen worden, die gar keine Ähnlichkeit zu unseren Ideen aufweisen. Aber wie hilfreich ist seine Logik?

- *Eine Bewertung von Lockes Schneeball*

Laut Locke übermitteln unsere Sinne unserem Geist drei Ideen von dem Schneeball: 1. eine Idee von Form (kugelförmig); 2. eine Idee von Kälte; und 3. eine Idee von Weiße.

Nun soll die Form (Ausdehnung oder Gestalt) eine „primäre Qualität" des Schneeballs sein. Daher ähnelt oder entspricht unsere Idee von der Form eines Schneeballs der tatsächlichen, objektiven Form des Schneeballs.

Aber Kälte wird als „sekundäre Qualität" des Schneeballs bezeichnet. Unsere Sinne übermitteln unserem Geist die Idee, dass der Schneeball kalt ist. Doch dieses Mal ist unsere Idee falsch: Sie ähnelt nichts Objektivem im Schneeball. Sie wurde in Wirklichkeit letztlich durch bestimmte „primäre Qualitäten" des Schneeballs hervorgerufen, die selbst nicht kalt sind. Mit anderen Worten: Unsere Idee von Kälte ist eine subjektive Idee in unserem Geist und entspricht nichts in der objektiven Wirklichkeit. Und um die Tatsache zu bestätigen, dass unsere Idee nur subjektiv ist, weist Locke auf Folgendes hin: Jemandem, dessen Hände warm sind, würde der Schneeball sehr kalt erscheinen;[65] doch jemandem, dessen Hände bereits kalt sind, wird der Schneeball nicht sehr kalt erscheinen. Es ist nur eine Frage des subjektiven Eindrucks.

Wir können nicht bestreiten, dass die Intensität des Kältegefühls zum Teil subjektiv ist und von Person zu Person variiert. Noch können wir bestreiten, dass der Schneeball selbst nicht das erfährt, was wir mit „sich kalt anfühlen" meinen. Er hat kein Nervensystem und fühlt gar nichts. Und er ist sich auch nicht seiner selbst bewusst. Aber zu sagen, im Schneeball sei keine Kälte, die unserer Idee von Kälte entspreche, ist sicherlich sachlich falsch. Stecken Sie ein Thermometer in einen Schneeball, und es wird den Grad der Kälte messen. Tun Sie dasselbe mit einem menschlichen Körper, und das Thermometer wird Ihnen sagen, wie warm oder kalt der Körper ist. Was Menschen mit Schneebällen gemeinsam haben: Der Grad der Wärme oder Kälte hängt von der Stärke der Vibrationen der Atome ab. Als Menschen geben wir unserer

65 A. d. V.: Konkret spricht Locke in *Versuch 2.8.21* von der Kälte und Wärme von Wasser.

subjektiven Erfahrung von niedrigen Temperaturen einen Namen: Wir nennen sie „kalt“ oder „sich kalt anfühlen“. In dieser Hinsicht unterscheidet sich der Schneeball von uns – er hat keine subjektive Erfahrung von Kälte. Er gibt ihr keinerlei Namen. Er hat kein Bewusstsein – wir schon.

Was ist dann mit Weiße (Farbe)? Laut Locke ist Farbe eine „sekundäre Qualität“. Eine Substanz im Schneeball erzeugt in unserem Geist den Eindruck von Weiße, aber die Substanz selbst ist nicht weiß – sie ist farblos. Locke meint: Weiße ist genauso wenig im Schnee zu finden, wie Krankheit oder Schmerz in einem Gift stecken, das uns krank macht und Schmerzen verursacht.[66] Wenn der Schneeball für uns weiß aussieht, ist dies nur eine subjektive Sinneswahrnehmung, die wir erfahren. Sie ist keine objektive Wahrheit über den Schneeball selbst.

Lockes Theorie über Farbe wirft faszinierende Fragen auf, die bis dato noch nicht vollständig beantwortet wurden.

Lockes Theorie über Farbe wirft faszinierende Fragen auf, die bis dato noch nicht vollständig beantwortet wurden. Lassen Sie uns diese nun diskutieren.

Zunächst einmal stellen wir Ihnen zwei Philosophen vor, die darauf bestehen, dass die Farben, die wir sehen, wenn wir Gegenstände in der Außenwelt anschauen, tatsächlich in diesen Gegenständen sind und nicht nur Sinneswahrnehmungen sind, die in unserem Kopf durch diese Gegenstände hervorgerufen werden.

N. O. Losskij lehnt die kausale Wahrnehmungstheorie ab und beschreibt seine eigene intuitivistische Theorie in seinem Werk zur Geschichte der russischen Philosophie:

> Laut der intuitivistischen Theorie sind die sensorischen Eigenschaften von Gegenständen – Farben, Geräusche, Wärme etc. – transsubjektiv, d. h., sie gehören zu den tatsächlichen Gegenständen in der Außenwelt. Von den Anhängern der *kausalen* Wahrnehmungstheorie werden sie als mental und subjektiv betrachtet. Für sie ist die Stimulation der Sinnesorgane durch Lichtwellen, Luftwellen etc. die Ursache, die den Inhalt der Wahrnehmung erzeugt. Losskij hat eine Koordinationstheorie der Wahrnehmung entwickelt ... im Hinblick auf die Rolle, die physiologische Prozesse in der Wahrnehmung spielen. Der Kernpunkt davon ist, dass die Stimulation eines bestimmten Sinnesorgans und der physiologische Prozess in der Hirnrinde nicht

66 Vgl. *Versuch 2.8.17*

> die Ursachen sind, die den Inhalt der Wahrnehmung hervorrufen, sondern nur ein Impuls, der das wissende Selbst dazu bringt, seine Aufmerksamkeit auf den tatsächlichen Gegenstand in der Außenwelt zu lenken und über ihn zu urteilen.[67]

Auf ähnliche Weise (wenn auch von einem anderen philosophischen Standpunkt) kommentiert Anthony Kenny Lockes Darstellung der „sekundären Qualitäten" (d. h. jene Eigenschaften von Gegenständen, die unsere Sinne zwar Farbe wahrnehmen lassen, selbst aber keine Farbe haben):

> Grundsätzlich hat Locke recht, wenn er denkt, dass sekundäre Qualitäten Kräfte sind, die in Menschen Sinneswahrnehmungen hervorrufen, und er hat bekannte Argumente, um aufzuzeigen, dass die Sinneswahrnehmungen, die von demselben Gegenstand hervorgerufen werden, je nach den Umständen variieren (lauwarmes Wasser wird einer kalten Hand warm erscheinen und einer warmen Hand kalt; Farben sehen unter einem Mikroskop ganz anders aus). Doch aus der Tatsache, dass die sekundären Qualitäten anthropozentrisch und relativ sind, folgt nicht, dass sie auch subjektiv oder auf irgendeine Weise fiktional sind. In einem eindrucksvollen Bild, auf das der irische Chemiker Robert Boyle hingewiesen hat, werden sekundäre Qualitäten mit Schlüsseln verglichen, die in bestimmte Schlösser passen, und die Schlösser sind in diesem Fall unterschiedliche menschliche Sinne. Wenn wir dies einmal begriffen haben, können wir trotz Locke akzeptieren, dass Gras wirklich grün ist und Schnee wirklich kalt.[68]

- *Zur Diskussion: Ist das Grüne im Gras?*

Erste Überlegung: Es genügt nicht, nur zwei Dinge zu berücksichtigen: 1. unsere eigenen subjektiven Sinneseindrücke und 2. das augenscheinlich grüne Gras. Wir müssen auch das Licht berücksichtigen, denn es überträgt den Eindruck des Grases, den wir erhalten, an unser Sehvermögen. Im Dunkeln sehen wir natürlich weder das Gras selbst, noch welche Farbe es hat (wenn es überhaupt eine Farbe hat). Ist Licht also völlig neutral? Überträgt es einfach die grüne Farbe, die eine inhärente Eigenschaft des Grases ist, an unser

67 *History of Russian Philosophy*, 252
68 *Brief History of Western Philosophy*, 212

Sehvermögen, ohne dabei auf irgendeine Weise die Farbe zu verändern? Dies wirft eine zweite Frage auf.

Zweite Überlegung: Was ist die Natur des Lichts? Wissenschaftler scheinen sich zumindest über Folgendes einig zu sein: Sichtbares Licht ist „nur ein kleiner Teil des ganzen Spektrums von elektromagnetischer Strahlung, die (mit ansteigender Frequenz und abnehmender Wellenlänge) von Radiowellen, Mikrowellen und Infrarot bis hin zu sichtbarem Licht, Ultraviolett, Röntgenstrahlen und Gammastrahlen reicht“[69].

Innerhalb des ganzen Spektrums von elektromagnetischer Strahlung, so wird uns gesagt, ist „sichtbares Licht ... die elektromagnetische Strahlung, deren Wellenlängen in den Bereich fallen, auf den die menschliche Netzhaut reagiert, d. h. zwischen ca. 390 Nanometer (violettes Licht) und 740 Nanometer (rot). Weißes Licht besteht aus einer etwa gleichmäßigen Mischung aller sichtbaren Wellenlängen, die so geteilt werden können, dass die einzelnen Farben des Spektrums sichtbar werden, was als Erstes von Newton schlüssig demonstriert wurde.“[70]

Wir sollten die Auswirkungen davon beachten. Wir können Infrarotstrahlung zwar nicht sehen, aber wir können sie als Strahlungswärme fühlen. Am anderen Ende des sichtbaren Spektrums können wir ultraviolette Strahlung nicht sehen, doch wenn man sich ihr zu viel aussetzt, kann sie Hautkrebs verursachen. Dies deutet offensichtlich darauf hin, dass unsere subjektiven, inneren Sehmechanismen zumindest teilweise entscheiden, welche Wellenlängen und damit welche Farben wir sehen. Diese Information wird später für uns nützlich sein. Wenden wir uns zunächst erst einer weiteren Überlegung zu.

Dritte Überlegung: Befindet sich die Farbe im Licht und nicht im Gras? Wenn wir wie Newton ein Prisma nehmen und weißes Licht in die verschiedenen Wellenlängen aufspalten, die zusammen weißes Licht bilden, ist das, was wir dann sehen, eine ganze Palette von Farbe, die wir auch sehen, wenn Sonnenlicht in den Wassertropfen eines Regenbogens gebrochen wird. Ist es also so, dass die Farbe in Wirklichkeit im Licht ist? Die Wassertropfen im Regenschauer waren farblos, bis das Sonnenlicht in ihnen gebrochen wurde, genauso wie Newtons Prisma, bevor ein Lichtstrahl durch es hindurchschien.

Oder nehmen Sie ein anderes Beispiel. Ein Eisenklumpen, der in einem Schmiedefeuer erhitzt wird, wird sichtbares Licht ausstrahlen: Seine Farbe

69 Pearsall und Tumble, *Oxford English Reference Dictionary*, 1392

70 Pearsall und Tumble, *Oxford English Reference Dictionary*, 829

wird sich von einem trüben Rot über ein leuchtendes Rot bis hin zu Weiß verändern, wenn die Temperatur des Eisens ansteigt. Ähnlich die Sterne: Von der Farbe des Lichtes, das von ihnen ausgeht (z. B. Rot im Fall von Beteigeuze und Blau im Fall von Pleiades), können Astronomen auf ihre Temperatur, ihre chemischen Elemente und ihre Bewegungsrichtung (Rotverschiebung oder Blauverschiebung) schließen.

Ist die Farbe also nicht im Licht? Denn wenn man ein großes weißes Blatt Papier nimmt und es mit rotem Licht anleuchtet, wird das Papier rot aussehen; doch offensichtlich ist in diesem Fall die rote Farbe nicht im Papier, sondern im Licht. Aber wir sollten hier keine vorschnellen Entscheidungen treffen.

Vierte Überlegung: Nachdem wir vom Spektrum von Farben gesprochen haben, welche die verschiedenen Wellenlängen von sichtbarem Licht erzeugen, und immer wieder von der „grünen" oder „violetten Wellenlänge" gesprochen haben, werden Wissenschaftler Farben im Folgenden definieren als

> die Sinneswahrnehmung, die im Auge durch Lichtstrahlen hervorgerufen wird, wenn das Licht in verschiedene Wellenlängen aufgelöst wird, wie durch ein Prisma, selektive Reflexion usw. (*Schwarz* ist der Effekt, der durch kein Licht entsteht oder durch eine Oberfläche, die keine Strahlen reflektiert, und *Weiß* ist der Effekt, der durch Strahlen von nicht aufgelöstem Licht entsteht) ... Undurchsichtige Gegenstände erscheinen farbig, je nach der Wellenlänge, die sie reflektieren (andere Wellenlängen werden absorbiert).[71]

Bei dieser Erklärung ist zumindest eindeutig: Die Farbe ist nicht im Licht. Wenn daher Wissenschaftler beispielsweise von der blauen Wellenlänge von sichtbarem Licht sprechen, verwenden sie damit quasi eine Kurzfassung von „diese Wellenlänge, die, während sie selbst nicht blau ist, eine Sinneswahrnehmung von Blau in unserem Kopf erzeugt".

Ähnlich ist es beim Gras: Wenn wir es sehen und es für uns grün aussieht, ist die Farbe weder im Gras noch im Licht. In Wirklichkeit enthält das Gras verschiedene Pigmente. Wenn weißes Licht auf das Gras fällt, reflektieren diese Pigmente nur eine der Wellenlängen im Licht, nämlich die, welche, wenn sie in unsere Augen eindringt, uns Grün sehen lässt. Der Rest der Wellenlängen wird von den Pigmenten im Gras absorbiert und nicht reflektiert. Die Farbe ist also in unserem Kopf und nicht im Gras.

71 Pearsall und Tumble, *Oxford English Reference Dictionary*, 286

Dazu würde Locke – wäre er noch am Leben – vielleicht sagen: „Ich habe es euch doch gesagt; am Ende hatte ich recht."

Fünfte Überlegung: Wie und durch welche Mechanismen kann eine Wellenlänge des Lichts, selbst farblos, die in unser Auge eindringt, uns irgendwie dazu bringen, Farbe zu sehen? Man erklärt uns, dass es in dem pigmentierten Bereich der Netzhaut Tausende von Zellen gibt, die man aufgrund ihrer Form „Stäbchen" und „Zapfen" nennt und die verschiedene chemische Substanzen abgeben. In diesen Zellen werden die Farben produziert, die wir sehen. Doch an diesem Punkt stellt sich eine weitere Frage, die wir den Biologen vorlegen sollten, damit diese sie für uns beantworten.

Wie ermöglichen es uns diese Zellen, Farben zu sehen? Ist es so, dass eine bestimmte Wellenlänge von Licht, die vom Gras reflektiert wird, auf einige dieser Zellen trifft und die chemischen Substanzen in *ihnen* in einem grünen Farbton leuchten lässt? Und wenn ja, ist es so, dass unser Auge (weil die Netzhaut Teil des Augapfels ist) beim Anblick von Gras sofort mit grüner Farbe gesättigt wird und so das Gras grün sieht? Und was löst die Nachbilder aus? Wenn wir eine halbe Minute lang auf eine leuchtend rote Farbe blicken und dann unsere Augen schließen, werden wir ein grünfarbiges Nachbild sehen. Bedeutet dies, dass irgendeine chemische Reaktion in den Pigmenten der Stäbchen und Zellen auch dann noch abläuft, wenn wir unsere Augen bereits geschlossen haben und für den Moment kein weiteres Licht ins Auge eindringt, sodass unser Auge noch immer „sieht", selbst wenn es geschlossen ist?

Sechste Überlegung: Wer oder was ist es, der bzw. das sieht? Es heißt, dass die Zellen der Netzhaut die ankommende Strahlung in Nervenimpulse umwandeln, die über Nervenbahnen dann an die Sehrinde übertragen werden. Aber das wirft eine weitere Frage auf, auf die Losskijs Zitat (siehe oben) hinweist. Wenn „Farben sehen" letztendlich bedeutet, dass Nervenimpulse auf der Sehrinde im Gehirn ankommen und das Gehirn sie dann als Farben interpretiert, sind diese Nervenimpulse dann selbst farbig? Wenn nein, wie weiß dann das Gehirn, das doch noch nie Farben „gesehen", sondern nur Nervenimpulse registriert hat, wie es diese *als Farben* interpretieren muss?

Und was oder wer empfängt diese Interpretation? Ist die Sehrinde im Gehirn die Endstation? Oder übermittelt sie ihren Befund dem bewussten Selbst oder der Person, die gleichzeitig ihre Augen, ihr Gehirn und alle anderen Sinne zusammen mit ihrer Erinnerung einsetzt, um direkt auf die Welt zu blicken und ihre vielfältigen Merkmale zu verstehen?

Und schließlich stellt sich die Frage: Was ist eigentlich Bewusstsein?

David Humes Erkenntnistheorie

Der schottische Philosoph David Hume wurde 1711 geboren und starb 1776, doch noch heute ist er berühmt und wird oft zitiert. Professor Justin Broackes beschreibt Hume in seinem Nachschlagewerk *The Oxford Companion to Philosophy* als den vielleicht größten Philosophen des 18. Jahrhunderts.[72] Seine Einführung zur englischen Ausgabe von *Ein Traktat über die menschliche Natur* (*A Treatise of Human Nature*) leitet Professor Ernest C. Mossner mit der Bemerkung ein: „David Hume ist der größte der britischen Philosophen."[73]

Hume ist sicherlich berühmt für seinen Skeptizismus und seine Ablehnung von Religion und Metaphysik. Als Atheist leugnete er natürlich, dass es irgendeinen überzeugenden Beweis für die Existenz Gottes oder Wunder gibt oder überhaupt geben kann.[74] Daher wird er verständlicherweise von Leuten, die einen solchen Skeptizismus attraktiv finden, als bedeutender Vordenker betrachtet. Doch sein Skeptizismus ging noch weiter: Er leugnete auch, dass es so etwas wie ein menschliches Selbst gibt, und am bekanntesten ist sein Leugnen der Aussage, dass wir sicheres Wissen über Kausalität haben können. Wenn er damit recht hätte, würde dies nicht nur religiösen Glauben, sondern auch ein grundlegendes Prinzip der Wissenschaft für nichtig erklären.

Humes Skeptizismus entstand aus seiner erkenntnistheoretischen Theorie über die Funktionsweise des menschlichen Geistes. Um seinen Skeptizismus zu beurteilen, müssen wir daher als Erstes versuchen, seine Philosophie des Geistes zu verstehen.

- *Humes Philosophie des Geistes*

Hume war ein Empiriker in der Tradition Lockes. Wie Locke (wenn auch mit einer präziseren Verwendung von Begriffen) baute er seine Philosophie des Geistes auf dem auf, was in modernen Zeiten als Repräsentative Wahrnehmungstheorie bekannt geworden ist. Da wir uns bereits eingehend mit dieser Theorie befasst haben, müssen wir diese hier nur kurz zusammenfassen.

---

72 *Oxford Companion to Philosophy*, 377

73 *David Hume, A Treatise of Human Nature*, 7

74 Siehe unsere Diskussion seiner Ansichten dazu im Abschnitt *Antworten einfordern* in Buch 4, *Was dürfen wir hoffen?*

Mit Hume wurde diese Theorie sehr ausführlich weiterentwickelt, äußerst detailliert und mit vielen Unterteilungen und subtilen Unterscheidungen. Aber das Grundprinzip, wie er es in den ersten Sätzen seines *Traktat über die menschliche Natur* beschreibt, lautet: „Die Perzeptionen[75] des menschlichen Geistes zerfallen in zwei Arten, die ich als *Eindrücke* und *Vorstellungen* bezeichne."[76] (Beachten Sie, dass Hume die Begriffe *Eindrücke* und *Vorstellungen – „ideas"*, in der hier verwendeten deutschen Übersetzung von Locke: *Ideen* – in einem etwas anderen Sinne als Locke verwendet.)

Eindrücke, wie er im Folgenden ausführt, fassen all die Sinneseindrücke zusammen, die bei uns durch die Außenwelt hinterlassen werden, und auch die Eindrücke, die unsere Leidenschaften und Emotionen in unserer Seele hinterlassen.

Laut Hume leiten sich von diesen Eindrücken Vorstellungen bzw. Ideen *(ideas)* ab. Die Eindrücke stehen immer am Anfang. Ideen sind die schwachen Abbilder dieser Eindrücke, aber andererseits repräsentieren sie genau diese Eindrücke. Der Intellekt reflektiert dann diese Ideen und gelangt so zu seinem Wissen über die Außenwelt und der Seele mit ihren Emotionen und Leidenschaften.

Laut Humes Theorie hat der Geist niemals direkten kognitiven Zugang zur Außenwelt, noch nicht einmal zu seinen eigenen Leidenschaften und Emotionen.

Wenn er sagt, dass Ideen genaue Nachbildungen von Eindrücken seien, scheint das Wort „Nachbildung" auf eine visuelle Darstellung hinzudeuten. In der Tat ist das Hauptbeispiel, das er anführt, das der visuellen Eindrücke, die sein Zimmer bei ihm hinterließ, als er es mit offenen Augen bewusst anschaute, und die Ideen, die er in seinem Geist von jenen Eindrücken bildete, als er seine Augen schloss.[77] Die Ideen, sagte er, seien *genaue Nachbildungen der Eindrücke*, die er vorher empfunden habe, als seine Augen geöffnet gewesen seien.

Wie also, fragen wir, liefern uns Ideen genaue Nachbildungen der Eindrücke, die die Außenwelt bei uns durch nicht visuelle Sinne hinterlässt – also durch Hören, Fühlen, Schmecken und Riechen? Hume scheint uns darauf keine Antwort zu geben, auch wenn er ständig wiederholt: „Unsere Vorstellungen sind Abbilder unserer Eindrücke."[78] (An dieser Stelle könnte

75 A. d. V.: Wahrnehmungen
76 *Traktat über die menschliche Natur, 1.1.1.1*
77 *Traktat 1.1.1.1*
78 *Traktat 1.1.3.4*

es hilfreich sein, noch einmal das Zitat von Roger Scruton am Ende von Kapitel 1 zu lesen.)

Laut Humes Theorie hat der Geist niemals direkten kognitiven Zugang zur Außenwelt, noch nicht einmal zu seinen eigenen Leidenschaften und Emotionen. Zwischen dem Intellekt mit seiner Verstandeskraft und der Außenwelt befindet sich immer eine Art Bildschirm, der aus Ideen besteht, welche selbst nur Nachbildungen oder Darstellungen oder Abbilder von Eindrücken sind. Moderne Vertreter der Repräsentativen Wahrnehmungstheorie behaupten sogar, dass unsere Situation vergleichbar ist mit Menschen, die niemals ein Fußballspiel vor Ort sehen, sondern immer nur auf einem Fernsehbildschirm. Hume sagt uns zudem, dass die einzig wahren Ideen, die wir haben können, jene sind, die Abbilder oder Nachbildungen von Eindrücken sind. (Hier sollten wir feststellen, dass Hume, wenn er über Eindrücke spricht, die auf dem Geist hinterlassen werden, den Begriff „Geist" nicht im Sinne von Verstand oder Intellekt verwendet.)

Lassen Sie uns also nun betrachten, was uns seine Theorie als Antwort auf drei Testfragen zu sagen hat.

• *Frage 1 – Wie begreifen wir gesprochene Informationen?*

Stellen Sie sich einen Mathematiklehrer vor, der versucht, uns die abstrakte Idee von Zahlenverhältnissen zu erklären, und dies nur mündlich tut, ohne irgendetwas an die Tafel zu schreiben. Er sagt uns, vier sei zwei mal zwei, und sechzehn sei zwei mal acht. Daher sei das Verhältnis von vier zu zwei dasselbe Verhältnis wie sechzehn zu acht.

Zwei Fragen stellen sich dazu:

a. Wie hören wir eigentlich, was er sagt?
b. Wie verstehen wir es?

Wie hören wir? Ist es so, dass der Klang seiner Stimme durch unsere Ohren einen Eindruck auf unseren Sinnen hinterlässt? Wird dann eine genaue Kopie oder Aufnahme dieses Eindrucks erstellt und wird zu einer Idee; und hört dann das „innere Ohr" der Vernunft auf diese Idee, und beginnt die Vernunft, sie zu reflektieren? Gibt es zwei Arten von Ohren: die äußeren Ohren und dann ein inneres Ohr? Oder leiten die äußeren Ohren den Klang der Stimme des Lehrers direkt an die Hörintelligenz weiter?

Wie verstehen wir? Der entscheidende Aspekt beim Klang der Stimme ist nicht der reine Klang an sich, sondern die Tatsache, dass der Klang Informationen trägt. Es sind die Informationen, die wir begreifen wollen. Auf welchem Teil des Geistes hinterlassen die Informationen ihren Eindruck? Müssen wir denken, dass die Informationen zunächst den Geist als Sinneseindruck erreichen, welcher dann zu einem Eindruck wird, der dann kopiert und zu einer Idee wird, und kann erst dann der Intellekt anfangen, sich mit den Informationen auseinanderzusetzen? Oder ist es nicht so, dass unser Intellekt, der das Hören als Werkzeug verwendet, sich direkt einschaltet, indem er versucht, die Informationen zu begreifen und zu verstehen, wenn sie den Mund des Lehrers verlassen? Mit anderen Worten: Sind nicht die Stimme des Lehrers und unser Hören einfach die Kanäle, die die Informationen direkt vom denkenden Geist des Lehrers auf unseren übertragen? Was meinen Sie?

- *Frage 2 – Was bin ich selbst?*

Wenn sich Hume der Frage zuwendet, ob jeder Mensch ein persönliches Selbst besitzt oder nicht, sagt er uns, dass er einen Selbstversuch durch Selbstbeobachtung durchgeführt habe:

> Ich meinesteils kann, wenn ich mir das, was ich als „mich" bezeichne, so unmittelbar als irgend möglich vergegenwärtige, nicht umhin, jedes Mal über die eine oder die andere bestimmte Perzeption zu stolpern, die Perzeption der Wärme oder Kälte, des Lichtes oder Schattens, der Liebe oder des Hasses, der Lust oder Unlust. Niemals treffe ich *mich* ohne eine Perzeption an und niemals kann ich etwas anderes beobachten als eine Perzeption. Wenn meine Perzeptionen eine Zeit lang nicht da sind, wie während des tiefen Schlafes, so bin ich ebenso lange *„meiner selbst"* unbewusst, man hat dann ein Recht zu sagen, dass „ich" nicht existiere. Und wenn meine Perzeptionen mit dem Tode aufhören und ich nach der Auflösung meines Körpers weder denken noch fühlen noch sehen, weder lieben noch hassen könnte, so würde ich vollkommen vernichtet sein.[79]

79 *Traktat 1.4.6.3* (Kursivsetzung im Original)

Lassen Sie uns die Logik von Humes Aussage untersuchen. Er sagt uns, dass er, als er bei seiner Selbstbetrachtung in sich hineingeblickt habe, um sein „Selbst" zu entdecken, sein „Selbst" nie ohne eine Wahrnehmung habe vorfinden können. Tatsächlich habe er niemals etwas anderes beobachten können als eine Folge oder ein Bündel von Wahrnehmungen. Sein Selbst war nicht existent. Es gab also nichts, in dem diese Abfolgen von Wahrnehmungen aufgenommen werden konnten. Vorstellen können wir uns dies vielleicht so: Diese Wahrnehmungen gleichen einer Folge von Bildern, die auf einem Fernsehbildschirm abläuft, aber ohne ein Selbst, das sie sammelt und in einer schlüssigen, sinnvollen Erzählung zusammenstellt.

Aber das ist sehr seltsam, denn beachten Sie, wie Hume sein Experiment beschreibt:

> Wenn *ich* mir das, was *ich* als „mich" bezeichne, so unmittelbar als irgend möglich vergegenwärtige, (kann ich) nicht umhin, jedes Mal über die eine oder die andere bestimmte Perzeption zu stolpern ... Niemals treffe *ich* mich ohne eine Perzeption an und niemals kann *ich* etwas anderes beobachten als eine Perzeption.[80]

Nehmen wir also an, dass das Selbst nicht gefunden werden kann. Aber wer oder was war dieses „Ich", das versuchte, es zu finden? War es nichts als ein Bündel von zusammenhanglosen, unverbundenen Wahrnehmungen? Und wer oder was war dieses „Ich", das, nachdem es entdeckt hat, dass sein Selbst nicht existiert, dann seine Ergebnisse in diesem *Traktat über die menschliche Natur* niedergeschrieben hat?

Und dann macht dieses „Ich" eine wahrhaft erstaunliche Aussage. Nun sagt es uns: „Wenn meine Perzeptionen eine Zeit lang nicht da sind, wie während des tiefen Schlafes, so bin *ich* ebenso lange ‚*meiner selbst*' unbewusst, man hat dann ein Recht zu sagen, dass ‚ich' nicht existiere."[81] Also gibt es nachts nicht nur keine Wahrnehmungen, sondern dieses „Ich" selbst existiert nicht! Schlimm genug, aber zuvor wurde uns gesagt, dass sogar am Tag das „Ich" sich nie selbst habe finden können, sich nie selbst gespürt habe. Das muss heißen, dass das Selbst, welches weder tags noch nachts gefunden werden kann, und das „Ich", welches es nicht finden konnte, beide als nicht existent bezeichnet werden können!

80 *Traktat 1.4.6.3* (Kursivsetzung durch uns)
81 *Traktat 1.4.6.3* (Kursivsetzung durch uns)

Natürlich ist das „Ich", von dem David Hume immer wieder sagt, es hätte sich selbst nicht entdeckt, niemand anderes als David Hume selbst. Übersetzt aus philosophischer Sprache in unsere Alltagssprache, läuft seine Aussage darauf hinaus: „David Hume selbst hat entdeckt, dass sein Selbst nicht existiert, und da er weder tags noch nachts sein Selbst spüren konnte, könnte man zu Recht über ihn sagen, dass er die ganze Zeit nicht existiert hat." Hört sich nicht sehr plausibel an.

Nun könnte man denken, all diese Widersprüche seien es nicht wert, dass man über sie nachdenkt, wäre da nicht die Tatsache, dass die Frage „Was bin ich?" fundamental für unsere Bedeutung, unsere Würde, unsere Selbstachtung und unsere mentale Gesundheit ist. Die Bibel betont, dass wir Personen sind, die nach dem Bild eines persönlichen Gottes geschaffen sind, und dass wir wissen können, dass wir von diesem persönlichen Gott persönlich geliebt werden. Hume akzeptiert natürlich nicht, dass es einen Gott gibt, aber hier versucht er außerdem zu beweisen, dass auch das menschliche Selbst im Leben nicht existent ist und beim Tod ausgelöscht wird. (Er erklärt jedoch nicht, wie eine bereits nicht existierende Sache noch ausgelöscht werden kann.)

Die Schwierigkeit liegt in der erkenntnistheoretischen Theorie, mit der er versucht, die Existenz des menschlichen Selbst zu leugnen. Die Repräsentative Wahrnehmungstheorie ist falsch. Sie vergleicht das Verhältnis eines Denkers zu seinen Gedanken mit einem inneren Zuschauer, der Dinge auf einem inneren Bildschirm in seinem Kopf wahrnimmt. Doch ein Mensch muss nicht in sein Innerstes schauen, um dort zu sehen, ob sein Selbst einen Eindruck auf seinem Geist hinterlassen hat, der dann in eine Idee umgewandelt werden kann, die sein Verstand anschließend erkennen kann. Ein normaler Mensch ist sich seiner selbst direkt bewusst als lebende, denkende, handelnde, liebende, leidende und individuelle Person, die in einem direkten Verhältnis zur Außenwelt, zu anderen Personen und – so hoffen wir – zu Gott selbst steht. Sicherlich kann er über seine Vernunft nachdenken, über sein Seh- und Hörvermögen, seinen Tast- und Geruchssinn und seine Emotionen, seine Erinnerung, seine Vorstellungskraft und seinen Körper und deren unterschiedliche Funktionen beobachten. Aber die Person selbst ist nicht einfach nur ein weiterer Bestandteil unter anderen Teilen, so wie der Fahrer eines Autos nicht einfach nur ein weiterer Bestandteil des Autos ist (neben dem Motor, den Bremsen, der Schaltung und den Rädern). Die Person ist das Ganze – der ganze Mann bzw. die ganze Frau – und hat die Verantwortung für diesen wundervollen Komplex von Fähigkeiten, die sie ausmachen: Sie kann auf jede von ihnen (oder auf eine Kombination von ihnen) zugleich zurückgreifen - Vernunft und Sinne, Geist und Körper -, um die Außenwelt direkt zu untersuchen und kennenzulernen. Humes Erkenntnistheorie hingegen zersetzt die menschliche Persönlichkeit und löst sie schließlich im Nichts auf. (Das Nichts ist natürlich das finale Schicksal, auf das alle Atheisten hoffen.)

- *Frage 3 – Was verursacht Dinge?*

Hume, der die Frage nach Kausalität aufwarf, ist es zu verdanken, dass sich die Welt seitdem mit ihr auseinandersetzt. Es ist ein umfangreiches und komplexes Thema, dem wir hier nicht völlig gerecht werden können. Aber es gibt einen Aspekt in Humes Kausalitätstheorie, die direkt aus seiner Wahrnehmungstheorie hervorgeht und es daher verdient, in diesem Kontext genauer betrachtet zu werden.

Als er das Thema der Kausalität einführt, bemerkt er am Anfang:

> Vermutlich wird der Satz kaum bestritten werden, dass all unsere Vorstellungen nichts sind als Abbilder unserer Eindrücke, oder mit anderen Worten, dass es uns unmöglich ist, ein Ding zu *denken*, dass wir nicht zuvor entweder durch unsere äußeren oder inneren Sinne *empfunden* haben.[82]

Sofort erkennen wir seine erkenntnistheoretische These: Wir können nicht (richtig) über etwas nachdenken, bevor nicht die Außenwelt zuerst bei uns Eindrücke hinterlassen hat, die dann übernommen und in Vorstellungen (bzw. Ideen) umgewandelt und so unserer Vernunft zugänglich gemacht werden.

Dann stellt er fest:

> Wenn wir uns unter äußeren Gegenständen umsehen und die Wirksamkeit der Ursachen betrachten, so sind wir in keinem einzigen Falle imstande, irgendeine Kraft oder notwendige Verknüpfung zu entdecken, irgendwelche Eigenschaft, die die Wirkung an die Ursache bände und die eine zur unfehlbaren Folge der anderen machte.

82 *Eine Untersuchung über den menschlichen Verstand 7.4* (Kursivsetzung im Original)

> Wir bemerken nur, dass die eine tatsächlich in Wirklichkeit der anderen folgt.[83]

Er veranschaulicht dies mit einem Beispiel: Was sehen wir tatsächlich – und was sehen wir nicht –, wenn eine Billardkugel auf eine andere stößt?

> Den Anstoß der einen Billardkugel begleitet eine Bewegung der zweiten. Dies ist alles, was den *äußeren* Sinnen erscheint. Der Geist hat kein Gefühl oder keinen *inneren* Eindruck von dieser Folge der Gegenstände. Demgemäß gibt es in keinem einzelnen, bestimmten Falle von Ursache und Wirkung irgend etwas, das die Vorstellung der Kraft oder der notwendigen Verknüpfung erweckte.[84]

Heute würden wir von einer Energieübertragung von der ersten Billardkugel auf die zweite sprechen. Aber Energie ist unsichtbar, und auch die fortgeschrittene Wissenschaft weiß nicht genau, was Energie ist. Es ist verständlich, dass Hume zu seiner Zeit behauptete, *äußere* Sinne sähen nur, dass, wenn eine Kugel auf die andere träfe, diese andere in Bewegung gerate. Sonst gebe es nichts, was man hätte *sehen* können – nichts, „das die Vorstellung der Kraft oder der notwendigen Verknüpfung erweckte".

Doch dann zwang seine erkenntnistheoretische These Hume zu der Aussage: Wenn unsere äußeren Sinne diese notwendige Verknüpfung nicht sehen, dann ist „es uns unmöglich ..., ein Ding zu *denken*". Woher, könnten wir fragen, haben wir dann die Vorstellung dieser notwendigen Verknüpfung? Die Antwort, die er uns gibt, lautet: Wenn wir immer wieder beobachten, dass ein Ereignis immer auf ein anderes folgt, setzt sich diese Folge so in unserer Vorstellungskraft fest, dass der Geist automatisch darauf schließt (als wäre es so festgelegt), dass das zweite Ereignis durch das erste verursacht wurde. Hume weist jedoch auf Folgendes hin: Ganz gleich, wie oft diese Folge von Ereignissen beobachtet wird, wir sehen in Wirklichkeit tatsächlich keine notwendige Verknüpfung zwischen beiden Ereignissen; daher können wir nicht logisch behaupten, dass das erste Ereignis die Ursache des zweiten gewesen sei.

Daraus zog Hume einen erstaunlichen Schluss: Wenn wir sehen, wie die zweite Billardkugel sich bewegt, ist es unser Geist, der von der Bewegung dieser zweiten Kugel darauf schließt, dass die Ursache seiner Bewegung die

---

83 *Untersuchung* 7.6

84 *Untersuchung* 7.6

erste Kugel ist. Dann überträgt unser Geist diese Schlussfolgerung auf das Ereignis in der Außenwelt, als ob es in der externen Welt eine Tatsache wäre, obwohl wir dazu eigentlich nicht berechtigt sind, da wir die „Ursache" nie wirklich beobachtet haben. Wir haben also kein Recht, von Auswirkungen auf Ursachen zu schließen.

- *Eine Bewertung von Humes Billardkugeln*

Wir dürfen es Hume nicht negativ anlasten, dass er die Ergebnisse der modernen Wissenschaft nicht kannte. Doch schon zu seiner Zeit lag er falsch mit seiner Aussage, dass man, wenn man in einer Substanz allein durch Beobachtung keine Kraft beobachten kann, die zwangsläufig Auswirkungen auf Dinge hat, nicht mit Recht behaupten kann, sie sei die Ursache für ein Folgeereignis. In der Antike beobachtete man, dass das Trinken von bestimmten Flüssigkeiten immer zum Tode führte, und man nannte diese Flüssigkeiten „Gifte". Die Menschen konnten nicht wirklich beobachten, was genau diese Flüssigkeit im Körper bewirkte, sodass man starb. Aber die Vernunft schloss daraus, dass der Tod, der auf das Trinken der Flüssigkeit folgte, durch die Flüssigkeit *verursacht* wurde. Und die Vernunft (und der gesunde Menschenverstand) hatte recht! Eine spätere chemische Analyse hat genau gezeigt, was in dieser giftigen Flüssigkeit tödlich ist und welche genauen Auswirkungen es auf die Körperzellen hat.

> *Radioaktive Strahlung kann man weder sehen noch hören, fühlen, schmecken oder riechen. Doch wenn man beobachtet, dass das Erbgut geschädigt wird oder sogar der Tod die Folge ist, wenn man sich hohen Mengen dieser Strahlen aussetzt, schließt die Vernunft daraus, dass die Strahlung die Ursache dieser Auswirkungen ist.*

Radioaktive Strahlung kann man weder sehen noch hören, fühlen, schmecken oder riechen. Doch wenn man beobachtet, dass das Erbgut geschädigt wird oder sogar der Tod die Folge ist, wenn man sich hohen Mengen dieser Strahlen aussetzt, schließt die Vernunft daraus, dass die Strahlung die Ursache dieser Auswirkungen ist. Wenn man nun sagte, die Vernunft könne in diesem Fall nicht von den Auswirkungen auf die Ursache rückschließen, weil die Ursache und ihre zentrale Kraft nicht visuell beobachtet werden könne, wäre dies eine philosophische Pedanterie der schlimmsten Art.

Im Jahr 1764 schrieb einer von Humes Zeitgenossen, Thomas Reid (1720–96), ein Experimentalwissenschaftler, eine Kritik an Humes Theorien, die er bewusst *An Inquiry into the Human Mind on the Principle of Common Sense* (Untersuchung über den menschlichen Geist, nach den Grundsätzen des gesunden Menschenverstandes) nannte. Darin behauptete er, der Gedanke, dass wir zu einer Auffassung von Dingen durch zwischengeschaltete Ideen im Geist kämen, die selbst Bilder von Eindrücken seien, welche durch äußere Gegenstände auf unserem Geist hinterlassen würden, widerspreche insgesamt der Art und Weise, wie wir tatsächlich zum Wissen über Dinge gelangten. Wenn wir beispielsweise einen Baum sähen, liefere uns der Baum nicht nur eine bloße Idee oder ein Bild eines Baumes. Unser Geist entscheide auf der Stelle, dass der Baum existiere mit einer ganz bestimmten Form, Größe und Position. Und im Hinblick auf Humes Argument, es sei unzulässig, auf eine Ursache oder die Existenz eines Gegenstands, durch seine Auswirkungen zu schließen, weist Reid darauf hin, dass wir genau dies im Fall von Schwerkraft und Magnetismus täten.[85]

Ebenso hat E. L. Mascall aufgezeigt, dass wir zusätzlich zu Sinnesdaten ein nicht sensorisches intellektuelles Element in unserer Wahrnehmung selbst haben, das nicht aus Schlussfolgerungen besteht, die aus Sinnesdaten gezogen werden.[86] Vielmehr werden Sinnesdaten als Werkzeug benutzt, mit denen der Intellekt in einer direkten, aber mittelbaren Aktivität die verständliche extramentale Realität begreife, die das Wirkliche ist.

Bertrand Russells Urteil über Humes Philosophie lautet:

> In Humes Philosophie, mag sie falsch oder richtig sein, kommt der Bankrott der Vernünftigkeit des achtzehnten Jahrhunderts zum Ausdruck. Wie Locke packt er seine Aufgabe mit der Absicht an, vernünftig und empirisch vorzugehen und nichts auf Treu und Glauben hinzunehmen, sondern zu untersuchen, was Erfahrung und Beobachtung zu lehren vermögen. Da er aber intelligenter als Locke ist, schärfer zu analysieren versteht und weniger fähig ist, Ungereimtes ruhig hingehen zu lassen, nur weil es bequem ist, kommt er zu dem unheilvollen Schluss, dass aus Erfahrung und Beobachtung nichts zu lernen ist. So etwas wie einen rationalen Glauben gibt es nicht: „Wenn wir glauben, dass Feuer erwärmt oder dass Wasser erfrischt,

85 Siehe die ausführliche Diskussion von Reids Werk in Kenny, *Brief History of Western Philosophy*, 241–243

86 *Words and Images*, 29–45

> so geschieht es bloß, weil es uns zu viel Mühe kosten würde, anders zu denken". Wir können nicht umhin, zu glauben; aber kein Glaube lässt sich auf Vernunft aufbauen. ... Die zunehmende Unvernunft des neunzehnten und des bisher vergangenen zwanzigsten Jahrhunderts ergab sich zwangsläufig aus der Vernichtung des Empirismus durch Hume.[87]

Russells Urteil ist hart, aber verdient. Das Problem sowohl bei Locke als auch bei Hume und jenen, die ihrer Gedankenschule folgten, war nicht der Empirismus, der zu Recht lehrt, dass unser Wissen über die objektive Wirklichkeit auf dieser Wirklichkeit basieren muss und der Wahrheitsgehalt aller unserer Überzeugungen anhand dieser Wirklichkeit überprüft werden muss. Das Problem bei Locke und Hume war der Bildschirm, den sie zwischen Vernunft und Realität stellten. Der Vernunft wurde nie zugestanden, dass sie die Realität direkt wahrnimmt, noch nicht einmal in Zusammenarbeit mit den Sinnen. Immer mussten da erst die Eindrücke sein, die von Ideen vermittelt wurden; die Vernunft musste sich damit zufriedengeben, an zweiter Stelle zu stehen, und musste anhand dieser Ideen versuchen zu verstehen, was die Sinneseindrücke aus der Außenwelt zusammengesucht haben.

Hume selbst drückt es wie folgt aus:

> ... so ist meine Absicht nur die, den Leser von der Wahrheit meiner Annahme zu überzeugen, *dass alle Schlussfolgerungen, die Ursachen und Wirkungen betreffen, lediglich auf der Gewohnheit beruhen und dass Glauben viel eigentlicher Akt des fühlenden als des denkenden Teils unserer Natur ist.*[88]

Auf diese Weise errichteten Locke und Hume eine Barriere zwischen der Vernunft und der äußeren Realität. Wir haben zuvor festgestellt, dass Platon die erkennbare Wirklichkeit in zwei absolut unterschiedliche Welten aufgeteilt hat: die Sinnenwelt, über die wir uns Meinungen durch unsere Sinne bilden können, und die intelligible Welt, die wir durch den Intellekt kennenlernen können. Aristoteles teilte das Universum in zwei Reiche: das vom Mond aufwärts, welches vollkommen war, und das unterhalb des Mondes, welches unvollkommen war. Locke und Hume für ihren Teil teilen unsere

87 Russel, *Philosophie des Abendlandes,* 681–682

88 *Traktat 1.4.1.8,* (Kursivsetzung im Original)

Fähigkeiten des Wahrnehmens und des Verstehens auf: in unsere Sinne, die direkten Zugang zur Wirklichkeit haben und immer an erster Stelle stehen müssen, und in unsere Vernunft, die keinen direkten Zugang zur Wirklichkeit hat und daher an zweiter Stelle steht. Locke und Hume gestehen dem Menschen nicht zu, ganzheitlicher Mensch zu sein, der seine Vernunft und Sinne als kooperatives Team einsetzen kann, das gleichzeitig und im Gleichklang die Realität direkt wahrnehmen und verstehen kann.

Ein nicht ganz so gravierender, aber dennoch ernsthafter Mangel an Lockes und Humes Erkenntnistheorie ist, wie Professor T. F. Torrance es ausdrückte, „die tyrannische Annahme, dass alles Wissen letztendlich auf einer Form der Sinneswahrnehmung beruhen muss" und insbesondere auf visueller Wahrnehmung.[89] Zugegeben, Hume spricht auch von weiteren Sinnen neben dem Sehvermögen, aber sein Hauptfokus liegt auf visuellen Eindrücken. Ideen, sagt er, seien „Bilder", „Abbilder", „genaue Nachbildungen" von Eindrücken, und er veranschaulicht dies hauptsächlich mit dem Beispiel, dass, als er die Augen geschlossen und an sein Zimmer gedacht habe, die Ideen, die er davon gebildet habe, genaue Nachbildungen des Eindrucks gewesen seien, den er gehabt habe, als er es mit offenen Augen betrachtet habe.[90] Aber für die Übermittlung von Informationen direkt von einem Geist an einen anderen durch Sprache ist das Hören wichtiger als das Sehen, wie wir bereits am Beispiel des Lehrers gesehen haben, der einer Klasse die abstrakte Idee der Zahlenverhältnisse erklärt.

Professor Torrance erinnert uns daran, dass der Bibel zufolge Gott, als er Israel sein Gesetz verkündete, das Volk darauf hinwies, dass es keine Gestalt, kein Bild von Gott sah: Es hörte nur seine Stimme (5Mo 4,12-15). Da die Erkenntnistheorie uns schließlich zu der Frage führt, wie wir wissen können, dass es einen Gott gibt, wird die Wichtigkeit der rationalen, mündlichen Kommunikation von Gottes Geist an unseren Geist, ohne dass visuelle Bilder dazwischen notwendig sind, noch von entscheidender Bedeutung sein.

Doch vielleicht ist die finale Ironie von Humes erkenntnistheoretischem System folgende: Seine ganze Theorie basiert auf der Behauptung, dass wir unser Wissen über die Außenwelt durch Eindrücke erlangen, die diese in unserem Geist hinterlässt. Aber bei der Diskussion der Kausalität gibt er zu:

89 *Theological Science, 21*
90 *Traktat 1.1.1.3*

> Was die *Eindrücke* betrifft, welche von den *Sinnen* herstammen, so ist ihre letzte Ursache, meiner Meinung nach, durch menschliche Vernunft nicht zu erkennen; es wird stets unmöglich sein, mit Gewissheit zu entscheiden, ob sie unmittelbar durch den Gegenstand veranlasst, oder durch die schöpferische Kraft des Geistes hervorgebracht werden, oder endlich von dem Urheber unseres Seins kommen.[91]

Trotz all seines Empirismus konnte er nicht sicher sein, dass seine Eindrücke der Außenwelt nicht einfach nur Erfindungen seines eigenen Geistes waren – es sei denn, es gäbe vielleicht einen Gott, der das ganze System geschaffen hätte.

Aber jetzt müssen wir uns dem berühmten deutschen Philosophen Kant zuwenden, um zu sehen, wie er versuchte, die desaströsen Auswirkungen von Lockes und Humes Erkenntnistheorie zu beheben.

91 *Traktat 1.3.5.2* (Kursivsetzung im Original)

3

DIE ERKENNTNISTHEORIE VON IMMANUEL KANT

Unmündigkeit ist das Unvermögen,
sich seines Verstandes
ohne Leitung eines anderen zu bedienen.
Selbstverschuldet ist diese Unmündigkeit,
wenn die Ursache derselben nicht am Mangel
des Verstandes, sondern der Entschließung
und des Mutes liegt, sich seiner ohne Leitung
eines andern zu bedienen. Sapere aude!
Habe Mut, dich deines eigenen Verstandes zu bedienen!
Ist also der Wahlspruch der Aufklärung.

Immanuel Kant,
„Beantwortung der Frage: Was ist Aufklärung?“

KANTS METAPHYSIK

Immanuel Kant (1724–1804) wird im Allgemeinen als der letzte und größte der Philosophen der Aufklärung betrachtet. Das Buch, das ihn berühmt machte, ist seine *Kritik der reinen Vernunft*, die zuerst im Jahr 1781 veröffentlicht wurde und dann noch einmal in einer revidierten Auflage im Jahr 1787.[92]

In einer englischsprachigen Ausgabe schreiben die Herausgeber Paul Guyer und Allen Wood, Kants Buch sei

> eines der grundlegendsten und monumentalsten Werke in der Geschichte der abendländischen Philosophie. ... In den mehr als zwei Jahrhunderten seit der ersten Veröffentlichung dieses Buches ist es kontinuierlich Gegenstand der wissenschaftlichen Interpretation und eine ständige Quelle der Inspiration für innovative Philosophen gewesen. Die ganze Geschichte des Einflusses dieses Buches aufzuschreiben hieße, die Geschichte der Philosophie seit Kant aufzuschreiben.

Um den Pulsschlag dieses Philosophen zu spüren, könnten wir nichts Besseres tun, als erneut seine bereits im vorherigen Kapitel zitierte Zusammenfassung von *Aufklärung* zu lesen.

> Aufklärung ist der Ausgang des Menschen aus seiner selbstverschuldeten Unmündigkeit. Unmündigkeit ist das Unvermögen, sich seines Verstandes ohne Leitung eines anderen zu bedienen. Selbstverschuldet ist diese Unmündigkeit, wenn die Ursache derselben nicht am

92 Die Zitate stammen aus der im Jahr 1998 im Meiner-Verlag veröffentlichten Ausgabe, herausgegeben von Jens Timmermann. Die Buchstaben A und B plus Zahlen in den Fußnoten zeigen an, ob es sich um Abschnitte aus der zweiten Auflage (B) handeln, die in die erste Auflage (A) aufgenommen wurden.

> Mangel des Verstandes, sondern der Entschließung und des Mutes liegt, sich seiner ohne Leitung eines andern zu bedienen. *Sapere aude!* Habe Mut, dich deines eigenen Verstandes zu bedienen! ist also der Wahlspruch der Aufklärung.[93]

Nun hatte die Metaphysik[94] zur Zeit Kants sich seit Jahrhunderten mit den großen Fragen der Menschheit beschäftigt: Gibt es einen Gott, und kann man dies beweisen? Ist der Mensch wirklich frei? Besitzt der Mensch eine unsterbliche Seele? Gibt es ein Leben nach dem Tod? Kants Philosophie sucht nach Antworten auf all diese Fragen.[95]

Natürlich stand Kant jedem Aberglauben kritisch gegenüber. Er lehnte auch jeglichen Dogmatismus ab, insbesondere bei Philosophen, die behaupteten, man könne Gottes Existenz, die Unsterblichkeit der Seele und die Realität des Lebens nach dem Tod durch reine Vernunft erklären. Es ist allgemein bekannt, dass Kant überzeugt war, dass nichts davon auf Grundlage der reinen Vernunft bewiesen werden könne. Was aber nicht so bekannt ist, jedoch gleichermaßen stimmt, ist, dass er an Gott, die Unsterblichkeit der Seele und die Wirklichkeit des Lebens nach dem Tod glaubte. Und er wandte sich gegen jede Form von Skeptizismus, der behauptete, Theologie, Philosophie und Wissenschaft könnten uns keine sicheren Antworten auf diese Fragen liefern.

Obwohl Kant ein begeisterter Anhänger der Naturwissenschaften war, warfen sie für ihn doch ein besonderes Problem auf. Newton hatte das universale Gesetz der Schwerkraft entdeckt und es mathematisch ausgedrückt. Viele Leute schlossen daraus, dass das Universum eine gigantische Maschine ist, die nach kompromisslosen mechanischen Gesetzen arbeitet. Wenn also die Menschen Teil des Universums waren und damit Teil dieses Systems von unveränderlichen und unerbittlichen Ursachen und Wirkungen, wie könnte man dann sagen, der Mensch sei frei? Wie war freies Denken überhaupt möglich? Und wenn die Menschen nicht frei wären, wie könnte man sie dann für ihre Handlungen moralisch verantwortlich machen? Mit seiner *Kritik der reinen Vernunft* wollte Kant hauptsächlich untersuchen, in welchem Maße diese Fragen mit der reinen Vernunft beantwortet werden können.

---

93 Siehe *Beantwortung der Frage: Was ist Aufklärung?* (in: *Berlinische Monatsschrift*, Dezember-Heft 1784, 481)

94 Siehe FN 41 in Kap. 2 zu *Metaphysik*

95 *Kritik der reinen Vernunft*, B 7

Kants Unterscheidung zwischen reiner Vernunft und praktischer Vernunft

Daher ist es wichtig, dass wir anfangs einmal den Titel des Buches genau betrachten: Es geht darin nicht um die Vernunft im Allgemeinen, sondern um die *reine* Vernunft im Unterschied zur *praktischen* Vernunft. Danach schrieb Kant ein weiteres Buch mit dem Titel *Kritik der praktischen Vernunft* (veröffentlicht im Jahr 1788); doch schon in der *Kritik der reinen Vernunft* räumte er gegen Ende des Buches der Frage nach dem Unterschied zwischen reiner und praktischer Vernunft erheblichen Raum ein. Lassen Sie uns sehen, wie sich diese Unterscheidung auf seine Antworten auf die Fragen nach der letzten Wirklichkeit, Gott, der Seele und dem Leben nach dem Tod auswirkte.

Reine Vernunft: Laut Kant ist es unmöglich, durch reine Vernunft die Existenz Gottes, die Unsterblichkeit der Seele und das Leben nach dem Tod zu beweisen.[96]

Praktische Vernunft: Seine persönlichen *moralischen Überzeugungen* beschreibt er wie folgt:

> Denn da ist es schlechterdings notwendig ... dass ich dem sittlichen Gesetze in allen Stücken Folge leiste. ... es ist nur eine einzige Bedingung nach aller meiner Einsicht möglich, unter welcher dieser Zweck mit allen gesamten Zwecken zusammenhängt, und dadurch praktische Gültigkeit habe, nämlich, dass ein Gott und eine künftige Welt sei ... Da aber also die sittliche Vorschrift zugleich meine Maxime ist (wie denn die Vernunft gebietet, dass sie es sein soll), so werde ich unausbleiblich ein Dasein Gottes und ein künftiges Leben glauben, und bin sicher, dass diesen Glauben nichts wankend machen könne.[97]

Und im Hinblick auf die wissenschaftliche Erforschung der Natur erkennt Kant zwar die Ordnung und Zweckmäßigkeit, die überall in der ganzen Welt beobachtet werden kann, und wie diese auf Gott den Schöpfer hinzuweisen scheint („das physikotheologische Argument", wie er es nennt). Er ist jedoch der Überzeugung, dass dieses Argument auf Grundlage der *reinen Vernunft* keine eindeutige Vorstellung von der obersten Weltursache

96 Siehe z. B. A 592 ff./B 620 ff.

97 Kant, *Kritik der reinen Vernunft,* A 828, B 856

geben kann. Daher könne dies nicht als Grundlage[98] einer Theologie dienen, die selbst wiederum die Grundlage der Religion bilden solle.[99]

Auf Grundlage der praktischen Vernunft ist für Kant jedoch dieses „physikotheologische" Argument (oder „Ordnungs-Argument") die einzig zufriedenstellende Hypothese für die Untersuchung der Natur:

> ... so ist doch die zweckmäßige Einheit eine so große Bedingung der Anwendung der Vernunft auf Natur, dass ich, da mir überdem Erfahrung reichlich davon Beispiele darbietet, sie gar nicht vorbeigehen kann. Zu dieser Einheit aber kenne ich keine andere Bedingung, die sie mir zum Leitfaden der Naturforschung machte, als wenn ich voraussetze, dass eine höchste Intelligenz alles nach den weisesten Zwecken so geordnet habe.[100]

Im Folgenden drückt Kant dann seine persönliche Überzeugung aus:

> Folglich ist es eine Bedingung einer zwar zufälligen, aber doch nicht unerheblichen Absicht, nämlich, um eine Leitung in der Nachforschung der Natur zu haben, einen weisen Welturheber vorauszusetzen. Der Ausgang meiner Versuche bestätigt auch so oft die Brauchbarkeit dieser Voraussetzung, und nichts kann auf entscheidende Art dawider angeführt werden: dass ich viel zu wenig sage, wenn ich mein Fürwahrhalten bloß ein Meinen nennen wollte, sondern es kann selbst in diesem theoretischen Verhältnisse gesagt werden, dass ich festiglich einen Gott glaube; aber alsdenn ist dieser Glaube in strenger Bedeutung dennoch nicht praktisch, sondern muss ein doktrinaler Glaube genannt werden, den die *Theologie* der Natur (Physikotheologie) notwendig allerwärts bewirken muss. In Ansehung eben derselben Weisheit, in Rücksicht auf die vortreffliche Ausstattung der menschlichen Natur und die derselben so schlecht angemessene Kürze des Lebens, kann eben sowohl genugsamer Grund zu einem doktrinalen Glauben des künftigen Lebens der menschlichen Seele angetroffen werden.[101]

98 A. d. Ü.: Kant wörtlich: das „Prinzip der Theologie" (A 628)

99 Siehe Kant, *Kritik der reinen Vernunft,* A 628–629, B 656–657

100 Kant, *Kritik der reinen Vernunft,* A 826, B 854

101 Kant, *Kritik der reinen Vernunft,* A 826–827, B 854–855 (Erläuterungen in Klammern auch im Original)

Verständlicherweise wirft dies folgende Frage auf: Wenn Kant behauptet, in der Praxis – sowohl hinsichtlich der wissenschaftlichen Erforschung der Natur als auch der Grundvoraussetzungen für moralisches Verhalten – an Gott zu glauben, was meint er dann, wenn er sagt, Gottes Existenz könne nicht durch reine Vernunft bewiesen werden? Was ist nach Kant eigentlich reine Vernunft?

Eine provisorische Antwort wäre, dass es die Art von abstrakter Argumentation ist, die wir in der Arithmetik und Geometrie einsetzen und die uns zu absolut sicheren und unbestreitbaren, notwendigen Wahrheiten führt, deren Gegenteil absolut undenkbar und unvorstellbar ist.[102] Andererseits behauptet Kant, dass die Ergebnisse solcher Argumentation erst dann fruchtbar sein können, wenn sie nachweislich realen Objekten möglicher Erfahrungen entsprechen. Ansonsten seien sie bedeutungslos.[103] Sie können zum Beispiel mit unbestreitbar korrekter Arithmetik gedanklich schlussfolgern, dass 10 x 10 = 100 ist; und das Ergebnis ist logisch wahr. Aber solche Schlussfolgerungen werden Sie nicht reich machen. Sie können nicht dieses Ergebnis nehmen, zu dem Sie mit der reinen Vernunft gelangt sind, und allein auf dieser Grundlage argumentieren, dadurch werde bewiesen, dass Sie z. B. 100 Euro auf der Bank haben. Der einzige Weg, wie Sie beweisen könnten, dass auf der Bank wirklich 100 Euro auf Ihrem Konto liegen (oder zumindest liegen sollten, sofern sie nicht gestohlen wurden), ist durch Erfahrung, das heißt, indem Sie zur Bank gehen und das Geld abheben. Wenn wiederum eine solche Erfahrung aus irgendeinem Grund nicht möglich wäre und die Möglichkeit, diese Erfahrung zu machen, sogar undenkbar wäre, könnten Sie niemals mit reiner Vernunft beweisen, dass Sie Geld auf der Bank haben.

Ähnlich argumentiert auch Kant: Man könne zwar mit reiner Vernunft gedanklich logische Argumente für die Existenz Gottes entwickeln, aber diese allein bewiesen nicht, dass Gott tatsächlich existiert. (Übrigens weist er an anderer Stelle darauf hin, dass reine Vernunft auch nicht beweisen kann, dass Gott nicht existiert.)[104] Daher würde die reine Vernunft den Menschen raten, ihren Glauben an die Existenz Gottes auf die praktische Vernunft zu gründen, was – so Kant – die Masse der Leute (im Unterschied zu Philosophen) ohnehin tue. Und das sei auch richtig so, denn da ist „die herrliche Ordnung, Schönheit und Vorsorge, die allerwärts in der Natur hervorblickt,

102 Kant, *Kritik der reinen Vernunft,* B ix–x

103 Siehe Kant, *Kritik der reinen Vernunft,* B xxx

104 Kant, *Kritik der reinen Vernunft,* A 830/B 858

(welche) allein den Glauben an einen weisen und großen *Welturheber* … bewirken müssen“[105].

- *Gott erkennen*

Wenn wir in dem oben angeführten Zitat das Adverb „allein“ ausklammern, liegt Wahrheit in Kants Argument. Die Bibel sagt etwas Ähnliches:

> Denn sein unsichtbares Wesen, sowohl seine ewige Kraft als auch seine Göttlichkeit, wird seit Erschaffung der Welt in dem Gemachten wahrgenommen und geschaut, damit sie ohne Entschuldigung seien. (Röm 1,20)

Und es stimmt auch, dass dann – wie Kant aufzeigt[106] –, wenn Leute sich zu sehr in abstrakten, spekulativen Argumentationslinien zu der Frage verlieren, ob Gott nun existiert oder nicht, dies ihre Aufmerksamkeit von den kraftvollen Beweisen für Gottes Existenz ablenkt, die ihnen doch quasi ins Gesicht springen würden, wenn sie nur der praktischen Vernunft gestatten würden, sie auf diese Beweise hinzuweisen.

Doch lassen Sie uns nun zu dem problematischen Adverb „allein“ zurückkehren. Warum sagt Kant, dass der Glaube an Gott allein durch „die herrliche Ordnung, Schönheit und Vorsorge, die allerwärts in der Natur hervorblickt“, entstehen kann? Gibt es für uns keine andere Möglichkeit der Gotteserfahrung? Kant scheint darauf zu antworten: „Nein“. Gott, so sagt er, sei kein Objekt möglicher Erfahrung, und behaupte man das Gegenteil, sei dies reine Spekulation. Wir könnten kein sicheres Wissen über Gott haben, sondern nur den Glauben an die Existenz Gottes:

> Ich kann also *Gott, Freiheit* und *Unsterblichkeit* zum Behuf des notwendigen praktischen Gebrauchs meiner Vernunft nicht einmal *annehmen*, wenn ich nicht der spekulativen Vernunft zugleich ihre Anmaßung überschwenglicher Einsichten benehme, weil sie sich, um zu diesen zu gelangen, solcher Grundsätze bedienen muss, die, indem sie in der Tat bloß auf Gegenstände möglicher Erfahrung reichen, wenn sie gleichwohl auf das angewandt werden, was nicht ein Gegenstand der Erfahrung sein kann, wirklich dieses jederzeit

105 Kant, *Kritik der reinen Vernunft*, B xxxiii
106 Kant, *Kritik der reinen Vernunft*, B xxix–xxx

> in Erscheinung verwandeln, und so alle *praktische Erweiterung* der reinen Vernunft für unmöglich erklären. Ich musste also das *Wissen* aufheben, um zum *Glauben* Platz zu bekommen.[107]

Das heißt, laut Kant können wir zwar den Glauben haben, dass Gott existiert, aber mit Sicherheit wissen können wir dies nicht. Wir können glauben, dass Gott existiert, aber wir können Gott nicht erfahren. Er sei jenseits aller möglichen Erfahrbarkeit. Wenn wir behaupteten, Gott erfahren zu haben, setzten wir unser Vertrauen auf Spekulation und reinen Anschein. „(Es) wird freilich sich niemand rühmen können: er *wisse*, dass ein Gott und dass ein künftig Leben sei“[108], so Kant.

An dieser Stelle wird die Bibel natürlich protestieren. Zugegeben, Gott ist nicht einfach ein „Objekt der Erfahrung“, auch wenn er wirklich so erfahren werden kann. Er ist das große Subjekt, das die Initiative ergriffen und es uns ermöglicht hat, ihn zu erkennen und zu erfahren, da er sich in seiner Gnade dazu entschieden hat, uns persönlich und individuell zu „erkennen“ (Gal 4,9). Dies war genau der Grund, weshalb Christus auf die Erde kam: „Niemand“, sagte er, „erkennt den Sohn als nur der Vater, noch erkennt jemand den Vater als nur der Sohn, und der, dem der Sohn ihn offenbaren will. Kommt her zu mir ... und lernt von mir!“ (Mt 11,27-29).

Das vielleicht bekannteste von Christi Gleichnissen ist jenes, in dem er sich selbst mit einem Hirten und seine Jünger mit Schafen vergleicht. Im Laufe dieses Gleichnisses sagt er: „Ich bin der gute Hirte; und ich kenne die Meinen, und die Meinen kennen mich, wie der Vater mich kennt und ich den Vater kenne“ (Joh 10,14-15). Seine Mission war es, dass Menschen „den allein wahren Gott, und den du gesandt hast, Jesus Christus, erkennen“ (Joh 17,3). Und was die Erfahrung von Gott in diesem Leben betrifft, versicherte Christus, dass alle, die ihn annehmen und ihr Vertrauen in ihn setzen, erfahren werden, dass sie „aus Gott geboren“ sind (Joh 1,12-13; 3,1-16).

> *Die frühen Christen bekräftigen immer wieder aus ihrer persönlichen Erfahrung heraus: „Wir wissen aber, dass der Sohn Gottes gekommen ist und uns Verständnis gegeben hat, damit wir den Wahrhaftigen erkennen; und wir sind in dem Wahrhaftigen, in seinem Sohn Jesus Christus“ (1Jo 5,20).*

Aufgrund dessen behaupten die frühen Christen immer wieder aus ihrer

107 Kant, *Kritik der reinen Vernunft,* B xxx

108 Kant, *Kritik der reinen Vernunft,* A 829/B 857

persönlichen Erfahrung heraus: „Wir wissen aber, dass der Sohn Gottes gekommen ist und uns Verständnis gegeben hat, damit wir den Wahrhaftigen erkennen; und wir sind in dem Wahrhaftigen, in seinem Sohn Jesus Christus“ (1Jo 5,20). Wenn Christus also sagt, dass es schon in diesem Leben möglich ist, Gott zu erkennen und zu erfahren, und unsere Erfahrung dies bestätigt, klingt Kants Aussage „(Es) wird freilich sich niemand rühmen können: er wisse, dass ein Gott ... sei“ wirklich merkwürdig. Erst einmal geht es hier nicht um irgendwelches Rühmen. Ein kleines Kind brüstet sich nicht damit, es kenne seinen Vater, da die Beziehung mit dem Vater nichts ist, was das Kind durch gute Taten erlangt hat. Die Beziehung ist die Folge seiner Geburt. Und so ist es auch bei jemandem, der an Christus glaubt. Eine Beziehung zu Gott, die es dem Gläubigen ermöglicht, Gott als Vater zu kennen, wird nicht durch verdienstvolle Werke möglich. Sie wird dem Gläubigen als ein Akt der Gnade Gottes geschenkt: „Weil ihr aber Söhne seid, sandte Gott den Geist seines Sohnes in unsere Herzen, der da ruft: Abba, Vater! Also bist du nicht mehr Sklave, sondern Sohn; wenn aber Sohn, so auch Erbe durch Gott“ (Gal 4,6-7).

- *Das Wissen aufheben, um zum Glauben Platz zu bekommen*

Würde Kant heute leben, würde er zweifellos feierlich seinen Kopf schütteln und wiederholen, was er am Ende des oben angeführten langen Zitats gesagt hatte: „Ich musste also das Wissen aufheben, um zum Glauben Platz zu bekommen.“ Mit anderen Worten: Wenn man die Existenz Gottes logisch beweisen könnte, dann gäbe es keinen Platz mehr für den Glauben.

Diese Vorstellung ist weitverbreitet, aber sie ist nicht wahr. Fast wehmütig weist die Bibel darauf hin, dass sogar die Dämonen sicher wissen, dass Gott existiert. Sie haben gar keine Wahl, ob sie daran glauben wollen oder nicht. Doch der Glaube an die Existenz Gottes hindert sie nicht daran, sich ihm zu widersetzen (Jak 2,19).

Durch die Gesetze der Chemie ist unbestreitbar nachgewiesen worden, dass gewisse Drogen unvermeidlich das Gehirn schädigen. Doch diese erwiesene Tatsache beseitigt ja nicht den Glauben. Vielmehr ist es der Glaube an diese wissenschaftliche Tatsache, der einige junge Leute davon abhält, trotz Gruppendruck Drogen zu nehmen. Ein Mangel an Glauben ist doch nicht die unvermeidliche Folge davon, dass etwas bewiesen wurde. Ein Mangel an Glauben ist widersinnig und führt tragischerweise manche dazu, dem Gruppendruck nachzugeben und Drogen zu nehmen, mit all den desaströsen Folgen. Dasselbe gilt für das Rauchen und die erwiesene Tatsache, dass es die Lunge schädigt.

Kants kopernikanische Wende

In seinem Buch *Prolegomena zu einer jeden künftigen Metaphysik, die als Wissenschaft wird auftreten können*[109] bekennt Kant, dass er durch die Erinnerung an die Werke David Humes (die wir eben betrachtet haben) aus seinem dogmatischen Schlummer aufgeweckt wurde. Zwei Dinge an Humes Philosophie gaben Kant zu denken: Das eine waren Humes Gedanken zur Kausalität, das andere Humes Behauptung, wir hätten keinen anderen Zugang zum Wissen über die Außenwelt als die Eindrücke, die die Welt auf unseren Sinnen hinterlasse. Um zu verstehen, warum diese beiden Dinge Kant beunruhigten, müssen wir zunächst einmal einen kurzen Blick zurück auf die Anfänge der modernen Wissenschaft werfen.

- *Kants wissenschaftlicher Hintergrund*

Obwohl bereits als moderne Wissenschaft erkennbar, wurde die Wissenschaft in ihren Anfängen in Europa noch als ein Zweig der Philosophie betrachtet, der Naturphilosophie. Damals wurden noch immer viele der philosophischen Grundideen und Fragestellungen beibehalten, die bereits in der Antike von Platon und Aristoteles entwickelt worden waren. Diese Ideen und Fragestellungen motivierten die frühen Wissenschaftler untereinander zu diskutieren, welche Methoden sie in ihrer Forschung anwenden und welche logischen Prinzipien man bei der Interpretation der Ergebnisse befolgen sollte, damit ihre Interpretationen als korrekt und verlässlich gelten konnten. Lassen Sie uns ein paar Beispiel anführen.

William Harvey und der Blutkreislauf

Im Jahr 1628 veröffentlichte William Harvey ein Buch, *On the Motion of the Heart and Blood in Animals* (dt. *Die Bewegung des Herzens und des Blutes*), in dem er seine Entdeckung des Blutkreislaufs vorstellte. Diese Entdeckung hatte er größtenteils durch sogenannte „Augenexperimente“ gemacht, das heißt, indem er sich das Verhalten des Herzens durch anatomische Sezierung

109 S. 9

und Vivisektion direkt ansah. Descartes verkündete, dass er aufgrund seiner eigenen anatomischen Studien Harvey zustimmte, dass das Blut in der Tat durch die Körper zirkuliert und das Herz in diesem Prozess eine zentrale Rolle spielt. Aber Descartes hatte eine andere Erklärung dafür, wie das Herz dies tat und was genau das Blut zum Zirkulieren brachte.

Harvey behauptete, das Herz sei ein Muskel und arbeite wie eine Pumpe, die durch regelmäßige Kontraktionen das Blut durch den Körper treibe. Heute wissen wir, dass Harvey recht hatte. Descartes hatte jedoch eine andere Theorie, die wir jetzt hier nicht betrachten müssen; sie war zwar nicht unplausibel, aber letztendlich falsch. Was uns interessiert, ist der Grund, den Descartes für seine Ablehnung von Harveys Theorie nannte.

Harvey, so Descartes, könne nicht erklären, wie ein Muskel die angebliche Kraft haben könne, sich ohne Hilfe auf diese Weise zusammenzuziehen. Alle anderen Muskeln, sagte er, kontrollierten einfach nur die freiwillige Bewegung, die Menschen selbst frei initiierten. Allein der Hinweis, dass man bei einer Vivisektion beobachten könne, dass sich das Herz regelmäßig zusammenziehe, sei noch kein Beweis dafür, dass das Herz selbst diese Kontraktion auslöst, und noch nicht einmal, dass die Blutzirkulation durch diese Kontraktion verursacht wird. Vielleicht sei es ja auch die Zirkulation des Blutes selbst, welche das Herz dazu bringe, sich zusammenzuziehen. Harvey habe zwar die Kontraktionen festgestellt und habe beobachtet, wie das Blut zirkulierte, jedoch habe er dabei nicht beobachtet, welches der beiden Dinge die Ursache des anderen sei.

Harveys Theorie konnte also so lange nicht als bewiesene Wahrheit angesehen werden, bis er erklären konnte, was das Herz am Anfang dazu bringt, sich zusammenzuziehen. Mit anderen Worten: Harvey hätte nicht nur das Material erklären müssen, aus dem das Herz besteht, sondern auch die Form oder Natur des Herzens und den Grund für seine Kräfte, damit seine Erklärung als wahrhaft philosophische Erklärung hätte akzeptiert werden können. Alle waren sich einig, dass man durch Experimente zu interessanten Fakten und Meinungen kommen könne, aber bevor diese Meinungen zu festem Wissen würden, müssten sie zuerst den Test einer strengen philosophischen Argumentation bezüglich der Ursachen standhalten können.

Newtons Theorie der Schwerkraft

Auch Newtons berühmtes Gravitationsgesetz wurde aus verschiedenen Gründen von zeitgenössischen Wissenschaftlern und Philosophen attackiert und abgelehnt. Newton behauptete, sein Gesetz sei von dem tatsächlich beobachteten Verhalten des Mondes und der Planeten durch mathematische Logik abgeleitet. Es sei daher keine unbewiesene Hypothese.

Seine Kritiker bestanden jedoch darauf, dass es sich nur um eine Hypothese handele, und noch dazu um eine äußerst unplausible. Zu ihr gehörte die Vorstellung, irgendeine unsichtbare „Gravitationskraft" könnte der Grund dafür sein, dass ein Gegenstand Einfluss auf einen anderen entfernten Gegenstand hat, ohne dass sie irgendeinen direkten oder indirekten Kontakt zueinander haben. Eine solche Vorstellung, so die Kritiker, sei für die wahre Naturphilosophie inakzeptabel.

Der große und berühmte Leibniz stimmte in diese Kritik mit ein. Er erklärte, Newtons Gravitationsgesetz beschreibe nur die Tatsache, dass Planeten um einen festen Punkt, die Sonne, kreisten, aber es erkläre nicht, was diese kreisförmige Bewegung auslöse. Allein die Aussage, irgendeine Gravitationskraft bringe die Planeten dazu, die Sonne zu umkreisen, liefere uns allerdings noch keine plausible Erklärung dafür, wer oder was genau der natürliche Verursacher dieser Bewegung sein könnte. Offenbar habe Newton nicht bedacht, dass es in der Natur der Planeten selbst liege, sich aus eigenem Antrieb auf einer Kreisbahn zu bewegen: Er habe behauptet, sie würden dazu von außen gezwungen. Aber durch welche natürliche Kraft denn? Irgendeine äußere unsichtbare Kraft vorauszusetzen und diese einfach als Gravitationskraft zu bezeichnen, erkläre nichts. Wo sei diese Gravitationskraft hergekommen? Was habe sie verursacht? Leibniz sagte, dass Newton diese Frage nicht beantworten könne. Seine Theorie sei daher gleichbedeutend mit der Aussage, dass diese Gravitationskraft durch irgendeine ständige wundersame, übernatürliche Kraft aufrechterhalten würde – was jedoch keine Erklärung sei, die die Naturphilosophie zufriedenstellen würde.

Offenbar habe Newton nicht bedacht, dass es in der Natur der Planeten selbst liege, sich aus eigenem Antrieb auf einer Kreisbahn zu bewegen: Er habe behauptet, sie würden dazu von außen gezwungen. Aber durch welche natürliche Kraft denn? Irgendeine äußere unsichtbare Kraft vorauszusetzen und diese einfach als Gravitationskraft zu bezeichnen, erkläre nichts. Wo sei diese Gravitationskraft hergekommen? Was habe sie verursacht? Leibniz sagte, dass Newton diese Frage nicht beantworten könne.

Der wissenschaftliche Fortschritt hat gezeigt, dass Harvey und Newton bei ihren Punkten richtig und Descartes und Leibniz falschlagen. Die Wissenschaft bestätigte Harveys Theorie, was zu Fortschritten in der

Herzmedizin führte. Und die Wissenschaft bestätigte Newtons Theorie, auch wenn nicht alle Schwierigkeiten beim Verstehen von Gravitation und Energie aufgelöst werden konnten. Dennoch können wir die Behutsamkeit der frühen Wissenschaftler bewundern, die sich weigerten, eine wissenschaftliche Theorie zu akzeptieren, wie plausibel sie auch erscheinen mochte, bis sie vollständig bewiesen war. Und wir können verstehen, warum sie auf der Notwendigkeit einer gründlichen Erklärung für die wahre Ursache von Dingen bestanden.

- *Kants Einwände gegen Humes Philosophie*

Wie wir gesehen haben, hatte Hume behauptet, dass es für uns niemals möglich ist, Ursachen zu beobachten. Er begründete dies damit, dass unsere eigene Quelle des Wissens über Ereignisse in der Außenwelt Eindrücke sind, die Ereignisse in unserem Geist hinterlassen. Kant sah sofort, dass Humes Argument (wenn es denn stimmte) nicht nur ein Wissen über Kausalität unmöglich machen würde; es würde auch jede reine Philosophie zerstören.[110] Er meinte, er müsse Humes Behauptung akzeptieren, dass unser ganzes Wissen über die Außenwelt von der Welt selbst kommen müsse. Er war aber ebenso der Meinung, dass die logischen Prinzipien, anhand derer wir dieses Wissen verstehen und begreifen, sich *nicht* von der Außenwelt ableiten: Sie kämen von der Fähigkeit des logischen Denkens, die unserem Geist innewohne. Wir lernten die Wahrheiten der Mathematik und das Konzept von Ursache und Wirkung (d. h., dass alles, was geschieht, eine Ursache hat) durch unsere Erfahrung der Welt aposteriorisch; wir wüssten diese Wahrheiten a priori, unabhängig von jeder Erfahrung.[111] Mit anderen Worten: Die Außenwelt liefert uns alle Informationen über sich selbst, aber von uns kommen das logische Vermögen und die Prinzipien, die für die Analyse und das Verstehen dieser Information von Nöten sind.[112]

110 Kant, *Kritik der reinen Vernunft,* B 19–20

111 A. d. V.: Urteile *a posteriori* werden auf der Basis der Erfahrung gefällt. Urteile *a priori* können ohne Basis der Erfahrung (Empirie) gefällt werden.

112 Siehe Kant, *Kritik der reinen Vernunft,* B 1

- *Feste Prinzipien und spezifisches Wissen*

Zwischen den Prinzipien von Ursache und Wirkung und dem Wissen über tatsächliche Ursachen und Wirkungen gibt es einen entscheidenden Unterschied. Kant gab offen zu – er bestand sogar darauf –, dass ein A-priori-Verständnis des Gesetzes von Ursache und Wirkung allein nicht vorhersagen kann, was die tatsächliche Ursache eines bestimmten Ereignisses sein wird. Dies könne nur eine empirische Untersuchung tun – wenn überhaupt. Doch A-priori-Wissen über das Gesetz von Ursache und Wirkung werde uns gewiss machen, dass es irgendeine Ursache gegeben haben müsse.[113]

Lassen Sie uns die Wichtigkeit der Unterscheidung veranschaulichen, die Kant hier macht. Nehmen Sie zum Beispiel einen Apfel. Am Anfang ist er fest und rot. Schließlich wird er faul, weich und matschig braun. Die A-priori-Kenntnis des Gesetzes von Ursache und Wirkung kann Ihnen nicht sagen, was genau diese bestimmte Veränderung bewirkt hat. Was es Ihnen jedoch sagen und worauf es beharren kann, ist, dass diese Veränderung durch eine oder mehrere Ursachen bewirkt wurde. Dies wiederum wird die Chemiker dazu bringen, nach der Ursache zu forschen und diese wenn möglich zu entdecken. Doch auch wenn die Ursache nicht gefunden werden könnte, würde die A-priori-Kenntnis des Gesetzes, dass es keine Wirkung ohne Ursache geben kann, die Leute davon überzeugen, dass es für das Verfaulen des Apfels irgendeinen Grund geben muss, auch wenn wir ihn nicht entdecken können.

Es ist diese A-priori-Überzeugung, die die moderne Krebsforschung antreibt. Die genauen Ursachen vieler Krebsarten sind noch immer unbekannt. Doch aus dem apriorischen Gesetz von Ursache und Wirkung schließen Wissenschaftler daraus, dass die Wirkung – Krebs – durch eine oder mehrere Ursachen hervorgerufen werden muss. Und so forschen sie weiter, um diese Ursache zu finden, in der Hoffnung, dass sie, wenn sie diese gefunden haben, ein Heilmittel entwickeln können. Und wenn das Heilmittel gefunden ist, werden sie ihre Medizin dann wiederum als Ursache der Heilung betrachten.

113 Siehe Kant, *Kritik der reinen Vernunft*, B 289–294

- *Was Kant mit dem Schreiben seiner Kritik beabsichtigte*

Kants Überzeugung war nun: „Wenn aber gleich alle unsere Erkenntnis mit der Erfahrung anhebt, so entspringt sie darum doch nicht eben alle aus der Erfahrung.“[114] Manche Dinge in der Außenwelt könne man a priori wissen (das heißt, bevor wir sie erfahren). Er dachte jedoch, dass er diese rationalistische Sicht mit dem kombinieren könnte, was er als gültiges Element in Humes Empirismus betrachtete: dass der ganze Inhalt unseres Wissens über die Welt durch die Erfahrung dieser Welt entstehen muss.

In seiner *Kritik* versuchte er daher, zwei Dinge zu tun:

1. konsequent aufzuzeigen, dass es so etwas wie A-priori-, d. h. synthetisches, Wissen gibt (was das bedeutet, werden wir gleich sehen); und

2. durch logische Argumentation die Grenzen der reinen Vernunft aufzuzeigen.

In seiner Einleitung zur zweiten Auflage seiner *Kritik* bekannte er jedoch, dass man, um irgendeine Hoffnung auf das Erreichen des ersten Zieles zu haben, bereit sein muss, eine Revolution in unserer Einstellung gegenüber dem Wissen über Gegenstände in der Außenwelt zu akzeptieren, ähnlich der Revolution, die Kopernikus in der Kosmologie auslöste.[115]

Vor der kopernikanischen Wende hatten die Menschen versucht, die Bewegungen der Himmelskörper mit der Annahme zu erklären, die Himmelskörper drehten sich alle um den menschlichen Betrachter. Da Kopernikus auf dieser Grundlage keine Erfolge erzielen konnte, stellte er die Hypothese auf, dass die wirkliche Situation genau umgekehrt sein könnte: Es könnte sein, dass sich die menschlichen Zuschauer um die Himmelskörper drehen. Mit dieser Hypothese machte Kopernikus schließlich den Weg frei für die Aufstellung der grundlegenden Gesetze über die Bewegung der Himmelskörper und Newtons Entdeckung des universalen Gesetzes der Schwerkraft.

Ebenso müssten wir, so Kant, aufhören, wie Locke und Hume zu fragen, wie sich unser Wissen an Objekte in der äußeren Welt anpassen kann. Stattdessen müssten wir das Gegenteil annehmen: Um wahres Wissen über Gegenstände in der Außenwelt zu haben, müssten diese mit unserer Vernunft

114 Kant, *Kritik der reinen Vernunft*, B 1
115 Kant, *Kritik der reinen Vernunft*, B xvi–xvii

und unseren Verständniskategorien vereinbar sein. Auf dieser Grundlage, so Kant, könne man dann sehen, dass eine aposteriorische Erfahrung in der Außenwelt zwar den ganzen Inhalt unseres Wissens liefern könne, für das Verstehen dieses Inhalts aber A-priori-Wissen nötig sei. Die Außenwelt, die wir durch unsere Sinne erfuhren, würde uns zwar noch immer das Rohmaterial dieses Wissens liefern, aber unsere Kenntnis von A-priori-Prinzipien drücke ihm die Struktur unseres Verstandes auf.

Kants vorgeschlagene kopernikanische Wende in der Erkenntnistheorie war nur eine heuristische Hypothese, die in dem Versuch gebildet wurde, die Wahrheit des Empirismus mit den Wahrheiten des Rationalismus zu versöhnen. Aber die Vorstellung, das Universum müsse unseren vorgefassten Prinzipien der reinen Vernunft entsprechen, damit man etwas darüber wissen könne, klingt überheblich.

Nun nehmen Wissenschaftler eine Hypothese häufig als heuristisches Mittel[116] zur Erforschung der Natur, und Kants vorgeschlagene kopernikanische Wende in der Erkenntnistheorie war nur eine heuristische Hypothese, die in dem Versuch gebildet wurde, die Wahrheit des Empirismus mit den Wahrheiten des Rationalismus zu versöhnen. Aber die Vorstellung, das Universum müsse unseren vorgefassten Prinzipien der reinen Vernunft entsprechen, damit man etwas darüber wissen könne, klingt überheblich.

Zunächst einmal wird eine grundlegende Frage aufgeworfen: Was genau wollen wir mit der Wissenschaft erreichen? Alle sind sich einig, dass wir – was auch immer unser Ziel ist – bei dieser Aufgabe all unsere Kräfte der Vernunft zum Einsatz bringen müssen. Alle sind sich einig, dass wir nicht einfach nur passiv bleiben können: Wir müssen aktiv unsere Vernunft einsetzen, um Experimente zu entwickeln, die die Natur dazu bringen, uns Antworten auf unsere Fragen zu liefern. Aber setzen wir unsere rationalen und praktischen Fähigkeiten ein, um auf die Natur zu hören, um so die eigene Verständlichkeit und Ordnung der Natur zu entdecken? Oder versuchen wir, unseren voreingenommenen Sinn für rationale Ordnung der Natur aufzuzwingen, und verleihen damit dem Material der Natur ein Verständnis, das dieses nicht besaß, bis wir es zwangen, sich unseren rationalen Grundsätzen zu unterwerfen?

Es gibt Stellen in der *Kritik*, an denen Kant der zweiten Alternative gefährlich nahekommt. Er gibt zu, dass es Dinge in der Natur gibt, die die

116 A. d. V.: Heuristik: Die Fähigkeit, mit begrenztem Wissen und wenig Zeit dennoch zu wahrscheinlichen Aussagen oder praktikablen Lösungen zu kommen.

Vernunft nur von der Natur selbst lernen kann, und sagt, dass wir es der Natur erlauben müssen, uns diese Dinge zu lehren, und der Vernunft nicht erlauben dürfen, sie frei zu erfinden. Aber dann fügt er in typischer Manier der Aufklärung hinzu:

> Sie (die Naturforscher) begriffen, dass die Vernunft nur das einsieht, was sie selbst nach ihrem Entwurfe hervorbringt ..., nicht aber sich von ihr (der Natur) allein gleichsam am Leitbande gängeln lassen müsse ... Und so hat sogar Physik die so vorteilhafte Revolution ihrer Denkart lediglich dem Einfalle zu verdanken, demjenigen, was die Vernunft selbst in die Natur hineinlegt, gemäß, dasjenige in ihr zu suchen (nicht ihr anzudichten), was sie von dieser lernen muss, und wovon sie für sich selbst nichts wissen würde.[117]

Ist die menschliche Vernunft nun, so fragen wir, so absolut vollkommen, dass man ihr niemals eine höhere Ordnung der Rationalität beibringen könnte, als sie bereits besitzt? Es scheint Kant nie in den Sinn gekommen zu sein, dass die Natur als Schöpfung des göttlichen Geistes eine Verständlichkeit einer höheren Ordnung haben könnte, als er sie sich je vorgestellt hat. Für Kant hatten die euklidische Geometrie und die newtonsche Physik im Hinblick auf die Rationalität das letzte Wort. Die Erfahrung hat uns etwas anderes gelehrt. Einsteins Offenheit gegenüber der Möglichkeit, dass das Universum eine subtilere und noch kompliziertere Komplexität haben könnte, als wir jemals gedacht hatten, führte zu der Entdeckung, dass die newtonsche Physik auf höheren Ebenen nicht mehr anwendbar ist und durch die Quantenphysik ersetzt wird und dass die Raumzeit nicht gemäß euklidischer, sondern nicht euklidischer Geometrie strukturiert ist. Die Rationalität des Universums ist eine Hierarchie von Ebenen, und wir haben ihre höchsten Höhen noch nicht erklommen.

Doch Kants „kopernikanische Wende“ geht über das Reich der Wissenschaft hinaus. Wie wir gesehen haben, behauptet er, dass uns die praktische und die moralische Vernunft Gewissheit schenken könnten, dass Gott existiert. Aber dann fügt er hinzu, dass Gott im Hinblick auf die Vernunft jenseits jeglicher möglicher Erfahrung bleiben muss – weil die reine Vernunft mit ihren begrenzten Möglichkeiten seine Existenz nicht beweisen könne. Dies ist, wie die antiken griechischen Tragiker sagen würden, die *Harmatie* der Aufklärung – ihr verhängnisvoller Fehler.

117 Kant, *Kritik der reinen Vernunft,* B xiii–xiv

- *Die Ironie von Kants kopernikanischer Revolution*

Eine Sache scheint Kants Aufmerksamkeit entgangen zu sein: Seine mutmaßliche kopernikanische Wende in der Philosophie wies die Menschheit genau in die andere Richtung als die kopernikanische Wende in der Kosmologie. Vor Kopernikus glaubte der Mensch, er sei der Mittelpunkt, und die Sonne, die Planeten und die Sternenkonstellationen drehten sich alle um ihn. Diese Annahme verhinderte ein wahres Verständnis von Kosmologie. Kopernikus wies darauf hin, dass nicht der Mensch der Mittelpunkt ist, sondern die Sonne. Vor Kant glaubten die Menschen, dass ihre Vorstellungen mit dem Universum übereinstimmen müssten, damit sie zu einem wahren Verständnis des Universums gelangen könnten. Kants Wende schlug vor, dass von nun an das Universum dem Verständnis des Menschen entsprechen müsse, weil es sonst nicht verstanden werden könne. Der Mensch war nun der Mittelpunkt, und die eigenen Kräfte der reinen Vernunft des Menschen waren der höchste Richter darüber, was man sicher wissen kann. Wir werden sehen, dass diese Einstellung eine tiefe, willkürliche, unüberbrückbare Kluft geschlagen hat zwischen dem, was man potenziell wissen kann, und was nicht.

KANTS GRUNDPRINZIPIEN EINES SYNTHETISCHEN WISSENS A PRIORI

Erstes Prinzip:
Die Möglichkeit eines synthetischen Wissens a priori
Um zu verstehen, was Kant meint, müssen wir uns selbst zunächst einmal an den Unterschied zwischen sogenannten *analytischen* und *synthetischen* Sätzen (bzw. Propositionen oder Urteilen) erinnern.[118]

- *Analytische Sätze*

Alle Sätze (wörtlich „Urteile“) haben, wie Kant sagt, die Form Subjekt + Prädikat. In *analytischen* Sätzen fügt das Prädikat dem Satz keine

118 Siehe Kant, *Kritik der reinen Vernunft*, A 6–10/B 10–14

Informationen hinzu, die noch nicht im Subjekt enthalten sind. Einfache Beispiele hierfür sind:

a) *Ein Dreieck ist eine Figur, die drei Seiten hat.* Das Subjekt ist „ein Dreieck", das Prädikat ist „eine Figur, die drei Seiten hat". Aber das Prädikat liefert uns keine neuen Informationen, die nicht schon im Subjekt enthalten wären. Das Wort „Dreieck" *bedeutet* schon an sich „eine Figur, die drei Seiten hat". Das Prädikat erklärt nur, was der Begriff „Dreieck" bereits bedeutet. Es fügt dem Satz keine neuen Informationen hinzu. Es analysiert einfach die Bedeutung von „Dreieck".

b) *Eine Witwe ist eine Frau, deren Mann gestorben ist.* Erneut fügt das Prädikat dem Satz keine Informationen hinzu, die über jene hinausgehen, welche bereits im Subjekt (eine Witwe) zu finden sind.

c) *Alle Körper sind ausgedehnt.* Natürlich sind sie ausgedehnt, denn philosophisch ausgedrückt ist das genau das, was ein Körper ist: etwas, was Größe und Form besitzt und nicht nur ein mathematischer Punkt ist.

- *Synthetische Sätze*

In synthetischen Sätzen fügt das Prädikat dem Satz Informationen hinzu, die noch nicht in der Bedeutung des Subjekts enthalten sind (die Bedeutung des Wortes *synthetisch* ist „zusammenfügend"). Einige Beispiele hierfür sind:

a) *Dieses Dreieck wurde von Boris gemalt.* Die Tatsache, dass dieses Dreieck von Boris gemalt wurde, hätte man nicht von der Bedeutung des Wortes „Dreieck" ableiten können. Hier werden zusätzliche Informationen zu denen hinzugefügt, die bereits im Subjekt enthalten sind.

b) *Diese Witwe ist Hugos Schwester.* Man hätte nicht wissen können, dass sie Hugos Schwester ist, nur weil man die Bedeutung des Wortes „Witwe" kennt. Auch hier hat uns das Prädikat neue

Informationen geliefert, die nicht in der Bedeutung des Subjekts enthalten sind.

c) *Dieser Körper ist schwer.* Per Definition sind alle Körper ausgedehnt, aber nicht alle Körper sind schwer – manche sind leicht. Wenn dieser bestimmte Körper schwer ist, hätte man dies nicht allein dadurch wissen können, dass man über den Begriff „Körper" nachdenkt. Dies muss einem entweder gesagt werden oder man muss es durch Erfahrung entdecken.

- *Kants Behauptung*

Kant behauptet nun, dass wir einfach durch die Kraft von inneren Vernunftprinzipien neues Wissen – synthetisches Wissen – über Gegenstände und Ereignisse in der Außenwelt gewinnen können, *bevor* wir sie sehen, und *unabhängig* davon, ob wir sie erfahren. Er nennt hierfür Beispiele.

Der Satz „Alles, was geschieht, hat seine Ursache."
Kant sagt dazu Folgendes:

> In dem Begriff von Etwas, das geschieht, denke ich zwar ein Dasein, vor welchem eine Zeit vorhergeht etc., und daraus lassen sich analytische Urteile ziehen. Aber der Begriff einer Ursache liegt *ganz außer jenem Begriffe*, und zeigt etwas von dem, was geschieht, Verschiedenes an, ist also in dieser letzteren Vorstellung gar nicht mit enthalten.[119]

Das Prädikat „hat seine Ursache" fügt dem Satz also Informationen hinzu, die nicht Teil des Subjekts „Alles, was geschieht" ist. Daher handelt es sich um einen synthetischen Satz. Zudem basiert dieses Wissen laut Kant nicht auf Erfahrung, die uns nur eine bedingte Wahrheit liefern kann. Die Wahrheit, die wir in diesem Satz erfahren, sei notwendig („Alles, was geschieht, hat eine Ursache und *muss* eine Ursache haben") und allgemeingültig („Alles, was ...). Dieses synthetische Wissen könne daher als a priori betrachtet werden.

---

119 Kant, *Kritik der reinen Vernunft*, B 13, vgl. A 9

Arithmetische Sätze

Das besondere Beispiel, das er anführt, ist 7 + 5 = 12.[120] Für ihn ist „7 + 5" (das Subjekt) eine Einladung, die beiden Zahlen zu addieren, und daher wird das Prädikat „12" augenscheinlich schon im Subjekt impliziert. Wenn dem so wäre, wäre der Satz einfach analytisch (wie „Ein Dreieck ist eine Figur mit drei Seiten"). Aber Kant besteht darauf, dass dem nicht so ist. Was das Ergebnis sein wird, wenn man 7 und 5 addiert, ist für ihn keine Aussage des Subjekts, sondern muss im Kopf ausgearbeitet werden, und dann liefert es ein neues Stück Information. Kant fügt hinzu, dass man dies deutlicher bei größeren Zahlen sehen kann – womit er vermutlich so etwas wie 173 x 5642 = ? meint, wo das Prädikat (wie auch immer dieses sein wird) nicht offensichtlich im Subjekt enthalten ist.

Der moderne Empiriker John Hospers ist einer von vielen Philosophen, die Kant hier widersprechen würden. Schreiben Sie das Subjekt 7 + 5 als einzelne Ziffern (1 + 1 + 1 + 1 + 1 + 1 + 1 + 1 + 1 + 1 + 1 + 1), argumentiert er, und es ist sofort aus dem Subjekt heraus ersichtlich, dass man 12 Ziffern hat![121] Bertrand Russel unterstützt Kant auf der einen Seite entschieden.[122] Schon ein Kind lerne durch Erfahrung, dass 2 + 2 = 4 ist, dass z. B. zwei Bauklötze und noch zwei Bauklötze zusammen vier Bauklötze ergeben. Das Kind werde dann sehen, dass dies auch auf alle Arten von Dingen zutrifft. Schließlich werde es dieses arithmetische Prinzip bei allen bestimmen Beispielen dieses Prinzips wahrnehmen. Es werde „sehen", dass 2 + 2 = 4 ist. Danach werde es wissen, dass das Prinzip allgemeingültig ist. Folglich werde es – auch wenn es nicht wissen könne, wer in hundert Jahren in London leben wird – mit Sicherheit vorab wissen, dass zwei der zukünftigen Bewohner Londons plus zwei weitere zusammen vier ergeben werden. „Diese scheinbare Fähigkeit, Wahrheiten über Dinge vorwegzunehmen, die – unserer Erfahrung entzogen – noch in der Zukunft liegen", sagt Russell, „ist gewiss erstaunlich."[123]

120 Kant, *Kritik der reinen Vernunft,* B 15–16

121 *Introduction to Philosophical Analysis,* 136–140

122 *Probleme der Philosophie,* 74–75

123 Obgleich er hinzufügt: „Kants Lösung des Problems ist interessant, obschon sie meiner Meinung nach nicht haltbar ist.", S. 75

Alle geometrischen Sätze
„Dass die gerade Linie zwischen zweien Punkten die kürzeste sei, ist ein synthetischer Satz", sagt Kant.[124] Der Begriff des Kürzesten sei gänzlich ein Zusatz zu „die gerade Linie zwischen zweien Punkten": Er könne durch keinen analytischen Prozess aus dem Begriff der geraden Linie gezogen werden. Um zu wissen, ob dieser Satz wahr ist, müssten wir auch nicht zwei Punkte auf einem Blatt Papier markieren, die Länge einer geraden Linie zwischen den beiden Punkten messen und diese mit der gemessenen Länge von kurvigen Linien zwischen den Punkten vergleichen, damit wir dann – und erst dann – aus der Erfahrung a posteriori wissen, dass die gerade Linie hier die kürzeste ist. Wir wissen intuitiv, dass der Satz a priori wahr ist.

Kant hatte das Gefühl, dass er mit Beispielen wie diesen bewiesen habe, dass wir *synthetisches* Wissen a priori besitzen. Bertrand Russel[125] schlussfolgerte, dass ebenso unser Wissen über die Gesetze der Logik – die „Denkgesetze" – a priori sei:

1. Der *Satz der Identität*: „Alles was ist, ist."
2. Der *Satz vom Widerspruch* „Nichts kann zugleich sein und nicht sein."
3. Der *Satz vom ausgeschlossenen Dritten*: „Jedes Ding muss entweder sein oder nicht sein."

Um eines seiner Beispiele zu verwenden: Wenn wir einmal gesehen haben, dass ein Baum eine Buche ist, wissen wir automatisch, ohne weitere Informationen aus unserer Erfahrung, dass er keine Eiche sein kann.

Andererseits widerspricht N. O. Losskij Kant in seiner *Geschichte der russischen Philosophie.* Er schreibt:

> Die Existenz von Wahrheiten, die den Charakter von allgemeinen und notwendigen synthetischen Urteilen tragen und weder induktiv noch deduktiv bewiesen werden können, führt nicht automatisch zu Kants Apriorismus: Man kann sie auch mit anderen Mitteln

124 Kant, *Kritik der reinen Vernunft,* B 16–17
125 *Probleme der Philosophie,* 65

feststellen, zum Beispiel auf der Grundlage von Intuitivismus, wie in N. Losskijs *Handbuch der Logik* bewiesen wurde.[126]

Zweites Prinzip:
Die transzendentale Ästhetik[127]

Kant liebte lange Wörter! Die von ihm so bezeichnete „Ästhetik" ist Teil des Wissens, das wir durch die eine oder andere Sinneserfahrung gewinnen. Mit „transzendental" wird ausgedrückt, dass es sich dabei um eine Sinneserfahrung handelt, die wir nicht von etwas gewinnen, was wirklich in der Außenwelt existiert, sondern von etwas in uns drinnen, was er als „reine Form sinnlicher Anschauungen" bezeichnet.

Dieses innere Bewusstsein, so Kant, lasse uns die Außenwelt im Rahmen von Raum und Zeit sehen. Doch Raum und Zeit seien selbst keine Realitäten, keine tatsächlichen Merkmale der Außenwelt, die objektiv existierten, auch wenn wir die Welt nicht anschauten. Veranschaulichen lässt sich dies so: Es ist so, als ob man nie auf weißen Schnee blicken könnte außer durch eine Brille mit rot getönten Gläsern. Wir würden Schnee immer rot sehen; wir könnten ihn nie anders sehen. Aber die Röte ist keine Eigenschaft des Schnees: Sie ist in den Brillengläsern, die wir immer verwenden müssen, um den Schnee anzuschauen. Kant sagt: „Der Raum stellet gar keine Eigenschaft irgend einiger Dinge an sich ... vor."[128]

Kants Argument lässt sich so erklären: Nehmen wir einmal an, ich habe eine Sinneserfahrung, und ich denke, dass diese durch einen Gegenstand außerhalb von mir hervorgerufen wurde. Allein, um dies zu denken, muss ich die Idee vom Raum außerhalb von mir voraussetzen und mir selbst die Idee von Raum vorstellen. Die Vorstellung von Raum kann ich also nicht von den Verhältnissen äußerer Erscheinungen zueinander empirisch ableiten. Im Gegenteil, diese äußere Erfahrung ist selbst nur möglich durch diese meine Vorstellung. Ebenso sei die Zeit, so Kant, eine Form des inneren Sinnes, durch den der Verstand die Abfolge seiner inneren Erfahrungen erfährt.[129]

Zusammengefasst heißt dies Folgendes: Wenn wir die Außenwelt beobachten, scheinen sich Dinge für uns im Raum zu bewegen und mit der Zeit zu verändern. Aber das ist der einzige Weg, wie sie auf unseren

126 Lossky, *History*, 166
127 Kant, *Kritik der reinen Vernunft*, A 19–49/B 33–73
128 Kant, *Kritik der reinen Vernunft*, A 26/B 42
129 Kant, *Kritik der reinen Vernunft*, A 23/B 37–38

Wahrnehmungsapparat wirken können. Für sich genommen sind Raum und Zeit nichts.

- *Eine Bewertung der transzendentalen Ästhetik*

Diese Vorstellungen von Raum und Zeit können uns nur als Unsinn erscheinen. Wir fragen uns daher, wie Kant jemals dazu gekommen ist. Wie wir bereits festgestellt haben, war Kant der Ansicht, dass alles geometrische Wissen a priori (also schon vor der Erfahrung der Außenwelt vorhanden) und synthetisch ist; und für ihn war die Geometrie die Wissenschaft des Raumes, da Figuren Raum einschließen und definieren. Nun war leider zu seiner Zeit die euklidische Geometrie die einzig bekannte Theorie über den Raum, und Kant dachte in diesem Sinne, dass deren Grundsätze a priori sind – notwendige, unveränderliche Wahrheiten, die wir auf die Außenwelt anwenden, weil dies unser ureigener Weg ist, diese wahrzunehmen.

Doch schon kurze Zeit nach Kant begannen Mathematiker, durch abstrakte Argumentation eine schlüssige nicht euklidische Geometrie zu entdecken. Schließlich kam die Frage auf, ob die Struktur der Raumzeit gemäß der euklidischen oder gemäß der nicht euklidischen Geometrie gebildet wird. Der einzige Weg, diese Frage zu beantworten, war eine wissenschaftliche Untersuchung. Aber wie könnte diese möglich sein, wenn – wie Kant behauptete – ein intuitives Gefühl für Räumlichkeit a priori in den Geist jedes Wissenschaftlers in einer unausweichlichen Form eingebaut ist: in der Form der euklidischen Geometrie?

Zudem gibt es Hinweise, die zeigen, dass Kant seine Vorstellungen von Raum von Newton hatte. Wenn er sagt: „Also ist die ursprüngliche Vorstellung vom Raume Anschauung a priori, und nicht Begriff“[130], scheint er damit Korollar V in Newtons *Principia Mathematica* wiederzugeben. Sicherlich akzeptierte er Newtons Idee vom unbegrenzten Raum, doch wie könnte dieser dann, wie Kant behauptete, eine notwendige Anschauung sein, die in jedem menschlichen Geist eingebaut ist? Kants ganze Vorstellung einer „transzendentalen Ästhetik“ ist eine falsche Auffassung.

130 Kant, *Kritik der reinen Vernunft*, B 40

Drittes Prinzip:
Die transzendentale Analytik – reine Verstandesbegriffe

Unter der Überschrift *Transzendentale Analytik* nennt Kant die Begriffe, die das Verstehen in sich trägt, und mit denen allein es Dinge begreifen kann.[131]

Tabelle der Kategorien		
I.	Der Quantität:	Einheit, Vielheit, Allheit
II.	Der Qualität:	Realität, Negation, Limitation
III.	Der Relation:	der Inhärenz und Subsistenz der Kausalität und Dependenz (Ursache und Wirkung) der Gemeinschaft (Wechselwirkung zwischen dem Handelnden und dem Leidenden)
IV.	Der Modalität:	Möglichkeit - Unmöglichkeit Dasein - Nichtsein Notwendigkeit - Zufälligkeit

Mit anderen Worten: Diese sind die Grundprinzipien, die in unserem Geist eingebaut sind, welche wir auf die Außenwelt anwenden, um sie zu verstehen. Dabei ist nicht die Frage, ob unser Verständnis mit der objektiven Außenwelt übereinstimmt, sodass diese Welt unser Verständnis der Realität prägt. Es geht darum, dass die Außenwelt sich selbst den Kategorien unseres Verständnisses unterwirft und anpasst. Alles, was sich nicht auf diese Weise nach uns richtet, verliert damit die Möglichkeit, jemals verstanden werden zu können.

Das ist also der Mechanismus hinter Kants sogenannter „kopernikanischer Wende".

131 Kant, *Kritik der reinen Vernunft,* A 80/B 105–106

DIE GRENZEN DES WISSBAREN NACH KANT

Nachdem er auf diese Weise die im menschlichen Verstand angelegten apriorischen Verstandeskräfte der reinen Vernunft zu seiner Zufriedenheit nachgewiesen hat, wendet Kant seine Aufmerksamkeit auf das, was es für den Verstand zu verstehen gibt.[132] Hier lautet die Hauptfrage für Kant: Wie viel dieser objektiven Wirklichkeit kann man überhaupt wissen? Seine Theorie – wie wir eben gehört haben – ist, dass wir hinsichtlich des Inhalts unseres Wissens über die Außenwelt allein von unserer Erfahrung abhängig sind. Doch um diesen Inhalt auch zu verstehen, sind wir von unseren inneren Kräften der Wahrnehmung und der reinen Vernunft abhängig.

Doch sobald wir fragen: „Wie viel können wir dann wissen?", wird uns sogleich bewusst, wie stark Kants kopernikanische Wende die Wissbarkeit von Dingen einschränkt.

Die reine Vernunft, so Kant, stelle fest, dass einige Dinge, wie das Universum als Ganzes, die menschliche Seele und Gott selbst, jenseits jeder Erfahrung liegen – zumindest in diesem Leben –, und weil sie jenseits von jeder Erfahrung lägen, könne die reine Vernunft nichts über sie wissen.

Ganz gleich, welches neue Wissen die empirische Wissenschaft auch immer für sich beansprucht und wie fundiert es empirisch auch sein mag, wenn es nicht mit unseren eingebauten und unveränderlichen Konzepten der Rationalität übereinstimmt, kann dieser Anspruch nicht zugelassen werden.

Dies sollten wir im Hinterkopf behalten, wenn wir uns nun den vier Hauptgebieten zuwenden, denen Kant im Namen der reinen Vernunft Grenzen setzt, über die wir keinen Anspruch auf irgendeine Erkenntnis erheben können: Diese sind Erkenntnistheorie, Psychologie, Kosmologie und Theologie.

Erkenntnistheorie

Die erste unüberbrückbare Kluft, die Kants kopernikanische Wende in den Weg des Wissens schlägt, liegt zwischen Folgendem: wie Dinge für uns erscheinen (d. h. ihre äußere Erscheinung) und wie sie wirklich in sich selbst sind (d. h. ihre innere Struktur, Substanz, Form und ihre Natur). Kant teilt die gesamte Wirklichkeit in zwei Gruppen:

1. *Phaenomena*, griechisch für „Erscheinendes, sich Zeigendes"
2. *Noumena*, griechisch für „Gedachtes"

132 Kant, *Kritik der reinen Vernunft*, A 293 ff./B 349 ff.

Die zweite Bezeichnung, Noumena, bedarf einer Erklärung. Man kann sie für Dinge verwenden, über die wir innerlich nachdenken; aber wenn es in der Außenwelt nichts gibt, was diesen Dingen entspricht, sind sie in diesem Fall aus praktischer Sicht leere Gedanken und Fantasiegebilde. Man kann diese Bezeichnung jedoch auch für Dinge verwenden, die tatsächlich in der Außenwelt existieren. Aber in diesem Fall ist der Unterschied zwischen Phaenomena und Noumena äußerst wichtig. Die Phaenomena dieser tatsächlich existierenden Dinge sind ihre Erscheinungen, das heißt, wie sie für uns zu sein scheinen. Dies können wir wissen. Aber die Noumena dieser Dinge bezeichnen das, was sie an sich sind. Nun können wir, wenn wir wollen, darüber nachdenken, wie „Dinge, wie sie in sich selbst sind", sein können. Aber alles, was wir berechtigterweise über sie denken können, ist, dass sie ein völlig unbekanntes Etwas sind. Laut Kant können wir nie wissen, wie Dinge an sich sind. Daher wird in vielen Kontexten in der *Kritik* der Singular Noumenon (Plural: Noumena) - was schon irgendwie ironisch ist - für etwas verwendet, was man nicht wissen kann.[133]

- *Ein Beispiel: Der Regenbogen*

In diesem Abschnitt tadelt Kant die Menschen dafür, dass sie denken, dass zwar der farbige Regenbogen bei einem Sonnenregen eine reine Erscheinung ist, der Regen aber „die Sache an sich selbst". Das stimme nicht - er betont, dass „wir es gleich überall (in der Sinnenwelt) selbst bis zu der tiefsten Erforschung ihrer Gegenstände mit nichts, als Erscheinungen, zu tun haben"[134].

Damit scheint er ausdrücken zu wollen, dass die empirische Wissenschaft - wie sehr sie Dinge auch untersucht - niemals über Erscheinungen hinauskommt, denn im Folgenden schreibt er:

> Nicht allein diese Tropfen sind bloße Erscheinungen, sondern selbst ihre runde Gestalt, ja sogar der Raum, in welchem sie fallen, sind nichts an sich selbst, sondern bloße Modifikationen, oder Grundlagen unserer sinnlichen Anschauung, das transzendentale Objekt aber bleibt uns unbekannt.[135]

---

133 Kant, *Kritik der reinen Vernunft,* B 312
134 Kant, *Kritik der reinen Vernunft,* A 45–46/B 62–63
135 Kant, *Kritik der reinen Vernunft,* A 46/B 63

Zu sagen, dass wir nicht wissen können, was Regen an sich ist, wenn wir ihn nur betrachten, wäre gerechtfertigt. Aber der Gedanke, dass wir es stets nur mit Erscheinungen zu tun haben, egal, wie sehr wir auch forschen, scheint im Licht der wissenschaftlichen Entdeckungen eine grobe Übertreibung zu sein. Dank der Wissenschaft wissen wir heute, was Wasserdampf ist, wie er zu Wassertropfen kondensiert, woraus Wasser besteht (nämlich aus Wasserstoff und Sauerstoff), woraus Wasserstoff- und Sauerstoffatome und ihre Atomkerne bestehen usw. Wie viel tiefer müssten wir Wasser erforschen, bevor wir über die „Erscheinungen" hinauskämen und wüssten, was „Wasser an sich" ist? Es ist völlig falsch, darauf zu bestehen, es gebe eine unüberbrückbare Kluft zwischen den äußeren Erscheinungen von Gegenständen, die man erkennen könne, und dem zugrunde liegenden Material und seiner Struktur, die den Gegenständen zwar ihre äußere Form und Erscheinung verliehen, doch vermutlich nie erkannt werden könnten.

In diesem Zusammenhang ist es sehr interessant, nachzuverfolgen, welchen unglücklichen Einfluss Kants Theorie auf die moderne Wissenschaft hatte. T. F. Torrance bemerkt:

> In jedem Forschungsfeld erhalten wir echtes Wissen im Hinblick auf seine inneren Verhältnisse und seine Verständlichkeit – das sind genau die Punkte, die von kantschen und heideggerschen Formen der Philosophie geleugnet werden. Der Unterschied, der entstanden ist, lässt sich gut an der Debatte zwischen Ernst Mach und Max Planck im Gebiet der Quantentheorie über die Frage nach der Wirklichkeit von Atomen veranschaulichen. Mach behauptete, Atome existierten in der Wirklichkeit nicht und seien nicht mehr als Symbole, die man in theoretischen Normen der Physik verwende, denn es sei unmöglich, die inneren Verhältnisse von Dingen zu wissen. Aber natürlich können wir dies, und eben durch das Vordringen in die innere Struktur von Atomen ist der Physik ein solch erstaunlicher Fortschritt beim Wissen über die Natur gelungen, doch damit zerstörte sie die kantsche und machsche These, dass phänomenologisches Wissen auf äußere Verhältnisse oder Erscheinungen beschränkt sei.[136]

136 *Ground and Grammar of Theology*, 42–43

Psychologie

Die zweite unüberwindbare Kluft, die Kant schlägt, liegt zwischen unseren geistigen und unseren seelischen Fähigkeiten im Reich der Psychologie oder - wie er es ausdrückt - zwischen dem „Ich" und der Seele.[137]

Descartes erklärte: „Ich denke, also bin ich." Thomas von Aquin erklärte: „Ich bin, also denke ich." Descartes machte die Aktivität des Denkens zur Grundlage seiner Gewissheit, dass er existierte. Thomas von Aquin gründete die Gewissheit seiner Existenz auf seine Denkfähigkeit. Es ist eine Tatsache, dass niemand logisch die eigene Existenz leugnen kann. Zu sagen: „Ich leugne, dass ich existiere", ist logischer Unsinn. Würde ich nicht existieren, würde ich auch nicht leugnen können, dass ich existiere (oder irgendetwas anderes).

> *Descartes erklärte: „Ich denke, also bin ich." Thomas von Aquin erklärte: „Ich bin, also denke ich." Descartes machte die Aktivität des Denkens zur Grundlage seiner Gewissheit, dass er existierte. Thomas von Aquin gründete die Gewissheit seiner Existenz auf seine Denkfähigkeit.*

Hier verfolgt Kant folgendes Interesse: Er möchte aufzeigen, dass man allein mit reiner Vernunft nicht beweisen kann, dass das denkende „Ich" eine reale Substanz ist, erst recht keine unsterbliche Seele. Also konzentriert er sich auf Behauptungen wie die von Descartes und Thomas von Aquin und stellt fest, dass eine Aussage wie „Immer, wenn ich denke, bin ich mir bewusst, dass ich es bin, der denkt" nur eine analytische Aussage ist. „Ich" sei notwendigerweise immer das Subjekt des Satzes. Aber das Prädikat, so Kant, liefere uns keine weiteren Informationen, die über das hinausgingen, was bereits im Subjekt enthalten sei, nämlich dass „ich denke" und dass „ich mir bewusst bin, dass ich denke". Was jedoch das „Ich" ist, sage es uns nicht.[138]

Nun, sagt Kant (wie wir bereits gesehen haben), könnten wir rein gedanklich so viele Dinge denken, wie wir wollten, doch wenn diese Gedanken nichts entsprächen, was auch empirisch beobachtbar sei, seien sie leer. In diesem Fall werde die reine Vernunft unwillkürlich zu reiner Spekulation. Der einzige Weg, behauptet er, wie eine Person wissen könne, dass das „Ich" eine eindeutige, einfache Substanz wie beispielsweise eine Seele sei (und nicht nur eine Gruppe von Eindrücken oder geistigen Aktivitäten), wäre, wenn das „Ich" in der Lage wäre, diese Seele empirisch als Gegenstand zu beobachten. Doch sogar wenn sie dies könnte, sagt Kant, wäre alles, was

137 Kant, *Kritik der reinen Vernunft,* B 406 ff.

138 Siehe Kant, *Kritik der reinen Vernunft,* A 348 ff.

das „Ich" in Wirklichkeit beobachte, reine „Erscheinungen" seiner Seele, reine „Phaenomena". Das Selbst bzw. die Seele als „Ding in sich selbst" würde, was die reine Vernunft betrifft, ein völlig unerkennbares Noumenon bleiben.

An dieser Stelle – das muss gesagt werden – grenzt Kants Argumentation ans Bizarre. In allen Debatten über die menschliche Seele (oder den menschlichen Geist) geht es darum, ob ein Mensch nichts als Materie ist oder ob der Mensch nicht auch einen nicht materiellen Bestandteil besitzt.[139] Per Definition wäre diese nicht materielle Seele bzw. dieser nicht materielle Geist unsichtbar. Wenn man dann behauptet, die reine Vernunft könne die Existenz dieses unsichtbaren Bestandteils nur dann eingestehen, wenn er empirisch beobachtbar wäre, und dass selbst dann nur seine äußeren *Erscheinungen* beobachtet werden könnten, ist dies absolut lächerlich. „Erscheinungen" ist die Sprache von *visuellen* Beobachtungen. Und wenn die reine Vernunft sich nur deshalb weigert, an die Existenz von irgendetwas nur zu glauben, weil es unsichtbar ist und keine visuelle Erscheinung besitzt, muss sie sich ebenso weigern, an Schwerkraft, atomare Strahlung und Magnetismus zu glauben.[140]

- *Die praktische Vernunft und die Seele*

Nachdem er für sich zufriedenstellend bewiesen hat, dass die Existenz der Seele oder des Geistes nicht durch reine Vernunft bewiesen werden kann, legt Kant im Folgenden dar, welche Einstellung die praktische Vernunft zu dieser Frage einnehmen sollte. Zuerst hört sich diese positiver an.

In der *Kritik* (B 419) gibt er zu, dass jeder von uns die (von ihm so bezeichnete) Apperzeption „Ich denke ... als identisches Subjekt, in jedem Zustand meines Denkens" habe und dass wir diese Einheit des Bewusstseins kennen würden, weil wir ohne sie keine sinnvollen Erfahrungen machen könnten. Zudem gibt er zu, dass man diese Apperzeption des „Ich" nicht mit seelenlosem Materialismus erklären kann.[141] Er geht sogar so weit zu sagen,

139 Eine ausführliche Diskussion diese Themas finden Sie im Buch 1 dieser Serie, *Was ist der Mensch?*, bei der Diskussion der Debatte zwischen Monismus und Dualismus, S. 206 ff.

140 Fairerweise muss man sagen, dass Kant hier ins Absurde abdriftete, weil er sich von Lockes und Humes Empirismus und ihrer Repräsentativen Wahrnehmungstheorie beeinflussen ließ. Diese Besessenheit von visueller Wahrnehmung kann man auch in der modernen kontinentalen Phänomenologie finden.

141 Kant, *Kritik der reinen Vernunft*, B 420

dass die praktische Vernunft „das Verhalten so bestimmt, als ob unsere Bestimmung unendlich weit über die Erfahrung, mithin über dieses Leben hinaus reiche“[142]. Er weist jedoch darauf hin, dass die praktische Vernunft uns dazu bringt, uns nur auf Gegenstände der Erfahrung zu konzentrieren und uns so davon abhält, uns „in dem, für uns im Leben, grundlosen Spiritualism herumschwärmend zu verlieren“[143].

Erneut müssen wir fragen: Auf welcher Grundlage oder mit welcher Autorität versichert uns Kants praktische Vernunft, dass das, was Kant als „Spiritualism“ bezeichnet, völlig unbegründet sein muss, solange wir uns in diesem gegenwärtigen Leben befinden? Es hängt natürlich davon ab, was er mit „Spiritualism“ meint. Vielleicht meinte er damit Spiritismus oder Okkultismus oder exzessiven Emotionalismus, also ungesunde oder gar gefährliche Dinge, die nur vorgeben, wahre Spiritualität zu sein.

Aber nichtsdestoweniger gibt es eine echte Spiritualität, und man muss nicht bis zum Leben nach dem Tod warten, bis man sie erfahren kann. „Gott ist Geist“, sagte Christus, „und die ihn anbeten, müssen in Geist und Wahrheit anbeten“ (Joh 4,24). Christus sprach davon, dass wir in diesem Leben „aus dem Geist geboren“ werden müssen, das heißt aus dem Geist Gottes (Joh 3,1-8). Außerdem hat Christus die Macht, Menschen den Geist Gottes zu geben (Joh 7,38-39). Diejenigen, die dieses gnädige Geschenk empfangen, kennen die praktische Wirklichkeit der Erfahrung, die der Apostel Paulus wie folgt beschreibt:

> Denn so viele durch den Geist Gottes geleitet werden, die sind Söhne Gottes. Denn ihr habt nicht einen Geist der Knechtschaft empfangen, wieder zur Furcht, sondern einen Geist der Sohnschaft habt ihr empfangen, in dem wir rufen: Abba, Vater! Der Geist selbst bezeugt zusammen mit unserem Geist, dass wir Kinder Gottes sind. (Röm 8,14-16)

> Die Liebe Gottes ist ausgegossen in unsere Herzen durch den Heiligen Geist, der uns gegeben worden ist. (Röm 5,5)

Diese Sprache des Neuen Testaments ist nicht die Sprache des abstrakten Denkens – ob philosophisch oder theologisch –, sondern eindeutig die Sprache der Erfahrung. Da nun Kants eigenes grundlegendes Prinzip der

142 Kant, *Kritik der reinen Vernunft*, B 421
143 Kant, *Kritik der reinen Vernunft*, B 421

Erkenntnistheorie lautet, dass uns der Inhalt all unseres Wissens durch die Erfahrung geliefert wird, fragen wir natürlich, aufgrund welchen Prinzips und mit welcher Autorität er die Möglichkeit solcher Erfahrung jenseits der Grenzen dieses Lebens schiebt.

Vielleicht würde er sagen, dass eine solche geistliche Erfahrung kein Gegenstand der Erfahrung ist (und die praktische Vernunft würde uns raten, uns nur auf solche Gegenstände zu konzentrieren). Zugegeben, Gott, Christus und der Heilige Geist sind keine Gegenstände der Erfahrung, wenn man mit Gegenstand einen materiellen Gegenstand meint. Aber wenn Kant sagt, dass in diesem Leben nur solche Dinge erfahren werden können, die wahrnehmbare materielle Dinge sind, liefert er uns eben jenem Materialismus aus, von dem er doch sagt, er lehne ihn ab.

Aber dann meinte Kant – wie wir nun sehen werden –, dass die reine Vernunft nicht beweisen kann, dass Gott existiert, und was die Erfahrung betreffe, sei Gott kein Gegenstand möglicher Erfahrung.[144] Wir könnten eine spekulative Vorstellung von Gott bilden, aber eine solche Vorstellung „verlangt eine Erweiterung unserer Erkenntnis über alle Grenzen der Erfahrung hinaus, nämlich zu dem Dasein eines Wesens, das unserer bloßen Idee entsprechen soll, der niemals irgend eine Erfahrung gleichkommen kann“[145]. Wenn das stimmt, müssen wir zugeben, dass es für jeden extrem schwer wäre, ein persönliches Verhältnis zu einer rein spekulativen Vorstellung zu haben. Lassen Sie uns daher nun Kants Gründe für seine These betrachten.

Kosmologie und Theologie

Wir können diese beiden Wissensgebiete zusammenfassen, weil sie in Kants Gedankengut miteinander verbunden sind.

- *Das Argument der Kausalität und das Argument der Gestaltung (des Designs)*

Eines der traditionellen Argumente für die Existenz Gottes war schon immer das von Kant so bezeichnete kosmologische oder physikotheologische Argument. Einfach ausgedrückt, sagt es zunächst einmal, dass alles im Universum bedingt ist: Es ist irgendwann einmal entstanden und muss daher durch etwas anderes verursacht sein. Wenn das für alles im Universum gilt,

144 Siehe Kant, *Kritik der reinen Vernunft,* A 636/B664

145 Kant, *Kritik der reinen Vernunft,* A 637–638/B 665–666

muss es auch für das Ganze gelten: Auch das Universum muss eine Ursache haben. Denn wenn es dann nicht zu einem unendlichen Regress von Ursachen kommen soll, muss die Ursache für die Existenz des Universums etwas sein, was seine Existenz keinem anderen verdankt. Es muss nicht nur eine erste Ursache, sondern die unverursachte Ursache von allem anderen sein.

Das zweite Argument ist, dass es überall im Universum überwältigende Hinweise darauf gibt, dass es sich um einen höchst komplizierten Mechanismus handelt, in dem jeder Teil bewusst und genau gestaltet wurde, damit er eine ganz bestimmte Funktion erfüllen kann. Daher ist die einfachste und wahrscheinlichste Erklärung für das Universum, dass es die Schöpfung eines göttlichen Schöpfers und Gestalters ist.[146]

- *Kants Einwände gegen das Argument der Gestaltung*

Wie wir zuvor gesehen haben, beeindruckt Kant zwar das zweite Argument, aber dennoch behauptet er, es sei als Beweis für die Existenz Gottes nicht ausreichend. Warum nicht? Aus zwei Gründen. Erstens (in seinen eigenen Worten):

> Nach diesem Schlusse müsste die Zweckmäßigkeit und Wohlgereimtheit so vieler Naturanstalten bloß die Zufälligkeit der Form, aber nicht der Materie, d. i. der Substanz in der Welt beweisen ... Der Beweis könnte also höchstens einen *Weltbaumeister*, der durch die Tauglichkeit des Stoffs, den er bearbeitet, immer sehr eingeschränkt wäre, aber nicht einen *Weltschöpfer*, dessen Idee alles unterworfen ist, dartun.[147]

Aber dieses Argument beruht auf Kants eigener Annahme, dass wir zwar die äußere Form von Dingen kennen können, nicht aber ihre innere Substanz. Doch zu seiner Zeit kannte keiner den erstaunlich komplexen Aufbau einer Zelle oder die Wunderwerke im Inneren eines Atoms. Die Aussage, diese Beweise für Gestaltung wiesen nur auf einen Baumeister der äußeren Form der Materie hin und nicht auf einen Schöpfer der inneren Substanz, ist nicht plausibel.

146 Eine Diskussion dieser Beweise finden Sie im Buch von John Lennox *Hat die Wissenschaft Gott begraben?*, Kapitel 4 und 5.

147 Kant, *Kritik der reinen Vernunft*, A 626–627/B 654–655; (Kursivsetzung im Original)

Zweitens sagt Kant, das Argument für Gestaltung (oder Design) weise bestenfalls auf einen Gestalter hin, vielleicht einen sehr weisen Gestalter, aber nicht auf ein Wesen mit dem Charakter, den wir bei einem allmächtigen Gott vermuten würden.

Die Bibel würde dem zustimmen. Sie behauptet niemals, dass die Schöpfung selbst Gott als „barmherzig und gnädig, langsam zum Zorn und reich an Gnade und Treue“ (2Mo 34,6) offenbart. Was die Schöpfung offenbart, ist die unendliche Macht und Göttlichkeit des Schöpfers (Röm 1,20), und das gibt Kant auch zu, wenn er sich mit der praktischen und moralischen Vernunft befasst. Was die Bibel jedoch im Folgenden behauptet, ist, dass der Gott, der einen Teil seiner selbst in der Schöpfung offenbart hat, sich umfassend in der Heiligen Schrift und ganz besonders in Christus, dem menschgewordenen Gott, offenbart hat. Durch diese zusätzliche Offenbarung hat Gott das überbrückt, was sonst für uns eine unüberwindbare Kluft gewesen wäre.

- *Kants Einwände gegen das Argument der Kausalität*

Das erste kosmologische Argument, das wir oben angeführt haben, nämlich dass Gott die notwendige unverursachte Ursache des Universums ist, wird von Kant komplett abgelehnt, und zwar aus drei Gründen.

Der erste Einwand lautet: Es sei zwar sinnvoll, über Gegenstände im Universum zu sprechen, die beobachtbar seien oder deren Beobachtung zumindest möglich sei. Aber man könne über das Universum als Ganzes noch nicht einmal erfolgreich nachdenken, da nicht alles darin beobachtet werden könne.

Doch die moderne Wissenschaft würde wohl kaum auf dieses Argument hören. Denn sie versucht ernsthaft, zu gerechtfertigten Schlüssen über Größe, Alter, Ausdehnungsrate und Dichte des Universums als Ganzes zu kommen und sogar über die „dunkle Materie“ im Universum.

Der zweite Einwand lautet: „Der Grundsatz der Kausalität (gilt) nur innerhalb dem Felde der Erfahrungen ... (und ist) außer demselben ohne Gebrauch, ja selbst ohne Bedeutung.“[148] Die einzigen Ursachen, die wir wissen könnten, seien entweder Phaenomena, die wir beobachten könnten, oder im Fall von beobachtbaren Dingen wie Sternen könnten wir wissen, dass es eine Ursache für diese Sterne in einer vorherigen Situation gegeben haben

148 Kant, *Kritik der reinen Vernunft*, A 636/B 664

müsse, die zumindest prinzipiell hätte beobachtet werden können. Doch Gott sei per Definition nicht beobachtbar. Wir hätten kein Recht, von einem beobachtbaren Ding oder Ereignis auf eine unbeobachtbare Ursache zu schließen.

Doch die Wissenschaft erklärt immer wieder beobachtbare Phänomene mit unbeobachtbaren Ursachen. Geigerzähler klicken, weil sie unsichtbare Partikel wahrnehmen. Linien in Nebelkammern zeigen die Effekte von sich schnell bewegenden Ursachen an, z. B. Elektronen, Protonen etc.

Der dritte Einwand lautet: Wenn das höchste Wesen die Ursache einer Reihe von natürlichen Ursachen von Dingen und Ereignissen im Universum wäre, müsste es selbst Teil dieser natürlichen Reihe sein. Wenn das höchste Wesen kein Teil dieser Reihe sei, „welche Brücke kann die Vernunft alsdenn wohl schlagen, um zu demselben zu gelangen? Da alle Gesetze des Überganges von Wirkungen zu Ursachen ... überhaupt auf nichts anderes, als mögliche Erfahrung, mithin bloß auf Gegenstände der Sinnenwelt gestellt sein und nur in Ansehung ihrer eine Bedeutung haben können."[149]

Die Antwort der Bibel auf Kants Problem, die auch Kant gut gekannt haben muss, ist, dass Gott die unverursachte Ursache des Universums und all seiner Systeme von Ursache und Wirkung ist, weil er das Universum erschaffen hat, aber dass er selbst kein Teil des Universums und seiner Systeme ist, weil er das Universum nicht aus sich selbst heraus, sondern aus dem Nichts durch sein Wort erschaffen hat.

> *Jede Vorstellung, Gott könnte sich selbst (oder überhaupt irgendetwas) der reinen Vernunft offenbaren, kommt nicht infrage. Die menschliche Vernunft müsse der einzige und zentrale Richter für alles sein.*

Doch für Kants reine Vernunft war die göttliche Offenbarung natürlich irrelevant. Reine Vernunft akzeptiere, dass uns allein die Erfahrung der Außenwelt den Inhalt des Wissens über sie liefern könne, während die reine Vernunft selbst der einzige Deuter dieses Inhalts sei. Und nach seiner kopernikanischen Wende ist alles, was nicht der reinen Vernunft entspricht oder von dieser bewiesen werden kann, per Definition unerkennbar. Gott selbst könne der reinen Vernunft nichts sagen. Die praktische Vernunft könnte vielleicht Gott als notwendiges Postulat der Moral betrachten. Und eine praktische wissenschaftliche Untersuchung könnte den Schöpfer als hilfreichen hypothetischen Ursprung der Sinnhaftigkeit und Ordnung in der Welt betrachten. Aber wenn die reine Vernunft die Existenz Gottes nicht beweisen oder

149 Kant, *Kritik der reinen Vernunft,* A 621–622/B 649–650

seinen Charakter bestimmen könne, müsse Gott selbst unbekannt und jenseits jeder Erfahrbarkeit bleiben. Jede Vorstellung, Gott könnte sich selbst (oder überhaupt irgendetwas) der reinen Vernunft offenbaren, kommt nicht infrage. Die menschliche Vernunft müsse der einzige und zentrale Richter für alles sein.

Eine Kritik an Kants „Kritik"

Nun ist die Zeit gekommen, Kant eine Frage zu stellen. Die reine Vernunft, so sagt er uns, verdanke ihre Fähigkeiten den zwei Formen der sinnlichen Wahrnehmung und den Kategorien des Verstandes. Wer oder was stattet den menschlichen Geist denn mit diesen Fähigkeiten aus? Welche Autorität steht hinter den Kategorien des Verstandes, um ihnen Gültigkeit zu verleihen? Wenn die reine Vernunft behauptet, das Gesetz „Alles, was geschieht, hat eine Ursache" sei ein A-priori-Grundsatz der reinen Vernunft, von welcher Quelle oder Ursache hat die reine Vernunft diesen Grundsatz? Wäre Kant ein moderner Philosoph, hätte er vielleicht erwidert, dass die Kräfte der reinen Vernunft sich einfach aus geistloser Materie entwickelt haben (was sofort Zweifel an der Gültigkeit der reinen Vernunft aufkommen lassen würde). Doch Kant war kein moderner Philosoph. Er bekannte, an Gott zu glauben. Dann müsste letztendlich der göttliche Urheber der Welt, wie er ihn nannte, diese Fähigkeiten in den menschlichen Geist eingebaut haben. Wenn ja, wie seltsam ist es dann, dass die gottgegebene reine Vernunft Kant keine sichere Erkenntnis oder Erfahrung Gottes liefern konnte – es sei denn, Kants kopernikanische Wende, die die Vernunft des Menschen in den Mittelpunkt des Universums stellt, verzerrt das wahre Verhältnis der Vernunft zu Gott.

4

VERNUNFT UND GLAUBE

In den praktischen Dingen des Lebens
ist Weisheit wichtiger als reine Vernunft,
und es ist so, dass die Weisheit die Vernunft bestimmt,
nicht die Vernunft die Weisheit.
Das Wort „Philosophie" bedeutet (im Griechischen)
nicht „Liebe zur Vernunft", sondern „Liebe zur Weisheit",
und laut dem alten Buch der Sprüche (1,7)
ist der Anfang der Weisheit nicht das Streben
nach Rationalität, sondern die Furcht des Herrn.

EINE VIERTE FALSCHE ALTERNATIVE

Bis jetzt haben wir drei der vier Themenpaare diskutiert, die mit der Erkenntnistheorie in Zusammenhang stehen:

- Idealismus und Realismus,
- subjektives Wissen und objektives Wissen,
- Rationalismus und Empirismus.

Nun müssen wir uns mit dem vierten Paar befassen:

- Vernunft und Glaube.

Wir werden sehen, dass es wie bei den anderen drei Paaren auch hier nicht darum geht, das eine oder das andere abzulehnen – entweder die Vernunft oder den Glauben –, sondern dass sowohl die Vernunft als auch der Glaube zum Einsatz kommen sollte, jeweils im entsprechenden Kontext.

Für viele Leute sind Vernunft und Glaube jedoch Begriffe, die sich gegenseitig ausschließen. Die Vernunft, so meinen sie, liefere uns bewiesene und unbezweifelbare Fakten, die jeder, der bei klarem Verstand sei, am Ende akzeptieren müsse; und diese Fakten bildeten – wenn sie einmal akzeptiert seien – echtes, sicheres Wissen. Außerdem müsse man, wenn diese Fakten einmal von der Vernunft festgestellt worden seien, nicht mehr versuchen, sie zu *glauben:* Dann *wisse* man sie. Sie nicht zu akzeptieren, wäre irrational. Als Beispiele führen die Leute oft Fakten an, die die Wissenschaft festgestellt hat – obwohl die Wissenschaft weit davon entfernt ist, nur auf Grundlage der reinen Vernunft zu arbeiten.

Der Glaube dagegen, meinen sie, habe mit Dingen zu tun, die per Definition nicht mit Sicherheit gewusst oder nicht bewiesen werden könnten. Deswegen müsse man Glauben haben, um ihnen zu vertrauen. Wenn man diese Dinge rational beweisen könnte, sagen sie, und so mit Sicherheit wissen könnte, würde man keinen Glauben benötigen, um sie als wahr akzeptieren zu können. Vernunft und Glaube schließen sich also in ihrem Denken gegenseitig aus.

Wie wir noch aus dem letzten Kapitel wissen, war dies auch die Sicht von Kant. Er vertrat die Ansicht, dass uns allein die reine Vernunft sicheres, festes Wissen liefern kann. Da laut ihm aber die Existenz Gottes nicht anhand von reiner Vernunft bewiesen werden kann, könne sich niemand absolut sicher sein, dass Gott existiert: „Zwar wird freilich sich niemand rühmen können: er wisse, dass ein Gott ... sei ...“[150] Es ist kurios, dass ihn seine Vorstellung, niemand könne wissen, dass Gott existiert, zufriedenzustellen scheint, denn seiner Ansicht nach macht ja genau diese Unsicherheit erst die Ausübung des Glaubens möglich: „Ich musste also das *Wissen* aufheben, um zum *Glauben* Platz zu bekommen.“[151] Aber dennoch hielt er es im Interesse eines moralischen Verhaltens für notwendig, die Existenz Gottes vorauszusetzen, und auf dieser Grundlage fühlte er sich persönlich moralisch sicher, dass Gott existiert.

Für viele Leute ist es aber nicht möglich, Kants doppelten Standpunkt zu teilen. Sie meinen, wenn Kant leugne, dass Gottes Existenz mit reiner Vernunft bewiesen werden kann, könne die Frage nach Gottes Existenz auch nicht rational diskutiert werden. Sie haben zwar nichts dagegen, wenn andere Leute sich dazu entscheiden, an Gott zu glauben. Für sich selbst aber haben sie entschieden, dass der Glaube an einen Gott, dessen Existenz nicht bewiesen werden kann, irrational ist. Der einzig vernünftige Weg im Leben sei es – so finden sie –, nur an Dinge zu glauben, die mit reiner Vernunft bewiesen werden können.

DIE VERNUNFT

Die Grenzen der reinen Vernunft

Ein Moment der Reflexion wird uns jedoch zeigen, dass wir alle in Wirklichkeit an unzählige Dinge glauben, die noch nie mit reiner Vernunft bewiesen worden sind. Daher müssen wir uns selbst fragen: Wenn es nicht irrational ist, an diese Dinge zu glauben, warum sollte es dann irrational sein, an Gott zu glauben?

Zum Beispiel haben wir alle seit unserer Kindheit an die Existenz von anderen Familienmitgliedern oder Klassenkameraden geglaubt, ohne dass uns ihre Existenz je mit reiner Vernunft bewiesen worden wäre. Zudem glauben

150 Kant, *Kritik der reinen Vernunft,* A 828–829/B 856–857

151 Kant, *Kritik der reinen Vernunft,* B xxx

wir, dass andere Menschen, so wie wir auch, einen Geist besitzen, was noch schwieriger mit reiner, abstrakter Vernunft bewiesen werden kann.

Wenn wir krank sind, vertrauen wir der Diagnose und Behandlung durch Ärzte – und wir sind bereit, ihnen unser Leben anzuvertrauen, obwohl es nicht möglich ist, im Voraus mit reiner Vernunft zu beweisen, dass sie recht haben. Ebenso hängt unser Wissen über die Geschichte größtenteils von der Meinung von Historikern ab, und per Definition sind historische Ereignisse keine notwendigen, universellen Wahrheiten wie jene, die uns die reine Vernunft liefert. Sie sind vielmehr bedingte Wahrheiten; ihre Gegensätze sind nicht undenkbar; es hätte auch anders verlaufen können. Mit reiner Vernunft können sie nicht bewiesen werden. Aber wir betrachten es nicht als irrational, auf hohe Wahrscheinlichkeit und glaubwürdige Autoritäten zu vertrauen.

Oder nehmen Sie das Universum: Wie sind wir dazu gekommen, an seine Existenz zu glauben, und auf welcher Grundlage glauben wir auch weiterhin an seine Existenz? War es so, dass wir zunächst nicht wussten, ob es existiert, oder unsicher waren, ob es existiert oder nicht, bis sich jemand zu uns setzte und uns seine Existenz mit reiner Vernunft bewies, und dann – und erst dann – wussten wir mit Sicherheit, dass das Universum existiert? Nein, natürlich nicht. Die große Mehrheit von uns weiß schon mit Sicherheit, dass das Universum existiert, seit wir überhaupt irgendetwas wissen. Seine Existenz musste nicht für uns bewiesen werden. Wir waren uns ihrer sofort und direkt bewusst. Es war eine Selbstverständlichkeit; und entdeckt haben wir dies durch Erfahrung, mit unseren Sinnen.

In Wirklichkeit wäre es auch sehr schwer, wenn nicht sogar unmöglich, die Existenz des Universums mit reiner Vernunft zu beweisen; darauf würde auch jeder Philosoph hinweisen. Wir selbst sind Teil des Universums. Wenn wir also nicht bereits existierten und unsere eigene Existenz für selbstverständlich hielten, könnten wir noch nicht einmal die Existenz des Universums infrage stellen, geschweige denn beweisen. Mit anderen Worten: Wir müssen erst *davon ausgehen*, dass ein Teil des Universums – nämlich wir selbst – existiert, bevor wir überhaupt anfangen können, seine Existenz zu beweisen. Aber sicherlich halten wir uns selbst nicht für irrational, nur weil wir an die Existenz des Universums glauben, ohne zuvor seine Existenz mit reiner Vernunft bewiesen zu haben.

Natürlich könnte man hier einwenden, dass der Glaube an die Existenz des Universums etwas anderes ist als der Glaube an die Existenz Gottes. Zu der Erkenntnis, dass das Universum und wir selbst existieren, sind wir durch Erfahrung gekommen, durch unsere Sinne und praktische Vernunft.

Unser Wissen basiert daher auf zahlreichen unbestreitbaren Beweisen. Aber, so der Einwand, allein deswegen können wir nicht wissen, dass Gott existiert, oder? Verlangt der Glaube an Gottes Existenz nicht einen Akt nackten Glaubens ohne jeden Beweis? Nein, tut er nicht, aber mit dieser Frage werden wir uns gleich auseinandersetzen. Doch erst einmal müssen wir mit der Betrachtung der Grenzen der Vernunft fortfahren.

Die menschliche Vernunft hat das Universum nicht erschaffen

Dieser Punkt ist so offensichtlich, dass er zunächst trivial erscheinen mag, aber eigentlich ist er von fundamentaler Bedeutung, wenn wir die Tauglichkeit unserer kognitiven Fähigkeiten einschätzen wollen. Lassen Sie uns erneut betrachten, wie die Wissenschaft das Universum erforscht.

Wie wir wissen, wendet die Wissenschaft nicht nur reine Vernunft, sondern auch praktische Vernunft, Intuition, Experimente und heuristische Hypothesen etc. an. Ihr Ziel ist es jedoch – zumindest der Meinung der meisten Wissenschaftler nach –, der Materie und den Funktionen des Universums nicht unser menschliches Verständnis für Ordnung aufzuzwingen, sondern die eigene Ordnung und Verständlichkeit des Universums aufzudecken. Das heißt natürlich, dass die Wissenschaft immer, bevor sie ihre Forschungen beginnt, eine inhärente Ordnung und Intelligibilität des Universums voraussetzen muss. Gäbe es diese nicht, könnte wissenschaftliche Forschung sie nie entdecken, und die Forschung würde ergebnis- und sinnlos bleiben.

Trotz all ihrer Erfolge müssen Wissenschaftler noch immer diese Grundannahme treffen, wenn die wissenschaftliche Forschung weiterhin noch als erstrebenswert angesehen werden soll. Das Verhalten von Elementarteilchen zeigt uns Quantenphänomene, die im Moment noch unseren Verstand, unsere Intuition und unsere Vorstellungskraft übersteigen. Verschiedene Theorien werden vorgeschlagen, keine ist allgemein anerkannt. Dasselbe gilt für die Fragen nach dem menschlichen Bewusstsein: Niemand versteht es bisher völlig; keine Theorie findet allgemeine Zustimmung. In dieser Situation braucht die Wissenschaft, wenn sie hier weiterforschen will, Glauben – den Glauben, dass die Verständlichkeit und Ordnung der Natur sich nicht am Ende als unverständliches Chaos erweisen werden (obwohl wir alle wissen, dass ihre Intelligibilität am Ende eine höhere Ebene haben könnte, als wir momentan begreifen können).

Der Glauben an etwas, was noch nicht bewiesen wurde, ist also damals wie heute eine Voraussetzung für die wissenschaftliche Erforschung des Universums. Sollten wir deshalb der Wissenschaft Irrationalität vorwerfen? Natürlich nicht.

Die der Vernunft zugrundeliegende Autorität

Wenn noch nicht geschehen, müssen wir uns jetzt einmal bewusst machen, dass die reine Vernunft nicht unsere einzige kognitive Fähigkeit ist. Wir haben noch andere: Intuition, die fünf Sinne, die praktische Vernunft und das Gedächtnis. Alle sind sich einig, dass von diesen Fähigkeiten die Vernunft – die reine wie auch die praktische – eine wichtige Steuerungsfunktion hat. Dennoch wäre es falsch zu sagen, dass der Vernunft die höchste Steuerungsfunktion zugeordnet werden sollte. In den praktischen Dingen des Lebens ist Weisheit wichtiger als reine Vernunft, und es ist so, dass die Weisheit die Vernunft bestimmt, nicht die Vernunft die Weisheit. Das Wort „Philosophie" bedeutet (im Griechischen) nicht „Liebe zur Vernunft", sondern „Liebe zur Weisheit", und laut dem alten Buch der Sprüche (1,7) ist der Anfang der Weisheit nicht das Streben nach Rationalität, sondern die Furcht des Herrn.

Darüber hinaus wiesen die frühen griechischen Philosophen wie Platon, als sie ihre intellektuelle Disziplin als „Liebe zur Weisheit" bezeichneten, auf die Bedeutung der richtigen Motivation bei der Suche nach Weisheit hin, nämlich Liebe. Wenn man seine Mitmenschen besser kennenlernen möchte, wird man durch Liebe und mit den damit eng verbundenen Eigenschaften wie Empathie und Mitgefühl eher das Verhalten und die Handlungen einer Person richtig einschätzen und verstehen können als durch die kalte, leidenschaftslose Logik der reinen Vernunft. Jemand, der sein Fachgebiet (z. B. Botanik, Zoologie, Musik, Literatur oder Physik) liebt, wird es wahrscheinlich tiefer und besser verstehen als eine Studentin, die eines dieser Fächer nur studiert, weil sie dazu gezwungen wird. Und dasselbe trifft auch auf die Erkenntnis Gottes zu: „Wenn jemand meint, er habe etwas erkannt, so hat er noch nicht erkannt, wie man erkennen soll; wenn aber jemand Gott liebt, der ist von ihm erkannt" (1Kor 8,2-3).

> *Wenn jemand meint, er habe etwas erkannt, so hat er noch nicht erkannt, wie man erkennen soll; wenn aber jemand Gott liebt, der ist von ihm erkannt. (1Kor 8,2-3)*

Aber wir müssen uns wieder der reinen Vernunft und der Frage nach der dahinterstehenden Autorität zuwenden. Auf vielen Seiten beschrieb Kant die „Kategorien reiner Vernunft", die seiner Ansicht nach festlegten, was wir über das Universum, Gott, die Seele und das Leben nach dem Tod wissen können und was nicht. Was nicht unseren Kategorien der reinen Vernunft entspreche, behauptete er, könnten wir nicht wissen. Aber Kant hat uns nie gesagt, von was bzw. woher die Kategorien der reinen Vernunft ihre Autorität ableiten.

Offenbar haben wir Menschen unsere eigenen Verstandeskräfte nicht selbst erschaffen. Wir können sie durch Gebrauch weiterentwickeln, aber wir haben sie nicht selbst entstehen lassen. Wie kann es dann sein, dass die reine Vernunft in unseren kleinen Hirnen die Wirklichkeit auch nur annähernd richtig darstellen kann? Ist die reine Vernunft (oder irgendeine andere unserer kognitiven Fähigkeiten) ein Werkzeug, das bewusst dafür gestaltet wurde, dass wir mit ihm die Wahrheit entdecken, erkennen und glauben können? Welche ursprüngliche Autorität, und damit welche Verlässlichkeit, besitzt die reine Vernunft?

Atheisten leugnen natürlich jede bewusste Gestaltung durch einen Schöpfer. Aber sie glauben dennoch, dass die Vernunft eine eigene Funktion und einen bestimmten Zweck hat, so wie zum Beispiel das Herz. Der Zweck des Herzens ist es, Blut durch den Körper zu pumpen, während ein Krebsgeschwür keinen richtigen Zweck, keine richtige Funktion im menschlichen Körper hat: Es entsteht durch sinnloses, chaotisches Wachstum.

Doch indem sie behaupten, der Glaube an die Existenz Gottes sei das Ergebnis eines falschen Gebrauchs der Vernunft, immerhin eine Wahrheitsbehauptung, zeigen Atheisten offen ihre Überzeugung, unsere Vernunft sei dahingehend „gestaltet", dass wir mit ihr die Wahrheit erkennen könnten. Wenn die Vernunft keine bestimmte Funktion hätte, könnte man natürlich auch niemandem vorwerfen, sie nicht richtig einzusetzen. Aber viele teilen Freuds Überzeugung, dass all die offensichtlich rationalen Argumente, die Gläubige für die Existenz Gottes anführen, in Wirklichkeit durch einen verborgenen, unterbewussten Wunscherfüllungsmechanismus angetrieben und verdorben würden – dem Wunsch, sich selbst eine Krücke anzufertigen, die ihnen durch die Schwierigkeiten des Lebens hilft –, während eine unverfälschte Vernunft ihren eigentlichen Zweck erfüllen und die Wahrheit entdecken würde, nämlich den Atheismus.

Die Ironie der Position der Atheisten wird jedoch deutlich, sobald man nach dem Ursprung der menschlichen Vernunft fragt. Denn Atheisten sind der Ansicht, dass es der treibenden Kraft der Evolution, die schließlich unsere menschlichen kognitiven Fähigkeiten (einschließlich der Vernunft) hervorbrachte, in erster Linie keineswegs um die Wahrheit gehe, sondern ums Überleben. Und wir alle wissen, was im Allgemeinen mit der Wahrheit geschieht, wenn sich einzelne Personen, Wirtschaftsunternehmen oder Nationen bedroht fühlen und, angetrieben durch ihre „egoistischen Gene" (wie Richard Dawkins sie bezeichnete), um ihr Überleben kämpfen.

Wie kann es dann *rational* sein, an die Theorie zu glauben, dass die Evolution unsere Vernunft gar nicht auf das Erkennen von Wahrheit ausgerichtet hat (was, wie wir festgestellt haben, nicht mit reiner Vernunft bewiesen werden kann)? Und wie kann es gleichzeitig *irrational* sein zu glauben, dass unsere Vernunft von einem Schöpfer gestaltet und erschaffen wurde, damit wir die Wahrheit verstehen und glauben können?

DIE NATUR DES THEISTISCHEN GLAUBENS

Erkenntnistheorie ist von Natur aus besonders an Propositionen interessiert, d. h. an Sätzen, Thesen oder Aussagen mit einem Wahrheitsanspruch. Der Grund dafür ist, dass sie sich nicht so sehr mit der Frage beschäftigt, über *wen* wir etwas wissen, sondern vielmehr damit, *was* wir wissen und wie wir diese Behauptung, etwas zu wissen, rechtfertigen. Um Behauptungen überprüfen zu können, müssen wir sie zunächst einmal formulieren, und für die Erkenntnistheorie ist es am besten, wenn wir dies in propositionaler Form tun, z. B. in der Form: „Ich weiß, *dass* dieses oder jenes so oder so ist." Wenn ich zum Beispiel formuliere: „Ich weiß, *dass* es Leben auf anderen Planeten gibt", kann ich anfangen, meine Behauptung zu überprüfen, ob sie wirklich wahr ist.

Wenn ich andererseits eine nicht propositionale Aussage mache, wie zum Beispiel: „Ich habe Bauchschmerzen", kann die Erkenntnistheorie mit ihrer rein rationalen Analyse nicht so einfach die Wahrheit dieser Aussage überprüfen. Ein Arzt könnte mich untersuchen und entscheiden, dass es keinen Grund für meine Bauchschmerzen gibt. Aber wenn ich Schmerzen fühle, wer kann mir dann sagen, dass ich keine habe? Wenn ich eine Bitte äußere wie: „Bitte mach die Tür zu", stellt sich auch nicht die Frage: „Ist dies wahr oder nicht?" Erkenntnistheoretiker wären als solche daran nicht interessiert. Auch geht es in der Erkenntnistheorie nicht so sehr um das Kennen anderer Menschen. Wenn ich sage: „Ich kenne meine Großmutter als Person", kann die Erkenntnistheorie nicht so einfach den Wahrheitsgehalt dieser Aussage bewerten.

Wenn Erkenntnistheoretiker nun jemanden treffen, der sagt: „Ich glaube an einen gütigen und liebenden Gott", werden sie dazu tendieren, diese Aussage des Glaubens in Form einer Proposition umzuformulieren: „Ich glaube, dass Gott existiert und dass er gütig ist und die Menschen liebt", und würden dann die Person fragen, warum sie dies wisse und ob sie beweisen könne, dass es wahr sei. Ein atheistischer Erkenntnistheoretiker würde wohl hinzufügen: „Wenn Sie nicht zuerst beweisen können, dass es überhaupt einen Gott gibt (und das können Sie nicht), ist es sinnlos, dass Sie behaupten, Sie wüssten, dass er ein gütiger und liebender Gott ist."

Ein Theist, der seinen Glauben durchdacht hat, würde vielleicht die Herausforderung ablehnen, zuerst Gottes Existenz beweisen zu müssen, bevor er etwas über seine Eigenschaften sagt. Nicht, weil es keine starken Argumente für den Glauben an die Existenz Gottes gibt – die gibt es.[152] Aber die Herausforderung beruht auf einer Falschannahme. Der Glaube eines Theisten beruht nicht in erster Linie auf einer Proposition oder einer Reihe von logischen Argumenten, die diese Proposition stützen. Der Glaube des Theisten beruht vielmehr auf einer Person: dem lebendigen Herrn und Gott, der sich selbst so offenbart hat, dass sich der Gläubige seiner direkt bewusst ist. Für einen an Gott glaubenden Menschen, dem gesagt wird, er müsse zuerst Gottes Existenz beweisen, bevor er etwas über Gottes Eigenschaften sagen könne, ist dies so, als würde man einem Schaf sagen, es müsse zuerst die Existenz seines Hirten beweisen, bevor es den Hirten kennen und von ihm gefüttert werden könne.

> *Der Glaube eines Theisten beruht in erster Linie nicht auf einer Proposition oder einer Reihe von logischen Argumenten, die diese Proposition stützen. Der Glaube des Theisten beruht vielmehr auf einer Person: dem lebendigen Gott und Herrn, der sich uns so offenbart hat, sodass sich der Gläubige seiner direkt bewusst ist.*

Die grundsätzliche Position eines Gläubigen ist also diese: Sein Glaube an Gott gründet sich objektiv auf Gottes Selbstoffenbarung; und subjektiv erhält man diesen durch einen von Gott geschaffenen und eingepflanzten Instinkt, der – wenn er nicht verkümmert ist oder unterdrückt wird, was durchaus sein kann – diese göttliche, objektive Selbstoffenbarung ganz natürlich intuitiv wahrnimmt und darauf reagiert.

152 Das „ontologische" Argument sagt, dass alles, was wir im Universum beobachten, kontingent, d. h. bedingt, ist, das heißt, es verdankt seine Existenz etwas anderem. Die Gesamtsumme dieser Kontingenz ist das, was wir als Universum bezeichnen. Es ist daher ebenfalls ein bedingtes Ganzes. Daher muss es notwendigerweise auch ein unbedingtes Wesen geben, das der Ursprung aller anderen, bedingten Dinge ist, das aber seine eigene Existenz keinem anderen Wesen verdankt. Das ist, was mit „Gott" gemeint ist. Gäbe es ein solches Wesen nicht, würde gar nichts existieren. Mehr zu dem „kosmologischen" Argument finden Sie in John Lennox' Buch *Hat die Wissenschaft Gott begraben?*, Kap. 4 und 5. Mit dem „moralischen" Argument haben wir uns in Buch 1, *Was ist der Mensch?*, Kap. 3, eingehend befasst.

Gottes Selbstoffenbarung durch die Schöpfung

Eine Bibelstelle, die diesen Punkt eindringlich zum Ausdruck bringt, lautet so:

> ... weil das von Gott Erkennbare unter ihnen (wörtlich: „in ihnen", griechisch: *en autois)* offenbar ist, denn Gott hat es ihnen (griechisch: *autois)* offenbart. Denn sein unsichtbares Wesen, sowohl seine ewige Kraft als auch seine Göttlichkeit, wird seit Erschaffung der Welt in dem Gemachten wahrgenommen und geschaut, damit sie ohne Entschuldigung seien; weil sie Gott kannten, ihn aber weder als Gott verherrlichten noch ihm Dank darbrachten. (Röm 1,19-21)

Diese Bibelstelle spricht einige Punkte an:

1. Gott hat die Initiative ergriffen und sich uns selbst zu erkennen gegeben, indem er uns am Anfang erschaffen und in ein Universum gestellt hat, welches dazu erschaffen und bestimmt ist, nicht nur seine Existenz für uns zu bezeugen, sondern auch sein Wesen.

2. Was uns die sichtbare Schöpfung objektiv zeigt, sind zwei seiner Wesensmerkmale: seine ewige Macht und seine Göttlichkeit.

3. Wir nehmen diese Dinge direkt wahr, intuitiv, nicht durch einen langen Prozess des diskursiven, logischen Schlussfolgerns.

4. Damit wir die Bedeutung dessen wahrnehmen können, wenn wir Gottes Schöpfung sehen und darüber nachdenken, schuf er in uns nicht nur kognitive Fähigkeiten allgemein, sondern auch ein instinktives Gottesbewusstsein.

- *Die Konsequenzen von Gottes Selbstoffenbarung*

Punkt 1 scheint direkt einzuleuchten. Wenn Gott der selbstexistente, transzendente Herr und Schöpfer von allem ist und es Geschöpfe geben soll, die in der Lage sein sollen, ihn zu erkennen und kennenzulernen, muss er die Initiative ergreifen und sich ihnen selbst zu erkennen geben, und er entscheidet dann auch, mit welchen Mitteln und in welchem Maße und zu welchen Bedingungen er ihnen diese Gnade gewährt, ihn kennenzulernen.

Zu diesem Zweck muss er in ihnen die notwendige Fähigkeit zum Empfang dieses Wissens schaffen und ihnen das Ziel vorgeben, das mit der Vermittlung dieses Wissens über sich selbst angestrebt werden soll. Der allmächtige Schöpfergott könnte sich nicht auf ein bloßes Objekt reduzieren, ohne aufzuhören, er selbst zu sein. Nicht einmal, wenn er sich auf das größte Objekt innerhalb oder außerhalb des Universums reduzieren würde, das Menschen untersuchen und erkennen könnten, egal, auf welche Art und Weise und mit welchen Mitteln auch immer. Wenn man etwas kennenlernt, entsteht eine Beziehung zwischen dem Kennenden und dem Gekannten. Gott ist das große Subjekt, und wir Menschen sind in erster Linie einfach die von ihm erschaffenen Objekte, aber solche Objekte, die er durch seine Gnade so geschaffen hat, dass sie selbst zu Subjekten werden können, die ihn kennenlernen können. Doch die so gebildete Beziehung würde natürlich auf seine Initiative hin und zu seinen Bedingungen entstehen.

Die Schöpfung zeigt dem Menschen Gottes Macht und Göttlichkeit
Punkt 2 erscheint ebenfalls realistisch. Es wird nicht behauptet, dass Gottes Liebe und Gnade an der äußeren Schöpfung erkennbar sind. Die zwei Dinge über Gott, die man durch die Schöpfung erkennen kann, sind seine ewige Macht und seine Göttlichkeit, das heißt seine göttliche Natur.

Dass das Universum eine unvorstellbar große Kraft darstellt, ist eine offenkundige Tatsache, die ausnahmslos anerkannt wird. Und durch die Geschichte hindurch hat die Menschheit den starken Kontrast zwischen der kurzen Spanne des menschlichen Lebens und der Unendlichkeit des Universums auch gespürt und zum Ausdruck gebracht. Die moderne Wissenschaft hat diesen Kontrast nur noch verstärkt. Die entscheidende Frage dreht sich um die Quelle dieser Macht und ihre Natur. Nach unserer Bibelstelle zeigt das Universum, dass die Quelle dieser Macht von göttlicher Natur ist. Das heißt, sie ist mehr als menschlich; sie ist – vorsichtig ausgedrückt – übernatürlich und übermenschlich. Die Quelle ist Gott.

Oft unterstellen Atheisten und Agnostiker Menschen, die an Gott glauben, einen gewissen Anthropomorphismus. Sie hätten Gott nach ihrem eigenen Bild geschaffen und würden von ihm in menschlichen Begriffen und Kategorien denken, nur im größeren Stil (gerade wie, so wird gesagt, Elefanten Gott für einen allmächtigen Elefanten hielten, wenn sie jemals über ihn nachdenken würden). Diese Kritik ist sehr alt, aber nicht zutreffend. Ihr wurde schon lange von jüdischen Philosophen wie dem Alexandriner

Aristobulos widersprochen, bekannt als „der Peripatetiker" (Mitte des 2. Jh. v. Chr.). Aufmerksame Gläubige wissen, dass die Bibel, wenn sie von Gottes Händen, Augen etc. spricht, eine poetische, metaphorische und analogische Sprache verwendet.

Der wesentliche Punkt, auf den unsere Bibelstelle hinweist, ist folgender: Aus der Schöpfung wird ersichtlich, dass unser Schöpfer nicht *weniger* ist als wir, sondern *mehr*. Wenn wir Personen sind (und nicht nur Materie oder Maschinen oder bloße Tiere), dann ist unser Schöpfer mit Sicherheit nicht weniger als persönlich. Wenn wir Augen haben und sehen können, ist er nicht blind. Wenn wir eine Zunge haben und kommunizieren können, ist er mit Sicherheit nicht stumm. Und er, der uns Ohren gegeben hat, damit wir Mitteilungen empfangen, und einen Geist, damit wir sie verstehen, ist mit Sicherheit in der Lage, mit uns zu kommunizieren, wenn er möchte.[153]

Tatsächlich ist es der Atheist, der hier irrational ist. Er muss glauben, dass der Ursprung der Menschheit etwas viel Geringeres als der Mensch selbst war, etwa geistlose Materie oder eine sehr raffinierte, aber abstrakte Reihe von unpersönlichen, mathematischen Gesetzen.[154]

Aber es gibt noch mehr zu dieser ersten Selbstoffenbarung Gottes gegenüber dem Menschen zu sagen: Die Bibel macht unmissverständlich klar, wie die Beziehung zwischen Mensch und Gott, zwischen dem Geschöpf und dem Schöpfer ist und immer sein muss. Es ist keine gleichberechtigte Beziehung. Das kann sie nie sein. Die Menschheit existiert und lebt in äußerster Abhängigkeit von Gott – ob die Menschen dies nun anerkennen oder nicht.

Kant – wie viele andere auch – würde natürlich behaupten, es sei philosophisch fragwürdig, Schlüsse über die unsichtbaren Eigenschaften Gottes auf Grundlage des sichtbaren Universums zu ziehen. Aber der Einwand ist unbegründet. Wenn ein Kriminalkommissar vor einem Toten steht, kann er anhand der sichtbaren Beweise durchaus darauf schließen, dass der Tod dieses Menschen weder natürlich war noch durch Selbstmord eintrat, sondern das Ergebnis einer Tötungsabsicht war – auch wenn weder der Kommissar noch irgendjemand sonst jemals irgendeine Absicht gesehen hat. Eine Absicht selbst ist unsichtbar – sichtbar sind nur ihre Auswirkungen.

153 Vgl. das Argument in Psalm 94,9: „Der das Ohr gestaltet hat, sollte der nicht hören? Der das Auge gebildet hat, sollte der nicht sehen?"

154 Siehe Paul Davies' Theorie, Buch 4: *Was dürfen wir hoffen?*, im Teil: *Was ist Wirklichkeit?*

Die Schöpfung zeigt Gottes Macht und Göttlichkeit im Menschen selbst

Die oben angeführten Punkte 3 und 4 besagen, dass Gott durch die Schöpfung seine ewige Macht und Göttlichkeit nicht nur äußerlich *gegenüber* den Menschen (griechisch: *autois*) gezeigt hat, sondern auch *in* ihnen selbst (griechisch: *en autois*). Das soll heißen, dass Gott neben all den anderen kognitiven Fähigkeiten auch von Anfang an die Fähigkeit eines direkten Gottesbewusstseins im Menschen angelegt hat, die wirksam werden kann, wenn wir über das erschaffene Universum nachdenken. Das heißt, wir nehmen Gottes Macht und Göttlichkeit nicht durch irgendeinen logischen Prozess wahr, indem wir zuerst ein paar Axiome festlegen und dann jeden Schritt durch sorgfältige Logik davon ableiten, bis wir uns selbst die Proposition bewiesen haben, dass Gott existiert. Nein, wir nehmen diese Attribute Gottes intuitiv wahr, auf die gleiche Weise, wie wir wahrnehmen, dass eine Rose schön ist oder dass das Universum existiert.

Das ist nur fair, denn es gibt so viele Menschen, die weder die Muße noch die Fähigkeit haben, sich persönlich mit komplizierten philosophischen Argumentationen auseinanderzusetzen, um so die Existenz Gottes für sich zu beweisen. Doch damit ein Mensch zu der Erkenntnis kommen kann, dass Gott real und lebendig ist, muss jeder Mensch Gott selbst kennenlernen und so eine eigene Beziehung mit Gott eingehen. Niemand kann Gott durch einen Stellvertreter oder aus zweiter Hand kennenlernen. Wenn es Gott so arrangiert hätte, dass man ihn erst kennenlernen könnte, wenn man seine Existenz zuerst durch philosophische Argumentationen beweist, wäre ein solcher Elitismus von Gott grotesk unfair gewesen.

> *Gott hat neben all den anderen kognitiven Fähigkeiten auch von Anfang an die Fähigkeit eines direkten Gottesbewusstseins im Menschen angelegt, die wirksam werden kann, wenn wir über das erschaffene Universum nachdenken.*

Und über das direkte Bewusstsein von Gott lässt sich noch mehr sagen. Gott ist nicht gegen die Vernunft. Die Vernunft ist eines seiner eigenen Geschenke an die Menschheit, und er ermahnt die Menschen, sie im richtigen Rahmen voll einzusetzen (1Kor 14,20). Aber Gott hat den Menschen die Vernunft nicht gegeben, damit sie unabhängig von Gottes Selbstoffenbarung entscheiden können, ob er existiert oder nicht. Die menschliche Vernunft ist nicht der Richter in dieser Sache. Wenn Menschen voller Stolz denken, sie könnten unabhängig von Gott durch ihre eigene Vernunft beweisen, ob er existiert oder nicht, könnte Gott sie vielleicht übergehen, während er sich den Demütigen selbst direkt zu erkennen gibt. Christus sagte: „Ich preise dich, Vater, Herr des Himmels und der Erde, dass du dies vor Weisen und Verständigen verborgen und es Unmündigen offenbart hast“ (Mt 11,25). Und weiter fügt das Neue Testament hinzu: „Denn da die Welt, umgeben von Gottes Weisheit, auf dem Weg der Weisheit Gott nicht erkannte, gefiel es Gott, durch die Torheit der Verkündigung jene zu retten, die glauben“ (1Kor 1,21; ZÜ).

- *Grundlegende Überzeugungen*

In den letzten Jahrzehnten ist für Philosophen erneut die Tatsache ins Blickfeld gerückt, dass wir alle verschiedene Dinge glauben, weil wir uns dieser Dinge unmittelbar bewusst sind. In diesen Fällen hängt unsere Überzeugung nicht davon ab, ob sie auf Grundlage irgendwelcher anderer Propositionen bewiesen werden kann. Mit anderen Worten: Zu unserer Überzeugung kommen wir nicht durch logische Deduktion oder Schlussfolgerung aus irgendeiner Prämisse. Diese allem logischen Denken vorangehenden Überzeugungen werden von Philosophen z. B. als „basale Überzeugungen“[155] bzw. „angemessen basale Überzeugungen“[156] bezeichnet.

Beispiele hierfür sind:

1. **Die Wahrnehmung:** Man geht an einem Garten vorbei und sieht, dass manche Rosen blühen. Man beginnt dann keinen logischen Prozess: „Ich habe einen Eindruck von Röte in einer bestimmten Form, woraus ich die Vorstellung einer Rose bilde, und daraus schließe ich, dass es eine blühende Rose war, die diesen Eindruck auf meinem Geist hinterlassen hat. Daher und auf dieser Grundlage glaube ich schließlich, dass manche Rosen nun blühen.“ Nein, wir sind uns der blühenden Rosen unmittelbar und direkt bewusst und glauben es allein auf dieser Grundlage. Wir benötigen keine weiteren Beweise auf irgendeiner anderen Grundlage.

2. **Die Erinnerung:** Erinnerungen können manchmal verworren und falsch sein. Aber manche sind so klar und lebendig, dass wir

155 Siehe z. B. Richard Swinburne, *Glaube und Vernunft*, u. a. 26, 28, 71
156 Siehe z. B. Alvin Plantinga, *Gewährleisteter christlicher Glaube*, 206 ff.

absolut sicher sind, dass sie wahr sind. Wenn ich gefragt werde, was ich gestern zu Abend gegessen habe, zögere ich vielleicht einen Moment, aber dann kommt die Erinnerung so lebendig zurück, dass ich absolut sicher sagen kann: „Suppe, Rindfleisch und Kartoffeln." Ich benötige keinen Beweis von außen, um dies zu belegen.

3. **A-priori-Wahrheiten:** Dass 1 + 1 = 2 ist, ist keine Wahrheit, die auf Grundlage irgendeiner anderen Proposition oder durch Ableitung von einer Prämisse bewiesen werden muss. Ich bin mir unmittelbar bewusst, dass sie stimmt. Ich „sehe" es und brauche keinen weiteren Beweis, auf dem ich meine Überzeugung gründen kann, dass 1 + 1 = 2 ist.

Genauso ist der Glaube an die Existenz Gottes „angemessen basal". Er entsteht durch das Nachdenken über die Wunder der Schöpfung – von der Majestät und Großartigkeit des Nachthimmels bis hin zur Vollkommenheit der Fingernägel eines Babys – und durch das Bewusstsein bei eigenem Fehlverhalten, dass man das Moralgesetz übertreten hat und vor seinem Schöpfer schuldig geworden ist. Obwohl Kant argumentierte, dass Gottes Existenz nicht mit reiner Vernunft bewiesen werden könne, bekannte er doch: „Zwei Dinge erfüllen das Gemüt mit immer neuer und zunehmender Bewunderung und Ehrfurcht, je öfter und anhaltender sich das Nachdenken damit beschäftigt: *Der bestirnte Himmel über mir, und das moralische Gesetz in mir.*"[157]

Zusammenfassend lässt sich sagen: Der Glaube eines Theisten basiert zuallererst nicht auf philosophischen und logischen Beweisen für die Existenz Gottes, sondern auf Gottes Selbstoffenbarung. Zweitens leugnet ein Theist nicht die Bedeutung von wahren Propositionen, d. h. Aussagen über Gott. Die Bibel selbst fordert: „Wer Gott naht, muss glauben, dass er ist und denen, die ihn suchen, ein Belohner sein wird" (Hebr 11,6); und damit haben Sie für den Anfang schon einmal zwei Propositionen, die geglaubt werden müssen. Gleichzeitig erkennt ein Theist, dass der Glaube an eine logisch bewiesene Proposition, auch eine über Gott, nicht dasselbe ist wie der Glaube an einen persönlichen Gott, der als Reaktion auf seine persönliche Selbstoffenbarung entsteht.

157 Kant, *Kritik der praktischen Vernunft*, A 288 (Kursivsetzung im Original)

GOTTESBEWUSSTSEIN

Die Behauptung, unser Schöpfer habe uns mit einem inneren Gottesbewusstsein geschaffen, trifft häufig sofort auf Protest: „Das ist nicht wahr. *Ich* habe kein solches Gottesbewusstsein." Und wenn ein Theist dann antwortet: „Das ist so, weil etwas nicht stimmt, weil in dir etwas beschädigt wurde", wird dies in den Augen vieler Menschen den Standpunkt des Theisten eher schwächen als stärken. Jeder, würden sie sagen, könne beweisen, dass zehn Monde die Erde umkreisen, wenn man den Leuten, die meinten, sie könnten diese nicht sehen, sagte: „Das ist so, weil mit euch etwas nicht stimmt." Wenn daher viele Leute behaupten, sie hätten kein Gottesbewusstsein, würde der Theist gerne die Gründe dafür untersuchen. Aber sie sind keinesfalls immer dieselben.

Gründe für die Behauptung, man habe kein Gottesbewusstsein

- *Das Problem des Bösen und des Leides*

Das ist vielleicht der verbreitetste Grund, weshalb nachdenkliche und sensible Menschen den Glauben an Gott ablehnen. Weil es so viel Schmerz und Böses, so viele Naturkatastrophen auf der Welt gibt, scheint für sie die Existenz Gottes undenkbar zu sein – es sei denn, Gott wäre ein Monster, und in diesem Fall würden sie sich weigern, an ihn zu glauben oder ihn in irgendeiner Form anzubeten. Die Figur des Iwan Karamasoff in Fjodor Dostojewskis Roman *Die Brüder Karamasoff* ist dafür ein typisches Beispiel. Angesichts der enormen Grausamkeit gegenüber Kindern, der Korruption und der Machtpolitik, die er in der Kirche sehen kann, und vor allem angesichts des scheinbaren Versagens Gottes, der hier nicht eingreift, findet er es aus moralischer Sicht unmöglich, weiterhin an Gott zu glauben, auch wenn er Gottes Existenz nicht leugnet. Dostojewski lässt ihn sagen: „Nicht Gott ist es, den ich ablehne, ich gebe ihm nur die Eintrittskarte ergebenst zurück."[158] Das ist eine echte und ernsthafte Schwierigkeit; in einem der späteren Bücher dieser Serie werden wir versuchen, diese Frage zu beantworten.[159]

158 Dostojewski, *Die Brüder Karamasoff*, 399

159 Siehe Buch 4, *Was dürfen wir hoffen?*, im Teil: *Den Schmerz des Lebens ertragen*

- *Eine grundsätzliche Abneigung gegenüber Gott und der Idee eines Gottes*

Ein Beispiel hierfür ist Professor Thomas Nagel: „Es ist nicht nur so, dass ich nicht an Gott glaube und natürlich hoffe, mit meiner Ansicht recht zu behalten, sondern eigentlich geht es um meine Hoffnung, es möge keinen Gott geben! Ich will, dass es keinen Gott gibt; ich will nicht, dass das Universum so beschaffen ist."[160] Oder diese Aussage von Paul Davies: „Ich gehe davon aus, dass Gott nicht eingegriffen hat, um Leben zu erschaffen. Das will ich nicht."[161]

- *Gruppendruck*

Zu seiner Zeit beschrieb Nietzsche die Unterdrückung des Gottesbewusstseins durch den Gruppendruck des damaligen politischen, sozialen und Bildungsestablishments:

> Man macht sich selten von Seiten frommer oder auch nur kirchlicher Menschen eine Vorstellung davon, *wie viel* guter Wille, man könnte sagen willkürlicher Wille, jetzt dazu gehört, dass ein deutscher Gelehrter das Problem der Religion ernst nimmt; von seinem ganzen Handwerk her ... neigt er zu einer überlegnen, beinahe gütigen Heiterkeit gegen die Religion, zu der sich bisweilen eine leichte Geringschätzung mischt ... Die praktische Gleichgültigkeit gegen religiöse Dinge, in welche hinein er geboren und erzogen ist, pflegt sich bei ihm zur Behutsamkeit ... welche die Berührung mit religiösen Menschen und Dingen scheut ... wie viel Naivität ... liegt in diesem Überlegenheits-Glauben des Gelehrten ... in der ahnungslosen schlichten Sicherheit, mit der sein Instinkt den religiösen Menschen als einen minderwertigen und niedrigeren Typus behandelt, über den er selbst hinaus, hinweg, *hinauf* gewachsen ist.[162]

160 *Das letzte Wort,* 191

161 Wilkinson, „Found in Space?", 20. Vgl. die Reihe von ähnlichen Empfindungen, die unter der Überschrift *Die Motivation hinter einem dogmatischen Atheismus* in Buch 1: *Was ist der Mensch?,* Kap. 2 (Seite 85 ff.), genannt werden.

162 Nietzsche, *Jenseits von Gut und Böse,* Abs. 58 (Kursivsetzung im Original)

- *Verkümmerung des Glaubens*

Es gibt das Sprichwort vom geistesabwesenden Professor: Er ist so sehr in sein Fachgebiet vertieft, dass er sich nicht länger der praktischen Dinge des Lebens bewusst ist. Bei einer anderen Person kann ein frühes Interesse an Musik, Kunst oder Poesie durch berufliche Themen so sehr überlagert und unterdrückt werden, dass es schließlich verkümmert. So ist es auch mit dem Gottesbewusstsein: Wenn man es vernachlässigt und es jahrelang von anderen, stärkeren Interessen überlagert wird, werden die Dornen – wie Christus es in seinem berühmten Gleichnis beschrieben hat – aufgehen und es ersticken.[163]

- *Furcht*

Manche Menschen haben Angst, dass sie ihre persönliche Freiheit verlieren würden und ihren Lebensstil ändern müssten, wenn sie Gott anerkennen würden. Andere sind gänzlich abgeneigt, die Existenz eines Gottes zu akzeptieren, denn der Gedanke an Gott weckt in ihnen Schuldgefühle, die sie unterdrücken und vergessen wollen.

Die Antwort der Bibel auf die Frage, warum Menschen kein Gottesbewusstsein haben

Zweifellos gibt es viele weitere Gründe, mit denen Menschen begründen, kein Gottesbewusstsein zu haben – obwohl es sogar Atheisten gegeben haben soll, die in Zeiten akuter Gefahr instinktiv Gott anriefen, sie zu retten. Doch laut der Bibel haben alle diese Gründe ihren Ursprung in etwas, was geschah, als die Menschheit noch jung war. Es ist eine Folge davon.

Wenn man die Bibel als Ganzes liest und ihrem Handlungsstrang folgt, der sich entwickelt, entdeckt man, dass sie von etwas zeugt, was Bibelexperten als fortschreitende Offenbarung bezeichnen. Gott hat nicht sofort, als er den ersten Mann und die erste Frau erschuf, alles über sich offenbart. Die Bibel berichtet eher von etwas, was man als Gottes progressive Erziehung der Menschheit bezeichnen könnte, vom unschuldigen Säuglingsalter durch Kindheit und Jugendzeit hindurch bis hin zum reifen Erwachsenenalter, und jede Phase wurde von einer weiteren Offenbarung Gottes begleitet.

163 Mt 13; Mk 4; Lk 8

In der Zuspitzung der Bibel, im Neuen Testament, wird jedoch deutlich, dass Gott schon bei der Erschaffung der Menschheit von Anfang an die Absicht hatte, Geschöpfe zu haben, mit denen er eine immer intensiver werdende persönliche Beziehung haben könnte. Die Gotteserfahrung der Menschheit sollte also nie allein daraus bestehen, bestimmte Propositionen über Gott zu wissen – obwohl die Menschen sicherlich viele solcher Propositionen über ihn lernen würden. Die Gotteserfahrung der Menschheit sollte eine immer stärker werdende, bewusste Vater-Kind-Beziehung werden. Deshalb wurde der Mensch mit Fähigkeiten geschaffen, durch die er sich unmittelbar Gottes bewusst werden kann, so wie sich ein kleines Kind unmittelbar seines menschlichen Vaters bewusst ist. Später spricht die Bibel davon, dass Gott sein Volk so behandelte wie ein Vater sein heranwachsendes Kind (Gal 4,1-3), indem er es der festen, aber liebevollen Disziplin der Zehn Gebote und vieler weiterer Ordnungen unterstellte und – wo dies nötig war – ihren Ungehorsam bestrafte (5Mo 8,1-6). Doch auch hier ging es nicht nur um Charakterentwicklung und ein gutes Verhalten des Menschen, sondern Gott wollte, dass der Mensch eine durch Liebe gekennzeichnete Beziehung zu Gott selbst und zu seinem Nächsten eingeht: „Und du sollst den HERRN, deinen Gott, lieben mit deinem ganzen Herzen und mit deiner ganzen Seele und mit deiner ganzen Kraft" (5Mo 6,5); und: „Du ... sollst deinen Nächsten lieben wie dich selbst" (3Mo 19,18).

> *Es gibt keine wahre Erkenntnis Gottes außerhalb einer Beziehung mit ihm. Wenn sich Gott uns selbst zu erkennen gibt, geschieht dies immer in einer Beziehungssituation. Niemals offenbart er sich als rein theoretische Proposition.*

Der Höhepunkt dieses Prozesses war die Sendung von Gottes Sohn in diese Welt, der die Vollmacht hatte, es allen, die ihn annehmen würden, zu ermöglichen, „Kinder Gottes zu werden". Diese Menschen würden immer menschlich bleiben. Sie würden niemals Gott werden. Aber sie würden nicht länger nur bloße Geschöpfe Gottes sein, sondern in einem echten ontologischen Sinn zu Kindern Gottes werden.[164]

Nach der Bibel kommt man zur Erkenntnis Gottes also durch Beziehungswissen. Diese Beziehung zwischen Gott und seinem Volk wird auf verschiedene Arten beschrieben: Schöpfer und Geschöpf, Gott und Mensch, Vater und Kind, Vater und erwachsener Sohn, Hirte und Schafe, Bräutigam und Braut, Ehemann und Ehefrau, Erlöser, Retter, Freund, Herr, Ratgeber,

164 Siehe Joh 1,11-13; Röm 8,14-17.26-30; 1Jo 3,1-2

höchster Richter. Es gibt in der Tat keine wahre Erkenntnis Gottes außerhalb einer Beziehung mit ihm. Wenn sich Gott uns selbst zu erkennen gibt, geschieht dies immer in einer Beziehungssituation. Niemals offenbart er sich als rein theoretische Proposition.

- *Die falsche Richtung, die die Menschheit am Anfang in ihrer Beziehung zu Gott einschlug*

Diese falsche Wendung geschah laut der Bibel nicht aufgrund eines Mangels an Beweisen für die Existenz Gottes. Sie geschah innerhalb der Beziehung des Menschen zu Gott. Eine Beziehung, die keine Grenzen und Regeln hat, kann kaum als Beziehung bezeichnet werden. Auch bei Menschen ist eine Ehe ohne solche Verpflichtungen keine wahre Ehe. Also stellte Gott für die Beziehung des Menschen zu ihm eine Rahmenbedingung auf: Er verbot ihm, vom Baum der Erkenntnis von Gut und Böse zu essen (1Mo 3). Doch der Mensch begnügte sich nicht damit, innerhalb dieser Grenzen zu leben. Er griff nach einem Wissen, das von Gott unabhängig wäre. Der Mensch wollte sein wie Gott und selbst entscheiden, was gut und was böse ist – als ob er in dieser Hinsicht Gott ebenbürtig sein könnte.

Nach der Bibel war dies die grundsätzliche Lüge, die Satan dem menschlichen Denken suggerierte, denn kein Geschöpf kann in irgendeinem absoluten Sinn jemals unabhängig von seinem Schöpfer sein (siehe 1Mo 3). Doch diese erste Versuchung, nach der Unabhängigkeit von Gott zu greifen, hat sich wie ein Virus durch die Jahrhunderte verbreitet. Zahllose Menschen haben ihr Gottesbewusstsein unterdrückt, sagt die Bibel (Röm 1,18-32). Darauf weist auch die Tatsache hin, dass viele Menschen keine Dankbarkeit mehr für die wundervollen Geschenke des Lebens empfinden. Sie sind froh, dass es sie gibt, und genießen sie, aber der schöne, natürliche menschliche Instinkt, einem Geber für gute Gaben dankbar zu sein, ist in ihnen erloschen. Da sie den Schöpfer leugnen, haben sie niemand, dem sie dankbar sein können. Es ist eben sehr schwierig, einem Protoplasma oder einem geistlosen Urknall gegenüber dankbar zu sein. Und da sie den wahren Gott leugnen, schaffen sie sich selbst Götzen und vergöttlichen Naturgewalten, die menschliche Vernunft oder menschliche Leidenschaft.[165]

Aber wenn ein Mensch so lebt, als gäbe es keinen Schöpfer, lebt er in der Unwahrheit und entfremdet sich von dem Ursprung seines Daseins. Wenn

165 Siehe die längere Diskussion dieses Themas in Buch 1: *Was ist der Mensch?*, Kap. 2

ein Mensch in diesem Zustand fordert, dass sich Gott bei der Frage, ob man zu Recht an seine Existenz glauben kann oder nicht, der menschlichen Vernunft als höchstem Richter unterordnen muss (so ähnlich wie in Kants kopernikanischer Wende), ist dies sowohl traurig als auch logisch absurd. Denn das Gehirn und der Atem, mit denen er eine solche Forderung aufstellt, sind vom Schöpfer abhängig.

- *Bedingungen für die Erkenntnis Gottes*

Jede wahre Gotteserkenntnis findet also im Rahmen einer Beziehung statt und ist nicht nur theoretisch, und sie hat lebenslange praktische Auswirkungen. Auf unserer Seite hängt es von unserer Bereitschaft ab, unseren Stolz zu überwinden, unsere Unabhängigkeit aufzugeben und in eine persönliche Beziehung mit Gott einzutreten. Und Gott für seinen Teil legt natürlich die Bedingungen fest, zu denen er sich uns zu erkennen geben will.

1. Als Erstes müssen wir anerkennen, dass er existiert und jene belohnt, die ihn gewissenhaft suchen (Hebr 11,6).

2. Wir müssen ihn ernsthaft suchen. Die Frage nach Gott soll für uns nicht nur ein beiläufiges Thema sein. „Und sucht ihr mich, so werdet ihr mich finden, ja, fragt ihr mit eurem ganzen Herzen nach mir“ (Jer 29,13).

3. Wir müssen uns von unseren Götzen – materiellen wie geistigen – abwenden. Und wenn wir bis jetzt unser ganzes Vertrauen auf die menschliche Vernunft gesetzt und diese zum Götzen an Gottes Stelle gemacht haben, müssen wir diesen Missbrauch der Vernunft auch bereuen (siehe 1Kor 1,18-31).

4. Wir müssen bereit sein, den Willen Gottes zu tun, wenn er ihn uns zeigt. In diesem Zusammenhang sagte Christus selbst: „Wenn jemand seinen Willen tun will, so wird er von der Lehre wissen, ob sie aus Gott ist oder ob ich aus mir selbst rede“ (Joh 7,17).

Jeder, für den die Frage nach der Existenz Gottes ein Thema von rein akademischem Interesse ist, das keine Auswirkungen auf die Lebensführung hat, wird in seiner Gotteserkenntnis nicht weit kommen. Andererseits hat Christus uns Folgendes versichert:

> Und ich sage euch: Bittet, und es wird euch gegeben werden; sucht, und ihr werdet finden; klopft an, und es wird euch geöffnet werden! Denn jeder Bittende empfängt, und der Suchende findet, und dem Anklopfenden wird geöffnet werden. (Lk 11,9-10)

- *Der Test für echte Gotteserkenntnis*

Aber wir müssen hier am Ende noch einmal auf die Forderung der Erkenntnistheorie zurückkommen, dass wir, wenn wir behaupten, etwas zu wissen, auch bereit sein müssen, diese Behauptung zu rechtfertigen. Wenn wir nun behaupten, Gott zu kennen, welche Art der Begründung wäre angemessen, um unsere Behauptung zu bestätigen? Die Bibel lässt diese Forderung der Erkenntnistheorie zu und antwortet darauf:

> Und hieran erkennen wir, dass wir ihn erkannt haben; wenn wir seine Gebote halten. Wer sagt: Ich habe ihn erkannt, und hält seine Gebote nicht, ist ein Lügner, und in dem ist nicht die Wahrheit. Wer aber sein Wort hält, in dem ist wahrhaftig die Liebe Gottes vollendet. Hieran erkennen wir, dass wir in ihm sind. Wer sagt, dass er in ihm bleibe, ist schuldig, selbst auch so zu wandeln, wie er gewandelt ist. (1Jo 2,3-6)

Mit anderen Worten: Wahre Gotteserkenntnis wird uns dazu bringen, so zu leben und zu lieben, wie Christus gelebt und geliebt hat.

WAS IST WAHRHEIT?

5

AUF DER SUCHE NACH DER WAHRHEIT

Kaufe Wahrheit und verkaufe sie nicht.
Sprüche 23,23

WONACH WIR SUCHEN

In diesem und den folgenden drei Kapiteln gehen wir der Frage nach: Was ist Wahrheit? Wir werden uns nicht bloß mit dem *Inhalt* von Wahrheit beschäftigen, d. h., welche Fakten, Behauptungen oder Überzeugungen wahr sind, sondern auch mit der *Natur* der Wahrheit selbst, also mit der Frage: Was muss eine Überzeugung oder eine Aussage kennzeichnen, damit sie als wahr gelten kann? Mit anderen Worten: Wie sollen wir Wahrheit definieren?

Zudem werden wir fragen, ob es so etwas wie absolute Wahrheit überhaupt gibt – etwas, was objektiv wahr ist und unabhängig von uns und unseren Überzeugungen oder Gefühlen existiert – oder ob es keine absolute Wahrheit über irgendetwas gibt, sondern nur verschiedene Teilwahrheiten, die wir selbst erschaffen (oder unsere Gesellschaft für uns), indem wir uns dafür entscheiden, sie zu akzeptieren, oder sie aus unserer Lebenserfahrung heraus konstruieren. Mit anderen Worten: Gibt es so etwas wie eine absolute Wahrheit, die jeder akzeptieren muss (einfach, weil sie wahr ist); oder gibt es nur eine „Wahrheit für uns“, die wir akzeptieren, weil sie uns gefällt und uns passt, die aber nicht unbedingt für andere wahr ist, wenn sie ihnen nicht gefällt oder passt?

Dieses Thema ist sehr weitreichend, denn es hat Folgen für unser Leben: nicht nur in akademischer, sondern auch in praktischer, individueller, gesellschaftlicher, kommerzieller, rechtlicher, politischer und religiöser Hinsicht. Es wirkt sich auch auf unsere Sichtweise von Geschichte und Kunst aus sowie auf unsere Maßstäbe für das richtige Verhalten im Familienleben, im Beruf und im Sport. Aus diesem Grund sollten wir vielleicht zunächst einmal unsere eigene, persönliche Einstellung zur Wahrheit überdenken.

Unsere ambivalente Einstellung zur Wahrheit

Was auch immer theoretische Philosophie oder Theologie über die Natur der Wahrheit sagt, wir alle wissen in unserem Herzen, dass es bei der Frage nach der Wahrheit neben der akademischen und intellektuellen Diskussion dieses Themas noch eine weitere Ebene gibt. Wahrheit – wie auch immer wir sie definieren – besitzt eine unerhörte und unbestreitbare Autorität, die von uns zwar leise, aber dennoch beharrlich und klar Unterordnung und Loyalität einfordert. Es geht dabei nicht nur darum, dass *wir* uns unterordnen: Dasselbe erwarten wir auch von anderen.

Stellen Sie sich vor, Sie würden wegen einer schweren Straftat angeklagt, die sie nicht begangen haben, und müssten deshalb vor Gericht erscheinen. Stellen Sie sich außerdem vor, dass die von der Anklage vorgetragenen Anschuldigungen zwar sehr clever ausgedacht, in sich schlüssig und überzeugend sind, aber dennoch falsch. Sie würden natürlich die Ihnen bekannten wahren Fakten darstellen, um Ihre Unschuld zu beweisen. Aber stellen Sie sich vor, der Richter würde in seinem Urteilsspruch verkünden, dass es so etwas wie objektive Wahrheit nicht gebe und er deshalb kein Interesse daran habe, herauszufinden, was die Wahrheit in diesem Fall ist. Jede Seite habe das Recht auf ihre eigene Geschichte, und es sei falsch, wenn eine Seite behaupten würde, die Geschichte der anderen Seite sei falsch. Alle Wahrheit sei ohnehin kulturell bedingt, und daher werde er in diesem Fall keine Entscheidung auf Grundlage der Wahrheit treffen, sondern auf Grundlage dessen, ob die Argumente der Anklage mehr seine Empfindungen und seinen kulturellen Hintergrund ansprächen.

> *Wahrheit – wie auch immer wir sie definieren – besitzt eine unerhörte und unbestreitbare Autorität, die von uns zwar leise, aber dennoch beharrlich und klar Unterordnung und Loyalität einfordert.*

Sie wären darüber wohl empört wie alle vernünftigen Menschen, denn ohne Achtung der objektiven Wahrheit kann es keine Gerechtigkeit geben. Einerseits glauben wir alle an Wahrheit und fordern, dass sie hochgehalten wird. Aber bei anderen Anlässen und bei bestimmten Umständen ist uns die Wahrheit nicht so willkommen, und wir tun unser Bestes, ihr auszuweichen, sie zu verbergen, falsch darzustellen oder sogar zu leugnen.

Das Interessante dabei ist jedoch, dass wir, auch wenn wir unsere Wahrheitstreue kompromittieren und sie durch Falschheit ersetzen, durch unser späteres Handeln immer noch zeigen, dass wir uns der Autorität bewusst sind, die Wahrheit besitzt. Niemand würde (zumindest öffentlich) sagen: „Ich weiß, dass dies oder das richtig ist, aber ich verachte die Wahrheit und bin nicht bereit, sie zu akzeptieren. Ich werde alles in meiner Macht Stehende tun, um mich der Wahrheit zu widersetzen, und sie bekämpfen, und an ihrer Stelle eine Lüge verbreiten." (Auch wenn der Himmel weiß, dass dies im Laufe der Geschichte das eigentliche, versteckte Motiv vieler Personen und sogar Regierungen gewesen ist.)

Und auch wenn es uns gelingen sollte, die Wahrheit zu unterdrücken und stattdessen eine Unwahrheit zu propagieren, verkaufen wir unsere Version natürlich nicht als Unwahrheit. Wir bezeichnen sie noch immer als Wahrheit und bezeugen damit selbst mit unserer Lüge die Autorität der Wahrheit, die wir gerade verraten haben. Es gibt offenbar einen Grund, weshalb wir sie nicht als Unwahrheit bezeichnen: Eine Unwahrheit würde niemand glauben. Das heißt, niemand würde öffentlich zugeben, an etwas Unwahres zu glauben – etwas, von dem er oder sie weiß, dass es unwahr ist –, obwohl es Menschen privat oder öffentlich schon oft vorgezogen haben, lieber einer Unwahrheit zuzustimmen, als zu riskieren, unbeliebt zu sein oder gar für eine unpopuläre und peinliche Wahrheit einzustehen.

Wenn wir also anfangen zu untersuchen, was Wahrheit ist, müssen wir uns gleich zu Beginn dieser merkwürdigen Ambivalenz in unserer persönlichen Einstellung zur Wahrheit stellen und uns selbst fragen, was der Grund dafür ist. Er könnte unsere Entscheidungen dazu beeinflussen, was Wahrheit ist.

EINWÄNDE UND ZURÜCKWEISUNGEN

Einwände gegen die Vorstellung einer universellen objektiven Wahrheit

Vielleicht hat es in den letzten 2000 Jahren noch nie eine Zeit gegeben, in der die Idee einer universellen objektiven Wahrheit so breit und umfassend bestritten und geleugnet wurde wie heute. Lassen Sie uns kurz ein paar der Hauptgründe für diese Einstellung zur Wahrheit nennen und dann versuchen zu verstehen, wie diese entstanden sind.

- *Begründung 1 – Die Grenzen der Sprache*

Jede menschliche Sprache besteht aus Symbolen, deren Sinn kulturell durch die jeweilige Gesellschaft, die sie geschaffen hat, bestimmt wird. Dieser Sinn kann nur von einer Person oder Gesellschaft an eine andere Person oder Gesellschaft weitergegeben werden, wenn man den Sinn, der mit einer Reihe von Symbolen ausgedrückt wird, in eine fremde Reihe von Symbolen übersetzt, die eine andere Gesellschaft entwickelt hat. Diese übersetzten Symbole tragen dann die kulturellen und emotionalen Konnotationen dieser zweiten, unterschiedlichen Gesellschaft. In diesem Übersetzungsprozess, so die

Behauptung, kann keine universelle, objektive Wahrheit (wenn es sie denn überhaupt gibt) völlig unverfälscht weiterbestehen. Welche Wahrheit auch immer am Ende übrig bleibt, es kann nur eine durch den Übersetzungsprozess relativierte Wahrheit sein.

- *Begründung 2 – Die Grenzen des Wissens*

Jeder, der behauptet, die absolute Wahrheit über irgendetwas Bestimmtes (oder über das Universum im Allgemeinen) zu haben, hat offenkundig unrecht. Weder die Wissenschaft noch die Philosophie kann so etwas wie absolutes Wissen erlangen. Alles Wissen ist daher nur relativ wahr.

- *Die Arroganz der sogenannten objektiven Wahrheit*

Jede Wahrheit ist kulturell bedingt: Was für die eine Kultur Wahrheit ist, ist für eine andere keine Wahrheit. In einer multikulturellen Welt ist es daher unerträglich arrogant, wenn eine Kultur behauptet, sie allein habe die Wahrheit und alle anderen lägen falsch. Letzten Endes kann das nur zu Gewalt führen.

- *Begründung 4 – Objektive Wahrheit versklavt*

Das Konzept der universellen objektiven Wahrheit führt zu Unterdrückung. Es fordert die totale Unterordnung, interessiert sich nicht für die individuelle Persönlichkeit und zerstört die Kreativität des menschlichen Geistes. Tatsache ist, dass jeder menschliche Geist die Freiheit haben muss, Wahrheit für sich selbst zu schaffen. Wir schaffen dabei nicht unbedingt äußere Tatsachen, aber wir schaffen die Wahrheit über sie.

- *Begründung 5 – Behauptungen, man habe die objektive Wahrheit, sind elitär und undemokratisch*

Der Philosoph und Wissenschaftler Roger Bacon (ca. 1214–1292) behauptete: „Wissen ist Macht." Viele Denker behaupten heute das Gegenteil, nämlich: „Macht ist Wissen." Sie behaupten, dass es die Experten in verschiedenen Disziplinen sind, die Macht erlangen, nur weil sie als Experten betrachtet werden, und dass diese dann ihre Macht dazu verwenden, um Wissen zu schaffen, das dann der allgemeinen Bevölkerung vermittelt wird – selbst wenn dieses „Wissen" in Wirklichkeit gar nicht der Wahrheit entspricht und man später entdeckt, dass es falsch war.

Tiefer liegende Gründe, warum eine objektive Wahrheit abgelehnt wird

- *Die Durchsetzung von Ideologien und Religionen durch bloße Macht in der Vergangenheit*

In der Geschichte, auch in der jüngeren, findet man hierfür beachtenswerte Beispiele.

Im Jahr 303 n. Chr. beschloss zum Beispiel der römische Kaiser Diokletian, wieder die heidnisch-römische Staatsreligion allgemein durchzusetzen. Aus diesem Grund verfolgte er die Christen nicht nur (wie es viele seiner Vorgänger auch schon getan hatten), er beschloss darüber hinausgehend, das Christentum grundsätzlich mit Stumpf und Stiel auszurotten. Alle christlichen Bücher und Bibeln wurden unter Androhung der Todesstrafe konfisziert. Freies Denken in religiösen Fragen war nicht erlaubt.

Im Mittelalter und in den Jahrhunderten danach nutzte das Christentum selbst – oder große Teile davon – seinen Einfluss auf den Staat nicht nur, um Juden, Muslime und vermeintliche Häretiker zu verfolgen. Die Kirche verbot auch einzelnen Christen, eigene Bibeln zu besitzen, diese zu lesen und selbst zu interpretieren. Die Menschen mussten das als Wahrheit akzeptieren, was die Kirche zur Wahrheit erklärte. Eigenes Denken wurde unterdrückt, Gewissensfreiheit gab es nicht.

Im 20. Jahrhundert wurden sowohl rechte als auch linke Ideologien in vielen Ländern umfassend und rücksichtslos durchgesetzt; und Wissenschaft, Philosophie, Literatur, Kunst und Musik wurden rigoros zensiert und gezwungen, sich der herrschenden Ideologie anzupassen. Der Besitz einer Bibel wurde dadurch erschwert oder sogar unmöglich gemacht.

Daher ist es verständlich, dass heute in vielen Kreisen große philosophische Systeme nicht besonders beliebt sind, seien es wissenschaftliche Theorien, Theologien oder Ideologien (oder „Metaerzählungen", wie sie genannt werden). So behaupteten zum Beispiel Vertreter von Hegels Philosophie und dem Marxismus, der Hegels Idee der Dialektik übernahm, eine unanfechtbare Erklärung für die Gesetze der Geschichte in Vergangenheit,

Gegenwart und Zukunft und für das ganze Universum liefern zu können. Damit beherrschten sie das Denken und Verhalten von Millionen von Menschen. Die Geschichte selbst hat sie diskreditiert, wie wir später selbst sehen werden. Auch das Christentum wird oft ungeprüft als offenkundig falsch abgelehnt, weil es ebenfalls eine universelle „Metaerzählung" anbietet.

Das Christentum wird natürlich gegen den Vorwurf protestieren, dass die von ihm verkündigte objektive und allgemeingültige Wahrheit Menschen geistig, emotional oder geistlich versklave. Christus selbst behauptet das Gegenteil: dass erst die Erkenntnis der Wahrheit die Menschen wirklich frei macht (Joh 8,31-34). Doch der eindeutige exklusive Anspruch Christi – „Ich bin der Weg und die Wahrheit und das Leben. Niemand kommt zum Vater als nur durch mich" (Joh 14,6) – wird vom Multikulturalismus unserer modernen Welt als Beleidigung empfunden und aus diesem Grund entschieden abgelehnt.

- *Die Globalisierung des Wissens*

Das führt uns zu einem weiteren, sehr starken Faktor, weshalb das Konzept einer absoluten, objektiven Wahrheit heutzutage immer schneller aus der Mode gerät: die Globalisierung des Wissens. Die Errungenschaften der Informationstechnik füllen die Köpfe der Menschen mit einer Flut von unmittelbaren Informationen über jedes nur denkbare Thema (was jedoch nicht heißt, dass das jeweilige Thema auch wirklich verstanden wird) aus allen Teilen der Erde. Die Menschen sind daher – wenn auch oft nur oberflächlich – mit vielen Religionen, Philosophien, Ideologien, wissenschaftlichen Theorien etc. in einem Maße vertraut, wie es vor einem halben Jahrhundert noch undenkbar gewesen wäre. Und unter dem Eindruck dieser Informationsflut kommen sie zu dem Schluss, dass jede Philosophie oder Religion, die den Anspruch erhebt, sie allein sei wahr, entweder ignorant oder arrogant sein muss. Die Wahrheit, wenn sie überhaupt festgestellt werden kann, muss durch eine vernünftige Auswahl aus all den unterschiedlichen Teilwahrheiten und deren Kombination gefunden werden.

Wie sollen wir nun auf diese Situation reagieren? Wenn wir nicht jedes differenzierte Denken aufgeben und einfach unkritisch eine Mischung aus all den widersprüchlichen Teilwahrheiten akzeptieren wollen, müssen wir versuchen, die Wahrheitsansprüche dieser Theorien, Ideologien, Religionen und Philosophien zu diskutieren, denen wir begegnen.

Dies können wir natürlich nur tun, indem wir Sprache benutzen, und viele behaupten, dass Sprache aufgrund ihrer kulturellen Bedingtheit niemals zu absoluter, objektiver Wahrheit vordringen oder diese vermitteln kann. Diese Behauptung werden wir gleich untersuchen, aber lassen Sie uns zunächst kurz einen Blick auf die Konsequenzen werfen, die es haben kann, wenn Menschen allgemein glauben, es gebe keine absolute, für alle verbindliche Wahrheit.

LANGZEITFOLGEN EINER ABWERTUNG DER OBJEKTIVEN WAHRHEIT

Vor über 2500 Jahren beschrieb der Prophet, Sozialkritiker und Reformer Jesaja die damalige Gesellschaft wie folgt:

> Denn eure Hände sind mit Blut befleckt und eure Finger mit Sündenschuld.
>
> Eure Lippen reden Lüge, eure Zunge murmelt Verkehrtheit.
>
> Niemand lädt vor in Gerechtigkeit, und niemand tritt vor Gericht in Wahrhaftigkeit.
>
> Sondern bei euch gilt dies: Auf Leeres vertrauen, Gehaltloses reden, mit Mühsal schwanger gehen, Unrecht zeugen! ...
>
> Ihr Gewebe taugt nicht zur Bekleidung, und mit ihrem Gewirke kann man sich nicht bedecken.
>
> Ihre Werke sind Werke des Unrechts, und Gewalttat ist in ihren Händen. ...
>
> Den Weg des Friedens kennen sie nicht, und kein Recht ist in ihren Spuren.
>
> Ihre Pfade machen sie sich krumm; jeder, der sie betritt, kennt keinen Frieden.
>
> ... brechen mit dem HERRN und ihn verleugnen und zurückweichen von unserem Gott, reden von Unterdrückung und Abfall, mit Lügenworten schwanger werden und sie aus dem Herzen sprechen.
>
> So ist das Recht zurückgedrängt, und die Gerechtigkeit steht ferne.
>
> Denn die Wahrheit ist gestürzt auf dem Marktplatz, und die Geradheit findet keinen Eingang.
>
> So geschieht es, dass die Wahrheit fehlt, und wer sich vom Bösen fernhält, wird beraubt.
>
> (Jes 59,3.4.6.8.13-15)

Aus seinem fernen Jahrhundert bezeugt Jesaja für uns den sozialen Zerfall, der folgt, wenn eine Gesellschaft ihren Sinn für die Heiligkeit und Unantastbarkeit der objektiven Wahrheit verliert. Wir stellen seine wiederholten Anklagen fest: „Eure Lippen reden Lüge ... bei euch gilt dies: ... Gehaltloses reden ... mit Lügenworten schwanger werden und sie aus dem Herzen sprechen ... die Wahrheit ist gestürzt auf dem Marktplatz ... die Wahrheit fehlt." Was er beschreibt, ist nicht das gelegentliche Erzählen einer Unwahrheit in einem Moment der Panik oder Versuchung, sondern die bewusste Übernahme einer Politik der Täuschung, nicht nur im Privaten, sondern auch in den Zentren des öffentlichen Lebens.

Als Erstes leiden darunter die Gerichte, wo falsche Vorwürfe und erfundene Anschuldigungen bewusst dafür eingesetzt werden, eben jene Gerechtigkeit zu verdrehen, die die Gerichte eigentlich aufrechterhalten sollen.

Zweitens erwähnt er die Marktplätze: In der Antike waren sie die Zentren des öffentlichen, gesellschaftlichen und kommerziellen Lebens. Auch hier sind die alten Maßstäbe der Wahrheit und Wahrhaftigkeit verfallen: Man erachtet es als „reif" und „clever" und „kluge Geschäftspraktik", wenn ein Händler die Qualität seiner Produkte mit einer Stimme, die vor vermeintlicher Aufrichtigkeit nur so trieft, falsch darstellt! Und die Stadtältesten versuchen, die Bürger glauben zu machen, sie kümmerten sich um ihre Interessen und seien entschlossen, für Gerechtigkeit zu sorgen, obwohl sie Bestechungsgelder angenommen haben, damit sie die Mafia nicht wegen Korruption verfolgen.

Das Ergebnis war nach Jesaja weitverbreitetes Unrecht und Gewalt und verursachte in so manchem Bürger das Gefühl, er würde „beraubt", wenn er das Spiel nicht mitspiele und Mut zur Ehrlichkeit habe. In der „English Standard Version" steht an dieser Stelle „make himself a prey" – „macht sich selbst zur Beute". Das heißt, der Mensch wird selbst ein Opfer der Unehrlichkeit.

Lassen Sie uns nun auf das Urteil eines modernen Philosophen und Sozialkritikers hören. In seinem Buch *Truth Decay* („Verfall der Wahrheit") behauptet Douglas Groothuis mit Nachdruck, dass nicht die objektive Wahrheit den Einzelnen seiner Freiheit beraubt, sondern dass der Verlust des öffentlichen Respekts für die Unantastbarkeit der objektiven Wahrheit Stück für Stück die Grundlagen der individuellen und bürgerlichen Freiheit wegbrechen lässt. Es lohnt sich, ihn hier ausführlich zu zitieren:

> Der Verfall der Wahrheit hat Auswirkungen auf alle religiösen Wahrheitsansprüche ... Aber der Verfall der Wahrheit beeinflusst auch alle

> anderen Lebensbereiche, von der Politik bis zur Kunst, vom Recht bis zur Geschichte. Wenn die Idee der objektiven Wahrheit in Verruf gerät, verkommt die Politik zu nichts als Imagemanipulationen und Machthandel ... Der gesellschaftliche Konsens und die Pflichten einer gemeinsamen Staatsbürgerschaft werden irrelevant und unmöglich, wenn verschiedene Untergruppen der Bevölkerung – unterschieden nach Rasse, ethnischer Herkunft und sexueller Orientierung – nach der Macht greifen, indem sie für sich eine unanfechtbare Autorität auf Grundlage ihrer kulturellen Besonderheiten beanspruchen ...
>
> Wenn das Recht nicht in einer moralischen Ordnung begründet ist, die über jedes Strafgesetzbuch oder jede Verfassung hinausgeht, wird es zu einer Reihe von dehnbaren und letztendlich willkürlichen Erlassen. Wenn keine objektiven Fakten aus der Vergangenheit erkannt werden können, kann ein Roman nicht von einem Geschichtsbuch unterschieden, noch eine Legende von einer Biografie abgegrenzt werden. Die Geschichte wird zum Werkzeug für bestimmte Interessengruppen, die die Vergangenheit auf Grundlage ihrer Vorlieben neu schreiben, ohne rationale Kritik von außen zuzulassen. Wenn die Schönheit nicht im Auge des Betrachters liegt, wird Kunst zu einem reinen Werkzeug für gesellschaftlichen Einfluss, politische Macht und persönliche Meinungsäußerung; die Kategorie der Obszönität ist genauso obsolet wie das Ideal der Schönheit. ...
>
> Kulturkämpfe brechen aus, nachdem das gemeinsame Verständnis der Wahrheit als etwas, was objektiv und durch rationale Untersuchung und Überzeugung erkennbar ist, zusammengebrochen ist. Wenn vernünftige Debatten nicht der Erkenntnis der Wahrheit dienen, bleiben nur Intrigen der Macht zurück – egal, ob es nun um Fragen der Rasse, Sexualität oder Religion geht.[166]

Hier haben wir nun jede Menge Material für eine lebhafte, sachliche Debatte. Aber eine Debatte kann nur mit Worten geführt werden. Wenn nun – wie manche behaupten – Worte so sehr kulturell bedingt sind, dass sie nicht wirklich objektive Wahrheit ausdrücken können, wird uns eine rationale Debatte niemals zur Wahrheit führen. Sie könnte uns nur einige nicht miteinander zu vereinbarende, unterschiedliche Vorurteile und Meinungen

166 Siehe Seiten 25–26

bewusst machen. Daher werden wir uns nun der Sprache als möglicher Träger der Wahrheit zuwenden.

KONVENTIONALISMUS

Der *Konventionalismus* ist eine Theorie der Sprachphilosophie, die mit Namen wie Ferdinand de Saussure (1857–1913), Gottlob Frege (1848–1925) und Ludwig Wittgenstein (1889–1951) in Verbindung gebracht wird. Er behauptet: Jeder Sinn, jede Bedeutung ist relativ, sie ist nur eine Sache der Konvention, d. h. der Vereinbarung. Doch wenn das stimmt, würde daraus folgen, dass jegliche Wahrheit ebenfalls relativ ist, weil jeder Wahrheitsanspruch eine sprachliche Aussage mit einem Sinn ist.

Hier wird die Auffassung vertreten, dass Sinn beliebig und relativ ist, da er von Kultur und Kontext bestimmt wird. Sprache an sich besitzt keinen inhärenten, wesenhaften Sinn. Der linguistische Sinn leitet sich von der Erfahrung der Menschen ab, die diese Sprache sprechen. Wörter sind Symbole, und dasselbe Symbol kann von verschiedenen Leuten mit verschiedenen Bedeutungen verwendet werden. Zum Beispiel bedeutet der Klang, der durch die Buchstaben G–I–F–T dargestellt wird, im Englischen „Geschenk, „etwas, was gegeben wurde" oder auch „eine besondere Begabung", „Fähigkeit", „Kraft" oder „Talent". Im Deutschen steht genau derselbe Klang, dargestellt durch genau dieselben Buchstaben, für Gift, also eine schädliche oder sogar tödliche Substanz. Das zugehörige Adjektiv „giftig" kann hier wiederum auch für „boshaft" oder „böswillig", „wütend" oder „zornig" stehen.

Aber beachten Sie, was das nicht heißt: Die Tatsache, dass sich der Klang (bzw. das Wort) „GIFT" im Deutschen auf etwas ganz anderes bezieht als der gleiche Klang (bzw. das gleiche Wort) im Englischen, heißt ja nicht, dass ein Engländer niemals die Wirklichkeit verstehen wird, auf die sich der deutsche Klang (bzw. das deutsche Wort) bezieht. Und es heißt auch nicht, dass die Wahrheit über diese Wirklichkeit – nämlich dass es tödlich sein kann, wenn man es einnimmt – kulturell bestimmt und daher nur relativ ist. Es ist eine absolute Wahrheit, die in jeder Nation unter der Sonne wahr ist, ganz gleich, welches Symbol, welchen Klang, welches Wort man dafür verwendet.

Aus logischer Sicht widerspricht die Theorie des Konventionalismus sich selbst. Wenn ein Konventionalist sagt: „Jede Bedeutung (bzw. jeder Sinn) ist relativ", muss er davon ausgehen, dass er eine sinntragende Aussage macht, der alle Menschen in der Welt zustimmen werden, wenn sie sie verstehen.

Seine Aussage ist also eine „nicht konventionalistische Aussage" (denn sie beinhaltet ja einen Wahrheitsanspruch), die dennoch behauptet, dass alle Aussagen lediglich Konventionen sind.[167]

DIE DEFINITION VON WAHRHEIT

Beginnen wir mit einer scheinbar einfachen Beobachtung aus dem Alltag: Jeder von uns hat eine Vorstellung von Wahrheit. Wir sagen Dinge wie:

- „Ich glaube nicht, dass Natascha die Wahrheit gesagt hat, als sie sagte, sie sei gestern Abend bei Susanne gewesen."
- „Sagen Sie mir die Wahrheit, Herr Doktor: Ist diese Krankheit tödlich?"
- „Ich wünschte, ich wüsste, ob er mir die Wahrheit sagt."
- „Es ist wahr, dass Paris die Hauptstadt von Frankreich ist."
- „Es ist nicht wahr, dass ich Millionen Euro auf der Bank habe."

Diese und unzählige ähnliche Äußerungen zeigen: Wir alle wissen, was Wahrheit und was Unwahrheit ist. Wir erwarten von anderen, dies ebenfalls zu wissen, und wir erwarten von ihnen, dass sie die Wahrheit sagen. Wenn wir entdecken, dass jemand uns bewusst etwas Unwahres gesagt hat, können wir sehr zornig darüber werden.

Doch sobald wir versuchen, einmal genau zu formulieren, was wir mit Wahrheit meinen, werden wir entdecken – wie es die Philosophen schon immer getan haben –, dass eine klare Definition nicht so einfach ist, wie wir denken. Wir werden auch entdecken, dass in den letzten Jahren der Begriff der Wahrheit radikal infrage gestellt worden ist. Also lassen Sie uns nun einen Blick auf einige Theorien über die Natur der Wahrheit werfen.

167 Wir müssen hier natürlich unterscheiden zwischen „Bedeutung" in dem Sinn, worauf ein Wort sich bezieht, und „Bedeutung" in dem Sinn, was die Sache, auf die es sich bezieht, für uns bedeutet, d. h., ob wir sie mögen oder nicht, wertschätzen oder verabscheuen, glauben oder nicht. Das Wort „Gott" ist hierfür ein gutes Beispiel.

Die Korrespondenztheorie der Wahrheit

- *Aristoteles' Sicht der Wahrheit*

Die vielleicht berühmteste Äußerung dazu machte vor langer Zeit Aristoteles:

> Zu sagen nämlich, das Seiende sei nicht oder das Nicht-Seiende sei, ist falsch, dagegen zu sagen, das Seiende sei und das Nicht-Seiende sei nicht, ist wahr. Wer also ein Sein oder Nicht-Sein prädiziert, muss Wahres oder Falsches aussprechen.[168]

Aristoteles' Prinzip lässt sich sowohl auf die Existenz als auch auf die Eigenschaften von Dingen beziehen.

Existenz: Alle sind sich einig, dass die Erde existiert. Wenn ich über die Erde sage, sie existiere, dann ist das, was ich sage, wahr, weil die Erde tatsächlich existiert und meine Aussage dieser Tatsache entspricht oder – anders ausgedrückt – mit dieser Aussage korrespondiert. Wenn ich andererseits sagen würde, die Erde existiere nicht, wäre das falsch, da meine Aussage nicht mit der entsprechenden Tatsache korrespondiert.

Eigenschaften: Wasser existiert nicht nur, sondern hat auch eine bestimmte Eigenschaft, nämlich Nässe. Wenn ich sage, Wasser sei nicht nass, dann ist das, was ich über Wasser sage, falsch, denn meine Aussage korrespondiert nicht mit der entsprechenden Tatsache. Wenn ich wiederum sage, Wasser sei nass, korrespondiert meine Aussage mit der entsprechenden Tatsache und ist somit wahr.

Auf Grundlage dieser einfachen Beispiele können wir anfangen, die Natur der Wahrheit nach der Korrespondenztheorie zu definieren. Wahrheit ist eine Eigenschaft von Aussagen, Propositionen und Überzeugungen über etwas, was außerhalb dieser Aussagen selbst liegt. Mit anderen Worten: Man sagt, dass die Aussagen, Propositionen und Überzeugungen entweder wahr oder falsch sind, aber das *Kriterium*, anhand dessen man urteilt, ob sie nun richtig oder falsch sind, liegt außerhalb dieser Aussagen, Propositionen oder Überzeugungen. Es liegt in der Sachlage selbst, auf die sich diese beziehen. Wenn sie mit dieser Sachlage korrespondieren, sind sie wahr; wenn nicht, sind sie falsch.

168 *Metaphysik,* IV.7 (1011b) (Übersetzung: H. Bonitz, 1890)

Beispiel 1: Wenn ich sage, Napoleon sei in der Schlacht von Waterloo besiegt worden, ist meine Aussage wahr; und sie ist nicht wegen etwas wahr, was dieser Aussage innewohnt, was man entdecken könnte, wenn man die Aussage selbst untersucht, sondern wegen etwas Äußerem. Sie ist wahr aufgrund eines Ereignisses in der Vergangenheit, etwas, was komplett außerhalb dieser Aussage liegt, aber mit dem diese Aussage korrespondiert.

Beispiel 2: Wenn ich andererseits sage oder glaube, Napoleon habe die Schlacht von Waterloo gewonnen, ist meine Aussage oder meine Überzeugung falsch, egal, wie ernst es mir damit ist oder wie fest ich davon überzeugt bin. Sie ist falsch aufgrund eines Ereignisses in der Vergangenheit, etwas außerhalb der Aussage selbst, was nicht mit dieser Aussage korrespondiert.

Aufgrund der Korrespondenz (oder Nichtkorrespondenz) von Aussagen, Propositionen und Überzeugungen mit den Tatsachen wird diese Theorie als Korrespondenztheorie bezeichnet. Wenn man einen Moment darüber nachdenkt, stellt man fest, dass diese Sicht von Wahrheit die des gesunden Menschenverstands ist, nach der die meisten von uns leben.

• *Die Sicht von Bertrand Russell*

Der Philosoph und Mathematiker Bertrand Russel war ein entschiedener Verteidiger der Korrespondenztheorie der Wahrheit. In seinem bekannten Buch *Probleme der Philosophie* legte er Kriterien fest, die er als wesentlich für jede Wahrheitstheorie betrachtete. Laut Russell muss auf jede dieser Theorien Folgendes zutreffen:

1. Sie muss festhalten, dass die Idee von Wahrheit impliziert, dass ihr Gegenteil falsch ist.

2. Wahrheit muss zu den „Eigenschaften von Meinungen und Aussagen“ gehören.

3. Die Wahrheit einer Meinung muss immer von etwas abhängen, „das außerhalb der Meinung selbst liegt“.[169]

169 *Probleme der Philosophie,* 107–108

Dies bedeutet nach Russell Folgendes:

> ... die Bedingung der Wahrheit einer Meinung ist etwas, das kein Glauben oder Bewusstsein überhaupt involviert, sondern nur durch die *Objekte* dieser Akte gegeben wird. Ein Bewusstsein, das etwas glaubt, hat recht, wenn es einen *korrespondierenden* Komplex gibt, der das Bewusstsein selbst nicht einschließt, sondern nur seine Gegenstände. Diese Korrespondenz, dieses Entsprechen, garantiert die Wahrheit, und wenn es fehlt, folgt daraus die Falschheit unserer Meinung. Damit erklären wir gleichzeitig zwei Tatsachen: (a) Die *Existenz* von Meinungen bzw. Urteilen hängt vom Bewusstsein ab, aber (b) ihre *Wahrheit* hängt nicht vom Bewusstsein ab. ...
>
> Man sieht daraus, dass das Bewusstsein Wahrheit oder Falschheit nicht *erschafft*. Es bringt Urteile und Meinungen hervor; aber wenn es sie einmal hervorgebracht hat, kann das Bewusstsein sie nicht wahr oder falsch machen, außer in den Fällen, wo es um zukünftige Ereignisse geht, deren Eintreten in der Macht der urteilenden Person steht, etwa wenn es darum geht, einen Zug noch zu erreichen. Was eine Meinung wahr macht, ist eine *Tatsache*, und diese Tatsache hat (außer in Ausnahmefällen) nichts mit dem Bewusstsein der Person zu tun, die diese Meinung hat.[170]

- ***Die Notwendigkeit, zwischen objektiven Tatsachen und subjektiven Gefühlen zu unterscheiden***

Die Temperatur eines Raumes ist eine objektive Tatsache. Man kann sie mit einem Thermometer messen. Sie ist für jede Person, die sich in diesem Raum befindet, dieselbe, ungeachtet dessen, was diese empfindet.

Eine Raumtemperatur von 5 °C kann einem warm vorkommen, wenn man von draußen kommt, wo die Temperatur -20 °C beträgt. Gleichzeitig würde sie einer Person, die den Raum aus einer Außentemperatur von +40 °C betritt, kalt vorkommen. Die unterschiedliche Art und Weise, wie Menschen Temperatur empfinden, ist eine subjektive Sache. Sie ändert nichts an der objektiven Wahrheit der Aussage, dass die Raumtemperatur 5 °C beträgt.

170 *Probleme der Philosophie,* 114–115

Wenn ich andererseits sage: „Mir ist kalt", bezieht sich diese Aussage auf eine objektive Sachlage – meinen Zustand des Frierens. Wenn ich also wirklich friere, ist meine Aussage wahr, da sie mit dem korrespondiert, was ich tatsächlich empfinde. Wenn mir jedoch nicht tatsächlich kalt ist, ich aber das Gegenteil sage, korrespondiert meine Aussage nicht mit der wirklichen Sachlage und ist somit falsch.

Jemand empfiehlt seinem Freund ein Medikament und sagt, es wirke gut gegen Arthritis, und sein Freund antwortet: „Das mag auf dich zutreffen, aber auf mich nicht: Ich habe Arthritis, und das Medikament hat bei mir nicht gewirkt." Was können wir daraus ableiten? Sollten wir annehmen, dass es so etwas wie eine objektive Wahrheit nicht gibt? Dass alle Wahrheit relativ ist und dass das, was für einige Leute wahr ist, für andere eben nicht wahr ist? Nein. Der Fehler hier lag in der ursprünglichen Aussage: „Dieses Medikament wirkt gut gegen Arthritis." Diese war nicht ganz exakt und daher streng genommen auch nicht ganz wahr, weil sie nicht mit den Tatsachen korrespondiert. Sie hätte eigentlich lauten sollen: „Dieses Medikament wirkt gut bei einigen Formen von Arthritis, aber nicht bei allen." Dann hätte sie mit den Tatsachen korrespondiert.

• *Ein Einwand gegen die Korrespondenztheorie*

Die Korrespondenztheorie wurde von dem britischen Philosophen P. F. Strawson (1919–2006) in einem berühmten Austausch mit J. L. Austin (1911–60) kritisiert.[171] Strawson verstand die Korrespondenztheorie richtigerweise so, dass sie zwei wichtige Dinge impliziert:

1. Tatsachen sind tatsächliche Dinge, die vor und unabhängig von jeder Aussage existieren, die über sie getroffen wird; und

2. Aussagen, die über diese Tatsachen gemacht werden, sind in dem Maße wahr oder falsch, wie sie den Tatsachen entsprechen.

Aber Strawson war der Meinung, dass diese Theorie falsch sein muss, denn nach ihm haben wir niemals Zugang zu den reinen Tatsachen selbst. Der einzige Weg, wie wir etwas über Tatsachen wissen könnten, sei, indem wir Aussagen über sie machen. Alles, was wir hätten, seien Aussagen über diese

171 Austin et al., *Truth*

Tatsachen – unsere eigenen oder die anderer Leute. Alles, was wir daher tun könnten, sei, eine Aussage über Tatsachen mit einer anderen Aussage über Tatsachen zu vergleichen.

Eine ähnliche Ansicht vertrat auch L. J. J. Wittgenstein (1889–1951), der in seiner frühen Schaffenszeit ein Vertreter der Korrespondenztheorie gewesen war, sich aber später davon abwandte. Er wandte ein, dass wir, wenn wir versuchten, die Wahrheit unseres Urteils über eine Tatsache anhand dieser Tatsache selbst zu überprüfen, nur unser erstes Urteil mit irgendeinem *zweiten* Urteil vergleichen können, nicht aber mit „der Tatsache selbst" unabhängig von jedem menschlichen Urteil.

Aber wer dies behauptet, leugnet damit praktisch, dass wir überhaupt irgendwelches objektiv wahres Wissen über die Außenwelt haben können – und dieses Leugnen ist falsch. Über viele Jahrhunderte hinweg glaubten die Menschen, die Sonne drehe sich um die Erde. Später glaubten die Menschen etwas anderes und sagten, die Erde drehe sich um die Sonne. Moderne Astromomen bestehen darauf, dass die frühere Aussage falsch ist, die zweite aber wahr. Aber kann über die zweite Aussage wirklich geurteilt werden, sie sei wahrer als die erste – es sei denn, wir hätten Zugang zu den Tatsachen und könnten so die Wahrheit der Aussagen abwägen, indem wir beobachteten, wie gut (oder schlecht) sie mit den Fakten korrespondieren?

Der Philosoph John R. Searle bringt gegen Wittgensteins und Strawsons Ansichten den Einwand vor[172], dass Tatsachen nicht linguistische Einheiten sind, „weil der ganze Witz des Begriffs ‚Tatsache' darin liegt, einen Begriff für das zu haben, was außerhalb der Aussage besteht, sie aber wahr macht oder dank dessen sie wahr ist, wenn sie wahr ist"[173]. Zusammenfassend sagt Searle:

> Die Zuweisung von „wahr" an Aussagen ist nicht willkürlich. Im Allgemeinen sind Aussagen wahr dank der Bedingungen in der Welt, die nicht Teile der Aussage sind. Aussagen werden durch die Art und Weise wahr gemacht, wie die Dinge in der Welt sind, die von der Aussage unabhängig ist. Wir benötigen allgemeine Ausdrücke, um diese wie-die-Dinge-in-der-Welt-sind zu bezeichnen, und „Tatsache" ist ein solcher Terminus. Andere sind „Situation" und „Sachverhalt".[174]

172 *Die Konstruktion der gesellschaftlichen Wirklichkeit,* Kap. 9
173 *Die Konstruktion der gesellschaftlichen Wirklichkeit,* 219
174 *Die Konstruktion der gesellschaftlichen Wirklichkeit,* 228

Wir können sehen, wie stark Searles Aussage ist, wenn wir z. B. darüber nachdenken, dass die Erde bereits ein Planet war, der die Sonne umkreiste, bevor irgendjemand darüber eine Aussage treffen konnte. Tatsachen sind unabhängig von den Aussagen, die über sie getroffen werden.

- *Das subjektive Element bei der Erkenntnis der Wahrheit*

Dass wir das Wissen, das wir gewinnen, interpretieren müssen und dass unser Wissen begrenzt ist, heißt nicht, dass es keine objektive Wahrheit gibt, die wir erforschen können. Allein die Tatsache, dass Wissenschaftler ständig weiter versuchen, zu einem immer größeren und genaueren Verständnis der Wirklichkeit zu kommen, zeigt, dass sie zumindest die Korrespondenztheorie der Wahrheit voraussetzen, nämlich dass es eine objektive Wirklichkeit gibt, die uns einlädt, sie immer besser zu verstehen.

Die Kohärenztheorie der Wahrheit

Die vielleicht am meisten verbreitete Alternative zur *Korrespondenztheorie* der Wahrheit ist die *Kohärenztheorie* der Wahrheit. Spinoza, Leibniz, Hegel und der britische Philosoph F. H. Bradley (1846–1924) vertraten jeweils unterschiedliche Versionen davon. In dieser Theorie ist das Kriterium der Wahrheit nicht, ob eine Aussage, Proposition oder Überzeugung mit einer *äußeren Realität korrespondiert*; es geht dabei einfach darum, ob diese Aussage, Proposition oder Überzeugung mit allen anderen Aussagen, Propositionen oder Überzeugungen *innerhalb des Systems*, zu dem es gehört, *kohärent* ist, d. h. in einem Zusammenhang steht und nicht in einem Widerspruch dazu. Sie muss stimmig sein.

> *Eine inkohärente Erzählung ist offensichtlich nicht wahr.*

Das Denksystem, bei dem das *Kohärenzprinzip* am offensichtlichsten gilt, ist die Mathematik. Ein mathematischer Satz wird dann als wahr betrachtet, wenn er mit den Axiomen und anderen Sätzen in seinem besonderen System kohärent ist. Mit anderen Worten: Um wahr zu sein, muss eine mathematische Theorie innerlich kohärent sein.

Ähnlich ist es auch bei vielen systematischen Theologen: Sie schätzen die Wahrheit eines vorgeschlagenen Lehrsatzes anhand seiner Kohärenz mit den akzeptierten Axiomen ihres Systems ein – ist er damit kohärent, ist er wahr, wenn nicht, ist er falsch.

Desgleichen wird vor Gericht ein Richter als Erstes die Aussage eines Zeugen oder Angeklagten dahingehend überprüfen, ob die Aussage kohärent ist. Wenn der Angeklagte zu Beginn seiner Aussage sagt, er sei zum Zeitpunkt des Mordes in Tokio gewesen, später aber sagt, er sei in Schanghai gewesen, ist seine Aussage inkohärent und wird so nicht akzeptiert werden.

Kohärenz ist auch ein Kriterium, das viele Historiker verwenden, um die Gültigkeit von unterschiedlichen Berichten über vergangene Ereignisse zu bewerten. Eine inkohärente Erzählung ist offensichtlich nicht wahr.[175]

- *Eine Bewertung der Kohärenztheorie*

Es ist also klar, dass Kohärenz ein Negativtest für Wahrheit ist: Wenn eine Aussage inkohärent ist, kann sie nicht wahr sein. Kohärenz ist daher eine notwendige Bedingung: Alle Aussagen müssen diesen Test bestehen, wenn sie als wahr gelten sollen. Aber während diese Bedingung eine *notwendige* Bedingung ist, ist sie allein keine *ausreichende* Bedingung für Wahrheit.

Russell sagt, dass es zwei Hauptgründe gibt, weshalb die Kohärenztheorie als ausreichende Bedingung für Wahrheit abzulehnen ist. Erstens seien zwei innerlich kohärente Theorien oder Geschichten denkbar, die sich dennoch gegenseitig widersprächen.

Geschichte Nr. 1: Das ganze Leben ist ein Traum, und alle Menschen und Objekte, die wir wahrnehmen, sind Traumobjekte ohne reale Existenz. Eine solche Geschichte könnte als in sich kohärent präsentiert werden.

Geschichte Nr. 2: Ebenso innerlich kohärent wie Geschichte Nr. 1 – reale Menschen und reale Objekte existieren in einer realen Welt.

Diese zwei Geschichten sind zwar beide in sich kohärent, widersprechen sich aber gegenseitig. Sie können nicht beide wahr sein – und im Übrigen wissen wir, welche nicht wahr ist!

Ebenso können Mathematiker zwar darauf beharren, dass jede Theorie in sich kohärent sein muss, aber die mathematische Vorstellungskraft kann unzählige innerlich kohärente Systeme konstruieren, die jedoch nicht miteinander vereinbar wären. Dies kann in der Mathematik durchaus passieren, weil ihre theoretischen Systeme nicht unbedingt immer der Realität entsprechen.

Dasselbe geschieht in der erzählenden Literatur: Man kann zwei Romane über denselben Helden schreiben und jeder Roman ist zwar in sich

175 Jedoch kann es sein, dass, wenn zwei oder drei vorgeblich voneinander unabhängige Zeugen Wort für Wort exakt dasselbe über ein Ereignis berichten, man vermuten könnte, dass sie sich im Geheimen abgesprochen haben.

kohärent, widerspricht aber völlig dem anderen Roman. Das ist möglich, weil es sich um Fiktion handelt, aber es zeigt, dass innere Kohärenz nicht ausreicht, um die Frage nach der Wahrheit zu klären.

Das zweite Problem bei der Kohärenztheorie ist logischer Art. Um innerlich kohärent zu sein, muss eine Theorie oder Geschichte das Logikgesetz der Widerspruchsfreiheit beachten: Man kann in einer Theorie oder Geschichte keine zwei widersprüchlichen Aussagen über dieselbe Sache präsentieren. Ein Historiker kann zum Beispiel nicht in ein und demselben Buch sagen, Napoleon habe die Schlacht von Waterloo gewonnen und er habe die Schlacht von Waterloo verloren.

Wir müssen also fragen: Welche Bedeutung hat dieses Logikgesetz? Trifft es nur auf eine bestimmte Geschichte zu oder gilt es für alles im ganzen Universum und ist auf alles anwendbar?

Nehmen wir mal an, es ist gültig und universell anwendbar. Dann existiert es offenbar unabhängig von jeder einzelnen Geschichte und liegt nicht in, sondern außerhalb jeder Geschichte. Das heißt: Um wahr zu sein, muss jede Geschichte einem *äußeren* Gesetz oder einem äußeren Maßstab der Wahrheit entsprechen, und dieses Prinzip scheint stark der Korrespondenztheorie der Wahrheit zu ähneln.

Aber nehmen wir nur einmal an, dass dieses äußere logische Gesetz der Widerspruchsfreiheit weder im Fall einer bestimmten Geschichte noch im Fall irgendeiner anderen Geschichte im Universum gültig ist. Dann wäre jede Geschichte mit jeder anderen Geschichte kohärent, ungeachtet der Widersprüche und Unstimmigkeiten zwischen diesen Geschichten. In diesem Fall könnten die beiden Aussagen „Ich bin Millionär" und „Ich bin völlig bankrott" als gegenseitig kohärent betrachtet werden, und weil sie kohärent sind, auch gleichzeitig als wahr. Aber das ist offensichtlicher Unsinn, und es zwingt uns zu dem Schluss, dass die innere Kohärenz jeder Geschichte, wenn sie ein gültiges Kriterium für Wahrheit sein soll, sich dem äußeren Gesetz der Wahrheit unterordnen muss: dem Prinzip der Widerspruchsfreiheit. Aus Sicht der Korrespondenztheorie der Wahrheit nimmt die Kohärenztheorie ein markantes Merkmal der Wahrheit heraus und erhebt es fälschlicherweise zu einer Definition von Wahrheit. Dasselbe gilt für eine Reihe von weiteren Wahrheitstheorien, einschließlich der nächsten, die wir nun betrachten werden.

Aus Sicht der Korrespondenztheorie der Wahrheit nimmt die Kohärenztheorie ein markantes Merkmal der Wahrheit heraus und erhebt es fälschlicherweise zu einer Definition von Wahrheit.

Die pragmatische Theorie der Wahrheit

Diese Theorie wird mit den Namen der amerikanischen Philosophen Charles Sanders Peirce (1839–1914), William James (1842–1910) und John Dewey (1859–1952) in Verbindung gebracht. Wie auch bei anderen Philosophen einer Richtung lehrten sie nicht alle das Gleiche, aber im Wesentlichen glauben die drei, dass wahre Überzeugungen so definiert werden können, dass sie Handlungen auslösen, die zu wünschenswerten oder erfolgreichen Ergebnissen führen. Nun werden wir wahrscheinlich alle zustimmen, dass wahre Überzeugungen eine gute Handlungsgrundlage sind, doch – wie Russell und andere aufgezeigt haben – wissen wir alle, dass Handlungen, die auf wahren Überzeugungen basieren, manchmal auch zu katastrophalen Ergebnissen führen können, während Handlungen, die auf falschen Überzeugungen basieren, manchmal auch zu guten Ergebnissen führen können. Ein Mann, der durch eine einsame Gegend fährt, sieht ein Haus, das vermeintlich in Flammen steht. In dem Glauben, das Haus brenne, hält er an, um nachzusehen, und entdeckt, dass es sich nur um ein harmloses Feuer handelt, mit dem Abfall verbrannt wird. Allerdings findet er eine Frau, die aufgrund eines Sturzes bewusstlos neben dem Feuer liegt, und kann sie zum Krankenhaus bringen und so ihr Leben retten. Seine ursprüngliche Einschätzung war falsch, führte aber zu einem guten Ergebnis.

Andererseits kann ein Mann von Bord eines Schiffes gehen, weil er fest davon überzeugt ist, es werde sinken, und versuchen, ans Ufer zu schwimmen, und dabei in der starken Strömung ertrinken. Wäre er aber an Bord geblieben, wäre er von einem anderen Schiff, das zufällig vorbeikam, gerettet worden, kurz bevor das erste Schiff sank. In diesem Fall war zwar die Überzeugung des Mannes richtig, die Folgen jedoch waren fatal.

Wenn nun Überzeugungen dann als wahr gelten sollen, wenn sie zu guten Ergebnissen führen, und als falsch, wenn sie zu schlechten Ergebnissen führen, müssen wir darauf schließen, dass im ersten Beispiel eine ursprünglich falsche Überzeugung (dass ein Haus in Flammen steht – obwohl dem nicht so war) letztendlich wahr war und dass im zweiten Beispiel (dass das Schiff sinken wird – was es auch wirklich tat) eine wahre Überzeugung doch falsch war. Aber das ist Unsinn, und es zeigt, dass die pragmatische Theorie der Wahrheit unzulänglich ist. In der Vergangenheit haben einfache chirurgische Techniken manchmal Leben gerettet und manchmal den Tod beschleunigt. Heute garantieren auch die besten und modernsten chirurgischen Techniken nicht in jedem Fall den Erfolg. Würden ständig schlechte Ergebnisse erzielt, würde dies den Chirurgen als Motivation dienen, bessere Techniken zu entwickeln. Aber Erfolg oder Scheitern zum absoluten und unveränderlichen Kriterium für Wahrheit zu machen, ist falsch. So mancher Kriminelle hat sich aus seiner Sicht erfolgreich durch eine auf überzeugenden Lügen basierenden Verteidigung der Justiz entzogen.

Abschließend ist anzumerken, dass schon häufig darauf hingewiesen wurde, dass die Korrespondenztheorie der Wahrheit allen anderen Theorien überlegen ist, und zwar aus dem einfachen Grund, dass diese alle von der Korrespondenztheorie abhängig sind, selbst wenn sie versuchen, sie zu leugnen. Denn wenn man sagt: „Diese Theorie der Wahrheit ist wahr", heißt dies, dass sie mit der Wahrheit über die Wahrheit korrespondiert.

Fragen bleiben offen

Wenn wir nun ein paar der Gründe untersucht haben, weshalb manche Leute negativ auf die Idee einer objektiven Wahrheit reagieren, und auch einige der Folgen, die es haben kann, wenn man sie ablehnt, und versucht haben zu verstehen, wie Wahrheit von jenen definiert wird, die verschiedene Theorien darüber vertreten, gibt es immer noch weitere Themen, auf die wir eingehen müssen, wenn wir die Natur der Wahrheit betrachten. Welche Sicht auch immer die unsere ist: Wir alle haben mit verschiedenen Ebenen und sogar Arten von Wahrheit zurechtzukommen. Die Frage, wie bestimmte Wahrheiten mit der letzten Wahrheit in Verbindung stehen, kommt in unserer Erfahrung so häufig vor, dass wir vielleicht schon gar nicht mehr darüber nachdenken. Aber jetzt müssen wir überlegen, wie sich diese Frage stellt – in jedem Lebensbereich, aber besonders in Zusammenhang mit der Wahrheit über die Geschichte der Menschheit.

6

EINZELNE WAHRHEITEN UND DIE LETZTE WAHRHEIT

Diejenigen, die ernsthaft nach der Wahrheit fragen, werden merken, dass sie – egal, wie niedrig die Ebene ist, auf der sie beginnen – als logische Konsequenz daraus auch nicht der Frage werden widerstehen können, was die letzte Wahrheit über alles ist.

WAHRHEIT AUF VERSCHIEDENEN EBENEN

Die Erfahrung des Lebens lehrt uns schon früh, dass die Wahrheit über Dinge auf verschiedenen Ebenen zu finden ist. Nehmen wir als einfaches Beispiel noch einmal das Wasser.

Ebene 1: Auf dieser Ebene ist es wahr, wenn man sagt, dass Wasser als Flüssigkeit, Gas (Dampf) und fester Stoff (Eis) existieren kann. Aber sogar auf dieser Ebene trifft die Wahrheit, dass Wasser nass ist, nicht gleichermaßen auf alle drei möglichen Formen zu: Dampf ist trocken und unsichtbar, bis er sich mit Luft vermischt.

Ebene 2: Auf der Ebene der Elemente, aus denen Wasser besteht, ist die Wahrheit, dass Wasser aus zwei Gasen besteht: Wasserstoff und Sauerstoff. Aber keines dieser Gase ist nass. Wenn wir also die Wahrheit über die Eigenschaften von Wasser auf der ersten Ebene betrachten wollen, müssen wir die Wahrheiten über Wasser auf der zweiten Ebene „hinter uns lassen", wie wahr sie auf dieser Ebene auch sein mögen.

Ebene 3: Auf der atomaren und subatomaren Ebene bestehen die beiden Elemente (so wie alle Elemente) aus Atomen und Teilchen, und die charakteristische Wahrheit über sie wäre die besondere Auswahl und die Relationen ihrer Teilchenkomponenten.

Nun sind diese Fakten über Wasser zwar alle jeweils wahr, aber wenn wir über Wasser *als* Wasser nachdenken wollen, müssen wir uns jeweils auf die Wahrheit konzentrieren, die insbesondere zu dieser Ebene gehört.

Aber die Wahrheit über Wasser erschöpft sich nicht mit dem Bericht über seine Bestandteile: Wir müssen auch berücksichtigen, welchen Zweck und welche Funktionen es im Verhältnis zum Gesamtsystem der Erde hat. Es hat mehrere solcher Funktionen; aber da Wasser auf der Erde eine Substanz ist, ohne die das Leben (so, wie wir es kennen) unmöglich wäre, versucht die moderne Wissenschaft verständlicherweise herauszufinden, ob Wasser ausschließlich auf unserer Erde oder auch auf anderen Planeten im Sonnensystem existiert – oder vielleicht sogar auch auf irgendwelchen weiteren Planeten, die möglicherweise Sonnen anderswo im Universum umkreisen. Doch sobald wir anfangen, nach Zweck und Funktion von Wasser im Universum als Ganzes zu fragen, wird es nicht lange dauern, bis wir uns fragen, was die Wahrheit über den Ursprung, den Zweck und die Funktion des Universums selbst ist. Das ist das Wesen der Wahrheit. Diejenigen, die ernsthaft nach der Wahrheit fragen, werden merken, dass sie – egal, wie niedrig die Ebene ist, auf der sie beginnen – als logische Konsequenz daraus auch nicht der Frage werden widerstehen können, was die letzte Wahrheit über alles ist.

Das stimmt besonders dann, wenn wir anfangen, die Frage nach uns selbst als Menschen zu stellen. Auf einer Ebene ist es wahr, dass wir aus dem Staub der Erde geschaffen sind; und wenn moderne Kosmologen mit ihrer Aussage recht haben, dass die schweren Elemente, die für das Leben auf der Erde nötig sind, in der Explosion von Supernovä entstanden sind, dann bestehen wir aus Sternenstaub. Auf einer höheren Ebene ist es wahr, dass wir aus Atomen, Molekülen, Genen und Zellen bestehen. Aber das ist bei Pflanzen auch der Fall, und auf einer weiteren Ebene der Wahrheit sind wir weit mehr als Pflanzen.

Auf dieser höheren Ebene können wir unseren Magen, unsere Leber, unsere Nieren, unsere Lunge, unser Herz, unsere Gliedmaßen, unseren Kopf, unsere Zunge, unsere Augen, unser Gehirn und sogar unsere Intelligenz betrachten, die wir mit höher entwickelten Tieren gemein haben. Doch auch wenn wir einige Merkmale teilen, gibt es doch bedeutende Unterschiede. Eine menschliche Hand unterscheidet sich sehr von der Klaue eines Tieres. Die Wahrheit ist, dass ein Mensch nicht einfach nur ein höheres Tier ist.

Auf einer noch höheren Ebene gibt es eine Sache, die Menschen auf einzigartige Weise von Tieren abhebt: Menschen besitzen einen Geist, der die Gesetze, nach denen das Universum funktioniert, erforschen und verstehen kann, auch wenn es keinen Beweis dafür gibt, dass das Universum selbst (die Sterne, die Galaxien etc.) versteht, wie es funktioniert. Doch noch mehr als das: Der menschliche Geist kann das Universum transzendieren und fragen, wie es seinen Anfang nahm, wo seine Gesetze herkommen, was sein Zweck ist, wie es enden wird. Und außerdem weiß der menschliche Geist instinktiv, dass er geistloser Materie – wie gewaltig diese Masse auch sein mag – grenzenlos überlegen ist.

Wenn wir daher nach der Wahrheit über uns Menschen fragen, wäre es irrational, uns nur auf die Wahrheit auf einer oder zwei der unteren Ebenen zu beschränken. Die Wahrhaftigkeit selbst verlangt von uns, danach zu fragen, was die Wahrheit über die Menschheit auf der höchsten Ebene ist: unsere Beziehung zum Universum als Ganzes – und was hinter dem bzw. jenseits des Universums liegt. Mit anderen Worten: Was ist die letzte Wahrheit?

Verschiedene Arten von Wahrheit?

Unsere Lebenserfahrung scheint uns auch zu lehren, dass Wahrheit nicht nur auf verschiedenen *Ebenen* gesucht werden muss, sondern dass es verschiedene *Arten* von Wahrheit gibt. Man spricht von faktischer Wahrheit, wissenschaftlicher Wahrheit, poetischer Wahrheit, mathematischer Wahrheit, philosophischer Wahrheit, moralischer Wahrheit, existenzieller Wahrheit usw. Zumindest aus praktischer Sicht sind diese Unterscheidungen hilfreich.

Wir müssen hier jedoch vorsichtig vorgehen. C. S. Lewis argumentierte[176], der Unterschied zwischen sogenannter faktischer, wissenschaftlicher und poetischer Wahrheit sei in Wirklichkeit eher eine Frage von verschiedenen Formen der Sprache, mit der dieselbe Grundwahrheit beschrieben werde. Er zitierte drei Sätze, von denen jeder dasselbe Phänomen beschreibt – eisige Kälte –, aber jedes Mal in einem anderen Sprachstil:

1. Es ist sehr kalt.
2. Es ist dreizehn Grad Kälte.
3. Huh! Es ist bitter kalt,
   Ihr Federkleid selbst schützt die Eule nicht,
   Frostzitternd springt der Hase durch den Wald,
   Das Vieh drängt sich im Stalle, schweigend, dicht.
   Steif sind des Bruders Finger ...[177]

Dann bezeichnet er den ersten Satz als „Umgangssprache“, den zweiten als „wissenschaftliche Sprache“ und den dritten als „dichterische Sprache“. Der erste Satz ziele darauf ab, die Information, dass es sehr kalt ist, in einer gewöhnlichen, alltäglichen faktischen Sprache zu übermitteln. Der zweite ziele darauf ab, die Information über die Kälte mit präzisen, wissenschaftlich messbaren Begriffen zu übermitteln. Der dritte habe die Absicht, unserer Einbildungskraft eine Vorstellung davon zu übermitteln, wie kalt es ist, indem er die Auswirkungen auf Vögel, Tiere und Menschen beschreibe. Aber die übermittelte Wahrheit – nämlich dass es sehr kalt ist –, sei in allen drei

176 *Die Sprache des Glaubens*, in *Gedankengänge*, 1986, Basel: Brunnen, S. 169
177 Lewis zitiert hier John Keats, *The Eve of St Agnes*, I, 1–5 (Deutsch von M. Gothein).

Sätzen dieselbe. Im Folgenden wies Lewis darauf hin, dass es Ideen und Konzepte gibt, die vielleicht nur die poetische Sprache, die die Vorstellungskraft anspricht, übermitteln kann, die aber dennoch wahr sind.

Wir könnten Lewis' Argument lange diskutieren, aber darum geht es uns hier nicht. Im Alltag können wir sofort den Unterschied erkennen zwischen beispielsweise einer notwendigen, universellen Wahrheit, die uns die Mathematik liefert (wie z. B. 5 x 5 = 25), und einer existenziellen Wahrheit, die durch lange Erfahrung über viele Generationen hinweg festgestellt und in traditioneller sprichwörtlicher Form ausgedrückt wurde, wie „Hochmut kommt vor dem Fall". Das Interessante, wenn wir über diese verschiedenen Ausprägungen von Wahrheit (wissenschaftliche Wahrheit, poetische Wahrheit, moralische Wahrheit etc.) sprechen, ist, dass das Wort „Wahrheit" das konstante Element ist, das alle diese Varianten gemein haben. Das weist sicherlich darauf hin, dass es ein grundlegendes Verständnis der Idee und des Konzepts der Wahrheit gibt, das alle diese verschiedenen Bereiche der menschlichen Erfahrung und Erkenntnis umfasst, auch wenn es nicht auf einen von ihnen beschränkt werden kann. Christen zumindest würden dies bestätigen und sagen: „Alle Wahrheit ist Gottes Wahrheit", was bedeuten soll, dass jede Wahrheit, auf jeder Ebene, ihren letzten Ursprung im Schöpfer hat.

> *Das Interessante, wenn wir über diese verschiedenen Varianten von Wahrheit (wissenschaftliche Wahrheit, poetische Wahrheit, moralische Wahrheit etc.) sprechen, ist, dass das Wort „Wahrheit" das konstante Element ist, das alle diese Varianten gemein haben.*

Historische Wahrheiten

Es versteht sich von selbst, dass wir zahlreiche unbestreitbare historische Fakten kennen, und wenn wir uns dazu entscheiden, diese Fakten als „historische Wahrheiten" zu bezeichnen, gibt es nichts, was dagegenspricht. So reden wir nun einmal. Wir sagen zum Beispiel landläufig: „Es ist wahr, dass Alexander der Große die Perser besiegte und seine Truppen nach Indien führte", oder: „Es ist wahr, dass der norwegische Forscher Roald Amundsen (1872–1928) der erste Mensch war, der den Südpol erreichte" (im Jahr 1911), oder dass Juri Gagarin der erste Mann war, der einen bemannten Weltraumflug durchführte (1961).

Aber zusätzlich zu den zahlreichen wahren Fakten über die Vergangenheit können wir auch zu Recht über historische Wahrheiten im Sinne von Lektionen sprechen, die wir aus dem Studium der Geschichte lernen können. Wissen über die Vergangenheit, über Denkbewegungen, über politische Entwicklungen, über vorausgegangene nationale und internationale Auseinandersetzungen kann uns helfen, die gegenwärtigen Zustände und Standpunkte zu verstehen, die heute verbreitet sind. Ein Bewusstsein für verständliche, aber überzogene Reaktionen auf ein Extrem in der Vergangenheit kann uns helfen, die Gründe für die bedauernswerte Tendenz der Gesellschaft heute zu verstehen, in ein gegensätzliches Extrem zu verfallen.

Zweitens können Historiker auf die Folgen verschiedener Entwicklungen in der Vergangenheit hinweisen und uns so davor warnen, die gleichen Fehler in der Zukunft zu begehen. Auf Grundlage dieses Wissens über die Vergangenheit können sie sogar Vermutungen äußern, welche Auswirkungen die heutige Politik in Zukunft haben könnte, auch wenn sich die Vergangenheit nie genau gleich wiederholt und die Interpretationen der Vergangenheit durch Historiker später oft durch andere Historiker modifiziert werden.

Aber in diesem Zusammenhang müssen wir unterscheiden zwischen tatsächlicher Geschichte und dem, was man als „Historizismus" bezeichnen kann.

HISTORIZISMUS UND DIE WAHRHEIT ÜBER ALLES

Es ist bekannt, dass manche Physiker und Kosmologen hoffen, eines Tages eine „Weltformel" zu finden bzw. eine „Theorie von allem" formulieren zu können – das heißt eine einheitliche Theorie, die beschreibt, wie das ganze Universum als einheitliches Ganzes funktioniert. Das ist ein ambitioniertes Unterfangen. Doch auch wenn eine solche Theorie vielleicht erklären könnte, wie das ganze Universum funktioniert, und möglicherweise sogar auch, wie es angefangen hat, gibt es etwas, was diese Theorie per Definition niemals erklären könnte, allein durch die Erforschung des Universums selbst. Sie wird niemals erklären, warum das Universum eigentlich da ist, das heißt, warum es überhaupt etwas gibt und nicht nichts. Was noch wichtiger ist: Sie wird niemals erklären können, was der Zweck des Universums ist. Um den Zweck der Existenz des Universums zu erfahren, müsste man über das Universum selbst hinausblicken oder zumindest die notwendigen Informationen von einer Quelle außerhalb des Universums erhalten. Veranschaulicht werden kann dies mit einem einfachen Beispiel: Wenn jemand einen Kuchen backt, könnten uns Experten aus verschiedenen Fachgebieten alle etwas darüber sagen, aber keiner könnte uns allein durch die Untersuchung des Kuchens den Zweck sagen, für den der Kuchen gemacht wurde. Dafür müssten wir die Person fragen, die ihn gebacken hat.[178]

Dasselbe trifft auf die Geschichte zu, das heißt die Geschichte der Menschheit. Wenn wir das Universum und die Geschichte der Menschheit als eine geschlossene, sich selbst genügende Einheit betrachten und versuchen, die Wahrheit über die menschliche Geschichte nur durch das Studium dieser Geschichte ohne weitere Informationen von außen herauszufinden, werden wir zwangsläufig scheitern.

Es gibt einige offensichtliche Gründe, warum dies so ist. Erstens: Wenn Geschichte als das definiert wird, was seit Anbeginn der Welt jeder, der jemals gelebt hat, gedacht, gesagt, getan und erlebt hat, dann ist das, was wir über Geschichte wissen, verschwindend gering. Wie könnten wir die Wahrheit über die bisherige Geschichte der Menschheit entdecken, wenn wir nur so einen winzigen Teil davon erforschen können?

Der zweite offensichtliche Grund ist noch zwingender: Die Geschichte der Menschheit ist noch nicht beendet, und wir können nicht sagen, wie sie enden wird, wenn wir nur die menschliche Geschichte bis jetzt betrachten. Wir sind dem Fluss ja nicht seit seiner Quelle gefolgt. Und niemand hat ihn bereits bis zum Ende begleitet. Wie könnten wir – die wir hier und jetzt leben – allein durch die Betrachtung der Geschichte bis jetzt mit Sicherheit vorhersagen, wie und wann und wo sie enden wird, geschweige denn, was der Zweck und das Ziel der Geschichte als Ganzes ist?

Der sehnliche Wunsch, die ganze Geschichte zu kennen

Es ist ganz natürlich, dass wir versuchen, in der Geschichte irgendwelche erkennbaren Gesetze zu entdecken, die uns zumindest ein paar Informationen über die Entwicklung der Zukunft liefern können, damit das Leben nicht länger eine sinnlose Reise auf ein unbekanntes Ziel hin ist. Manche Philosophen haben es sogar als die eigentliche Aufgabe der Philosophie betrachtet, den Zweck des Universums herauszufinden.

Der britische Philosoph C. E. M. Joad (1891–1953) schrieb:

> Die Aufgabe der Philosophie, so wie ich sie verstehe, ist der Versuch, die Natur des Universums als Ganzes zu verstehen – nicht nur einen besonderen Teil davon, wie es die Wissenschaften (bestimmte Bereiche

178 Siehe unsere weitere Diskussion des entsprechenden Prinzips, veranschaulicht durch die Geschichte von Tante Olgas Kuchen im Anhang *Was ist Wissenschaft?* und dem Abschnitt *Wie erklärt die Wissenschaft Dinge?*.

> davon) tun, sondern die ganze Trickkiste, zu dem die Moralgefühle des Puritaners, der Herdeninstinkt des Mannes auf der Straße, das religiöse Bewusstsein des Heiligen, die Freude des Künstlers an Ästhetik, die Geschichte der Menschheit und ihrer gegenwärtigen Dummheiten nicht weniger beitragen als die jüngsten Entdeckungen der Wissenschaften. Der Philosoph denkt über diese Fülle von Daten nach und versucht, sie zu interpretieren. Er sucht nach einem Hinweis, der ihn durch das Labyrinth führen kann, nach einem System, mit dem er alles einordnen kann, oder einem Zweck, der allem einen Sinn verleiht.[179]

Es bleibt jedoch folgende Frage: Könnte es möglich sein, Gesetze zu entdecken, die vielleicht die allgemeine Geschichte bis hierhin bestimmt haben, allein durch das Studium dessen, was wir von der Geschichte wissen?

Wir wissen natürlich einiges. Wir wissen, dass kein Reich, wie groß es auch war, von Dauer gewesen ist. Wir wissen, dass immer wieder in verschiedenen Teilen der Welt große Kulturen und Zivilisationen aufgestiegen sind - manchmal ohne erkennbaren Grund –, wie die großartige griechische Kultur im 5. Jahrhundert v. Chr. Manche dauerten Jahrtausende an, wie die des alten Ägyptens, manche auch nur eine vergleichsweise kurze Zeit, wie die gerade erwähnte Kultur Griechenlands. Am Ende sind alle verschwunden oder wurden von einer stärkeren Zivilisation geschluckt. Manche sind spurlos untergegangen, wie Indus- oder Harappa-Zivilisationen in Nordindien. Oder die große Minoer-Zivilisation in Kreta, die verschollen war, bis sie zu Beginn des letzten Jahrhunderts wiederentdeckt wurde.

Der Fortschritt von Wissenschaft und Technik in den letzten beiden Jahrhunderten und nun die erstaunlichen Fortschritte in der Informationstechnologie im letzten halben Jahrhundert bis heute haben gewiss in den Köpfen vieler Menschen den Eindruck erweckt, dass Fortschritt das Gesetz der Geschichte ist. Aber wenn wir einmal auf andere Lebensbereiche blicken, kann bezweifelt werden, ob dort überhaupt irgendein nennenswerter Fortschritt stattgefunden hat. Es gibt keine Hinweise darauf, dass unsere führenden Experten heute irgendwie intelligenter wären als ihre Pendants in der Antike, auch wenn sie weit mehr wissen als die Menschen zu jener Zeit. Und was die Moral betrifft, gibt es genügend Belege dafür, dass die moderne hoch

> *Es ist deutlich, dass nicht alle Bereiche des menschlichen Lebens von Fortschritt gekennzeichnet sind.*

179 *Book of Joad, 213*

industrialisierte Welt nicht besser (vielleicht sogar schlechter) ist als das alte Römische Reich in seinen dekadenten Jahren. Es ist deutlich, dass nicht alle Bereiche des menschlichen Lebens von Fortschritt gekennzeichnet sind.

Die Informationstechnologie und die Aktivitäten multinationaler Handelskonzerne führen immer schneller zu noch größerer Globalisierung. Im Westen mündete die industrielle Revolution im 20. Jahrhundert, dem bisher blutigsten in der Geschichte der Menschheit. Gibt es irgendein Gesetz in der Geschichte, das uns garantiert, dass Globalisierung zum Weltfrieden führen wird?

Aber wie könnten wir überhaupt wissen, was das letzte Ziel und die Bedeutung der Geschichte sind, wenn wir nur auf die *vergangene* Geschichte blicken? Die Geschichte – daran erinnert uns Shakespeare – ist wie ein Theaterstück, und wir Menschen haben unsere Auftritte und spielen eine Zeit lang unsere verschiedenen Rollen auf der Bühne. Dann treten wir wieder ab.[180] Aber wir sind nicht der Autor des Stückes, wir sind noch nicht einmal Zuschauer, die dem Stück von außen zusehen. Wir sind nur Schauspieler, und weil wir nur Schauspieler in dem Stück selbst sind, wissen wir nicht, wo genau wir im Schauspiel der Weltgeschichte stehen. Nur der Autor weiß dies, und nur der Autor weiß, wie und wann das Stück enden wird.

Und dann gibt es noch eine weitere Frage, und die betrifft nicht das ganze Stück, sondern uns selbst als einzelne Schauspieler. Wir wissen weder, wann genau wir am Ende von der Bühne abtreten werden, noch, wie lange das Stück noch weitergehen wird, wenn wir einmal gegangen sind. Daher haben wir eine noch dringendere Frage: Was ist die Wahrheit über den Zweck und das Ziel unseres Schicksals, über die Bedeutung unseres eigenen Lebens, sowohl im Verhältnis zum ganzen Stück als auch zu seinem Autor – wenn es ihn denn gibt? Wie könnten wir das überhaupt wissen, wenn wir nur auf diesen winzigen Teil der vergangenen Weltgeschichte blicken können, den wir zufällig kennen, oder wenn wir Vermutungen anstellen über den Teil der Geschichte, der noch nicht passiert ist? Nur jemand, der außerhalb dieser Geschichte steht und sehen könnte, wie sie begann und wie und wann sie enden wird, könnte uns dies sagen.

Nach der Bibel gibt es natürlich einen, der außerhalb und über der Geschichte steht und ihr Ende von Anfang an sieht. Im Alten Testament sagt er über sich selbst: „Gedenket des Früheren von der Urzeit her, dass ich Gott bin. Es gibt keinen sonst, keinen Gott gleich mir, der ich von Anfang an den Ausgang verkünde und von alters her, was noch nicht geschehen

180 Siehe Shakespeares *Wie es euch gefällt,* 2. Akt, 7. Szene, 11

ist“ (Jes 46,9-10). Und im Neuen Testament beschreibt er sich mit diesen Worten: „Ich bin das Alpha und das Omega, spricht der Herr, Gott, der ist und der war und der kommt, der Allmächtige“ (Offb 1,8). Sein Wort war das erste und wird das letzte in der menschlichen Geschichte sein. Er hat sie begonnen und er ist ihr Ziel. Er ist der eine, der sich selbst durch die Erschaffung des Universums offenbarte und manifestierte und ihm damit seine Bedeutung verlieh, und den vollen Sinn der Geschichte wird man erst dann erkennen können, wenn Gott als Ziel des Universums seine Absicht erfüllt, „alles zusammenzufassen in dem Christus, das, was in den Himmeln, und das, was auf der Erde ist – in ihm“ (Eph 1,10).

Aber das ist nichts, was wir an der Oberfläche der menschlichen Weltgeschichte erkennen können. Wir wissen diese Dinge – wenn wir sie überhaupt wissen –, weil Gott sie uns durch das Gesetz, die Propheten, die Apostel und vor allem durch Jesus Christus offenbart hat.

Es gab und gibt natürlich immer noch sehr viele, die die Bibel nicht als Gottes offenbarte Wahrheit akzeptieren; und manche von ihnen haben behauptet, durch ihre eigenen intellektuellen Fähigkeiten die Gesetze der Geschichte entdeckt zu haben. Auf Grundlage dieser vermeintlichen Gesetze haben sie dann behauptet, uns die Wahrheit über die bisherigen Entwicklungen der Geschichte erklären zu können und auch sichere Vorhersagen über die Zukunft machen zu können, wie sich die Geschichte zwangsläufig entwickeln wird. Ihre Theorien nennen wir im Unterschied zur Geschichte „Historizismus“. Historiker geben sich damit zufrieden, in begrenztem Rahmen Lektionen aus der Vergangenheit zu ziehen und nüchterne Vorhersagen darüber zu treffen, wohin uns moderne Trends in der nahen Zukunft schließlich führen könnten. Damit geben sich Historizisten nicht zufrieden. Sie behaupten, die Wahrheit über die gesamte Geschichte – Vergangenheit, Gegenwart und Zukunft – zu kennen.

Der Historizismus von Hegel und Marx

Die zwei bekanntesten Historizisten in relativ modernen Zeiten waren G. W. F. Hegel (1770–1831) und Karl Marx (1818–83). Anfang des 19. Jahrhunderts, insbesondere in den Jahren 1838 bis 1848, die auch als „außergewöhnliches Jahrzehnt“ bezeichnet wurden, war der Einfluss des Hegelianismus stark und weitreichend. Alexander Iwanowitsch Herzen (1812–70) berichtet über Hegels Werke:

> (Sie) wurden unablässig diskutiert; es gab keinen Abschnitt in den drei Teilen der *Logik*, in den zwei der *Ästhetik*, der *Enzyklopädie* usw.,

> der nicht Thema heftiger Streitigkeiten in den gemeinsamen Nächten war. Menschen, die sich eigentlich sehr verbunden waren, wichen einander plötzlich wochenlang aus, weil sie sich uneins über die Definition des „allumfassenden Geistes“ waren oder weil sie eine andere Meinung über die „absolute Persönlichkeit und ihre Existenz in sich selbst“ als persönliche Beleidigung empfanden.[181]

In einem Kommentar über die Beliebtheit des Hegelianismus zu jener Zeit schreibt Andrzej Walicki:

> Sowohl als Philosophie der Versöhnung als auch als Philosophie des Handelns war der russische Hegelianismus vor allem eine Philosophie der Re-Integration; eine Philosophie, die jungen Intellektuellen dabei half, ihr Gefühl der Entfremdung zu überwinden und Brücken zwischen ihren Idealen und der Wirklichkeit zu bauen.[182]

Und das ist leicht verständlich im Lichte von Hegels vorherrschender Idee, dass die gesamte Realität, das Universum und die Menschheit trotz ihrer offensichtlichen Unterschiede in Wirklichkeit ein verflochtenes Ganzes sind – oder dass zumindest die Gesetze der Geschichte alles unausweichlich auf diese endgültige Einheit hinbewegen.

Liest man Hegels Werk nur oberflächlich, könnte man den Eindruck gewinnen, dass Hegels Philosophie grob gesagt christlich war; aber wie N. O. Losskij beobachtete: „In seinem (Hegels) System ist Gott nicht der Schöpfer der Welt, und sein System ist kein Theismus, sondern Pantheismus.“[183]

• *Hegels grundlegende Prämisse*

Sein philosophisches Denken (im Unterschied zu seiner Geschichtstheorie) beginnt mit der Postulierung des reinen *Seins*, das ihm nach inhaltslos ist. Dass er das reine Sein als sein primäres Konzept postuliert, zeigt deutlich, dass er dabei nicht an das Sein Gottes denkt, das unendlich weit davon entfernt ist, inhaltslos zu sein. Aber von diesem Ansatz ausgehend, erläutert

181 *Byloe i dumy* (Seite 394 in der engl. Übersetzung von Garnett); siehe außerdem Bd. 2, Kap. 24 bzgl. der Rezeption von Hegel in Russland

182 Walicki, *Hegelianism, Russian*, 340

183 Lossky, *History of Russian Philosophy*, 23. Genauer die Bezeichnung „Panentheismus“

er in der Folge ein universelles Gesetz, das nach seiner Ansicht alles kontrolliert und leitet. Da das „Sein", wie er es sieht, inhaltslos sei und „inhaltslos" dasselbe wie „nichts" sei, setze sich der Anfang von Dingen aus „*Sein* und *Nichtsein*" zusammen! Daher, so behauptet er, beinhalte der Anfang der Dinge in sich einen Widerspruch – wie könnte „Sein" mit „Nichtsein" vereinbar sein? Dieser innere Konflikt löse sich durch das universelle Gesetz der Dialektik: Indem etwas „wird". Hegel schreibt dazu:

> Der Anfang enthält also beides, Sein und Nichts; ist die Einheit von Sein und Nichts, – oder ist Nichtsein, das zugleich Sein, und Sein, das zugleich Nichtsein ist.[184]

Wir stellen fest, dass Hegel sich nicht damit zufriedengibt zu sagen, der Anfang sei eine *Kombination* oder gar eine *Einheit* von „Sein" und „Nichtsein". Er betont, dass „Sein" ein „Nichtsein" ist und umgekehrt. Mit anderen Worten: Zwei Gegensätze werden nicht nur zusammengeführt, sie sind *identisch*. Aber das ist nicht nur Unsinn, es widerspricht auch der grundlegenden Logik. Losskij schreibt dazu:

> Nach der traditionellen formalen Logik ist alles den Gesetzen von der Identität, vom Widerspruch und vom ausgeschlossenem Dritten unterworfen, sodass gilt: „Jedes A ist ein A", und: „Nicht A kann nicht A sein." Hegel betrachtet eine solche Logik als Ausdruck rationalistischer Abstraktionen, die auf die konkrete Lebensrealität nicht anwendbar seien, in der hingegen alles widersprüchlich sei und „jedes A ein B ist", da die Gegenwart von Widersprüchen, Konflikten und Kämpfen zwischen gegensätzlichen Prinzipien das Sein zu Fortschritt und Entwicklung zwinge. ... Hegel betrachtet jede Veränderung als einen verkörperten Widerspruch. In Wahrheit jedoch ist jede Veränderung eine Kombination von Gegensätzen, aber nicht deren Übereinstimmung, d. h. deren Identität, die das Gesetz vom Widerspruch brechen würde.[185]

184 Hegel, *Wissenschaft der Logik*, 39
185 Lossky, *History of Russian Philosophy*, 346, 347

- *Hegels Philosophie der Freiheit*

Die Unplausibilität von Hegels Philosophie der Freiheit sieht man an der Art und Weise, wie er den Höhepunkt der geschichtlichen Entwicklung darstellt:

> *Die Weltgeschichte ist die Zucht von der Unbändigkeit des natürlichen Willens zum Allgemeinen und zur subjektiven Freiheit.* Der Orient wusste und weiß nur, dass *einer* frei ist, die griechische und römische Welt, dass *einige* frei seien, die germanische Welt weiß, dass *alle* frei sind. Die erste Form, die wir daher in der Weltgeschichte sehen, ist der *Despotismus*, die zweite ist die *Demokratie* und *Aristokratie*, und die dritte die *Monarchie*.[186]

Zu der Zeit, als Hegel die Monarchie in einer freien Gesellschaft als den großen Höhepunkt der politischen Weltgeschichte rühmte, lebte er unter der gerade reformierten preußischen Monarchie. Auch wenn er nicht ausdrücklich die reformierte preußische Monarchie mit dem in seinen Augen idealen Staat gleichsetzte, ist seine Beschreibung dieser Monarchie so ähnlich, dass Schopenhauer (1788–1860) ihm vorwarf, sich selbst an seinen Arbeitgeber zu verkaufen (Hegel war Professor an der nationalen Universität von Berlin); und nach seinem Tod erwogen seine Anhänger, die sogenannten Junghegelianer, dass er dem Kern seiner eigenen Philosophie untreu geworden sein könnte. Doch anscheinend betrachtete er die preußische Monarchie nicht als das letzte Wort in der politischen Geschichte, denn er hielt Amerika für den Ort, an dem die Zukunft der Welt lag, „in welchem sich … die weltgeschichtliche Wichtigkeit offenbaren soll“[187].

Andererseits behauptete Hegel, dass die Geschichte der Philosophie mit seinem eigenen Philosophiesystem sein finales Ziel und Ende erreicht hätte! Kenny fasst Hegels Position gut zusammen:

> In seinen *Vorlesungen über die Geschichte der Philosophie* stellt er frühere Philosophien so dar, als beugten diese sich eine nach der anderen einem dialektischen Fortschritt, der beständig in Richtung eines deutschen Idealismus marschiere. Eine neue Epoche sei nun angebrochen, sagt er uns, in der das begrenzte Selbstbewusstsein nicht

186 *Vorlesungen über die Philosophie der Geschichte*, 168–169
187 *Vorlesungen über die Philosophie der Geschichte*, 147

> länger begrenzt sei und das absolute Selbstbewusstsein Wirklichkeit erlangt habe. Die einzige Aufgabe der Geschichte der Philosophie sei es, den Konflikt zwischen begrenztem und unbegrenztem Selbstbewusstsein zu schildern, und nun, da der Kampf vorüber sei, habe diese ihr Ziel erreicht.[188]

Um zu verstehen, wie Hegel zu solch außergewöhnlichen Schlussfolgerungen kam, müssen wir einen kurzen Blick auf seine Metaphysik werfen. Im Zentrum seines Systems steht das Wort *Geist*.[189]

„Das Geistige allein", sagt Hegel, „ist das Wirkliche; es ist das Wesen oder Ansichseiende ... oder es ist *an und für sich*."[190] Der Geist sei zunächst inhaltslos. Er sei nur Potenzial und müsse sein Potenzial entwickeln. Also erschaffe er uns, und somit sei auch unser begrenzter Geist Teil des absoluten Geistes. Indem er uns beobachte, erkenne der absolute Geist sich selbst in uns. Und wenn wir nachdächten und unsere Philosophien entwickelten, komme der absolute Geist zum Bewusstsein seiner selbst durch uns! So erkenne der begrenzte Geist des Menschen, dass die Welt jenseits von ihm nicht feindlich gesinnt sei ihm gegenüber, sondern Teil von ihm selbst ist, da das Geistige allein das Wirkliche ausmache und jeder begrenzte Geist Teil des Geistigen sei. Gleichzeitig verwirkliche das Geistige selbst das Ziel, sein Potenzial durch uns Menschen und unser Denken voll zu entwickeln.

Professor Peter Singer, der selbst dem Rest von Hegels Philosophie nicht völlig ablehnend gegenübersteht, kommentiert diesen Teil von Hegels Philosophie scharfsinnig:

> Ein kurioser Aspekt der ... *Phänomenologie (des Geistes)* ist, dass sie versucht, einen Prozess zu verstehen, der durch die Tatsache, dass er verstanden wird, abgeschlossen wird. Das Ziel aller Geschichte ist, dass der Geist sich selbst als die einzige letzte Realität begreifen soll. Wann wird dieses Verständnis als erstes erreicht? Durch Hegel selbst in der *Phänomenologie*! Wenn man Hegel glauben darf, sind die abschließenden Seiten seines Meisterstücks nicht nur die Beschreibung

188 Kenny, *Brief History of Western Philosophy*, 278

189 Wenn man ihn über den absoluten Geist sprechen hört, könnten Christen zunächst denken, dass er damit die Person des Heiligen Geistes meinte, so wie er im Neuen Testament dargestellt wird. Doch obwohl Hegel christliche Terminologie verwendet, ist er eigentlich Pantheist oder Panentheist.

190 *Phänomenologie des Geistes*, 19

> des Höhepunkts von allem, was seit der Erschaffung des begrenzten Geistes am Anfang geschehen ist: Sie *sind* der Höhepunkt.[191]

Kenny stellt Folgendes fest: „Das Selbstbewusstsein des Absoluten kommt am Ende, nicht am Anfang ... und entsteht durch die philosophischen Reflexionen von Menschen. Es ist die Geschichte der Philosophie, die das Absolute mit sich selbst in Beziehung bringt."[192]

Das Bedauerlichste an Hegels System ist vielleicht der übertriebene, ungerechtfertigte Optimismus, den seine Dialektik der Geschichte hervorgebracht hat, wie Peter Singer feststellt. Zweifelsohne glaubte er wirklich, dass seine Dialektik das Gesetz der Geschichte ist, welches die Überwindung der zwischenmenschlichen Konflikte mit Gewissheit in Aussicht stellt und so eine vernünftige und harmonische Gemeinschaft schaffen kann.

Als Beispiel dafür, wie das Gesetz funktionieren könnte, kann man am Anfang einen Blick auf die Ethik und Moral in Athen zu Zeiten von Sokrates werfen. Grundlage war zunächst reine Gewohnheit. Dann habe Sokrates' Hinterfragen schließlich zum Zusammenbruch der gewohnten Moral geführt, und im Zuge ihrer Reformation sei diese durch eine Moral ersetzt worden, die auf dem individuellen Gewissen beruht habe. Doch diese habe sich wiederum als unbefriedigend und instabil erwiesen und so den Weg frei gemacht für eine Synthese der beiden Moralvorstellungen in der Bildung des rationalen Staates, in dem jeder Bürger sehe, dass er die Vernunft oder den Geist mit jedem anderen Bürger teile und dass wahre Freiheit nicht aus individueller Isolation, sondern aus freiwilliger Kooperation mit allen anderen in der Gemeinschaft des Staates bestehe, welcher in Wirklichkeit der ideale Selbstausdruck des absoluten Geistes sei.

So weit die Theorie der Dialektik. Doch Hegel dachte, er sehe sie in der preußischen Monarchie nahezu erfüllt. Der deutsche Geist, so glaubte er, sei der Geist der neuen Welt. Sein Ziel sei die Verwirklichung der absoluten Wahrheit als unbegrenzte Selbstbestimmung der Freiheit. Dementsprechend teilte er die deutsche Geschichte in drei Zeitabschnitte auf:

1. die Zeit bis zu Karl dem Großen, die er als „Reich des Vaters" bezeichnete;

191 *Hegel, Georg Wilhelm Friedrich,* 342
192 *Brief History,* 278

2. die Zeit von Karl dem Großen bis zur Reformation, die er als „Reich des Sohnes“ bezeichnete; und

3. die Zeit von der Reformation bis zur und einschließlich der preußischen Monarchie, die er als „Reich des Heiligen Geistes“ bezeichnete.

Mit was für einem dialektischen Gesetz der Geschichte, fragen wir uns, hätte er wohl Hitlers Drittes Reich erklärt, wenn er es hätte vorhersehen können?

Marx’ Historizismus

Hegel war praktisch ein Pantheist oder Panentheist; Marx war Atheist. Marx lehnte Hegels Idealismus ab und vertrat einen extremen Realismus. Er übernahm jedoch Hegels Idee der Dialektik, auch wenn er Hegel sozusagen auf den Kopf stellte. Er dachte wirklich, er habe ein Gesetz der Geschichte entdeckt, das durch sein unaufhaltsames Wirken in Kooperation mit dem Menschen schließlich eine Utopie hervorbringen würde. Dies erzeugte in ihm und Millionen anderen Menschen auf der ganzen Welt einen noch größeren Optimismus als Hegels Theorie – doch die enttäuschenden Ergebnisse kennen wir heute.

Ein abschließender Kommentar zu Hegel und Marx

Es gibt also zumindest eine historische Wahrheit, die uns eine Betrachtung der Philosophien von Hegel und Marx lehren kann. Das Gesetz, von dem sie glaubten, es in der Geschichte entdeckt zu haben, gab es nie in der Geschichte: Es wurde der Geschichte von ihren Philosophien aufgezwungen. In Wirklichkeit ist es für die menschliche Vernunft unmöglich, nur anhand des Studiums der vergangenen Geschichte vorherzusagen, was der letzte Zweck und das ultimative Ziel der Geschichte ist. Gott allein, der über dem Lauf der Zeit steht und das Ende von Anfang an sehen kann, weiß dies. Aber der Bibel zufolge hat er uns durch seine offenbarte Wahrheit alles mitgeteilt, was wir darüber wissen müssen. Wir hätten dies nie allein durch unsere Vernunft herausfinden können. Im nächsten Kapitel werden wir uns daher dem biblischen Wahrheitsbegriff zuwenden.

7

DIE BIBLISCHE SICHT VON WAHRHEIT

Hier liegt der grundsätzliche Unterschied zwischen Atheismus und Theismus. Für den Atheisten ist das Universum keine Offenbarung von irgendetwas. Es ist nur eine rohe Tatsache, die uns nichts über irgendetwas außerhalb ihrer selbst zu sagen hat. ... Die Bibel hingegen behauptet, dass das Universum das Mittel ist, mit dem Gott selbst seine Macht und göttliche Natur offenbart hat; und dass es fundamental falsch wäre, das Universum selbst als die letzte Realität und die Materie und die Naturgewalten als die höchsten Kräfte zu betrachten.

EINE EINLEITENDE WORTSTUDIE

Die semantische Bandbreite der alten Sprachen, in denen die Bibel verfasst wurde, erlaubt eine große Vielfalt an Bedeutungen. Es wird daher hilfreich sein, einmal die Originalwörter und ihre Verwendung im biblischen Kontext in Augenschein zu nehmen. Das Alte Testament wurde größtenteils auf Hebräisch geschrieben und ein paar Kapitel auf Aramäisch. Das Neue Testament wurde auf Griechisch verfasst.

Im Hebräischen ist das am häufigsten verwendete Wort für Wahrheit, *'emet,* polysemisch, das heißt, in manchen Kontexten wird damit eine bestimmte Bedeutung ausgedrückt, in anderen Kontexten eine andere. Das ist natürlich in vielen Sprachen ein häufiges Merkmal von Wörtern.

1. In manchen Kontexten bezeichnet *'emet* Wahrheit im Unterschied zu „Falschheit" oder „Lüge".

2. In anderen Kontexten bezeichnet *'emet* „Verlässlichkeit", „Vertrauenswürdigkeit" und „Treue".

Im Griechischen sind die für Wahrheit am häufigsten verwendeten Wörter das Substantiv *alētheia*, die Adjektive *alēthēs* und *alēthinos* und das Adverb *alēthēs.* Ihre Bedeutung deckt Folgendes ab:

1. was wahr ist, im Unterschied zu falsch
2. was offen und ehrlich ist, im Unterschied zu unehrlichem Verbergen
3. was wahr ist, im Unterschied zu vorgetäuscht und geheuchelt
4. was echt ist, im Unterschied zu gefälscht
5. was real ist, im Unterschied zu illusorisch
6. was dauerhaft wertvoll ist, im Unterschied zu vorübergehend wertvoll

7. was die wirkliche Realität ist, im Unterschied zu einem Symbol für diese Realität
8. was die echte Sache ist, im Unterschied zu einer reinen Kopie oder Nachbildung der echten Sache

Diese Gruppe von griechischen Wörtern hat im Gegensatz zum hebräischen *'emet* nicht die Bedeutung „verlässlich", „vertrauenswürdig" oder „treu". Es ist nicht so, dass die griechische Sprache diese Bedeutungen, die so eng mit der Idee der „Wahrheit" verbunden sind, nicht ausdrücken könnte. Es ist einfach so, dass ein Grieche, der die Vorstellung von Verlässlichkeit, Vertrauenswürdigkeit oder Treue ausdrücken möchte, dafür das Substantiv *pistis* (= sowohl „Glaube" als auch „Treue") und das Adjektiv *pistōs* (= „treu", oder „würdig, geglaubt zu werden" bzw. „vertrauenswürdig") verwenden würde. Hier sind nun einige Beispiele für die Bandbreite an Bedeutungen dieser hebräischen und griechischen Wörter, wie sie in der Bibel verwendet werden.

Wahrheit im Sinne von *Worten, die den Tatsachen entsprechen*

1. Mose 42,16

Josef stellt seine Brüder auf die Probe: „Eure Worte sollen geprüft werden, ob Wahrheit bei euch ist." Er hat sie beschuldigt, Spione zu sein; sie haben es geleugnet und ihm ihre Geschichte erzählt. Nun besteht er darauf, dass sie beweisen, dass ihre Geschichte auch den wirklichen Tatsachen entspricht.

Johannes 4,17-18

Jesus spricht zu ihr: Du hast recht gesagt: Ich habe keinen Mann; denn fünf Männer hast du gehabt, und der, den du jetzt hast, ist nicht dein Mann; hierin hast du wahr geredet.

Die Frau hatte versucht, ihren momentanen Familienstand zu verbergen, indem sie Halbwahrheiten erzählte. Christus bestätigte, dass ihre Aussage zwar streng genommen der Wahrheit entsprach, aber er zeigte ihr auch, dass ihm die andere Hälfte der Wahrheit über ihre tatsächliche Situation bekannt war.

Wahrheit im Sinne von *Worten, die Taten entsprechen*

Es geht in der Bibel nicht nur darum, dass unsere Aussagen den Tatsachen entsprechen, sondern auch darum, dass unsere Einstellungen, Taten und unsere Handlungen dem entsprechen, was wir bekennen und was wir versprechen, sowohl in religiösen als auch in weltlichen Kontexten.

1. Johannes 3,17-18

> Wer aber irdischen Besitz hat und sieht seinen Bruder Mangel leiden und verschließt sein Herz vor ihm, wie bleibt die Liebe Gottes in ihm? Kinder, lasst uns nicht lieben mit Worten noch mit der Zunge, sondern in Tat und Wahrheit!

Galater 2,13-14

> Und mit ihm heuchelten auch die übrigen Juden ... Als ich aber sah, dass sie nicht den geraden Weg nach der Wahrheit des Evangeliums wandelten ...

Dies war ein Fall von religiöser Heuchelei: Männer, die vorgaben, an das christliche Evangelium zu glauben, widersprachen mit ihrem Verhalten dem, was sie zu glauben behaupteten.

1. Mose 32,10-11

> Und Jakob sprach: Gott meines Vaters Abraham ..., der du zu mir geredet hast: „Kehre zurück in dein Land ... und ich will dir Gutes tun!“ Ich bin zu gering für all die Treue (Wahrheit), die du deinem Knecht erwiesen hast.

Was Jakob hier mit „Wahrheit“ meint, ist, dass Gott seinen Versprechen treu geblieben ist: Er hat keine Versprechen gemacht und diese dann nicht gehalten.

Wahrheit im Sinne von *Kohärenz*

Markus 14,56-59

> Denn viele legten falsches Zeugnis gegen ihn ab, und die Zeugnisse waren nicht übereinstimmend. Und einige ... legten gegen ihn falsches Zeugnis ab: „Wir hörten ihn sagen: Ich werde diesen Tempel ... abbrechen, und in drei Tagen werde ich einen anderen aufbauen ...“ Und auch so war ihr Zeugnis nicht übereinstimmend.

Wir haben zuvor gesehen, dass Kohärenz allein zur Überprüfung der Wahrheit nicht ausreicht. Andererseits kann eine inkohärente Geschichte auch nicht wahr sein.

Pragmatische Wahrheit

1. Thessalonicher 2,13

> Und darum danken auch wir Gott unablässig, dass, als ihr von uns das Wort der Kunde von Gott empfingt, ihr es nicht als Menschenwort aufnahmt, sondern, wie es wahrhaftig ist, als Gottes Wort, das in euch, den Glaubenden, auch wirkt.

Wir haben vorhin gesehen, dass es Fälle gibt, in denen die Definition nicht zutrifft, dass alles, was zu guten Ergebnissen führt, Wahrheit ist, denn etwas als wahr zu glauben, kann manchmal auch negative Folgen haben.

Aber in der Praxis ist ein Kennzeichen von Gottes Wort, dass es nicht nur in Worten und Theorie besteht: Es funktioniert tatsächlich und bewirkt gute Ergebnisse im Leben jener, die ihm glauben. Und jeder ist mit dafür verantwortlich, die „Wahrheit zu tun", das heißt, sie in die Praxis umzusetzen. In der Bibel ist Wahrheit mehr als nur eine Theorie, der wir innerlich zustimmen: Sie ist eine Überzeugung, die praktiziert werden muss, wie wir oben in 1. Johannes 3,17-18 gesehen haben.

Wahrheit und wahr im Sinne von *Offenheit und Ehrlichkeit*

Matthäus 22,16-17

> Und sie senden ihre Jünger ... zu ihm (Jesus) und sagen: Lehrer, wir wissen, dass du wahrhaftig bist und den Weg Gottes in Wahrheit lehrst und dich um niemand kümmerst, denn du siehst nicht auf die Person der Menschen. Sage uns nun ...

Markus 5,33

> Die Frau aber fürchtete sich und zitterte, da sie wusste, was ihr geschehen war, kam und fiel vor ihm nieder und sagte ihm die ganze Wahrheit.

Mit anderen Worten: Sie verbarg nichts, sie versuchte nicht, sich mit Halbwahrheiten herauszureden.

Wahrheit im Sinne von *Integrität*

2. Mose 18,21-22

> Du aber suche dir aus dem ganzen Volk tüchtige, gottesfürchtige Männer aus, zuverlässige (wörtlich: wahrhaftige) Männer, die ungerechten Gewinn hassen, und setze sie über sie (das Volk) ..., damit sie dem Volk jederzeit Recht sprechen!

Jeremia 9,2-4

Sie spannen ihre Zunge als ihren Bogen, im Lügen und nicht in der Wahrheit sind sie stark im Land. ... Hütet euch, ein jeder vor seinem Freund, und setzt auf keinen Bruder Vertrauen! Denn jeder Bruder treibt Hinterlist ... Und sie betrügen einer den andern, Wahrheit reden sie nicht. Sie lehren ihre Zunge, Lügen zu reden, sie mühen sich ab, böse zu handeln.

Sacharja 8,16-17

Redet nur die Wahrheit einer mit dem anderen! Fällt zuverlässigen und heilsamen Rechtsspruch in euren Toren (d. h. in euren Gerichten)! ... und falschen Eid liebt nicht!

In allen drei Beispielen bezeichnet Wahrheit Charakterintegrität, Treue, die nicht durch Bestechung und Korruption oder Parteilichkeit und Bevorzugung beeinflusst wird.

Wahrheit und wahr im Sinne von *real* und *echt*

Johannes 17,3

... dass sie dich, den allein wahren Gott ... erkennen.

1. Thessalonicher 1,9

... wie ihr euch von den Götzen zu Gott bekehrt habt, dem lebendigen und wahren Gott zu dienen.

Hier geht es um Wahrheit und wahr im Sinne von *real* und *echt,* im Unterschied zu *gefälscht* oder *unecht,* insbesondere im Hinblick auf Gott und Götzen. Die Bibel besteht darauf, dass es nur *einen* Gott gibt. Er ist der wahre Gott, d. h., er ist der wirkliche, der echte Gott. Alle Formen von Götzendienst sind Täuschungen und Unwahrheiten. Lesen Sie im Vergleich dazu, wie das Alte Testament einen Götzendiener beschreibt: „Wer sich mit Asche einlässt, ist betrogen, sein Herz hat ihn irregeführt. Er ... sagt nicht: Ist nicht Lüge in meiner Rechten?“ (Jes 44,20). Ähnliches steht in Römer 1,25: „... sie, welche die Wahrheit Gottes in die Lüge verwandelt und dem Geschöpf Verehrung und Dienst dargebracht haben statt dem Schöpfer.“

Wahr (bzw. wahrhaftig) im Sinne von *real* und *ewig*

Johannes 6,27.32-33

Wirkt nicht für die Speise, die vergeht, sondern für die Speise, die da bleibt ins ewige Leben ... mein Vater gibt euch das wahrhaftige

> Brot aus dem Himmel. Denn das Brot Gottes ist der, welcher aus dem Himmel herabkommt und der Welt das Leben gibt.

Hier bezeichnet „wahrhaftig“ das, was real und ewig ist, im Unterschied zu rein physisch oder vorübergehend. Christus leugnet nicht, dass wir physische Nahrung brauchen und dafür arbeiten müssen. Aber das Leben, das durch physische Nahrung aufrechterhalten wird, ist nur vorübergehend; das Leben, das die „wahre“ Nahrung aufrechterhält, ist ewig.

Wahrheit im Sinne von *ontologisch real*

Johannes 4,22-24

> Ihr betet an, was ihr nicht kennt ... Es kommt aber die Stunde ..., da die wahren Anbeter den Vater in Geist und Wahrheit anbeten werden ... Gott ist Geist, und die ihn anbeten, müssen in Geist und Wahrheit anbeten.

In diesem Kontext ist Wahrheit das, was *ontologisch wirklich* ist (im Unterschied zu *rein imaginär* und *illusorisch*). Christus sprach hier mit einer Samariterin. Er kritisierte nicht, dass sie Gott nicht ernsthaft anbeten würde, sondern wies darauf hin, dass sie den Gott, den sie versuchte anzubeten, nicht wirklich kannte. Ihre Vorstellung von ihm war nicht ontologisch wahr, nur imaginär und illusorisch. Wenn jemand „Black Beauty“ loben würde in dem Glauben, es handele sich dabei um das Gemälde einer schönen Frau, obwohl Black Beauty in Wirklichkeit doch der Name eines berühmten Pferdes ist, würde das Lob nicht der ontologischen Realität entsprechen, die er zu loben glaubte. Wer Gott anbeten will, muss ihn so anbeten, dass dies seinem Wesen auch entspricht.

Wahr (bzw. wahrhaftig) im Sinne einer *realen Sache im Unterschied zu ihrem Symbol*

Hebräer 8,1-2

> Wir haben einen solchen Hohenpriester, der sich gesetzt hat zur Rechten des Thrones der Majestät in den Himmeln, als Diener des Heiligtums und des wahrhaftigen Zeltes (oder: der Stiftshütte), das der Herr errichtet hat, nicht ein Mensch.

Hier bezeichnet „wahrhaftig“ die reale Sache im Unterschied zu etwas, was nur ein Symbol für die reale Sache ist. Die aufwendig gestaltete Stiftshütte, die Mose treu nach dem Befehl Gottes errichtete, war zwar in der Hinsicht etwas Reales, dass sie existierte und von Gott anerkannt wurde (so wie auch die später in Jerusalem erbauten Tempel). Aber trotzdem war sie nur ein Symbol, ein Abbild und Schatten der wahren Stiftshütte: Gottes himmlische Wohnstätte. Der Autor des Hebräerbriefs ermutigt hier seine Leser, sich mehr auf die Realität als nur auf ein reines Symbol zu konzentrieren.

VERSCHIEDENE WEGE, WAHRHEIT AUSZUDRÜCKEN

Es ist deutlich zu sehen, dass es in der Bibel in dem zuvor diskutierten Sinne verschiedene Arten von Wahrheit gibt oder, besser gesagt, verschiedene Wege, Wahrheit zu vermitteln.

Poetische Wahrheit oder Wahrheit, die durch Poesie ausgedrückt wird

Nicht nur das Buch Hiob und die Psalmen sind als Poesie geschrieben, sondern auch große Teile der prophetischen Bücher wie Jesaja und Jeremia, und dementsprechend interpretieren wir sie auch. In dem berühmten Psalm vom Hirten sagt David:

> Du bereitest vor mir einen Tisch angesichts meiner Feinde; du hast mein Haupt mit Öl gesalbt, mein Becher fließt über. (Ps 23,5)

Die Sprache, wörtlich genommen, beschreibt ein Festmahl, bei dem der Gastgeber das Haupt jedes Gastes mit parfümiertem Salböl salbt und dafür sorgt, dass sein Glas immer gefüllt bleibt. Doch niemand geht davon aus, dass David hier wirklich über ein Festmahl spricht. Aber was er sagt, ist dennoch ein wahrhaftiger Ausdruck von Gottes Zuwendung und Fürsorge, die David in der Wüste erfahren hatte, als er von König Saul verfolgt wurde.

Auf die gleiche Weise möchte uns der Psalmist, der über die absolute Vollkommenheit von Gottes Vergebung sagt: „So fern der Osten ist vom Westen, hat er von uns entfernt unsere Vergehen" (Ps 103,12), damit nicht mitteilen, dass Sünde und Schuld Dinge sind, die man wegnehmen und an einen Ort bringen kann, der sehr, sehr weit von uns entfernt ist. Vielmehr drückt er mit einer lebendigen, figurativen Sprache folgende Wahrheit aus: Gott verspricht, dass er, wenn er Sünde einmal vergeben hat, niemals wieder in der Schuld unserer Sünde herumstochern wird und sie uns wieder vorwerfen wird (siehe auch dieselbe Aussage in direkter Sprache in Hebr 10,17).

Propositionale Wahrheit

Sehr interessant in diesem Zusammenhang ist die sogenannte „Amen-Formel“[193], mit der Christus viele seiner Aussagen einleitete. *ʾāmēn* ist ein hebräisches Wort, das mit einem Verb in Zusammenhang steht, welches Bestätigung und Gewissheit ausdrückt. Wenn zum Beispiel ein Priester oder Richter eine Person unter Eid stellte und die Bedingungen des Eides und die ernsten Konsequenzen wiederholte, die beim Brechen des Eides entstehen würden, antwortete die entsprechende Person mit dem Wort *ʾāmēn.* Sie bestätigte damit den Eid und erklärte sich mit seinen Bedingungen einverstanden. Ebenso sagte eine Versammlung am Ende eines öffentlichen Gebets oder Bekenntnisses „Amen“ und bestätigte so ihre Zustimmung. Und da die Leute, die einen Eid vor Gott ablegten, sich auf Gott als Zeugen beriefen, wird Gott im Alten Testament manchmal als „Gott des Amen“ bezeichnet, was unter anderem als „der wahrhaftige Gott“ oder „Gott der Treue“ (vgl. Jes 65,16[194]) übersetzt wurde.

> *Das Vertrauen auf die Aussagen, Propositionen und Versprechen von Gott und Christus hängt also letztendlich davon ab, wie eine Person den moralischen Charakter und die Vertrauenswürdigkeit von Christus und Gott einschätzt.*

Was Christus tat, ist eher ungewöhnlich: Wenn er sehr ernste Aussagen machte – ob nun Propositionen oder Versprechen –, leitete er diese Erklärungen oft mit dem Wort *ʾāmēn* ein, statt sie damit zu beschließen. Dabei wiederholte er es häufig, um die absolute Vertrauenswürdigkeit und Gewissheit seiner Aussage doppelt zu betonen. Beispiele hierfür sind:

> Wahrlich, wahrlich *(ʾāmēn, ʾāmēn),* ich sage dir: Wenn jemand nicht von neuem geboren wird, kann er das Reich Gottes nicht sehen. (Joh 3,3)

> Wahrlich, wahrlich *(ʾāmēn, ʾāmēn),* ich sage euch: Wer mein Wort hört und glaubt dem, der mich gesandt hat, der hat ewiges Leben und kommt nicht ins Gericht, sondern er ist aus dem Tod in das Leben übergegangen. (Joh 5,24)[195]

193 A. d. Ü.: In der hier verwendeten Elberfelder Übersetzung wird statt „Amen“ das Wort „wahrlich“ verwendet.

194 Siehe die Fußnote der Elberfelder Übersetzung.

195 Die *Zürcher Bibel* übersetzt an diesen Stellen auch: „Amen, amen, ich sage ...“

Nun ist *'āmēn,* wie gesagt, ein hebräisches Wort, doch das Neue Testament wurde auf Griechisch verfasst. Natürlich wurden Christi Worte im Neuen Testament normalerweise ins Griechische übersetzt. Aber die Apostel waren offenbar so von Christi wiederholter nachdrücklicher Bestätigung der Vertrauenswürdigkeit seiner Aussagen beeindruckt, dass sie bei der Aufzeichnung dieser Aussagen das hebräische Wort *'āmēn* oftmals einfach transkribierten, statt es zu übersetzen. Wenn wir nun in manchen Bibelübersetzungen, in denen am Anfang dieser Verse „*Amen*" steht, diese Worte lesen, dann lesen wir, was Christus tatsächlich gesagt hat (wie J. Jeremias aufzeigt hat).[196]

Und in Offenbarung 3,14 bezieht Christus den Begriff *'āmēn* nicht nur auf seine Aussagen und Versprechen, sondern auf sich selbst: „Dies sagt, der ‚Amen' heißt, der treue und wahrhaftige Zeuge." Das Vertrauen auf die Aussagen, Propositionen und Versprechen von Gott und Christus hängt also letztendlich davon ab, wie eine Person den moralischen Charakter und die Vertrauenswürdigkeit von Christus und Gott einschätzt. Man kann die Wahrhaftigkeit von Aussagen nicht von der Wahrhaftigkeit der Personen trennen, die sie machen. So sagt zum Beispiel der christliche Apostel Johannes in einem berühmten Abschnitt in der Bibel zunächst, dass man Gottes persönliche Vertrauenswürdigkeit infrage stellt, wenn man einer Aussage Gottes nicht glaubt:

> Wer an den Sohn Gottes glaubt, hat das Zeugnis in sich; wer Gott nicht glaubt, hat ihn zum Lügner gemacht, weil er nicht an das Zeugnis geglaubt hat, das Gott über seinen Sohn bezeugt hat. (1Jo 5,10)

Und dann zitiert Johannes Aussagen Gottes und erwartet von den Leuten, sie allein deswegen zu glauben, weil sie von Gott stammen:

> Und dies ist das Zeugnis: dass Gott uns ewiges Leben gegeben hat, und dieses Leben ist in seinem Sohn. Wer den Sohn hat, hat das Leben; wer den Sohn Gottes nicht hat, hat das Leben nicht. (1Jo 5,11-12)

196 *Neutestamentliche Theologie,* 44–45

Wahrheit, die in präziser juristischer Sprache ausgedrückt wird

Verschiedene Stellen im Alten Testament sind in der Form eines Rechtsbundes formuliert. Wenn diese Vereinbarungen im Neuen Testament interpretiert werden, wird besonders auf den genauen Wortlaut der Originalvereinbarung und auf die exakte Wiedergabe seiner Bedingungen Wert gelegt. Hier ein Beispiel:

> Brüder, ich rede nach Menschenart: Selbst eines Menschen rechtskräftig festgelegtes Testament hebt niemand auf oder fügt etwas hinzu. Dem Abraham aber wurden die Verheißungen zugesagt und seiner Nachkommenschaft. Er spricht nicht: „und seinen Nachkommen (wörtlich: Samen, Mehrzahl)", wie bei vielen, sondern wie bei einem: „und deinem Nachkommen (wörtlich: Samen, Einzahl)", und der ist Christus. Dies aber sage ich: Einen vorher von Gott bestätigten Bund macht das vierhundertdreißig Jahre später entstandene Gesetz nicht ungültig, sodass die Verheißung unwirksam geworden wäre. (Gal 3,15-17)

Existenzielle Wahrheit

Die Bibel gibt nicht nur propositionale Aussagen der christlichen Lehre wieder, d. h. Aussagen mit einem Wahrheitsanspruch, sondern auch das Zeugnis von Menschen, die behaupten, dass sich diese Lehren in ihrer eigenen praktischen Erfahrung als wahr erwiesen hätten. Ein gutes Beispiel dafür ist Paulus, der christliche Apostel, der zuerst von seinen eigenen Erfahrungen berichtet und auf dieser Grundlage dann erklärt, wie sehr er von der Wahrheit und Vertrauenswürdigkeit der christlichen Lehre überzeugt ist:

> ... der ich früher ein Lästerer und Verfolger und Gewalttäter war; aber mir ist Barmherzigkeit zuteilgeworden ... überströmend aber war die Gnade unseres Herrn mit Glauben und Liebe, die in Christus Jesus sind. Das Wort ist gewiss und aller Annahme wert, dass Christus Jesus in die Welt gekommen ist, Sünder zu retten, von welchen ich der erste bin. (1Tim 1,13-15)

Offenbarte Wahrheit

An verschiedenen Stellen verwendet das Neue Testament den Begriff „die Wahrheit", um damit die Gesamtheit von göttlich offenbarter Wahrheit wie folgt zu beschreiben:

- *Die Schöpfung*

> ... Menschen, welche die Wahrheit durch Ungerechtigkeit niederhalten, weil das von Gott Erkennbare unter ihnen offenbar ist, denn Gott hat es ihnen offenbart. Denn sein unsichtbares Wesen, sowohl seine ewige Kraft als auch seine Göttlichkeit, wird seit Erschaffung der Welt in dem Gemachten wahrgenommen ... sie, welche die Wahrheit Gottes in die Lüge verwandelt und dem Geschöpf Verehrung und Dienst dargebracht haben statt dem Schöpfer. (Röm 1,18-20.25)

Hier liegt der grundsätzliche Unterschied zwischen Atheismus und Theismus. Für den Atheisten ist das Universum keine Offenbarung von irgendetwas. Es ist nur eine bloße Tatsache, die uns nichts über irgendetwas außerhalb ihrer selbst zu sagen hat. Man kann seine Bestandteile erforschen und wie es funktioniert, und man kann die regelmäßigen Prinzipien erschließen, nach denen es zu funktionieren scheint, und diese Grundsätze als Gesetze bezeichnen. Doch man darf nicht fragen, ob das Universum einen schöpferischen Geist hinter seiner Existenz offenbart, denn nach dem Atheismus steht per Definition hinter dem Universum kein Geist, den es offenbaren könnte.

Die Bibel hingegen behauptet, dass das Universum das Mittel ist, mit dem Gott selbst seine Macht und göttliche Natur offenbart hat; und dass es fundamental falsch wäre, das Universum als die letzte Realität und die Materie und die Naturgewalten als die höchsten Kräfte zu betrachten. Denn dies steht im Gegensatz zu der grundlegenden Wahrheit über das Universum und unseren Platz und unsere Bedeutung darin.

Zudem sagt die Bibel Folgendes voraus: Wenn der Atheismus schließlich seine volle Ernte einfährt, wird die von ihm verkündete fundamentale Unwahrheit, dass es keinen Gott gibt, zu der weiteren Unwahrheit führen, dass der Mensch, als höchstes Produkt der Evolution, selbst Gott ist und wie Gott handeln sollte (2Thes 2,3-4.9-12). Das wird das letzte logische Ergebnis der Täuschung sein, die nach der Bibel dem Herzen und der Vorstellungskraft der Menschheit eingeflößt wurde: „Ihr werdet sein wie Gott" (vgl. 1Mo 3,5).

- *Das Evangelium*

> ... als ihr das Wort der Wahrheit, das Evangelium eures Heils, gehört habt ... (Eph 1,13)

> ... damit die Wahrheit des Evangeliums bei euch verbliebe ... (Gal 2,5)

> Wer hat euch gehindert, der Wahrheit zu gehorchen? (Gal 5,7)

An diesen Beispielen, und auch an vielen anderen wie diesen, zeigt sich, dass sich im Neuen Testament „die Wahrheit des Evangeliums" und „die Wahrheit" (generell) oft auf dasselbe beziehen. Wahrheit ist im Wesentlichen die offenbarte Wahrheit der Botschaft des Evangeliums. Wenn man also dem Evangelium glaubt und damit Christ wird, kommt man zur „Erkenntnis der Wahrheit" (vgl. 1Tim 2,4; 2Tim 3,7). Über den Ursprung und die Weitergabe des Evangeliums spricht das Neue Testament in dieser Art und Weise:

> Wenn aber jener, der Geist der Wahrheit, gekommen ist, wird er euch in die ganze Wahrheit leiten. (Joh 16,13)

> ... dass das von mir verkündigte Evangelium nicht von menschlicher Art ist. Ich habe es nämlich weder von einem Menschen empfangen noch erlernt, sondern durch eine Offenbarung Jesu Christi. (Gal 1,11-12)

Das Evangelium als Wahrheit wird auch so von Mythen und Legenden abgegrenzt. In Voraussicht dessen, was zu oft in den folgenden Jahrhunderten geschehen sollte, bemerkt Paulus:

> Denn es wird eine Zeit sein, da sie die gesunde Lehre nicht ertragen, sondern ... sie werden die Ohren von der Wahrheit abkehren und sich zu den Fabeln hinwenden. (2Tim 4,3-4)

Christus selbst ist die Wahrheit

Für ein richtiges Verständnis des christlichen Evangeliums ist es wichtig zu beachten, dass Christus nicht nur behauptete, die Wahrheit zu *lehren:* Er behauptete, selbst die Wahrheit zu *sein.* Er war der Sohn Gottes und bildete mit Gott eine (wie die Theologen sagen) hypostatische Einheit; und obwohl er wirklich Mensch wurde, hörte er doch nie auf, Gott zu sein. Er war gleichzeitig Gott und Mensch. Er war also Gott, der sich selbst in menschlicher Gestalt offenbarte:

> Niemand hat Gott jemals gesehen; der eingeborene Sohn, der in des Vaters Schoß ist, der hat ihn kundgemacht. (Joh 1,18)

> Wer mich gesehen hat, hat den Vater gesehen. (Joh 14,9)

> Ich bin der Weg und die Wahrheit und das Leben. Niemand kommt zum Vater als nur durch mich. (Joh 14,6)

> ... er, der Ausstrahlung seiner Herrlichkeit und Abdruck seines Wesens ist ... (Hebr 1,3)

> Denn in ihm ist alles in den Himmeln und auf der Erde geschaffen worden, das Sichtbare und das Unsichtbare ...: Alles ist durch ihn und zu ihm hin geschaffen. (Kol 1,16)

Da alles im Himmel und auf der Erde von Gott und für Gott geschaffen wurde, ist die letzte Wahrheit über alles, was existiert – über seinen Ursprung, sein Bestehen und sein Ziel –, Gott selbst. Nach der Bibel ist Christus dieser Mensch gewordene Gott („Gott im Fleisch"). In Christus haben wir ewige Wahrheit und historische Wahrheit – ewige Wahrheit, ausgedrückt in der Zeit, und historische Wahrheit von ewiger Bedeutung. Die historischen Tatsachen des Lebens, Todes und der Auferstehung Christi sind Wahrheit über Gott. Den einzig wahren Gott und Jesus Christus, den Sohn des Vaters, zu erkennen, heißt, ewiges Leben zu erfahren, das bereits in dieser Zeit hier beginnt (Joh 17,3). So schreibt Johannes, der beim letzten Abendmahl neben Jesus zu Tisch lag, später:

> Wir wissen aber, dass der Sohn Gottes gekommen ist und uns Verständnis gegeben hat, damit wir den Wahrhaftigen erkennen; und wir sind in dem Wahrhaftigen, in seinem Sohn Jesus Christus. Dieser ist der wahrhaftige Gott und das ewige Leben. Kinder, hütet euch vor den Götzen! (1Jo 5,20-21)

Nun akzeptiert natürlich nicht jeder, dass Jesus die Wahrheit ist; das war auch damals schon so, als Jesus dies zum ersten Mal von sich behauptete. Der Widerstand gegen seinen Anspruch war zuweilen heftig und gipfelte schließlich in seiner Verhaftung, Verurteilung und Kreuzigung. Die mit diesem Prozess verbundenen Fragen sprechen die Frage nach der Wahrheit direkt an und sind das Thema unseres nächsten Kapitels.

8

DIE WAHRHEIT AUF DER ANKLAGEBANK

Denn jetzt habt ihr dies getan (mich zum Tode verurteilt) in der Meinung, nun entledigt zu sein von der Rechenschaft über euer Leben. Es wird aber ganz entgegengesetzt für euch ablaufen, wie ich behaupte. ... Denn wenn ihr meint, durch Hinrichtungen dem Einhalt zu tun, dass euch niemand schelten soll, wenn ihr nicht recht lebt, so bedenkt ihr das sehr schlecht. Denn diese Entledigung ist weder recht ausführbar, noch ist sie edel.

Sokrates, in Platons „Apologie“

DER WAHRHEIT INS AUGE SEHEN

Wahrheit zeichnet sich durch Folgendes aus: Wenn eine Person weiß, dass etwas wahr ist, wird von ihr erwartet, dass sie es glaubt und dementsprechend handelt. Wenn wir also mit der Wahrheit direkt konfrontiert sind und überlegen, was wir mit ihr anfangen wollen, ist es nicht die Wahrheit, über die wir richten, es sind wir selbst, über die die Wahrheit richtet.

Sokrates hat vor langer Zeit darauf hingewiesen, als er sich am Ende seiner Gerichtsverhandlung an jene wandte, die für seine Hinrichtung gestimmt hatten. Er hatte sein Leben der Suche nach Wahrheit gewidmet und dabei zweifellos viele prominente Leute verärgert, indem er ihre falschen Überzeugungen aufdeckte und sie dazu aufforderte, so wie er ebenfalls nach der Wahrheit zu suchen. Aber sie betrachteten eine solche Wahrheitssuche als gefährlich für den Staat und ihre Macht. Also stellten sie ihn vor Gericht, beschuldigten ihn, die Jugend zu verderben, und verurteilten ihn zum Tode. Natürlich hofften sie, dass sich Sokrates freiwillig ins Exil begeben hätte, um dem Tod zu entgehen, und so die Athener nicht länger zur Wahrheitssuche drängen würde. Aber er weigerte sich, dies zu tun. Seine letzten Worte vor Gericht über jene, die für seine Hinrichtung gestimmt hatten, wurden von Platon in der *Apologie* unsterblich gemacht:

> Jetzt also gehe ich hin und bin von euch der Strafe des Todes schuldig erklärt: diese aber sind von der Wahrheit schuldig erklärt der Unwürdigkeit und Ungerechtigkeit. ...
>
> Ich behaupte also, ihr Männer, die ihr mich hinrichtet, es wird sogleich nach meinem Tode eine weit schwerere Strafe über euch kommen als die, mit welcher ihr mich getötet habt. Denn jetzt habt ihr dies getan in der Meinung, nun entledigt zu sein von der Rechenschaft über euer Leben. Es wird aber ganz entgegengesetzt für euch ablaufen, wie ich behaupte. Mehrere werden sein, die euch zur Untersuchung

> ziehen ... Denn wenn ihr meint, durch Hinrichtungen dem Einhalt zu tun, dass euch niemand schelten soll, wenn ihr nicht recht lebt, so bedenkt ihr das sehr schlecht. Denn diese Entledigung ist weder recht ausführbar, noch ist sie edel. Sondern jene ist die edelste und leichteste: nicht anderen wehren, sondern sich selbst so einrichten, dass man möglichst gut sei.[197]

Sokrates' Worte haben sich als wahrer erwiesen, als er hätte ahnen können. Millionen von Menschen haben sie seither gelesen und das Verhalten jener Leute, die seinen Tod forderten, verurteilt. Noch heute bewundern wir seine Standfestigkeit, wie auch die vieler seiner Nachfolger, die es im Laufe der Geschichte gewagt haben, trotz mächtiger Widerstände zu glauben, dass „ein Wort der Wahrheit die ganze Welt überwindet“[198] und die Wahrheit am Ende siegen wird.

Und nun zu einem weiteren Gerichtsprozess und wieder im Mittelpunkt: die Frage nach der Wahrheit.

DER GERICHTSPROZESS VON CHRISTUS

CHRISTUS: Ich bin dazu geboren und dazu in die Welt gekommen, dass ich für die Wahrheit Zeugnis gebe. Jeder, der aus der Wahrheit ist, hört meine Stimme.

PILATUS: Was ist Wahrheit? (Joh 18,37-38)

Alle vier Evangelien berichten von dem Gerichtsprozess von Christus vor Pontius Pilatus, dem römischen Statthalter von Judäa (26–36 n. Chr.)[199], der ihn schließlich zum Tode durch Kreuzigung verurteilte. Johannes berichtet uns jedoch im vierten Evangelium noch von zwei privaten Befragungen, die Pilatus mit seinem Gefangenen im Laufe des Prozesses durchführte. Für den Leser, der zuerst das ganze Evangelium gelesen hat, sind diese zwei Berichte voller Nuancen, Ironie und universeller Konsequenzen, die diesen

---

197 Platon, *Des Sokrates Verteidigung (Apologie)*, 39b–d (Übersetzung: F. D. E. Schleiermacher, 1805)

198 Ein russisches Sprichwort, das Alexander Solschenizyn 1920 in seiner Rede vor der Schwedischen Akademie zitierte. *Alexandr Solzhenitsyn – Nobel Lecture*

199 Während „Statthalter“ der bekanntere Titel ist, wäre gemäß römischer Inschriften aus jener Zeit „Präfekt“ wohl zutreffender.

lokalen, historischen Gerichtsprozess zum größten Schauprozess aller Zeiten machen.

Sokrates wurde wegen seiner hartnäckigen Suche nach der Wahrheit der Prozess gemacht. Doch laut des vierten Evangeliums *suchte* Christus nie nach der Wahrheit: *Er war* die menschgewordene Wahrheit, die in unsere Welt gekommen war, um nicht nur mit seinen Worten, sondern auch mit seiner Person, seinem Leben, seinem Tod und seiner Auferstehung zu zeigen, wie Gott wirklich ist, und so die fundamentale Lüge über den Charakter Gottes zu widerlegen, die dem menschlichen Herzen durch Gottes Erzfeind eingeflößt worden war (siehe Joh 8,31-47). Betrachten Sie den Prozess Christi so, wie Johannes ihn uns sehen lassen will, und die Ironie der Situation ist überwältigend: Als ultimative Wahrheit lässt sich der menschgewordene Gott von einem seiner Geschöpfe vor Gericht stellen, wo es um sein Leben geht.

Es wird sich lohnen, Zeit und Mühe in die Analyse der Themen zu investieren, um die es in Johannes' Bericht über den Prozess geht. Wir werden sehen, dass es für Pilatus zwei Hauptphasen in dem Prozess gab: In der ersten Phase entdeckte er die Wahrheit über den zu verhandelnden Fall – nämlich die Unschuld Christi –, und in der zweiten Phase entdeckte er, wie ungeheuer doch die ihm gegebene Autorität war, hier zu entscheiden, was mit der Wahrheit geschehen sollte.

Der Hintergrund des Prozesses

Die Ankläger. Der Prozess gegen Christus wurde hauptsächlich durch den aristokratischen Hohenpriester und die anderen führenden Priester geführt. Unter den Römern war der Hohepriester in dem Sinne ein staatlicher Beamter, dass er von den Römern ernannt wurde. Um dies zu unterstreichen, hielt der römische Statthalter die offiziellen Roben des Hohenpriesters unter Verschluss und erlaubte dem jeweiligen von ihm gebilligten Hohenpriester nur, sie dann zu tragen, wenn es der Statthalter für angemessen hielt.

Andererseits besaß der Hohepriester weitreichende Befugnisse. Zunächst einmal war er für alle Angelegenheiten verantwortlich, die den Nationaltempel betrafen. Die Abgaben, die er durch die von Gläubigen und hunderttausenden Pilgern an den Festen dargebrachten Opfer erhielt, machten ihn zu einem sehr wohlhabenden Mann. Zudem war er der Vorsitzende des jüdischen Rates, der alle zivilen und kommerziellen Aktivitäten in der Provinz kontrollierte. Folglich hatte er erheblichen Einfluss sowohl auf den Statthalter als auch auf Rom selbst. Es war eine von Hassliebe gekennzeichnete Beziehung.

Die Anklagen gegen Christus. Es gab zwei:
1. *Eine politische Anklage:* Christus wurde unterstellt, er verleite das Volk dazu, ihn als den messianischen König der Juden zu betrachten, und schüre so einen Volksaufstand gegen die imperiale Macht Roms. Er sei deshalb des Verrates gegen den Kaiser schuldig (Joh 19,12).

Die Priester hatten ihre eigenen speziellen Gründe, diese Vorwürfe gegen Christus vorzubringen. Er hatte öffentlich die Kommerzialisierung des Tempels angeprangert (Joh 2,13-22), und wäre es ihm gelungen, einen Volksaufstand gegen die Römer anzuführen (so wie es schließlich andere in den Jahren 66–70 n. Chr. taten), wären die Folgen, so glaubten sie, desaströs gewesen, nicht nur für die Nation und ihre Hauptstadt, sondern auch für den Tempel. Sie beschlossen, dass man hier vorbeugend handeln und Christus hinrichten lassen müsse (Joh 11,47-53).

2. *Eine religiöse Anklage:* Christus wurde der äußersten Gotteslästerung beschuldigt, weil er behauptet hatte, in einem einzigartigen Sinne der Sohn Gottes zu sein, womit er sich Gott gleichstellte (Joh 5,18; 19,7). Gemäß dem jüdischen Gesetz war dies ein Vergehen, auf das die Todesstrafe stand.

Die erste Phase des Prozesses: Pilatus entdeckt die Wahrheit

- *Die Verhaftung (Joh 18,1-11)*

Die Details der Verhaftung weisen darauf hin, dass der Hohepriester zuvor mit den römischen Autoritäten gesprochen und sie informiert hatte, dass Jesus ein gefährlicher Aufrührer ist und dass jeder Versuch, ihn zu verhaften, auf bewaffneten Widerstand treffen würde. Denn die Gruppe, die kam, um ihn unter der Führung von Judas in Gethsemane zu verhaften, bestand aus zwei Arten von Soldaten:

1. Offiziere und Männer der Tempelwache, d. h. jüdische Männer unter dem Befehl des Hauptmanns des Tempels, der einer der führenden Priester (V. 3) war. Doch zusätzlich:
2. Ein Trupp römischer Soldaten.[200]

200 Das griechische Wort *speiran* in Joh 18,3 ist die griechische Standardübersetzung des lateinischen Wortes *cohors.* Es heißt, die Soldaten dieser Kohorte wurden durch einen

Es stellte sich heraus, dass die Priester mit diesem Arrangement unbeabsichtigt Beweise gegen ihren eigenen Fall schufen; denn als die Gruppe in Gethsemane eintraf, machte Jesus keinerlei Anstalten, sich durch den Einsatz von Gewalt einer Verhaftung zu entziehen. Als einer seiner hitzköpfigen Jünger ein Schwert zog und – schlecht gezielt – einem Diener des Hohenpriesters ein Ohr abschlug (anstelle des Kopfes), gebot Jesus ihm sofort, sein Schwert wegzustecken. Und dann verkündete er für alle hörbar, dass er seine Verhaftung und alles, was noch folgen würde, als Gottes Wille betrachtete und er entschlossen war, sich diesem zu unterwerfen. Damit lieferte er sich freiwillig der Gruppe aus, die ihn verhaften wollte, unter der einzigen Bedingung, dass seine Jünger unbehelligt gehen dürften (V. 8).

Es ist undenkbar, dass der Offizier, der den römischen Trupp anführte, dies nicht seinem Hauptmann berichtete und dieser es wiederum Pilaus, was zweifellos die Reaktion von Pilatus erklärt, als die Hohenpriester Jesus vor ihn brachten.

- *Die erste formale Sitzung des Gerichts (Joh 18,28-32)*

Pilatus verlangte zunächst eine formale Wiedergabe der Anklage gegen Jesus, womit er die führenden Priester scheinbar überraschte, denn sie gaben nur eine dürftige Antwort und trugen eine vage, nicht spezifische Anklage vor: „Wenn dieser nicht ein Übeltäter wäre, hätten wir ihn dir nicht überliefert“ (V. 29-30). Pilatus reagierte schroff und forderte sie auf, den Gefangenen abzuführen und ihn nach ihrem eigenen Gesetz zu verurteilen, was er wohl kaum getan hätte, wenn er immer noch geglaubt hätte, dass dieser Mann, an dessen Verhaftung seine Soldaten beteiligt gewesen waren, in einen politischen Aufstand gegen den Kaiser verwickelt gewesen war (V. 31).

> *Pilatus' erster Schritt war es, eine formale Wiedergabe der Anklage gegen Jesus zu fordern, womit er die Hohenpriester scheinbar überraschte.*

Doch unter den Römern hatte ein jüdisches Gericht (wie Pilatus sehr wohl wusste) kein Recht, die Todesstrafe zu verhängen; und der Hohepriester

Chiliarchen (V. 12) angeführt, was „Anführer von tausend Männern“ bedeutet, aber zur griechischen Standardübersetzung des lateinischen „Militärtribuns“ wurde. Er war Befehlshaber einer Kohorte von ca. 600 Männern. Wir sollten allerdings nicht denken, dass der Befehlshaber alle 600 Männer zur Verhaftung Jesu mitnahm.

war entschlossen, alles zu tun, um Jesus hinrichten zu lassen. Daher bestand er darauf, dass Pilatus den Fall nach römischem Recht verhandelte. Als Reaktion darauf vertagte Pilatus die Verhandlung und zog sich zurück, um den Gefangenen unter vier Augen zu befragen.

- *Pilatus' erste Befragung Christi (Joh 18,33-38)*

Das Erste, was Pilatus aus dem eigenen Mund des Gefangenen hören wollte, war, ob er sich selbst als König der Juden betrachtete.

Aber die Frage konnte nicht mit einem einfachen „Ja“ oder „Nein“ beantwortet werden, denn die Begriffe „König“ und „Königreich“ bzw. „Reich“ hatten für verschiedene Leute verschiedene Bedeutungen. Wenn „König“ und „Königreich“ bzw. „Reich“ die Stempel gewesen wären, die Pilatus selbst Christus und seinen Lehren und Taten aufgedrückt hätte, hätte Pilatus die Begriffe in politischem Sinne verstanden, und in diesem Sinne hätte Jesus verneinen müssen, ein König zu sein. Christus war keine politische Konkurrenz für den Kaiser Tiberius in Rom.

Andererseits war er in einem anderen Sinne „König von Israel“. In der Tat hatte er eine Woche zuvor zugelassen, dass die Menge ihn als den, „der da kommt im Namen des Herrn, und der König Israels“ (Joh 12,13) feierte. Er war nach Jerusalem auf einem Esel geritten, umgeben von Hunderten, wenn nicht Tausenden von Nachfolgern und hatte bewusst eine alttestamentliche Prophezeiung erfüllt, die das Kommen des Königs von Jerusalem beschrieb (Sach 9,9; Joh 12,12-19). Wenn es dieses Ereignis war, das die jüdischen religiösen Autoritäten Pilatus neben anderen Dingen berichtet hatten, hatte Christus nicht die Absicht, dies zu leugnen, noch den Anspruch, den er damit für sich erhoben hatte.

Aber der Hohepriester interpretierte dieses Ereignis falsch (ob durch Unwissenheit oder mit Absicht, werden wir noch sehen). Christus war – anders als von ihnen dargestellt – nicht der Anführer einer Gruppe von Freiheitskämpfern, die bereit gewesen wären, bis zum Tod in einem heiligen Krieg im Auftrag ihrer Religion zu kämpfen, um die römischen Imperialisten aus ihrem Land zu vertreiben.[201]

201 Dies war die Motivation einer Gruppe von Freiheitskämpfern, die in dem bereits erwähnten Krieg in den Jahren 66–70 n. Chr. genau dies versuchten.

Der einzige Weg, wie Christus die Frage von Pilatus beantworten konnte, war daher, ihm das Wesen seines Reiches zu erklären und das Wesen der Macht, mit der er es errichten würde:

> Mein Reich ist nicht von dieser Welt; wenn mein Reich von dieser Welt wäre, so hätten meine Diener gekämpft[202], damit ich den Juden nicht überliefert würde, jetzt aber ist mein Reich nicht von hier. (Joh 18,36)

Wie wir bereits erwähnt haben, wusste Pilatus bereits von den Geschehnissen im Garten. Er wusste also, dass Jesus jetzt die Wahrheit sagte. Aber Jesus hatte von seinem Reich gesprochen. Dies musste bedeuten, dass er sich selbst für einen König hielt. Könnte es sein, dass er aus rein pragmatischen, taktischen Gründen nicht zugelassen hatte, dass seine Nachfolger kämpften, um selbst einer Verhaftung zu entgehen, weil bewaffnete römische Soldaten zugegen waren? Wenn er jetzt freigelassen werden würde, würde er dann später, wenn die Bedingungen stimmten, versuchen, sein Reich durch einen bewaffneten Aufstand zu errichten?

Pilatus bohrte weiter nach, denn er konnte kein Risiko eingehen: „Also bist du doch ein König?"

Jesu Antwort beseitigte alle Unklarheiten. Dass er in Gethsemane von Gewalt Abstand genommen hatte, war kein vorübergehender Pragmatismus: Dies ergab sich aus dem Wesen seines Reiches. Seine Macht, die Loyalität des Volkes zu gewinnen, war und konnte nur die Wahrheit sein:

> Du sagst es, dass ich ein König bin. Ich bin dazu geboren und dazu in die Welt gekommen, dass ich für die Wahrheit Zeugnis gebe. Jeder, der aus der Wahrheit ist, hört meine Stimme. (Joh 18,37)

„Was ist Wahrheit?", fragte Pilatus, als er sich umdrehte und zur Tür ging.

Das war nicht unbedingt zynisch von ihm. Sicherlich, Wahrheit in dem absoluten Sinne, an die Jesus zu denken schien, war wohl kaum etwas, was mit Pilatus' Denken etwas zu tun hatte, mit all seinen militärischen und

202 Im Griechischen können die Zeiten in diesem hypothetischen Bedingungssatz sich entweder auf die Gegenwart, d. h. „würden meine Diener nun kämpfen", oder auf ein vergangenes Ereignis beziehen: „hätten meine Diener gekämpft". Die zweite Übersetzung ist vorzuziehen. Christus bezog sich auf die Geschehnisse in Gethsemane, als er seinen Jüngern verbot zu kämpfen, um so seine Verhaftung durch die Juden abzuwenden.

politischen Angelegenheiten, mit denen er beschäftigt war. Es war eines der Dinge, über die Philosophen und religiöse Leute sprachen. Er selbst war nun jedoch überzeugt, dass ein Mann, der Gewalt ablehnte und dem es allein um Wahrheit ging – wie auch immer diese aussehen mochte –, kein politischer Rivale des Kaisers war. Eines zumindest schien wahr zu sein: Jesus war im Hinblick auf die Anklage, die die Priester gegen ihn vorgebracht hatten, unschuldig.

Aber die Priester hatten darauf beharrt: Jesus sei der Anführer eines gewaltsamen politischen Aufstands. War es den Priestern nicht ernst damit? Ging es ihnen nicht ebenfalls – auf ihre Art – um die Wahrheit? Pilatus beschloss, sie zu testen.

- *Ein Wahrheitstest (Joh 18,38-40)*

Offenbar war es Brauch, dass der römische Statthalter einmal im Jahr während des großen religiösen Passahfestes einen jüdischen Gefangen als Geste des guten Willens freiließ. Also verkündete Pilatus zuerst, dass er als römischer Statthalter Jesus im Hinblick auf die Anklage, er sei ein revolutionärer Aufrührer gegen Rom, für völlig unschuldig halte. Dann schlug er vor, Jesus gemäß dem jährlichen Brauch freizulassen. Würden sie damit einverstanden sein? „Nein", schrien sie; denn ihnen zufolge *war* Jesus ein Aufrührer, und mit solchen extremen, messianischen und potenziell gewalttätigen Religiösen wollten sie nichts zu tun haben. „Nein!", schrien sie wieder und wieder. „Nicht diesen, sondern den Barabbas!" (Joh 18,40).

Johannes, der Autor des Evangeliums, braucht nur fünf Wörter (im Griechischen), um die Wahl der Priester, die auf Barabbas fiel, zu kommentieren: „Barabbas aber war ein ‚Aufrührer'."[203] Genug gesagt! Doch zumindest Pilatus wusste genau, was die Wahrheit war und wer sie sprach. Und das waren nicht die Priester.

---

203 Das griechische Wort, das im Deutschen in der *Elberfelder Bibelübersetzung* mit „Räuber" und in anderen Bibelübersetzungen mit „Verbrecher", „Mörder" oder „Terrorist" übersetzt wird, ist *lēstēs*. Wörtlich bedeutet dieses Wort „Räuber" oder „Bandit". Aber der Historiker Josephus bezeichnet damit politische Aufrührer und Freiheitskämpfer, zu denen er auch Barabbas zählt. Die englische *ESV*-Übersetzung gibt *Aufrührer (insurrectionist)* auch als Variante in der Fußnote an.

- *Ein Moment zum Nachdenken*

Natürlich hatte das Zeugnis, das Christus vor Pilatus ablegte, später großen Einfluss auf die frühen christlichen Gemeinden. Es prägte das Konzept ihrer Mission für die Welt und zeigte ihnen, was das einzige Mittel sein sollte, mit dem sie den christlichen Glauben verbreiten durften. Als der christliche Apostel Paulus unter Kaiser Nero im Gefängnis saß, schrieb er am Ende einem jüngeren Kollegen:

> Ich gebiete dir vor Gott, der allem Leben gibt, und vor Christus Jesus, der vor Pontius Pilatus das gute Bekenntnis bezeugt hat, dass du das Gebot unbefleckt, untadelig bewahrst bis zur Erscheinung unseres Herrn Jesus Christus! (1Tim 6,13-14)

Das Reich Christi ist nicht nur ein weiteres irdisches Reich unter allen anderen. Seine Machtbasis befindet sich nicht auf der Erde. Es handelt sich um eine Invasion aus einer anderen Welt. Es steht nicht mit anderen Reichen im Wettstreit um weltliche Macht und ist mit keinem von diesen verbündet. Im Gegensatz zu allen anderen Reichen basiert es letztendlich nicht auf äußerer Macht. Seine Aufgabe ist, die Wahrheit zu bezeugen, und eine echte Anerkennung der Wahrheit kann einem menschlichen Herzen nicht mit Gewalt eingeflößt werden: Sie kann allein durch die Macht der Wahrheit selbst erreicht werden. Jeder Versuch, Menschen mit Gewalt dazu zu zwingen, den christlichen Glauben anzunehmen oder an ihm festzuhalten, ist eine praktische Verleugnung dieses Glaubens. Das alleinige Haupt von Christi Reich ist Christus selbst (Kol 1,18), und sein Hauptquartier ist, wo Christus ist: im Himmel (Kol 3,1). Daher wird immer dann, wenn sein Reich ausschließlich mit irgendeiner bestimmten irdischen Kultur, Nation oder irgendeinem irdischen Reich in Verbindung gebracht wird, auf unverantwortliche Weise seine wahre Universalität verschleiert (Mt 28,18-20). Die Absichten derer, die Religion mit Gewalt verbreiten wollen, haben wenig mit Wahrheit zu tun. Wahrheit ist per Definition nichts, was man mit Gewalt oder Drohungen fördern kann.

Die zweite Phase des Prozesses: Pilatus entdeckt seine eigene Verantwortung

Nun musste Pilatus sich der gewaltigen Verantwortung stellen, entscheiden zu müssen, was er mit der Wahrheit anfangen wolle. Bis dahin hatte Pilatus drei Dinge entdeckt:

1. Jesus sagte die Wahrheit.
2. Die Anklage, die die Priester gegen ihn vorbrachten, war falsch.
3. Die Priester waren dennoch entschlossen, Jesus hinrichten zu lassen.

Trotzdem war Pilatus ebenso entschlossen, den in seinen Augen unschuldigen Mann freizulassen. Das Problem war nur: Wie könnte er die gegnerische Seite beschwichtigen und dazu bringen, seine Entscheidung zu akzeptieren? Die Priester hatten eine aufgeregte Menge hinter sich versammelt, die nach dem Blut des Gefangen schrie (siehe Lk 23,13-25; Mk 15,10-15). Den Leuten ihr gefordertes Opfer zu versagen hätte einen Aufstand auslösen können – und dem Kaiser in Rom hätte dies sicher nicht gefallen.

- *Pilatus' erster Versuch, Christus freizulassen (Joh 19,1-6)*

Er setzte auf die Taktik, Jesu Anspruch, ein König zu sein, lächerlich erscheinen zu lassen und Jesus als hilflose und verachtenswerte Figur darzustellen, damit die Priester einsehen würden, wie absurd ihre Anschuldigung war, dass dieser Mann irgendeine realistische Bedrohung für den Kaiser darstelle.

Als erstes ließ er Jesus auspeitschen.[204] Dann erlaubte er seinen Soldaten, Jesus mit einer nachgebauten Krone aus Dornen und einem roten Umhang als König zu verkleiden, wobei sie sein vermeintliches Königtum mit verbaler und physischer Gewalt verhöhnten. Dann ging er nach draußen und verkündete den Priestern und dem Volk, dass er Jesus hinausführen wollte, damit sie selbst sehen konnten, dass er keine Schuld an ihm fand. Also kam Jesus in seinem nachgemachten königlichen Gewand heraus, und Pilatus rief: „Schaut euch den Kerl doch an!"[205]

Aber die Priester blieben davon unberührt und forderten noch immer seine Kreuzigung, wogegen Pilatus sich sträubte und ihnen sagte, sie sollten Jesus selber kreuzigen. Er wusste natürlich, dass sie dies nicht konnten; dazu

204 Römischen Justizbeamten war es erlaubt, nicht römische Bürger auspeitschen zu lassen, wenn sie vor Gericht gestellt wurden, selbst wenn sie unschuldig waren. Sie taten dies, um den Angeklagten „in die rechte Gemütsverfassung" zu versetzen und ihn zu warnen, keine weiteren Probleme zu verursachen.

205 Die traditionelle Übersetzung „Siehe, der Mensch" ist zu majestätisch. In Kontexten wie diesem schwingt bei dem Wort für „Mensch" *(anthrōpos)* eine Mischung von Verachtung und Mitleid mit.

waren sie rechtlich nicht befugt. Aber Pilatus wollte nicht nachgeben und seine rechtlichen Befugnisse als römischer Justizbeamter dafür einsetzen, einen unschuldigen Mann hinrichten zu lassen, um ihre religiösen Vorurteile zu befriedigen.

- *Der nächste Schritt der Priester (Joh 19,7-8)*

Die Priester sahen nun, dass sie mit ihrer politischen Anklage nicht weit kommen würden: Pilatus hatte sie zweimal entschieden abgewiesen. Wie sollten sie es nun erreichen, dass Jesus hingerichtet wurde? Sie versuchten es mir ihrer zweiten – und dieses Mal wirklichen – Anklage gegen Jesus: „Wir haben ein Gesetz, und nach dem Gesetz muss er sterben, weil er sich selbst zu Gottes Sohn gemacht hat" (Joh 19,7).

Für eine religiöse Anklage wie diese war jedoch ein römisches Zivilgericht nicht zuständig. Trotzdem erfüllte sie Pilatus mit Angst (Joh 19,8).

Erstens glich Jerusalem zur Zeit des Passahfestes mit den Tausenden von Pilgern, die sich unter die örtliche Bevölkerung mischten, einem Pulverfass. Jede reale oder vermutete Beleidigung der jüdischen Religion durch den römischen Statthalter hätte leicht massive Unruhen auslösen können. Sollten die Lehren Jesu die religiösen Gefühle der Juden beleidigt haben, musste Pilatus mit Bedacht entscheiden, wie er Jesus freiließ.

Und zweitens hatte Pilatus noch weitere Bedenken. Er war zwar kein Atheist, dafür aber ein Heide, der an die Möglichkeit glaubte, dass gottgleiche Männer auf der Erde erscheinen konnten. Er wird die alten Mythen gekannt haben wie die vom Gott Dionysus, über den gesagt wurde, er habe die Stadt Theben in menschlicher Gestalt besucht. In diesem Mythos hatte der König von Theben ihn in seiner sturen Arroganz misshandelt und dann ins Gefängnis geworfen – und in Folge dessen ein schreckliches Schicksal erlitten.[206] Also zog sich Pilatus erneut zurück, um Jesus noch einmal unter vier Augen zu befragen und so möglichst herauszufinden, wer genau dieser Gefangene war, der vor ihm stand.

206 Siehe Euripides, *Die Bakchen*

- *Pilatus zweite Befragung Christi (Joh 19,9-11)*

Die Frage, die Pilatus jetzt beschäftigte, als er dem Gefangenen erneut gegenübertrat, war nicht länger: „Was hat du getan?“, sondern: „Woher kommst du?“ Dieser unschuldige, wenn auch ungewöhnliche Mann, der von seinem „Kommen in diese Welt“ sprach, als wäre dies ein bewusster Schritt zu einem bewussten Zweck gewesen – nämlich Zeugnis von der Wahrheit abzulegen –, und dem nun vorgeworfen wurde, er habe behauptet, der Sohn Gottes zu sein – wo kam er eigentlich her?

Das ist, nebenbei gesagt, eine Frage, die schließlich immer aufkommt, wenn jemand beginnt, ernsthaft über die Wahrheit nachzudenken. Woher erhält die Wahrheit ihre Autorität? Allein durch menschlichen Konsens? Ist Wahrheit das Produkt des subjektiven Urteils jedes Einzelnen? Oder ist Wahrheit ein objektiver Maßstab, der über und außerhalb unserer subjektiven und sich ständig verändernden Gedankenwelt steht?

Aber Jesus antwortete nicht, und das verärgerte Pilatus. Schließlich war er doch die höchste Autorität in dieser Situation, oder nicht? „Redest du nicht mit mir?“, fragte er ungeduldig mit besonderer Betonung des „mir“. „Weißt du nicht, dass ich Macht habe, dich loszugeben, und Macht habe, dich zu kreuzigen?“ (Joh 19,10). Pilatus tat sein Bestes, um die Juden dazu zu bringen, Jesu Freilassung zu akzeptieren; aber Jesus musste auch mit ihm kooperieren, denn letztendlich hing Jesu Leben von seiner Entscheidung ab, und die Bürde der Macht, diese Entscheidung treffen zu müssen, lastete schwer auf Pilatus.

Aber Christus leugnete nicht die Autorität von Pilatus als Beauftragter des Kaisers, in dessen Händen die Macht über Leben oder Tod lag, noch wollte sich Christus der Autorität von Pilatus verweigern. Doch Pilatus musste dazu gebracht werden, darüber nachzudenken, durch wessen Macht diese ganze Situation entstanden war.[207]

Wie und durch wessen Macht war Pilatus in diese Welt geboren worden, aufgewachsen, der römischen Armee beigetreten, vom Kaiser zum Statthalter von Judäa ernannt worden? Und nun saß er hier, nicht nur mit der Autorität, die ihm vom Kaiser verliehen worden war, sondern mit der eigenen

207 Als Christus bemerkte: „Du hättest keinerlei Macht über mich, wenn sie dir nicht von oben gegeben wäre“, ist das hier im Griechischen für „Macht“ verwendete Wort Femininum, doch das Wort für „sie“ ist Neutrum. Das bedeutete, dass „was von oben gegeben wurde“ sich nicht bloß auf Pilatus’ Autorität an sich bezieht, sondern auf die ganze Situation, in der sich Pilatus nun mit dieser Macht wiederfand, um zu entscheiden, ob Jesus freigelassen oder gekreuzigt werden sollte.

menschlichen Fähigkeit des freien Willens, um zu entscheiden, ob der Sohn Gottes gekreuzigt oder freigelassen werden sollte.

Wenn wir uns diese Geschichte anhören, merken wir schnell, dass wir uns früher oder später auch dieselbe Frage über uns selbst stellen sollten. Die meisten von uns werden niemals solche Macht in Händen halten, über Leben oder Tod eines anderen Menschen zu entscheiden. Aber wir sehen, dass wir in diese Welt geboren wurden (was nicht unsere Entscheidung war), dass wir die Intelligenz besitzen, den Anspruch der Wahrheit allgemein zu verstehen und besonders den Anspruch Christi, selbst die Wahrheit zu sein. Und vor allem besitzen wir den freien Willen, um zu entscheiden, ob wir diese Behauptung glauben oder aber ob wir die Wahrheit – und damit auch Christus – aus unserem Leben verbannen wollen. Und die Frage lautet noch immer: Durch wessen Macht wurde all dies möglich? Durch die Macht von überhaupt jemandem? Oder hat sich die ganze Situation durch einen geistlosen evolutionären Zufall ergeben, sodass Fragen über die Wahrheit letztendlich bedeutungslos wären?

Es besteht kein Zweifel, was Christus meinte, als er Pilatus sagte, die ganze Situation sei ihm „von oben" gegeben worden. Aber es bedeutete, dass die Verantwortung auf Pilatus' Schultern gewaltig war.

Es besteht kein Zweifel, was Christus meinte, als er Pilatus sagte, die ganze Situation sei ihm „von oben" gegeben worden. Aber es bedeutete, dass die Verantwortung auf Pilatus' Schultern gewaltig war. Er wusste ohne Zweifel, was die Wahrheit in diesem Fall war: Christus war unschuldig. Ihn zur Kreuzigung auszuliefern, würde eine Sünde gegen die Wahrheit sein. Aber wenn Jesus der Sohn Gottes wäre, würde seine Kreuzigung eine Sünde gegen die höchste Wahrheit sein, das heißt gegen Gott selbst. Trotzdem, sagte Christus, würde seine Sünde geringer sein als die des jüdischen Hohenpriesters. Der Priester gab vor, an den Gott der Wahrheit zu glauben, aber er hatte die Macht seines religiösen Amtes im Namen Gottes missbraucht, um Christus auf Grundlage einer Lüge hinrichten zu lassen.

- *Pilatus letzte Versuche, Christus freizulassen (Joh 19,12-15)*

Von diesem Punkt an versuchte Pilatus mehrmals, Jesus freizulassen. Doch die Priester erpressten ihn. Sie besaßen Einfluss in Rom. Wenn sie Schritte unternehmen würden, um Tiberius den Eindruck gewinnen zu lassen, dass sie den Anführer eines Aufstands vor Pilatus gebracht hätten und Pilatus ihn freigelassen hätte ...! Pilatus erkannte dies. Er unternahm einen letzten Versuch, ihrer Falle zu entkommen, indem er an ihren Patriotismus (wenn nicht sogar an ihre Religion) appellierte. „Euren König soll ich kreuzigen?", fragte er. „Wir haben keinen König", antworteten die führenden Priester, „außer dem Kaiser" (Joh 19,15). Kein König neben dem Kaiser? Um Jesus loszuwerden, leugneten sie nun einen Grundsatz ihres jüdischen Glaubens und alles, was ihre inspirierten Propheten über ihren König Messias gesagt hatten.

• *Fragen, die sich stellen*

Wenn Jesus, wie das Evangelium behauptet, der Mensch gewordene Gott war, warum sagte er dies dann Pilatus nicht direkt mit deutlichen Worten?

Aber wenn er gesagt hätte: „Ich bin der Mensch gewordene Gott" – was hätte der Heide Pilatus mit dieser Behauptung anfangen können? Und hätte Pilatus seiner deutlichen Aussagen überhaupt geglaubt?

Aber Christus hätte sich doch Pilatus in seiner ganzen göttlichen Majestät zeigen und ihm so beweisen können, dass er der Sohn Gottes war.

Ja – aber hätte dies Pilatus nicht so eingeschüchtert, dass er die Eigenkontrolle verloren hätte, und wäre er dann überhaupt noch in der Lage gewesen, eine freie Entscheidung zu treffen? Das Thema, um das es hier ging, war Wahrheit, und Wahrheit setzt sich nicht auf solche Weise durch. Zudem kannte Pilatus die Wahrheit bereits gut genug, um zu wissen, dass Christus – was die Anklagepunkte betraf – unschuldig war. Pilatus musste seine Entscheidung auf Grundlage der Wahrheit treffen, die ihm bekannt war; dafür würde er sich verantworten müssen, und nicht für das, was er nicht wusste.

Aber es gibt eine weitaus größere Frage: Wieso sollte man glauben, dass der Schöpfer des Universums seine menschlichen Geschöpfe erst mit einem freien Willen ausstattet, dann selbst Mensch wird und sich schließlich selbst in eine Lage bringt, in der seine Geschöpfe ihn vor Gericht stellen können und (wenn sie es so wollen) ihren freien Willen für die Entscheidung nutzen können, ihn zu kreuzigen?

Aber das, sagt die Bibel, ist genau das, was die Wahrheit über Gott ist. Nicht wegen der Machenschaften des Hohenpriesters, der Ängste und Wankelmütigkeit des Pilatus und der lauten Schreie des aufgeheizten Mobs wurde der Sohn Gottes „nach dem bestimmten Ratschluss und nach Vorkenntnis Gottes hingegeben" (Apg 2,23), sondern um vier göttliche Absichten zu erfüllen:

1. die Falschheit der Lüge des Feindes aufzudecken, Gott sei ein Tyrann und sein Wort habe den Zweck, die Menschen zu versklaven

2. durch den Schrecken der Kreuzigung des Gottessohnes zu demonstrieren, wie sich die Lüge des Feindes auf das menschliche Herz auswirkt, wenn man ihr glaubt

3. die Wahrheit über Gott und seine Absicht aufzuzeigen, sogar gegenüber seinen sündigen, rebellischen Geschöpfen, indem er seine Liebe demonstriert, um ihre Herzen zurückzugewinnen und sie durch seine Wahrheit freizumachen (1Jo 4,10)

4. den Menschen zur Umkehr zu Gott zu bewegen und einen gerechten und ehrenvollen Weg für die Versöhnung des Menschen mit Gott durch den Tod seines Sohnes zu schaffen (Röm 5,10-11)

Das ist die wirkliche Antwort auf Pilatus' Frage: Was ist Wahrheit?

POSTMODERNES DENKEN

9

POSTMODERNISMUS, PHILOSOPHIE UND LITERATUR

Wahrheit ist das, was dem Einzelnen
oder der Gemeinschaft als wahr erscheint.
Fakten sind keine objektiven Dinge,
denen sich unser Denken anpassen muss:
Wir sind es, die in der Diskussion mit anderen
entscheiden, was die Fakten sein sollen.
Besonders abzulehnen ist jede Theorie, Ideologie oder Religion,
die behauptet, die „große Geschichte" zu kennen,
die Metaerzählung, die die universelle Wahrheit
über alles bietet, die jeder akzeptieren muss.

EINLEITUNG

„Postmodernismus“, wie auch sein philosophischer Vorgänger „Modernismus“, ist ein Sammelbegriff, der keine ganz bestimmte Theorie bezeichnet, sondern vielmehr eine Grundhaltung, die von vielen zeitgenössischen Denkern aus solch unterschiedlichen Gebieten wie Kunst, Literatur, Philosophie, Sozialwissenschaften, Architektur, Stadtplanung, Wissenschaft und Religion geteilt wird. In diesem Kapitel werden wir uns eingehend mit der Einstellung des Postmodernismus zur Literaturkritik beschäftigen, wie sie vor allem durch das Werk ihres berühmtesten Vertreters Jaques Derrida (1930–2004) präsentiert wird, obwohl einige seiner Ansichten natürlich nur weiterentwickelte Ansichten anderer sind – seien es Postmodernisten oder nicht.

Sofort stellt sich die Frage: Warum sollten wir uns hier damit beschäftigen? Dieser Teil unseres Buches widmet sich der Erkenntnistheorie und damit Themen wie: Wie können wir irgendetwas wissen? Woher wissen wir, dass das, von dem wir behaupten, es sei wahr, auch wirklich wahr ist, und können wir die letzte Wahrheit über alles wissen? Gibt es so etwas wie eine objektive Wahrheit, die für alle universell wahr ist – ungeachtet der Tatsache, ob man dies erkennt oder nicht, akzeptiert oder ablehnt? Was hat nun Literaturkritik mit Erkenntnistheorie zu tun?

Literaturkritik auf der Suche nach der Wahrheit

Die Antwort auf die soeben gestellten Fragen lautet, dass seriöse Literaturkritik eine Form der Wahrheitssuche ist.

Auf der grundsätzlichen Ebene versucht sie sorgfältig festzustellen, was genau ein vorliegender Text sagt, und wenn es sich dabei um eine Übersetzung aus einer Fremdsprache (insbesondere aus einer alten Fremdsprache) handelt, ist ganz besondere Sorgfalt gefragt. Die Frage lautet: Werden die Übersetzung und die Auslegung wirklich dem Originaltext gerecht?

Zweitens muss sie anhand dessen, was der Text tatsächlich sagt, entscheiden, was er bedeutet. Was er sagt und was er bedeutet, können zwei ganz unterschiedliche Dinge sein. Stellen Sie sich vor, eine Romanfigur sagt: „Mr. Smith muss ein Meister der Logik sein, wenn er aufgrund dieses Beweises zu diesem Schluss gekommen ist" – es könnte sich hier um Ironie handeln. In diesem Fall meint sie genau das Gegenteil von dem, was sie tatsächlich sagt. Zur Literaturkritik gehört also die Interpretation von Texten, wie zur Wissenschaft die Interpretation des physikalischen Universums gehört.

Seriöse Literatur, wie zum Beispiel Sophokles' *König Ödipus*, Euripides' *Die Bakchen* (bzw. *Die Mänaden*), Shakespeares *Hamlet* oder Romane von Fjodor Dostojewski und Jane Austen sind nicht nur interessante Geschichten, die man allein aufgrund ihres Unterhaltungswerts lesen sollte. Sie diskutieren grundlegende menschliche Probleme. Manchmal bleibt das Ende der Diskussion offen, manchmal macht der Autor am Ende seine eigene Position deutlich. Auf jeden Fall hinterfragt diese Art von Literatur die Vorurteile, Ansichten und Wertvorstellungen des Lesers und wirft nicht nur erkenntnistheoretische und ästhetische, sondern auch soziale, moralische und metaphysische Fragen auf. Seriöse Literaturkritik kann es daher kaum vermeiden, sich diesen Fragen zu stellen und selbst danach zu fragen, wo die Wahrheit liegt.

In diesem Kapitel werden wir die Philosophie untersuchen, die hinter der postmodernen Literaturkritik steht, und auch die Auswirkungen, die diese Philosophie auf den postmodernen Umgang mit Literatur hat.

Das Verhältnis zwischen Postmoderne und Moderne

Der Begriff „Postmodernismus" soll sich offenbar vom „Modernismus" abheben, auch wenn der Postmodernismus eigentlich noch immer bestimmte grundsätzliche Einstellungen mit dem „Modernismus" teilt, aus dem er sich einerseits entwickelt hat und auf den er andererseits eine Reaktion ist.

Die Moderne erklärte die menschliche Vernunft zum höchsten Richter und Maßstab für alle Wahrheit im Himmel und auf der Erde.[208] Wenn es

208 „Modernismus" – in dem Sinne, in dem wir hier von ihm reden – muss von dem Begriff „Modernismus" unterschieden werden, wenn dieser für die Zeit der russischen Literatur von 1895 bis 1925 verwendet wird. Es heißt, er sei durch einen 1893 veröffentlichten Essay von Dmitri Mereschkowski mit dem Titel „Über die Ursachen des Verfalls der modernen Literatur und ihre neuen Strömungen" eingeführt worden. Evelyn Bristol beschreibt diesen russischen Modernismus wie folgt: „Die Epoche des Modernismus begann als deutliche Rebellion gegen das materialistische Erbe der 1860er-Jahre. ... Wo die ältere Generation übernatürliche Religion abgelehnt hatte, zeigten die neuen

einen Gott gäbe, und selbst wenn man dächte, er habe der Menschheit einige Wahrheiten offenbart, müssten sowohl Gottes Existenz als auch seine Offenbarung einer genauen Überprüfung durch die menschliche Vernunft standhalten können, bevor beides als wahr akzeptiert werden könnte. Doch abgesehen davon war der Modernismus sich einig, dass es „da draußen" in der Welt und im Universum eine objektive Wahrheit gibt und diese durch gründliche Forschung entdeckt, verstanden und definiert werden kann.

Für die postmoderne Denkweise hat sich die Moderne jedoch als enttäuschend erwiesen. Seit der Aufklärung hat der moderne Mensch auf die menschliche Vernunft und insbesondere auf die Wissenschaft geschaut, um die Menschheit von der Versklavung durch Aberglauben und Tyranneien jeglicher Art, einschließlich der Religion, zu befreien. Stattdessen ist für Postmodernisten die Moderne selbst zum Unterdrücker geworden. Sie habe große universelle, allumfassende, alles erklärende Theorien hervorgebracht – sogenannte „big stories" oder „Metaerzählungen" –, die den Menschen tyrannisch aufgezwungen würden, wodurch ihre Spontanität, Kreativität und die Unabhängigkeit des Denkens unterdrückt werde. Dazu kamen die desaströsen weltweiten Kriege des letzten Jahrhunderts, die zum Teil durch angebliche wissenschaftliche Theorien über Rassenüberlegenheit, zum Teil durch Unterwerfung von Millionen unter einer erzwungenen marxistischen Ideologie ausgelöst wurden; dabei wurden diese Kriege durch den Fortschritt von Wissenschaft und Technik unterstützt – all das zeigt in den Augen der Postmoderne, dass die Moderne sich als Irrweg erwiesen hat.

> *Für Postmodernisten ist der Modernismus selbst zum Unterdrücker geworden.*

Es ist daher verständlich, dass es die Postmoderne als Reaktion darauf ablehnt, sich vorschreiben zu lassen, wie man Literatur zu schreiben oder zu interpretieren hat, und dass sie sich wünscht, frei schreiben und interpretieren zu können, ohne dass dem Urteil des Einzelnen von außen dafür Zwänge oder Prinzipien auferlegt werden. Wie die Moderne erklärt auch die Postmoderne den Menschen zum Zentrum und Richter aller Dinge, aber nun nicht mehr die Menschheit als Ganzes oder irgendeine Gruppe von sogenannten Experten oder „Autoritäten", sondern jeden Einzelnen,

---

Intellektuellen großes Interesse nicht nur an der russischen Orthodoxie, sondern an Religionen aller Art („Turn of a Century: Modernism, 1895–1925", 387–388). Dieser russische Modernismus unterschied sich also stark in seinem Standpunkt von der Einstellung, die im Westen im Allgemeinen als Modernismus bekannt war.

oder zumindest die Gemeinschaft der Einzelnen. Das bedeutet, dass es gemäß der Postmoderne keine objektive Wahrheit über irgendetwas gibt, die – wenn sie einmal entdeckt wurde – von jedem vernünftigen Menschen akzeptiert werden muss. Wahrheit ist das, was dem Einzelnen oder der Gemeinschaft als wahr erscheint. Fakten sind keine objektiven Dinge, denen sich unser Denken anpassen muss: *Wir* sind es, die in der Diskussion mit anderen entscheiden, was die Fakten sein sollen.

Insbesondere ist jede Theorie, Ideologie oder Religion abzulehnen, die behauptet, die „große Geschichte" zu kennen, die Metaerzählung, die die universelle Wahrheit über das Ganze vermittelt, die jeder akzeptieren muss. Der Marxismus ist zu seiner Zeit eine solche Metaerzählung gewesen; die moderne Wissenschaft ist eine andere. Und der Anspruch Christi – „Ich bin der Weg und die Wahrheit und das Leben. Niemand kommt zum Vater als nur durch mich" (Joh 14,6) – wird als besonders anstößig und intolerabel empfunden.

Derridas Position in der Geschichte und Praxis der Literaturkritik

Jaques Derrida (1930–2004) wurde berühmt für die „Dekonstruktion", die er bei literarischen Texten selbst anwandte und auch allen anderen Kritikern empfahl. Seine Methodologie hat seither großen Einfluss gehabt. Was sie genau beinhaltet, werden wir später noch betrachten, aber ein Überblick über verschiedene Aussagen seiner Anhänger zum Thema Dekonstruktion werden uns eine erste Vorstellung davon liefern, wo Derrida im Verhältnis zu anderen Theorien der Kritik stand.[209]

> Als eine Variante der Texttheorie und Textanalyse stößt die zeitgenössische Dekonstruktion fast alles in der Tradition um und stellt dabei vorgefasste Vorstellungen von Zeichen und Sprache, Text, Kontext, Autor, Leser, der Rolle der Geschichte, der Welt der Interpretation und den Formen des kritischen Schreibens infrage.[210]

> (Dekonstruktion) macht genau die Annehmlichkeiten des Beherrschens und des Konsenses zunichte, die der Illusion zugrunde liegt, dass Objektivität irgendwo außerhalb des Selbst liegt.[211]

209 Diese Zitate stammen aus Ellis, *Against Deconstruction*, 68–69

210 Leitch, *Deconstructive Criticism*, ix

211 Johnson, *Nothing Fails Like Success*, 11

> Dekonstruktion ist die aktive Antithese zu allem, was Kritik sein sollte, wenn man ihre traditionellen Werte und Konzepte übernimmt.[212]

Anhand dieser Beschreibungen wird deutlich, dass Dekonstruktion nur dann etwas ist, wenn sie kompromisslos und bewusst antitraditionell, zersetzend und revolutionär ist. Nun ist es immer hilfreich, daran erinnert zu werden – wie es die Dekonstruktion tut –, dass wir nicht einfach ohne Nachdenken irgendeine Theorie übernehmen sollten, sondern vorgefasste Meinungen immer sorgfältig prüfen und hinterfragen sollten. Aber ob alle Traditionen des Glaubens und der Kritik im Laufe der Geschichte bis zum Auftreten Derridas wirklich so verkehrt und fehlgeleitet waren, dass sie allesamt umgestoßen werden müssten, ist natürlich eine andere Frage.

Einige Grundprinzipien von Derridas Theorie der Literaturkritik

Wir müssen uns hier in Erinnerung rufen, dass nicht alle der gleich folgenden Prinzipien ausschließlich Derrida zuzuordnen sind. Manche wurden schon von Kritikern vor seiner Zeit unterstützt, und manche werden noch immer von Kritikern anderer Denkschulen vertreten. Andererseits entwickelte Derrida da, wo er Sichtweisen von anderen übernahm, sie auf eigene Art weiter und integrierte sie in sein eigenes System:

1. das Verbot, sich auf einen vom Autor beabsichtigen Sinn zu berufen

2. das Leugnen der Metaphysik in jedem Sinne des Begriffs sowie das Bestreiten, dass Sinn schon vor Wörtern existiert oder Wörter einen präexistenten Sinn vermitteln

3. die Behauptung, dass die Schrift vor der Rede steht und dass Bezeichnung (Signifikation) Sinn erzeugt

4. das Bestreiten, dass Wörter einen innewohnenden Sinn haben, sowie die Behauptung, dass der Sinn eines Wortes immer „aufgeschoben" ist, wodurch ein unbegrenztes „Spiel" möglich ist

5. die Praxis der Dekonstruktion. Einen Diskurs oder Text zu dekonstruieren, heißt zu zeigen, wie dieser, wie alle anderen

212 Norris, *Deconstruction*, xxii

Diskurse oder Texte auch, ebenjene Philosophie untergräbt, die er selbst vertritt

6. Die ideale Schrift laut Derrida

Wir werden uns diese Grundprinzipien der Reihe nach ansehen.

DAS VERBOT, SICH AUF EINEN VOM AUTOR BEABSICHTIGTEN SINN ZU BERUFEN

Viele Jahrhunderte lang war es ein Grundprinzip der Literaturkritik, dass man für eine richtige Interpretation eines Textes den vom Autor beabsichtigten Sinn entdecken und dann erläutern muss. Der Text würde ja nicht existieren, wenn der Autor nicht beschlossen hätte, ihn zu schreiben, um damit den Sinn auszudrücken, den er vermitteln wollte. Und die Worte des Textes waren die Worte, die der Autor wählte, um damit diesen Sinn auszudrücken.

Doch im Jahr 1954 hinterfragten William K. Wimsatt und Monroe Beardsley unter der Überschrift „The Intentional Fallacy"[213] („Der intentionale Fehlschluss") diese Grundregel der Interpretation. Ihre These war plausibel. Wir wissen aus eigener Erfahrung, dass es einem lebenden Autor nicht immer gelingt, sich klar auszudrücken (ob nun mündlich oder schriftlich). Er möchte vielleicht etwas Bestimmtes sagen, doch sagt er in Wirklichkeit etwas anderes. Er möchte vielleicht bei seinen Lesern einen bestimmten Eindruck hinterlassen, doch seine Worte lösen bei ihnen einen völlig anderen Effekt aus. Außerdem können einige seiner Worte und Sätze zweideutig sein. Und die psychologischen und emotionalen Konnotationen, die ein Wort für den Autor hatte, könnten für seine Leser völlig anders sein. (Sagt man in normalem britischem Englisch, eine Frau sei „homely", heißt das, sie ist bescheiden. Das kann also ein Lob sein oder sogar ein Kompliment. Im amerikanischen Englisch wäre es jedoch eine Beleidigung, eine Frau als „homely" zu

> *So lange ein Autor noch lebt, kann er gefragt werden, welchen Sinn er wirklich vermitteln wollte, doch sobald er tot ist, steht er für Fragen nicht länger zur Verfügung.*

213 In *Verbal Icon*, 3–20

bezeichnen. Es würde nämlich bedeuten, dass man sie unattraktiv oder sogar ausgesprochen hässlich findet.)

Dann gibt es die unvermeidlichen Grenzen, die die Schrift, also das geschriebene Wort, im Vergleich zur Rede, dem gesprochenen Wort, hat. Ein Sprecher kann einen bestimmten Sinn durch Intonation, Stimmlage, Tonhöhe, Sanftheit oder Lautstärke, Betonung, Geschwindigkeit oder Zögern beim Aussprechen übermitteln sowie durch Gesten und Gesichtsausdrücke – und nichts davon kann man auf befriedigende Weise in der Schrift wiedergeben.

Außerdem kann ein Weltklasseautor, der in der Hitze seines Genies schreibt, Effekte erzeugen, die über das hinausgehen, was er bewusst beabsichtigte, was aber von späteren Lesern wahrgenommen wird. Selbst die Bibel sagt, dass einige alttestamentliche Propheten, die von Gott inspiriert zu den Menschen sprachen, manchmal mehr sagten, als sie zum Zeitpunkt ihres Redens wussten (1Petr 1,10-12).

Solange ein Autor noch lebt, kann er gefragt werden, welchen Sinn er wirklich vermitteln wollte, doch sobald er tot ist, steht er für Fragen nicht länger zur Verfügung. Uns bleibt nur der Text; wir müssen aus ihm machen, was wir können. Er besitzt eine eigene Autorität; wir müssen nicht das Unmögliche versuchen und die Gedanken und Absichten rekonstruieren, die der Autor in seinem Kopf gehabt haben könnte. Das ist zumindest das, was die Theorie vom intentionalen Fehlschluss sagt.

Seit 1954 wird diese Theorie nun von fast allen akzeptiert, nicht nur von den Anhängern Derridas. Paul Ricoeur (1913–2005) zum Beispiel wird normalerweise nicht als Dekonstruktivist betrachtet (auch wenn Derrida ursprünglich einer seiner Schüler war); doch Ricoeur besteht darauf, dass selbst im Fall von Texten, die ursprünglich eine Rede des Autors waren (wie beispielsweise der schriftliche Text eines Vortrags, den der Autor mündlich gehalten hat), es das Ziel des Interpretierenden sein müsse, die Bedeutung des Textes an sich zu verstehen, ohne sich dabei auf einen vom Autor beabsichtigten Sinn zu berufen. Ricoeur stellt fest:

> In der Schrift stimmt der verbale Sinn des Textes nicht länger mit dem geistigen Sinn oder der Absicht des Textes überein. Diese Absicht wird vom Text sowohl erfüllt als auch aufgehoben, denn dieser ist nicht länger die Stimme einer anwesenden Person. Der Text ist stumm.[214]

214 *Interpretation Theory*, 75

> Durch Schreiben wird der Text, was die Absicht des Autors betrifft, autonom. Was der Text bedeutet, stimmt nicht länger mit dem überein, was der Autor meinte; fortan haben der textliche Sinn und der psychologische Sinn verschiedene Schicksale.[215]

Und erneut:

> Der Werdegang des Textes entzieht sich dem begrenzten Horizont, in dem der Autor lebt. Was der Text sagt, zählt nun mehr als das, was der Autor sagen wollte, und jede Auslegung entfaltet ihre Verfahren innerhalb des Bedeutungsumfangs, der sich von der Verankerung in der Psychologie seines Autors gelöst hat.[216]

Um das Prinzip der Interpretation literarischer Texte zu veranschaulichen, für das sich Ricoeur ausspricht, können wir die Interpretationspraxis von Gesetzestexten in Großbritannien anführen: Wenn das Parlament ein Gesetz verabschiedet, verfolgt es dabei die Absicht, dass der Wortlaut des Gesetzes exakt den vom Parlament beabsichtigen Sinn vermittelt. Aber manchmal passiert es später, dass in den Gerichten über den Sinn des Gesetzes gestritten wird, und dann wird ein Richter aufgefordert, den Streit zu klären. Wenn er über den exakten Sinn des Gesetzes entscheidet, fragt der Richter nicht nach dem Sinn, den das Parlament damals ausdrücken wollte. Er entscheidet über den Sinn des Gesetzes auf Grundlage der tatsächlichen Worte im Text, ungeachtet dessen, was das Parlament für die Aussage hielt, als das Gesetz geschrieben wurde. Man ist der Meinung, dass dies der einzig gerechte und angemessene Weg ist, das Gesetz zu interpretieren. Wie könnte ein Bürger je die Forderungen des Gesetzes erfüllen, wenn er den Sinn des Gesetzes nur kennen könnte, wenn er über den eigentlichen Wortlaut des Gesetzes hinausgehend überlegt, was wohl in den Köpfen der Parlamentarier vorgegangen sein mochte, als sie das Gesetz vor vielleicht 50 oder mehr Jahren verabschiedeten?

Grenzen des intentionalen Fehlschlusses

Der intentionale Fehlschluss ist also sicherlich bis zu einem bestimmten Punkt aussagekräftig, aber seine Aussagekraft könnte auch überbewertet

215 *Hermeneutics and Human Sciences*, 139
216 *Hermeneutics and Human Sciences*, 201

sein, was oft der Fall ist. Hier einige Überlegungen, die zeigen, dass er nicht immer zutrifft:

Manche Texte enthalten eine eindeutige Stellungnahme des Autors zu seiner Absicht. Das vierte Evangelium im Neuen Testament ist hierfür ein gutes Beispiel. Es ist eine Mischung aus Erzählung und Wiedergabe von Reden und lässt sicherlich vielerlei Interpretationen zu (und wurde im Laufe der Geschichte schon oft unterschiedlich interpretiert). Doch gegen Ende sagt der Autor ausdrücklich, welchen Zweck er im Kopf hatte und welchen Effekt er beabsichtigte (Joh 20,30-31). Natürlich kann der Ausleger den Autor, Johannes, heute nicht mehr befragen, aber wenn er den Text ernst nimmt, wie könnte er dann nicht die explizite Aussage über die Absicht des Autors im Text zumindest berücksichtigen? (Wie gut das Geschriebene die Absichten wiedergibt, die der Autor beim Schreiben hatte, muss natürlich der Interpretierende dann selbst beurteilen.)

> *Manche Texte enthalten eine eindeutige Stellungnahme des Autors zu seiner Absicht.*

Zweitens: Nur weil die Absicht eines Autors manchmal im Text nicht klar ersichtlich ist, folgt daraus nicht, dass der beabsichtigte Sinn des Autors nirgendwo, an gar keiner Stelle im Text, deutlich wird.

Und drittens: Auch wenn wir uns nicht immer ganz sicher sein können, welchen Sinn der Autor beabsichtigte, können wir manchmal jedoch ganz sicher sein, was er *nicht* beabsichtigte.

Als Beispiel für den dritten Punkt kann man den alten griechischen Mythos von Ödipus anführen, der davon erzählt, wie Ödipus vom Schicksal dazu bestimmt war, seinen Vater zu ermorden und seine Mutter zu heiraten. Freud berief sich bekanntermaßen auf diesen Mythos, um seine Theorie zu stützen, dass Jungen, eifersüchtig auf die Beziehung ihres Vaters zu ihrer Mutter, den Wunsch verspürten, ihn zu ermorden, und diesen Wunsch dann unterdrückten, was in ihrem späteren Leben zu psychologischen Störungen führe. Freud bezeichnete diesen psychologischen Zustand als Ödipuskomplex.

Der griechische Tragiker Sophokles schrieb ein Stück mit dem Titel *Oedipus Tyrannus* („König Ödipus“). Im Verlauf des Stückes wird deutlich, dass Ödipus (wie in dem Mythos) zu einem früheren Zeitpunkt seinen Vater ermordet und dann später seine Mutter geheiratet hatte. Wir können uns jedoch absolut sicher sein, dass Sophokles nicht beabsichtige, dass sein Stück eine psychologische Studie sein sollte im Sinne von Freuds Ödipuskomplex; denn in seinem Stück stellt Sophokles Ödipus als einen Mann dar, der als junger Erwachsener (nicht als Kind) entdeckte, dass er einen Mann ermordet hatte, der sein Vater war (was er damals nicht wusste), und eine Frau geheiratet hatte, von der er ebenfalls nicht wusste, dass es sich um seine Mutter handelte. Wir können natürlich Sophokles nicht selbst dazu befragen, aber die Details des von ihm geschriebenen Textes lassen nicht zu, dass der Text gemäß Freuds Theorie interpretiert wird. Ödipus war nicht eifersüchtig auf seinen Vater; er tötete einen alten Mann, der selbst nicht wusste, dass er Ödipus' Vater war, weil der alte Mann ihn von der Straße gedrängt und mit einem Stab auf den Kopf geschlagen hatte.

Es mag nicht viel hergeben, vom Text eines Stückes darauf zu schließen, was der Autor nicht damit sagen wollte. Und doch ist dies sehr wichtig, denn es setzt dem Grenzen, was zu Recht als Sinn des Stückes interpretiert werden könnte.

Übertreibungen der Rezeptionsästhetik

Wie der intentionale Fehlschluss hat auch die Rezeptionsästhetik-Theorie der Literaturkritik, die die Bedeutung eines Textes für den Leser mehr betont als den vom Autor beabsichtigten Sinn, eine gewisse offensichtliche Berechtigung. Wenn irgendein Sinn vermittelt werden soll, muss ein Text nicht nur einen Autor, sondern auch einen Leser haben; und es ist auf jeden Fall zu erwarten, dass ein und derselbe Text verschiedene Leser auf unterschiedliche Art und Weise anspricht. Wenn also ein Leser erklärt: „Dies ist, was der Text für mich bedeutet", können wir nicht behaupten, dass der Leser mit dieser Aussage unrecht hat. „Dies" – was auch immer „dies" ist – ist nun einmal der Sinn, den dieser Leser in dem Text erkennt.

Andererseits gibt es hier Grenzen: Nicht jeder Sinn kann *zu Recht* aus einem Text oder einer Aussage herausgeholt werden. Wenn ein Besucher des Louvre in Paris vor der Mona Lisa steht und erklärt: „Dieses Gemälde ist für mich die schönste Familienszene, die jemals gemalt wurde", werden wir dies kaum als gültige Interpretation ansehen. Die Mona Lisa ist einfach kein Gemälde einer Familie. Der Besucher muss geträumt oder fantasiert haben, als er dies wahrgenommen hat. Dasselbe gilt für einen literarischen Text: Man muss die Frage stellen, ob die Bedeutung, die ein Leser einem Text entnimmt, auch wirklich mit dem übereinstimmt, was der Text selbst sagt.

Doch genau hier müssen wir eine wichtige Unterscheidung machen, die manche Vertreter der Rezeptionsästhetik zu übersehen scheinen. Sie denken anscheinend, dass man, wenn man nicht länger gezwungen ist, den vom Autor beabsichtigen Sinn zu berücksichtigen, sich auch nicht mehr davon einschränken lassen muss, was der Text selbst sagt. Doch das ist ein Irrtum.

Wer einen Text interpretiert, darf ihm gewiss nicht jeden beliebigen Sinn zuschreiben und dabei die Sprache, in der er verfasst wurde, sein Vokabular, seine Grammatik, seine Syntax und seine Logik außer Acht lassen. Hätte der Leser eine solche Freiheit, würde es überhaupt keinen Sinn mehr ergeben, mit einem vorhandenen Text anzufangen: Der Leser könnte ebenso mit einem leeren Blatt Papier beginnen und seinen eigenen Text verfassen, ohne so zu tun, als interpretiere er einen anderen Text.

Doch das ist die Art der Interpretation, die manche Formen der Rezeptionsästhetik bevorzugen. Hier ein paar Beispiele.

- *Beispiel 1 – Robert Crosman*

> Die Aussage „Autoren schaffen Sinn", auch wenn sie nicht falsch ist, ist bloß ein besonderer Fall der universelleren Wahrheit, dass Leser Sinn schaffen. ... ein Gedicht hat in Wirklichkeit den Sinn, den irgendein Leser ernsthaft darin sieht. ... die Anzahl von möglichen Bedeutungen eines Gedichtes ist an sich unbegrenzt.[217]

Lassen Sie uns dieses Beispiel betrachten.

> *a) „Autoren schaffen Sinn" ... ist bloß ein besonderer Fall der universelleren Wahrheit, dass Leser Sinn schaffen. ... ein Gedicht hat in Wirklichkeit den Sinn, den irgendein Leser ernsthaft darin sieht.*

Was bedeutet diese Aussage? Wir alle wissen zum Beispiel, dass eine Partitur „interpretiert" werden muss und dass die Interpretation eines Werkes von z. B. Tschaikowsky durch einen Dirigenten, sich sehr von der Interpretation eines anderen Dirigenten unterscheiden kann. Aber eine Interpretation von Tschaikowsky muss noch immer eine Interpretation von Tschaikowsky sein. Eine Interpretation des Trauermarsches von Tschaikowsky, die nicht nur Tschaikowskys Absichten, sondern auch seine Partitur missachtet und sie einem der leichteren Stücke Chopins ähneln lässt, wäre in Wirklichkeit überhaupt keine Interpretation von Tschaikowsky, sondern eine völlig andere Komposition. Sagt man: „Ein Gedicht hat in Wirklichkeit den Sinn, den irgendein Leser ernsthaft darin sieht", impliziert man damit, dass ein Zuhörer, der ernsthaft glaubt, der Trauermarsch sei in Wirklichkeit eine

217 Crosman, *Do Readers Make Meaning?*, 151, 154

fröhliche Hochzeitsserenade, damit eine gültige Interpretation abliefert. Das würde jedoch nur sehr wenige Leute überzeugen.

b) „Die Anzahl von möglichen Bedeutungen eines Gedichtes ist an sich unbegrenzt."

Das ist sicherlich übertrieben. Hätte ein Gedicht eine unbegrenzte Anzahl von möglichen Bedeutungen, würde dies implizieren, dass ein Gedicht überhaupt keine bestimmte Bedeutung hat; es könnte praktisch alles bedeuten. Und wenn dies stimmte und auf alle Gedichte zuträfe, hieße das, dass es unter allen möglichen Umsetzungen der unbegrenzten Anzahl von möglichen Bedeutungen zumindest eine gibt, die gleichermaßen auf die bitter sarkastischen Satiren von Juvenal, das todernste *Il Inferno* von Dante und jedes beliebige Liebesgedicht zutreffen würde, solange irgendjemand dies ernsthaft glaubt.

c) Ein Gedicht hat in Wirklichkeit den Sinn, den irgendein Leser ernsthaft darin sieht.

Interessant ist, dass Vertreter der Rezeptionsästhetik und Dekonstruktivisten nicht bereit sind zu akzeptieren, dass dieses Prinzip auch auf ihre eigenen Schriften angewendet wird. Sie protestieren entschieden, wenn irgendein Rezensent falsch interpretiert, was sie geschrieben haben. Derrida zum Beispiel fordert, dass seine Kritiker sich bemühen sollten, die von ihm geschriebenen Artikel oder Bücher in genau dem von ihm beabsichtigten Sinne zu verstehen und nicht in irgendeinem anderen Sinne. So kommentiert er die ausführliche Rezension eines seiner Texte:

> Man kann mir also vorwerfen, beharrlich oder gar monoton zu sein, aber ich begreife nicht, wie man mir eine Vorstellung der Geschichte als „Geschichte des Sinns" unterstellen kann. ... weil ich die Formulierung („Ablehnung der Geschichte") eher komisch finde. Ich möchte auch nicht Zeile für Zeile auf sämtliche Aussagen zurückkommen, deren Verworrenheit mich, das muss ich sagen, bestürzt hat.[218]

Aber wie kann sich ein Literaturkritiker einerseits für ein solches Prinzip der Literaturkritik aussprechen und von uns erwarten, an seine Gültigkeit

218 Derrida, *Positionen*, 76–78

zu glauben, wenn er andererseits selbst nicht bereit ist, dies auf seine eigenen Werke anwenden zu lassen?

- *Beispiel 2 – Stanley Fish*

> Was wir nun hier haben, sind zwei Kritiker mit gegensätzlichen Interpretationen, und beide berufen sich auf dasselbe Wort als interne und bestätigende Evidenz. Klar ist, dass sie nicht beide recht haben können, doch ebenso klar ist, dass es keine Grundlage gibt, auf der wir uns für einen von beiden entscheiden könnten. Man kann sich nicht auf den Text berufen, weil der Text zu einer Fortschreibung des Interpretationsstreits geworden ist, der beide trennt.[219]

Das ist sicherlich eine bemerkenswerte Sicht, denn wenn sie zuträfe, würde dies das Ende von praktisch jeder Literaturkritik bedeuten; und nicht nur von Literaturkritik, sondern auch von allen geschäftlichen Verträgen. Stellen Sie sich zwei Geschäftsleute vor, die einen Vertrag ausarbeiten und unterschreiben. In der Folge sind sie sich uneins über den Sinn eines Absatzes, Satzes oder sogar eines Wortes in dem Vertrag. Da sie selbst zu keiner Entscheidung kommen, verklagt der eine den anderen vor Gericht, und der Fall wird einem Richter vorgelegt. Laut Fishs Theorie könnte sich der Richter nicht (bzw. dürfte sich nicht) zur Beilegung des Rechtsstreits auf den Vertragstext berufen! Warum nicht? Weil, so Fish, der Vertragstext selbst genau das ist, was strittig ist.

Aber dieses Argument steht im Widerspruch sowohl zum gesunden Menschenverstand als auch zur gängigen Rechtspraxis. Nur weil sich zwei Leute über die Interpretation eines Satzes oder Wortes in einem Text uneinig sind, heißt das nicht, dass beide Interpretationen automatisch als gleichermaßen gültig und unumstritten betrachtet werden müssen. Der Richter hätte jedes Recht, sich auf den Text zu berufen – weswegen hat man sich denn sonst an den Richter gewandt?

Bei der Prüfung des Textes würde der Richter möglicherweise merken, dass der Wortlaut des Textes so hoffnungslos zweideutig und verwirrend ist, dass die beiden Geschäftsleute den Fall nicht weiterverfolgen und stattdessen den Anwalt verklagen sollten, der den Vertrag für sie aufgesetzt hat.

219 Stanley Fish, *Is There a Text in This Class?*, 340

Doch das wäre keinesfalls das einzig mögliche Urteil. Der Richter könnte ebenso entscheiden,

a. dass die vom Kläger vorgebrachten Argumente völlig abwegig sind oder

b. dass die vom Kläger vorgebrachten Argumente zwar nicht hundertprozentig überzeugend, aber weitaus stichhaltiger als die des Angeklagten sind oder

c. dass der Vertragstext, streng ausgelegt, weder das aussagt, was der Kläger darunter versteht, noch das, was der Angeklagte darunter versteht, sondern etwas völlig anderes.

Dasselbe gilt für die Literaturkritik. Auch nach jahrhundertelangem, weltweitem Studium von Shakespeares Werken wird vielerorts immer noch über ihre Bedeutung diskutiert. Es wäre töricht, wenn ein Kritiker behauptete, dass seine Interpretation all dieser Texte die finale Wahrheit sei und keinerlei Korrektur oder Verbesserung mehr bedürfe. Doch er könnte sehr wohl behaupten, dass die Argumente für seine Interpretation zahlreicher und stärker seien als die für andere Interpretationen (was die meisten Literaturkritiker normalerweise behaupten) und dass seine Interpretation so lange gültig sei, bis irgendein anderer Kritiker darin Schwächen entdecke und eine andere Interpretation vorlege, die von schlüssigeren Argumenten gestützt werde. Nur weil zwei Kritiker sich über den Sinn einer Zeile in Shakespeares Werken uneinig sind, heißt das nicht, dass nicht vielleicht auch andere Kritiker diese Zeile analysieren und entscheiden, welcher der ersten beiden Kritiker die besseren Argumente auf seiner Seite hat, oder eine bessere Interpretation vorlegen.

Dies ist auf jeden Fall die Art und Weise, wie nicht nur Literaturkritik, sondern auch jede andere Forschung praktiziert wird und so auch deutliche Fortschritte macht. Wenn man sich vor einem Jahrhundert, als sich Wissenschaftler äußerst uneinig über die Natur und Struktur des Atoms waren, nicht auf das Atom selbst hätte berufen können, um den Streit beizulegen – weil das Atom ja genau das war, was strittig war –, hätte dies die wissenschaftliche Erforschung des Atoms schon in ihren Anfängen gestoppt. Andererseits wäre es (wie wir heute wissen) schlichtweg falsch gewesen, wenn man einfach behauptet hätte, dass die Natur und die Struktur des Atoms eben immer jeweils so seien, wie Wissenschaftler sie ernsthaft sähen. Manche Theorien haben sich als wahrer als andere erwiesen – aus dem einfachen Grund, weil die Menschen, die die Theorien aufgestellt haben, bei der Betrachtung der objektiven Beweise des Atoms einfach konsequenter und präziser als andere vorgingen und nicht einfach akzeptierten, dass jede ernsthaft vertretene Meinung genauso aussagekräftig ist wie jede andere Meinung, ungeachtet der objektiven Beweise. So sind auch manche Interpretationen von literarischen Texten besser als andere, weil sie auf einer genaueren Untersuchung des Textes basieren und die besseren Argumente anführen können.

DAS LEUGNEN DER METAPHYSIK

Das Verbot, sich auf den vom Autor beabsichtigten Sinn eines Textes zu berufen, ist – wie wir gesehen haben – ein Lehrsatz, den Derrida mit anderen Systemen der Literaturkritik neben seinem eigenen teilte. Das Leugnen jeglicher Art von Metaphysik ist ebenfalls eine Einstellung, die nicht nur von anderen Literaturkritikern vertreten wird, sondern auch von vielen Sprachwissenschaftlern, Philosophen und anderen, die nicht beanspruchen, Literaturkritiker zu sein. Doch bei Derrida steht die Leugnung der Metaphysik im Zentrum seiner Literaturtheorie, sodass sie seine Kritik sowohl kennzeichnet als auch motiviert. Wir werden die Details seiner Theorie kaum verstehen können, wenn wir nicht zuerst begreifen, was es für ihn hieß, die Metaphysik im Kontext der Literaturkritik zu leugnen, und warum ihm dies so wichtig war.

Logozentrismus

Nach Derrida gibt es eine falsche Vorstellung, die jahrhundertelang nicht nur die Literaturkritik, sondern auch einen großen Teil der philosophischen und sprachwissenschaftlichen Theorien durchdrungen und verdorben habe: den Logozentrismus. Er steht im Zentrum der Metaphysik, und wenn man sich eines Tages komplett von der Metaphysik verabschieden wollte, wie Derrida hoffte, müsste der Logozentrismus widerlegt werden. Daher versuchte Derrida, ihn zu widerlegen.

> *Manche Texte enthalten eine eindeutige Stellungnahme des Autors über seine Absicht. Derrida glaubte nicht, dass es so etwas wie Sinn überhaupt gibt, bevor nicht Wörter von Menschen ausgesprochen oder noch besser, aufgeschrieben würden.*

Aber was ist Logozentrismus? Leider ist es schwer, in Derridas Schriften oder denen seiner Anhänger und Vertreter irgendeine klare, detaillierte Definition des Begriffs zu finden. Auf den ersten Blick könnte es so aussehen, als bezeichne er damit den Fehler, sich mehr auf Wörter als auf Sinn zu konzentrieren – ein Fehler, von dem jeder Übersetzungsexperte weiß, dass man ihn bei der Übertragung eines Textes in eine andere Sprache vermeiden muss. Würde man einen russischen Text so Wort für Wort ins Japanische übersetzen, als hätte jedes einzelne Wort im Russischen ein genaues Äquivalent im Japanischen, das genau dieses Wort wiedergibt, würde dies ein sehr hölzernes, uneinheitliches Japanisch ergeben, wenn nicht sogar völliges Kauderwelsch. Ein Übersetzer muss zuerst danach fragen, welchen *Sinn* die russischen Wörter in einer Formulierung oder einem Satz vermitteln sollen. Und wenn er diesen Sinn im Wort erkannt hat, muss er im Folgenden die japanischen Wörter und Formulierungen wählen, die diesen *Sinn* bestmöglich den japanischen Lesern vermitteln.

Doch in Derridas Denken ist Logozentrismus nicht der Fehler, sich mehr auf Wörter als auf Sinn zu konzentrieren. Wie wir später sehen werden, glaubt er gar nicht, dass es so etwas wie Sinn überhaupt gibt, bevor nicht Wörter von Menschen ausgesprochen oder, noch besser, aufgeschrieben würden.

Das stoische Verständnis von *logos*

Um zu verstehen, was „Logozentrismus" in Derridas Philosophie heißt, sollten wir uns die Verwendung des griechischen Begriffs *logos* (der erste Bestandteil von „Logozentrismus") durch die antiken Stoiker und später im Neuen Testament in Erinnerung rufen.[220] Für die Stoiker war *logos* das Prinzip der Rationalität, die hinter dem Universum steht und es ganz durchdringt und ihm so eine rationale Bedeutung und Sinn verleiht. Der Mensch selbst, so die Stoiker, bestehe aus Materie und *logos* – demselben *logos*, der auch das Universum durchdringt. Dieses Prinzip der Rationalität im Menschen erlaube es uns, den rationalen Zweck und Sinn des Lebens und des Handelns zu verstehen.

Das christliche Verständnis von *logos*

Im Neuen Testament ist Logos kein unpersönliches rationales Prinzip: Es ist der Titel der zweiten Person der Dreieinigkeit, durch die das Universum erschaffen wurde. Logos ist der eine, der, indem er das Universum schuf, den Geist und die Absichten Gottes ausdrückte und die mathematischen, physikalischen, chemischen und biologischen Gesetze schuf, nach denen

220 Siehe die detaillierte Diskussion in Buch 4, *Was dürfen wir hoffen?* (Abschnitt: *Was ist Wirklichkeit?)*

das Universum funktioniert, und der uns Menschen zudem einen rationalen Geist verlieh, damit wir wahrnehmen können, dass das Universum nicht nur einfach aus roher Materie besteht, sondern Ausdruck des Geistes eines persönlichen Schöpfers ist. Zudem kann unser rationaler Geist wahrnehmen, dass die Rationalität des Universums sowohl vor als auch unabhängig von uns existierte. *Wir* schufen (und schaffen) die mathematischen Gesetze nicht, nach denen das Universum funktioniert, indem wir sie studieren und darüber nachdenken. Die Rationalität des Universums brachte die Gedanken Gottes zum Ausdruck, lange bevor wir auftraten, geschweige denn sie entdeckten.

Es waren Überlegungen wie diese, die frühe Philosophen und Wissenschaftler wie Bacon und Leibniz dazu veranlassten, von der Natur als von einem der zwei Bücher Gottes zu sprechen (das andere ist die Bibel), in denen wir die Gesetze des Schöpfers studieren können.

Derridas Ablehnung des *logos*

Es ist also genau diese Vorstellung, die Derrida als *Logozentrismus* bezeichnet und die er entschieden verneint und abschaffen möchte. Denn für ihn gibt es keinen Sinn, er existiert nicht, bis wir Menschen sprechen oder vorzugsweise schreiben: Es sind unsere Worte, die Sinn schafften. Er kritisiert, dass im metaphysischen Denken immer wieder folgende Vorstellung auftauche:

> Es gibt nur ein einziges Buch, und es ist dasselbe Buch, das sich in allen Büchern ablegt.[221]
>
> Er kritisiert das metaphysische Denken, dass es nur ein einziges Buch gebe – die wahre Bibel als „das Gesetz der Erde“ –, und dass die Unterschiede zwischen einzelnen Werken nur die Unterschiede zwischen einzelnen Interpretationen des einen, wahrhaftigen Textes seien.[222]

221 *Die Schrift und die Differenz*, 20
222 *Die Schrift und die Differenz*, 21

Dies ist für Derrida die Sicht von Leibniz, und er protestiert:

> ... nichts führt aber auch mehr zur Verzweiflung, nichts zerstört unsere Bücher mehr als das Leipnizsche Buch.[223]

Und dann präsentiert er seine eigene Sicht:

> Schreiben heißt wissen, dass das, was noch nicht im Schriftzeichen erzeugt ist, keine andere Bleibe hat und uns nicht als *Vorschrift* in irgendeinem topos ouranios („himmlischen Ort"), oder in irgendeinem göttlichen Verstehen aufwartet. Der Sinn muss warten, bis er benannt oder geschrieben wird, um sich selbst bewohnen zu können und um das zu werden, was er in seinem Hingehaltensein ist: der Sinn.[224]

Was Derrida meint, wenn er vom „Hingehaltensein" des Sinnes spricht, müssen wir später untersuchen. Im Augenblick werden wir erst einmal Derridas eigenen Sinn bis hierhin zusammenfassen, indem wir Nicholas Wolterstorff zitieren:

> Wenn Sinn nicht vor der Signifikation[225] steht, sondern ein Geschöpf der Signifikation – unserer Signifikation – ist, dann gibt es kein göttliches Buch, nach dessen Vorbild wir unsere Bücher gestalten sollten, keine göttlichen Gedanken, nach denen wir unsere Gedanken denken sollten. Der Gott von Leibniz – tatsächlich der jüdische Gott – wird gehen müssen.[226]

Präsenz

Es gibt noch einen dritten Begriff, der – in Derridas Denken – mit dem Logozentrismus und der Metaphysik verbunden ist und sich auf die Literaturkritik verhängnisvoll ausgewirkt hat. Dieser Begriff ist „Präsenz", und der Kernfehler der Metaphysik sei gewesen, die Menschen die grundlegenden Konzepte des menschlichen Denkens als eine Art *Präsenz* betrachten bzw. empfinden zu lassen. Derrida beklagt sich darüber wie folgt:

---

223 *Die Schrift und die Differenz,* 22

224 *Die Schrift und die Differenz,* 22

225 A. d. V.: d. h. unserer Bezeichnung oder Benennung

226 *Divine Discourse,* 161

> Metaphysik repräsentiert „die Bestimmung des Seins als *Präsenz* in allen Bedeutungen dieses Wortes. Man könnte zeigen, dass alle Namen für Begründung, Prinzip oder Zentrum immer nur die Invariante einer Präsenz *(eidos*, *arche*, *telos*, *energeia*, *ousia* (Essenz, Existenz, Substanz, Subjekt) *aletheia*, Transzendentalität, Bewusstsein, Gott, Mensch usw.) bezeichnet haben."[227]

Mit Präsenz ist es in Derridas Philosophie ähnlich wie bei anderen Fachbegriffen: Er macht nicht deutlich, was genau er mit dem Begriff meint. Vielleicht könnten wir seine Bedeutung auf einfache Weise so veranschaulichen (auch wenn Derrida dies wohl als zu starke Vereinfachung betrachten würde): Sie betreten einen vollkommen dunklen Raum. Sie spüren, dass noch jemand da ist. Sie können nicht sehen, wer es ist und wie er oder sie ist. Sie spüren einfach eine Präsenz. So ist es auch bei uns und Gott. Gott ist nicht einfach nur ein Konzept, das Menschen (ob nun Philosophen oder nicht) in ihrem Geiste geschaffen haben. Die Metaphysik gibt den Leuten das Gefühl, dass Gott ein lebendiges Wesen ist, für sich selbst präsent, das heißt selbstbewusst, sich seiner selbst bewusst in all seinem unbegrenzten Personsein, in seiner Macht und seinem Charakter, der nichts außerhalb seiner selbst braucht als Vergleich, um sich so selbst zu definieren. Gleichzeitig macht er sich selbst den Menschen bewusst, nicht als intellektueller Begriff, den sie in ihrem eigenen Denken erschaffen haben, sondern als unabhängige, selbstexistente Allgegenwart, über die ein antiker Poet schrieb: „Wohin sollte ich gehen vor deinem Geist, wohin fliehen vor deinem Angesicht?" (Ps 139,7).

Ebenso hat die Metaphysik (die Art, die Derrida nicht mag) diesen Gott, diese Präsenz, nicht nur als Zentrum des Universums, sondern auch als Zentrum aller Bedeutung und allen Sinnes betrachtet, ohne welches das Universum und alles menschliche Nachdenken über das Universum und den Menschen selbst letztendlich ohne jeden Zusammenhang wären. Ein antiker Grieche (vielleicht Epimenides) sagte: „In ihm leben wir und bewegen uns und sind wir."[228] Und im Neuen Testament steht: „Er ist vor allem, und alles besteht durch ihn" (Kol 1,17).

227 Wolterstorff, *Divine Discourse*, 157, worin zitiert wird aus Derrida, *Die Schrift und die Differenz*, 424. Die hier zitierten griechischen Worte bedeuten: *eidos* = Form; *archē* = Anfang oder Grundprinzip; *telos* = Endpunkt, Ziel, ultimative Form oder ultimativer Zweck; *energeia* = Aktualität; *aletheia* = Wahrheit

228 Der Apostel Paulus zitierte diesen Satz in Athen (Apg 17,28).

Wenn Derrida sagt, Metaphysik habe immer grundsätzliche Prinzipien wie Form, Zweck, Wahrheit etc. als „*Invariante einer Präsenz*" dargestellt, meint er damit vielleicht, dass die Metaphysik diese Dinge als objektive Prinzipien betrachtet habe, die unabhängig von uns existierten. Sie wären dann wie die mathematischen Gesetze, nach denen das Universum funktioniert und sich entwickelt. Nach vielen heutigen mathematischen Physikern werden diese Gesetze nicht von unserem Denken geschaffen, sondern haben schon immer unabhängig von uns existiert und sind erst vor relativ kurzer Zeit entdeckt worden.

Auf jeden Fall scheint ein weithin anerkannter Vertreter von Derridas Gedankengut, Jonathan Culler, etwas sehr Ähnliches zu sagen. Er beschreibt den Logozentrismus der Metaphysik (wie Derrida ihn bezeichnet) als „die Ausrichtung der Philosophie auf eine Ordnung des Sinns - Denken, Wahrheit, Vernunft, Logik, das Wort -, die als in sich selbst existierend, als Basis aufgefasst wird"[229].

Derrida war also ein unerbittlicher Gegner der Metaphysik (so wie er sie verstand) mit ihrem Logozentrismus und ihrer „Präsenz", und er war entschlossen, sie zu dekonstruieren und auf diese Weise zu beseitigen. Gleich werden wir die weiteren Argumente betrachten, die er gegen sie anführte, und was diese mit Literaturkritik zu tun haben.

Doch es wird uns helfen, die Dinge im richtigen Verhältnis zu sehen, wenn wir zunächst Derridas abschließendes Urteil über die Metaphysik betrachten, nämlich dass Metaphysik unausweichlich ist! So sehr er sie auch verabscheute, so sehr er sie auch loswerden wollte - noch nicht einmal er konnte denken, sprechen oder schreiben, ohne dabei ihre grundlegenden Konzepte und Begriffe zu nutzen.

Die Unausweichlichkeit der Metaphysik

Auf die Fragen „Welche Strategien kann man entwickeln, um der Metaphysik zu entkommen?" oder „Wie würde Sprache funktionieren, wenn man sie von jeglicher Metaphysik befreien könnte?" lautet Derridas ständige Antwort, dass dies nicht möglich sei („... angenommen, man könnte der Metaphysik eines Tages *einfach* entkommen, was ich nicht glaube ...)."[230]

Damit meint Derrida nicht, dass manche Denker noch immer irrationalerweise weiter an Metaphysik glaubten, nachdem er diese mit unwiderlegbaren Argumenten widerlegt habe. Er meint damit, dass man für

229 Culler, *Dekonstruktion*, 102
230 *Positionen*, 39

die Widerlegung der Metaphysik gültige Argumente vorbringen müsse, aber dass die einzigen verfügbaren gültigen Argumente aus dem Bereich der Metaphysik selbst stammten. Daher müsse man von der Gültigkeit von metaphysischen Argumenten ausgehen, um mit ihnen die Gültigkeit der Metaphysik zu zerstören. Für Derrida war das Konzept von Zeichen und Bezeichnetem fester Bestandteil der Metaphysik, und er schreibt:

> Wir können uns des Begriffs des Zeichens aber nicht entledigen, wir können auf seine metaphysische Komplizenschaft nicht verzichten, ohne gleichzeitig die kritische Arbeit, die wir gegen sie richten, aufzugeben ... Was wir hier über das Zeichen sagen, lässt sich auf alle Begriffe und alle Sätze der Metaphysik ... ausdehnen. ... Da diese Begriffe aber keine Elemente, keine Atome sind, denn sie sind in einer Syntax und in einem System eingebunden, beschwört jede Anleihe die gesamte Metaphysik herauf.[231]

DIE BEHAUPTUNG, DASS DIE SCHRIFT VOR DER REDE STEHT UND DASS BEZEICHNUNG (SIGNIFIKATION) SINN ERZEUGT

In seinem viel gelesenen Buch *Grammatologie* versucht Derrida, eine These zu entwickeln:

> Wir werden zu zeigen versuchen, dass es kein sprachliches Zeichen gibt, das der Schrift vorherginge.[232]

Das hört sich für die meisten Leute recht seltsam an, denn auch die gesprochene Sprache ist ein System von linguistischen Zeichen, und gesprochene Worte sind noch immer das, was sie von Anfang an gewesen sind: vor allem Laute. Die meisten Experten sind sich zudem darüber einig, dass gesprochene Worte schon lange sprachliche Zeichen waren, bevor irgendjemand schriftliche Zeichen entwickelte, um so die Laute bestmöglich darzustellen, die bereits als Wörter verwendet wurden.

Wir können sogar die Geschichte und Entwicklung verschiedener Schriftsysteme zurückverfolgen: Piktogramme, Ideogramme, Hieroglyphen, Keilschrift, Alphabete. Und es ist absolut klar, dass die gesprochene

231 *Die Schrift und die Differenz*, 426
232 S. 29

Sprache nicht erfunden wurde, um die Bedeutung dieser schriftlichen Zeichen auszudrücken, sondern dass die schriftlichen Zeichen erfunden wurden, um die gesprochenen Zeichen bestmöglich darzustellen. Mit anderen Worten: Historisch gesehen kam die Rede vor der Schrift.

Noch heute gibt es gesprochene Sprachen, für die noch keine Schriftform existiert.

Das ist noch immer so. Noch heute gibt es gesprochene Sprachen, für die noch keine Schriftform existiert. Noch heute sprechen alle Kinder (mit Ausnahme jener, die aufgrund einer Behinderung dazu nicht in der Lage sind), bevor sie schreiben können. Und es gibt viele Erwachsene, die ihre Muttersprache zwar sprechen, sie jedoch weder lesen noch schreiben können, obwohl dafür schon seit Langem eine Schriftform existiert. Historisch und praktisch gesehen widerspricht die Behauptung, Schrift habe schon vor der Rede existiert, ganz einfach den Tatsachen.

Ähnlich verhält es sich bei der Literatur, wo die mündlichen Traditionen oft den schriftlichen Traditionen vorausgehen. Die epischen Gedichte, die Homer schließlich aufschrieb, wurden am Anfang als mündliche Sagen von professionellen Sängern bei den Banketten der Helden vorgetragen. Sogar noch in den ersten Jahrzehnten des 19. Jahrhunderts traf man Männer in Jugoslawien, die aus ihrer Erinnerung heraus sehr lange Epen erzählen konnten, die seit Generationen mündlich vom Vater an den Sohn weitergegeben wurden, ohne dass sie jemals aufgeschrieben wurden.

Es ist daher seltsam, dass Derrida versucht, eine These zu entwickeln, die bekannten und etablierten Tatsachen widerspricht. Man versucht natürlich, an mögliche Interpretationen dieser These zu denken, die diesen Widerspruch auflösen würden. Könnte er zum Beispiel damit meinen, dass die Schrift nicht *zeitlich* vor der Rede steht, sondern im Hinblick auf Wert und Nutzen über ihr steht? Er bemerkt zum Beispiel:

> Wenn „Schrift“ Inschrift und vor allem dauerhafte Vereinbarung von Zeichen bedeutet (was den alleinigen, irreduziblen Kern des Schriftbegriffs ausmacht), dann deckt die Schrift im Allgemeinen den gesamten Bereich der sprachlichen Zeichen.[233]

Demnach hat die Schrift im Vergleich zur Rede den Vorteil, dass sie dauerhaft ist, während die Rede sich sozusagen auflöst, sobald sie gesprochen wurde.

233 *Grammatologie*, 78

Aber auch das ist nicht wahr oder zumindest ist es *nicht mehr* wahr. Mit der Erfindung von Aufnahmegeräten und Computerfestplatten kann Rede genauso dauerhaft festgehalten werden wie Schrift. Außerdem leidet die Schrift als *visuelle* Darstellung der Rede darunter, dass sie die vielen Mittel, die die Rede zur Vermittlung von Bedeutung verwenden kann (Klang, Tonhöhe, Betonung etc.), nicht zufriedenstellend darstellen kann. Die Schrift ist daher als visuelles Medium Filmen und Videos unterlegen, denn diese können sichtbar und dauerhaft die Handgesten, Augen- und Gesichtsausdrücke festhalten, die die Rede begleiten und durch die Bedeutung noch besser kommuniziert werden kann.

Aber Derridas These wird im Laufe des oben zitierten Abschnitts nur noch seltsamer. Im Folgenden sagt er:

> ... deckt die Schrift im Allgemeinen den gesamten Bereich der sprachlichen Zeichen. In diesem Bereich kann daraufhin eine bestimmte Art vereinbarter, in der engen und abgeleiteten Bedeutung dieses Wortes „grafischer" Signifikanten in Erscheinung treten, die von einem bestimmten Verhältnis zu anderen vereinbarten, also „geschriebenen" Signifikanten geregelt werden, selbst wenn diese „lautlicher" Natur sind.[234]

Als er ursprünglich sagte, dass „es kein sprachliches Zeichen gibt, das der Schrift vorherginge", schien er damit zu implizieren, dass sich die Schrift von der Rede unterscheidet und schon vor ihr existiert hat. In diesem Abschnitt spricht er nun über etwas, was er als „Schrift im Allgemeinen" bezeichnet, welche das gesamte Feld von linguistischen Zeichen abdeckt. Wenn „Schrift" hier das bedeutet, was normalerweise unter „Schrift" verstanden wird, ist es nicht überraschend – es ist offensichtlich –, wenn man sagt, dass im gesamten Feld der linguistischen Zeichen, das von der „Schrift im Allgemeinen" abgedeckt wird, „grafische" Signifikaten in Erscheinung treten. Wie auch nicht? Denn „grafisch" ist einfach ein griechisches Wort, das „schriftlich" bedeutet. Aber es ist überraschend, dass uns gesagt wird, dass „Schrift im Allgemeinen" andere „lautliche" Signifikanten enthalte; denn „lautlich" steht für „stimmlich", das heißt „gesprochen". Und es überrascht noch mehr, dass uns gesagt wird, dass diese „stimmlichen" Signifikanten (d. h. mündlich gesprochene Worte) als „grafische" (schriftliche) Signifikanten klassifiziert werden müssen, obwohl sie eigentlich „lautlich"

234 *Grammatologie,* 78

sind. Derrida scheint die Bedeutung von „Schrift" im Laufe seines Textes neu zu definieren.[235]

Eine mögliche Interpretation von Derridas *Sinn*

Auch wenn Jonathan Culler ein Vertreter von Derridas Gedankengut ist, gibt er dennoch zu, dass die traditionelle Einstufung der Rede *über* der Schrift den wirklichen Tatsachen der Geschichte und der Erfahrung entspricht. Doch dann behauptet er, dass jene, die diese Tatsachen anführten, dies nicht täten, um

> eine bloß faktische oder lokale Priorität der Rede gegenüber der Schrift zu belegen, sondern um eine viel weitergehende, generelle und umfassendere Priorität zu beweisen. Die Rede gilt als unmittelbarer Zugang zur Bedeutung.[236]

Nach dieser Interpretation geht es bei Derridas seltsamer Behauptung, dass die Schrift vor der Rede steht, in Wirklichkeit um etwas ganz anderes: Mit seiner Behauptung möchte er die Sicht leugnen, dass die Rede in direktem Kontakt zu einer Bedeutung steht. Wenn Culler recht hat und dies die wahre Absicht hinter Derridas Argument ist, gibt es einiges, was sich darüber sagen lässt.

- *Es passt zu der Vorstellung, dass Signifikation Sinn erzeugt*

Was Culler sagt, passt zu Derridas Behauptung, dass Signifikation Sinn erzeuge. Laut Derrida ist Sinn nichts, was für sich allein existieren und dann kommuniziert werden kann, indem er in Worte gefasst und dann anderen übermittelt wird. Sinn existiere erst dann, wenn er tatsächlich signifiziert werden könne, d. h. entweder ausgesprochen oder aufgeschrieben werde.

> *Laut Derrida existiert Sinn erst dann, wenn er tatsächlich signifiziert werden kann, d. h. entweder ausgesprochen oder aufgeschrieben wird.*

235 Könnte es vielleicht sein, dass er mit einem „lautlichen" Zeichen etwas wie Kursivsetzung oder Unterstreichung meint, wodurch – auch wenn es sich um schriftliche Zeichen handelt – etwas angezeigt wird, was eine Betonung in einem gesprochenen Text wäre?

236 *Dekonstruktion*, 111

Aber man kann die Leute nur schwer davon überzeugen, dass das stimmt, insbesondere wenn sie einem Referenten zuhören, der einen Vortrag hält. Sie gehen selbstverständlich davon aus, dass er darüber nachgedacht hatte, was er sagen wollte und welchen Sinn er vermitteln wollte, bevor er es sagte. Sie würden wohl zugeben, dass er Wörter benutzte, um in seinem Geist über den Sinn nachzudenken, den er vermitteln wollte. Aber sie könnten auch vermuten, dass er – nachdem er in seinem Geist über den genauen Sinn, den er vermitteln wollte, entschieden hatte – dann auch entscheiden musste, welche Wörter er verwenden musste, um diesen Sinn seinem Publikum präzise zu vermitteln. Stellen Sie sich zudem vor, dass es sich bei dem Sprecher um einen russischen Philosophen handelt, der zu einem französischen Publikum sprechen möchte. Er würde wohl zuerst über den Sinn, den er vermitteln will, auf Russisch nachdenken und dann diesen Sinn (nicht die Wörter) ins Französische übersetzen und schließlich seinen Sinn „signifizieren", indem er ihn mit französischen Worten kommuniziert.

Bei all dem würde ein durchschnittlicher Mensch wohl folgende Schlüsse ziehen: erstens, dass der vom Sprecher beabsichtigte Sinn logisch vor den Wörtern existiert hat, die er schließlich aussprach, und zweitens, dass die Wörter, die er aussprach, in mehr oder weniger direktem Kontakt zu seinem beabsichtigen Sinn standen. Kein normaler Mensch würde denken, dass hier vor den französischen Wörtern, die er verwendete, um Sinn zu schaffen, kein Sinn existiert habe.

Natürlich könnte es passieren, dass für ihn manche der französischen Wörter, die er benutzt, unbekannt oder zweideutig sind oder beleidigend wirken könnten. In der Fragestunde könnte ihn also jemand fragen: „Als Sie das und das sagten, meinten Sie da wirklich das und das?" Der Sprecher würde nicht antworten: „Ich hatte keinen Sinn im Kopf, bevor ich sprach; wie Sie musste ich darauf warten, dass die Wörter aus meinem Mund hervorgingen, um diesen oder jenen Sinn zu schaffen." Er würde wohl eher sagen: „Nein, das habe ich nicht gemeint. Ich habe das, was ich sagen wollte, offenbar nicht gut ausgedrückt. Lassen Sie mich andere Wörter wählen, um das, was ich sagen möchte, besser auszudrücken." Darauf würde das Publikum wohl Folgendes erwidern: „Das ergibt Sinn. Jetzt wissen wir, was Sie meinten." Sie würden das Gefühl haben, dass seine Wörter in direktem Kontakt mit seinem im Voraus von ihm bestimmten Sinn stehen, und nicht, dass die Wörter erst seinen Sinn erzeugt haben.

Aber nehmen Sie einmal an, Sie würden sich (wie Derrida) weigern zu glauben, dass so etwas wie Sinn überhaupt existiert, etwas, was in Worte gefasst und einer anderen Person kommuniziert werden kann, sondern Sie würden vielmehr glauben, dass Sinn nicht existiert, bis er durch Signifikation (Wörter) erzeugt wird. Und stellen Sie sich vor, Sie glauben – so wie Derrida (wie wir gleich sehen werden) –, dass geschriebene Wörter keinen innewohnenden Sinn haben, sondern eine schier unbegrenzte Anzahl von unterschiedlichen Interpretationen erlauben. Welche Literaturtheorie würden Sie bevorzugen?

Als Erstes würden Sie einen schriftlichen Text einem lebenden Sprecher vorziehen. Dann würden Sie den intentionalen Fehlschluss bedingungslos akzeptieren, denn dieser würde Sie davon befreien, nach dem Sinn fragen zu müssen, den der Autor mit den Wörtern in seinem Text vermitteln wollte. So könnten Sie mit geschriebenen Wörtern beginnen und hätten die Freiheit, wenn Sie wollten, aus diesen geschriebenen Wörtern einen unbegrenzten Spielraum von Bedeutungen zu ziehen. Es könnte verführerisch für Sie sein, eine These zu entwickeln, die besagt, dass die Schrift über der Rede steht und schon immer gestanden hat.

- *Die Idee stammt ursprünglich nicht von Derrida*

Das Bestreiten, dass Sprache in direktem Kontakt zur Realität steht, ist eine Theorie, die von Philosophen und Sprachtheoretikern schon lange vor Derrida formuliert wurde. Wie wir festgestellt haben, soll Derridas eigenartige Theorie, dass die Schrift über der Rede steht, in Wirklichkeit bestreiten (sollte Culler recht haben), dass das gesprochene Wort in direktem Kontakt zur Bedeutung steht, d. h. sogar zur Realität. Das ist eine viel ernsthaftere Theorie und eine, die unter renommierten Philosophen weitverbreitet ist. Ihre Hauptmerkmale sind:

a. Ihre Befürworter sind tendenziell Vertreter des Konventionalismus.

b. Sie bestreitet, dass Sprache sich einfach auf Dinge in der Welt bezieht und diese bezeichnet.

c. Sie bestreitet, dass in einer Sprache ausgedrückte Konzepte reale Essenzen sind, die unabhängig von Sprache existieren.

d. Insbesondere bestreitet sie, dass uns die menschliche Sprache irgendetwas Objektives über Gott sagen kann.

Wir müssen jedes dieser Merkmale kurz untersuchen.

Konventionalismus

Der Konventionalismus sagt, dass Sprache an sich kein wesentliches Element in sich trägt: Sprache ist eine Schöpfung der Gesellschaft, die diese Sprache spricht.[237] Die linguistische Bedeutung wird von den Erfahrungen der jeweiligen Kultur, die diese Erfahrungen gemacht hat, abgeleitet und ist daher relativ zu diesen Erfahrungen. Transkulturelle Formen gibt es nicht.

In dieser Sicht von Sprache liegt einiges an Wahrheit, aber manches ist auch überzogen. Es ist sicherlich richtig, dass die einzelnen Symbole (d. h. Wörter) in jeder Sprache meistens relativ zu bestimmten Konventionen sind. So wird ein Objekt, das im Englischen durch das Symbol *tree* bezeichnet wird, im Französischen als *arbre,* im Griechischen als *dendron,* im Russischen als *derevo* und im Deutschen als *Baum* bezeichnet. Ebenso werden die Objekte, die im Deutschen als „Eiche", „Baum" und „Eicheln" bezeichnet werden, im Russischen von anderen Zeichen repräsentiert. Aber es ist wichtig, festzustellen, dass die einzelnen Zeichen zwar kulturrelativ sind, die Bedeutung eines Satzes, der aus diesen kulturrelativen Zeichen besteht, selbst nicht kulturrelativ sein muss. Die Bedeutung des deutschen Satzes „Eichenbäume tragen Eicheln" ist genau die gleiche, wenn er mit russischen Wörtern ausgedrückt wird.

> *Es ist sicherlich richtig, dass die einzelnen Symbole (d. h. Wörter) in jeder Sprache meistens relativ zu bestimmten Konventionen sind.*

- *Das Erste, was der Konventionalismus bestreitet*

Der Konventionalismus bestreitet, dass Sprache sich einfach auf Dinge in der Welt bezieht und diese bezeichnet. Das trifft sicherlich weitgehend zu, und es fallen einem sofort verschiedene Beispiele dafür ein. Betrachten Sie folgende drei Beispiele:

1. Ein Wort kann etwas bezeichnen, was in der Welt nicht existiert und auch nie existiert hat

Das Wort „Zentaur", das vom griechischen Wort *kentaurus* stammt, bezeichnet eine Kreatur, deren Körper und Beine die eines Pferdes, aber deren

237 Siehe auch Kap. 5 bzgl. Konventionalismus, S. 199

Torso und Kopf die eines Menschen sind. Solche Kreaturen hat es jedoch nie gegeben: Sie sind nur mythologische Fantasiewesen.

Ein ähnliches Beispiel ist „phlogiston“: Mit diesem Wort bezeichneten Wissenschaftler bis ins 18. Jahrhundert eine Substanz, von der die Chemiker damals glaubten, sie existiere in allen brennbaren Körpern und würde durch Verbrennung freigesetzt. Die spätere Forschung zeigte jedoch, dass es eine solche Substanz nicht gibt.

2. Verschiedene Bedeutungen für dasselbe Wort in verschiedenen Zeiten
Ein Wort kann in ein und derselben Sprache zu einem Zeitpunkt in der Geschichte als Bezeichnung zunächst für eine Sache verwendet werden und zu einem späteren Zeitpunkt als Bezeichnung für eine andere. In altem Englisch bedeutete *closet* „Schrank“; im amerikanischen Englisch hat das Wort noch immer eine ähnliche Bedeutung und bezeichnet eine Art Einbauschrank. Im späteren Englisch wurde der Begriff nur noch im Zusammenhang mit *water closet* (WC) verwendet. In diesem Sinne ist das Wort *closet* im heutigen Englisch völlig aus der Mode gekommen und wurde zunehmend ausgetauscht durch verschiedene Euphemismen wie *lavatory* (Waschraum) oder *bathroom* (Badezimmer) und im Amerikanischen durch *restroom* (wörtlich: Ruheraum) ersetzt.

3. Manchmal beinhaltet ein Wort eine Bewertung
Manchmal bezeichnet ein Wort nicht nur eine objektive Sache, sondern beinhaltet auch eine unausgesprochene subjektive, kulturell bestimmte Bewertung dieser Sache. Sowohl die englische als auch die deutsche Sprache verwenden das Wort „warm“. Doch Wasser, das im Deutschen als „warm“ beschrieben wird, wäre normalerweise um einige Grad wärmer als Wasser, das im Englischen als „warm“ beschrieben wird. Dasselbe Wort drückt also verschiedene subjektive Bewertungen aus.

Dieses letzte Beispiel veranschaulicht nun einen Punkt, der unmittelbar relevant für unsere gegenwärtige Diskussion ist. Die Tatsache, dass das Wort „warm“ im Deutschen eine andere subjektive Konnotation trägt als im Englischen, heißt nicht, dass es in der Welt kein objektives Phänomen gibt, das von dem subjektiv neutralen Wort „Temperatur“ beschrieben wird. Es gibt ein solches objektives Phänomen, das tatsächlich im Universum existiert, und es lässt sich mit objektiven Maßstäben messen (Celsius, Fahrenheit, Kelvin).

Es gibt also einige Wörter, die sich auf Dinge in der Welt beziehen und als Bezeichnung für diese dienen; und es wird aufschlussreich sein, wenn wir an dieser Stelle einen kurzen Exkurs machen und einmal darüber nachdenken, wie wir eigentlich zu solchen Wörtern kommen.

Tiere und Pflanzen
Die biblische Geschichte erzählt, wie Gott die Tiere zu Adam brachte und Adam ihnen Namen gab. Adam erfand also die Namen, die Wörter, die Bezeichnungen; aber Adam schuf nicht die Tiere, indem er ihnen Namen gab. Die Tiere existierten vor ihm und existierten auch weiterhin. Die Namen, die er ihnen gab, beinhalteten vielleicht auch persönliche Bewertungen der Tiere. Doch noch einmal: Das heißt nicht, dass die Wörter sich nicht auf real existierende Tiere bezogen. Eine spätere wissenschaftliche Klassifizierung hat uns exaktere Begriffe geliefert, die uns dabei helfen, Varianten derselben Arten zu unterscheiden; dasselbe gilt auch für die wissenschaftliche Klassifizierung von Pflanzen. Aber in beiden Fällen sind die präziseren Namen durch eine nähere Untersuchung der tatsächlich existierenden, objektiven Realitäten entstanden. Und dabei können wir uns ganz sicher sein: Die Benennung der Tiere durch den Menschen hat nicht die einzelnen Fakten über sie geschaffen.

Physikalische Dinge
Das Wort „Atom" ist ein gutes Beispiel. Als die Griechen zuerst diesen Begriff schufen, benutzten sie ihn, um damit etwas zu beschreiben, was in diesem Stadium nur ein theoretisches Konzept war. Sie hatten nie ein Atom gesehen, noch hatten sie stabile Beweise oder eindeutige Hinweise dafür, dass Atome existierten. Aber auf Grundlage der Beobachtung physikalischer Objekte entwarfen sie das Konzept, dass die physische Welt aus einer unendlichen Zahl von winzigen Teilchen bestehen muss, die so elementar sind, dass sie nicht weiter geteilt werden können. Daher gaben sie diesen vermuteten Teilchen den Namen „Atom" (= etwas, was nicht geteilt werden kann).

Wir benutzen das Wort „Atom" noch heute, aber streng genommen ist diese Bezeichnung falsch, denn wir wissen, dass es sehr wohl geteilt werden kann. Heißt dies nun, dass dieses Wort sich nicht auf eine objektive Realität bezieht, nur weil es keine exakte Beschreibung ist? Nein, natürlich nicht. Wir wissen, dass es so etwas wie Atome gibt, aber auch, dass sie sich spalten oder fusionieren können; und die Resultate von atomarer Spaltung oder Fusion sind keine rein theoretischen Konzepte, sondern nur allzu reale Fakten.

Beachten Sie daher, was mit dem Wort „Atom" geschehen ist. Wir benutzen es noch immer, doch es bedeutet nicht mehr exakt dasselbe wie das, was ursprünglich damit gemeint war. Die Bedeutungsänderung entstand jedoch nicht, weil das Wort sich niemals auf ein objektiv reales, winziges Teilchen von Materie bezogen hat, sondern aufgrund einer näheren Untersuchung dieser objektiven Realität, und so hat sich die Bedeutung unseres Wortes „Atom“ entsprechend selbst angepasst.

- *Das Zweite, was der Konventionalismus bestreitet*

Der Konventionalismus bestreitet außerdem, dass Konzepte, die in einer Sprache ausgedrückt werden, wirkliche Essenzen sind, die unabhängig von Sprache existieren. Lassen Sie uns mit einem einfachen Beispiel beginnen, das zeigt, dass Konzepte manchmal schon existieren, bevor sprachliche Mittel erfunden werden, um sie auszudrücken. Die alten Griechen hatten zwei syntaktische Konstruktionen, von der jede die Funktion hatte, Sätze zu verbinden und die logische Verbindung zwischen den Vorstellungen im ersten Satz und den Vorstellungen im zweiten Satz aufzuzeigen. Die eine Konstruktion war das Wort *hina,* gefolgt von einem Verb im Konjunktiv; die andere das Wort *hōste*, gefolgt von einem Verb im Indikativ.

Diese beiden Konstruktionen drücken zwei unterschiedliche Konzepte aus: Das eine *(hina* + Konjunktiv) weist auf ein beabsichtigtes Ergebnis hin, das durch eine bewusste, geplante Handlung herbeigeführt wird; das andere *(hōste* + Indikativ) bezeichnet eine einfache, unbeabsichtigte Folge einer Handlung. Der Unterschied zwischen diesen Konzepten ist zum Beispiel der Unterschied zwischen einem geplanten Mord auf der einen und einem versehentlichen Totschlag auf der anderen Seite.

> *Der Konventionalismus bestreitet, dass Konzepte, die in einer Sprache ausgedrückt werden, wirkliche Essenzen sind, die unabhängig von Sprache existieren.*

Um den Unterschied in der Bedeutung dieser beiden Konstruktionen zu verstehen, muss man sich erst den konzeptionellen Unterschied zwischen einem bewusst beabsichtigten Ergebnis und einer zufälligen, unbeabsichtigten Folge klarmachen.

Folgende Frage kommt auf: Stießen die alten Griechen zuerst auf diese beiden Konstruktionen in ihrer Sprache, dachten dann darüber nach, was sie möglicherweise bedeuten könnten, und entdeckten erst danach die Konzepte, die damit ausgedrückt wurden? Oder war es eher so, dass einige Personen zunächst die Konzepte im Kopf hatten und dann Konstruktionen entwickelten, um diese Konzepte auszudrücken?

Im Gegensatz zu vielen theoretischen Sprachwissenschaftlern sagt Noam Chomsky, dass Babys mit einer angeborenen „Sprachfähigkeit“ geboren werden, die neben anderen Dingen eine „universelle Grammatik“ vorgibt, das heißt eine Reihe von Einschränkungen der strukturellen Möglichkeiten, die es bei allen Sprachen in der Welt gibt. Dies ermöglicht es einem Kind, die logische Ordnung und die logischen Konzepte einer jeden Sprache zu begreifen, denen es in seinen ersten Lebensjahren begegnet.[238]

Jerry Fodor schreibt:

> So etwas wie die Vorstellung, man könnte ein konzeptionelles System erlernen, welches umfassender ist als das, was man bereits hat, existiert buchstäblich nicht; es gibt einfach keine Idee, wie es möglich wäre, durch so etwas wie einen Lernprozess von einem konzeptionell flachen System zu einem konzeptionell höheren System zu gelangen.[239]

Und E. Bates, D. Thal und V. Marchman äußern folgende Meinung:

> Wenn die grundlegenden strukturellen Prinzipien der Sprache nicht erlernt (von unten nach oben) oder abgeleitet (von oben nach unten) werden können, gibt es nur zwei mögliche Erklärungen für ihre Existenz: Entweder wurden wir direkt vom Schöpfer mit einer allgemeinen Grammatik ausgestattet oder unsere Spezies hat eine Mutation in einem noch nie dagewesenen Ausmaß vollzogen, sozusagen ein kognitives Äquivalent zum Urknall.[240]

Wir kehren nun kurz zu den konzeptionellen Unterschieden zwischen einem bewusst beabsichtigten Ergebnis und einer unbeabsichtigten Folge zurück. Ein kleines Kind, das einen Baustein nach seinem Bruder wirft und ihn dabei verletzt, muss noch nicht sehr alt sein, um zu verstehen, was „mit Absicht“ bedeutet, wenn seine Mutter fragt: „Hast du das mit Absicht gemacht? Wolltest du das tun?“

238 *Knowledge of Language*
239 J. A. Fodor, *Fixation of Belief and Concept Acquisition*, 149
240 *Symbols and Syntax*, 30

Die Gesetze der Mathematik
Von der Wissenschaft wird schon seit Langem die Sicht vertreten, dass die Abläufe im Universum nicht zufällig geschehen. Das Universum funktioniert nach mathematischen Gesetzen. Es ist dabei egal, welches Zahlensystem verwendet wird, ob nun das Sexagesimalsystem der alten Babylonier oder das moderne Dezimalsystem. Zudem ist offensichtlich, dass das Universum schon nach diesen Prinzipien funktionierte, lange bevor Menschen diese mit Mathematik beschrieben. Die Gesetze der Mathematik, sagt der Mathematiker Roger Penrose, wurden von Menschen entdeckt, nicht erfunden.[241] Mathematische Konzepte und Sprache beziehen sich also auf selbstexistente Realitäten. Sie sind Ausdruck der Rationalität des Schöpfers, die er in seine Schöpfung eingeschrieben hat und die durch seine Schöpfung verwirklicht wird.

Die grundlegenden allgemeinen Moralgesetze
Es ist ebenso offensichtlich, dass Moralvorstellungen wie „Es ist falsch, Kinder aus Spaß zu quälen" nicht durch die menschliche Sprache geschaffen werden. Sie sind instinktiv, oder wie die Bibel es ausdrückt, als „Werk des Gesetzes in ihren Herzen geschrieben" (Röm 2,15), das heißt von ihrem Schöpfer. Aus diesem Grund empfinden wir diese ethischen Gebote einfach intuitiv, statt sie durch rationale Argumente erst selbst zu schaffen.

• *Das Dritte, was der Konventionalismus bestreitet*

Der Konventionalismus bestreitet, dass menschliche Sprache uns irgendetwas Objektives über Gott sagen kann. Oft wird argumentiert, dass es so etwas wie eine private Sprache nicht gibt. Die Person, die behauptet, Gott zu kennen, verwendet bereits den Begriff „Gott", der von der Gesellschaft, in der sie lebt, erfunden wurde; und das Wort drückt so einfach die Vorstellungen aus, die die Gesellschaft sich selbst ausgedacht hat. Per Definition kann uns Sprache also nichts Objektives darüber sagen, wie Gott ist, und tatsächlich auch nicht, ob er existiert oder nicht. Alles, was sie uns sagen kann, ist das, was die Gesellschaft über sich selbst sowie über ihre eigenen Empfindungen über das Universum denkt.

241 Penrose vertritt, lehrt und verteidigt diese Position seit Langem. Siehe z. B. sein Buch *Der Weg zur Wirklichkeit.*

Diese Sicht der Dinge könnte gut stimmen, wenn die Annahme, auf der sie basiert, auch wahr wäre: die Annahme, dass Gott – wenn es ihn gäbe – es allein unserem Denken überlassen hätte, alles über ihn herauszufinden, was möglich ist. Aber dabei handelt es sich nur um eine Annahme. Die Bibel behauptet das Gegenteil, nämlich dass Gott, unser Schöpfer, es nicht völlig uns selbst überlassen hat, herauszufinden, ob er tatsächlich existiert und wie er ist – allein durch logische Schlussfolgerungen. Gott selbst hat die Initiative ergriffen und durch die Schöpfung zu uns gesprochen, durch die Moralvorstellungen, die er in unsere Herzen geschrieben hat, und durch die Propheten des Alten und Neuen Testaments. Darüber hinaus hat sich Gott, als er zu uns gesprochen hat, dazu herabgelassen, in unseren menschlichen Sprachen zu uns zu sprechen, obwohl er dadurch einigen unserer menschlichen Worte eine Bedeutungsfülle verliehen hat, die sie zuvor nicht hatten. Mehr noch, am Ende hat er zu uns durch den ewigen Logos gesprochen, nicht nur dadurch, dass er unsere menschliche Sprache benutzte, sondern indem er selbst Mensch wurde. Das ist also die Aussage der Bibel; die Beweise für ihre Wahrheit werden in einem weiteren Buch dieser Serie diskutiert.[242] In der Zwischenzeit müssen wir zu Derrida zurückkehren.

DAS BESTREITEN, DASS WÖRTER EINEN INNEWOHNENDEN SINN HABEN

Der Leugnung der Eigenbedeutung von Wörtern entspricht die These, dass der Sinn eines Wortes immer „aufgeschoben" ist, was einen unbegrenzten Spielraum zulässt:

> Dieses Feld ist in der Tat das eines *Spiels*, das heißt unendlicher Substitutionen ... Wollte man sich des Wortes bedienen ..., könnte man sagen, dass diese Bewegung des Spiels, die durch den Mangel, die Abwesenheit eines Zentrums oder eines Ursprungs möglich wird, die Bewegung der *Supplementarität* ... ist.[243]

242 Siehe Buch 4: *Was dürfen wir hoffen?*, Abschnitt: *Antworten einfordern*
243 Derrida, *Die Schrift und die Differenz*, 437

> *Spiel* wäre der Name für die Abwesenheit des transzendentalen Signifikats als Entgrenzung des Spiels, das heißt als Erschütterung der Onto-Theologie und der Metaphysik der Präsenz.[244]

Das zweite Zitat erinnert uns daran, dass im Zentrum von Derridas Literaturkritik die Entschlossenheit steht, jegliche Metaphysik und das, was er als Onto-Theologie bezeichnet (d. h. die Theologie des Seins), zu beseitigen. Doch wir sollten auch daran denken, dass er umgekehrt selbst an anderer Stelle zugibt, dass es sogar für ihn unmöglich ist, auf alle metaphysischen Konzepte zu verzichten. Aber er bemüht sich sehr darum. Um zu beweisen, dass es keinen Logos, kein festes Zentrum, keine Präsenz gibt, behauptet er, Wörter hätten keinen innewohnenden Sinn; und als Beweis führt er die Tatsache an, dass man, um zu wissen, was ein Wort bedeutet, das nächste Wort bzw. die nächsten Wörter im Satz abwarten muss, um zu sehen, was diese bedeuten.

Dazu fallen einem schnell Tausende von Beispielen ein. Nehmen Sie das Wort „Operation": Es kann die Bedeutung einer militärischen Operation haben oder einer chirurgischen, einer mechanischen usw. Stünde der Begriff für sich allein, könnte man nicht sagen, welche Art von Operation damit bezeichnet wird; nur die anderen Wörter im Kontext könnten uns dies zeigen. Daher, sagt Derrida, sei der Sinn eines Wortes „aufgeschoben", bis man zum nächsten Wort oder den nächsten Wörtern gelange und diese dann deutlich machten, was das erste Wort in diesem Kontext bedeute.

> 🍎 *Es ist eine maßlose Übertreibung, von einem grenzenlosen Bedeutungsspielraum zu sprechen.*

Diese Feststellung ist natürlich nicht neu oder besonders erhellend. Aber sie zeigt, dass es einfach nicht stimmt, dass das Wort „Operation" keinerlei innewohnenden Sinn besitzt. Es hat eine Kernbedeutung, die in allen Konnotationen konstant bleibt, die es im Laufe der Geschichte erhalten hat (und diese stammt vom lateinischen *opera/operatio* = Werk/Arbeit). Hier noch weiter zu gehen und zu behaupten, dass ein unbegrenzter Bedeutungsspielraum möglich sei, weil man nicht sagen könne, welche Konnotation beabsichtigt sei, bis man den Kontext gelesen habe, ist Unsinn. Wenn man natürlich darauf besteht, jedes Wort aus seinem Kontext zu lösen und sich auf die Bandbreite möglicher Bedeutungen zu konzentrieren – so wie es Derridas Technik der Dekonstruktion

244 Derrida, *Grammatologie*, 87

tendenziell tut –, dann kann man natürlich mit allen möglichen Bedeutungen jonglieren. Trotzdem ist es eine maßlose Übertreibung, von einem grenzenlosen Spiel der Bedeutungen zu sprechen.

Aber warum sollte irgendein vernünftiger Literaturkritiker, der sich mit einem Text auseinandersetzt, jedes einzelne Wort für sich isoliert von dem Kontext betrachten, in dem es auftaucht?

Diese Frage führt uns allerdings zum nächsten Prinzip von Derridas Literaturkritik.

DEKONSTRUKTION

Hier sind wieder ein paar Zitate von anerkannten Anhängern von Derridas System. Sie beschreiben nicht nur, was die dekonstruktive Kritik tut, sondern auch, welches Ziel sie bewusst anstrebt und was ihre Motivation dafür ist.

1. „Einen Diskurs dekonstruieren heißt aufzeigen, wie er die Philosophie, die er selbst vertritt, ... unterminiert."[245]

2. „Der dekonstruktive Diskurs in Kritik, Philosophie oder Poesie selbst unterminiert den referenziellen Status der Sprache, die dekonstruiert wird."[246]

3. „Als eine Form der Texttheorie und Textanalyse untergräbt die zeitgenössische Dekonstruktion beinahe alles in der Tradition und stellt dabei vorgefasste Vorstellungen über Zeichen und Sprache, Text, Kontext, Autor, Leser, die Rolle der Geschichte, die Arbeit der Interpretation und die Formen des kritischen Schreibens infrage."[247]

4. „Früher oder später lernen wir, dass die Dekonstruktion jede kritische Lektüre oder jede theoretische Konstruktion infrage stellt. Wenn eine Entscheidung getroffen wird, immer wenn Autorität zum Vorschein kommt, wenn Theorie und Kritik zum

245 Culler, *Dekonstruktion*, 96

246 J. Hillis Miller, *Deconstructing the Deconstructors*, 30

247 Leitch, *Deconstructive Criticism*, ix

Tragen kommen, hinterfragt die Dekonstruktion ... Sobald sie dies tun, wirkt sie zersetzend ... Am Ende bewirkt die Dekonstruktion eine (völlige) Umgestaltung des traditionellen Denkens."[248]

5. „Die deutlichste Unterscheidung zwischen traditionalistischer und dekonstruktiver Logik liegt im Unterschied zwischen ihrer jeweiligen Einstellung gegenüber der Ausübung von Macht ... (und) dem Verzicht auf die Macht, den Geschmack vorzuschreiben."[249]

6. „Eine Dekonstruktion zeigt also, wie der Text sich resolut weigert, irgendeine privilegierte Leseweise anzubieten ... Die dekonstruktive Kritik überschreitet eindeutig die von der traditionellen Kritik gesetzten Grenzen."[250]

So also beschreibt der Dekonstruktivismus sich selbst.

Über Dekonstruktion
Wir sehen, dass er ein negatives Ziel hat: Er „unterminiert", „zersetzt", „überschreitet", „stellt infrage". Aber wir bemerken auch einige andere Dinge.

- *Der erste Gegenstand seiner negativen, zersetzenden Kritik*

Vor allem attackiert, unterminiert und zersetzt er jede traditionelle Interpretation. Es ist natürlich eine gute und gesunde Sache, eine traditionelle Interpretation zu hinterfragen und nichts einfach so hinzunehmen, nur weil es jemand gesagt hat, um stattdessen nur das Gute zu behalten. Aber für den Dekonstruktivisten ist an der traditionellen Literaturkritik und -interpretation per Definition gar nichts gut, denn sie baut für ihn auf falschen Annahmen und einer falschen Logik auf. Christopher Norris schreibt:

248 Leitch, *Deconstructive Criticism*, 261
249 Flieger, *The Art of Being Taken by Surprise*, 57
250 Leitch, *The Book of Deconstructive Criticism*, 24–25

> Dekonstruktion ist der aktive Gegenentwurf zu allem, was Kritik sein sollte, wenn man ihre traditionellen Werte und Konzepte akzeptiert.[251]

Das ist die Sprache des Revolutionärs. Er kann in der Vergangenheit nichts Gutes sehen. Alles muss beiseitegefegt werden, eine völlig neue Ordnung muss eingeführt werden.

- *Der andere Gegenstand seiner negativen, zersetzenden Kritik*

Das ist nichts Geringeres als die Autorität des Textes selbst. Die Revolution schreitet fort, indem sie „den referenziellen Status der Sprache (des Textes), die dekonstruiert wird, unterminiert". Egal, auf was der Autor sich beziehen wollte, der Dekonstruktivist versucht aufzuzeigen, dass eine Bezugnahme des Autors ungültig ist. Und ohnehin wurde die Legitimität, überhaupt nach der Absicht des Autors zu fragen, von vornherein ausgeschlossen.

- *Seine revolutionäre Opposition gegen alle Macht und Privilegierung*

Ein interessantes psychologisches Merkmal von Dekonstruktivisten ist, dass sie nicht nur einfach irgendwelche traditionellen Theorien der Literaturkritik kritisieren – denn das tun wir alle. Sie haben vielmehr das Gefühl, dass jede traditionelle Literaturkritik bereits ein tyrannischer Gebrauch von Macht und Privilegierung ist, um damit den Geschmack der Menschen zu diktieren; daher muss diese unterminiert, zersetzt und völlig beseitigt werden. Diese Reaktion ist zweifellos extrem. Stellen Sie sich beispielsweise vor, uns würde ein Text in Altchinesisch vorliegen, und keiner von uns könnte Altchinesisch. Dann kommt ein Experte, der die Sprache kennt. Ist er nicht in der privilegierten Position, uns mitzuteilen, was der Text sagt? Natürlich würden wir die Übersetzung gerne überprüfen, indem wir andere Experten, die Altchinesisch können, konsultieren. Aber wieso sollten wir dann auf solch privilegiertes Wissen nicht zurückgreifen und stattdessen auf unsere Freiheit pochen, den Text selbst zu interpretieren, obwohl wir die Sprache gar nicht kennen?

251 *Deconstruction*, xii

- *Was Dekonstruktivisten als Ersatz für die traditionelle Literaturkritik vorschlagen*

Darauf weist Barbara Johnson hin: Dekonstruktion „nimmt uns den Trost, den wir daraus ziehen, Dinge zu beherrschen und uns über sie einig zu sein – dem liegt jedoch die Illusion zugrunde, dass Objektivität irgendwo außerhalb des Selbst liegt“[252]. Aber wenn es keine Objektivität außerhalb des individuellen Selbst gibt, wo ist sie dann zu finden? Innerhalb jedes individuellen Selbst? Aber das würde literarisch-kritische Anarchie bedeuten. Oder liegt sie nirgendwo? Das würde das Ende der Literaturkritik als gesellschaftliche oder akademische Tätigkeit bedeuten.

- *Das Problem mit der Zerstörung jeder traditionellen Literaturkritik durch den Dekonstruktivismus*

Stellen Sie sich vor, dass es der Dekonstruktion eines Tages gelingt, jede Literaturkritik abzuschaffen, um selbst die universelle Theorie zu werden. In 50 oder 100 Jahren wäre sie selbst zur traditionellen Sicht geworden. Wie würden die revolutionären Kritiker dann mit dem Dekonstruktivismus verfahren?

- *Die Dekonstruktionstheorie lehnt es ab, dass ihre eigenen Prinzipien auch auf sie selbst angewendet werden*

Derrida schreibt:

> Die Gerechtigkeit an sich – wenn es so etwas gibt, außerhalb oder jenseits des Gesetzes – ist nicht dekonstruierbar. Genauso wenig wie die Dekonstruktion selbst, wenn es so etwas gibt. Dekonstruktion ist Gerechtigkeit.[253]

Und John D. Caputo fügt hinzu:

252 Johnson, *Nothing fails like success*, 11
253 Derrida, *Force of Law*, 14–15

> Gerechtigkeit ist nicht dekonstruierbar. Schließlich ist nicht alles dekonstruierbar, oder die Dekonstruktion würde keinen Sinn machen.[254]

Diese beiden Aussagen sind bemerkenswert. Zuvor haben wir gesehen, dass es nach Derrida keine objektiven Werte oder Grundprinzipien gibt, die wir verstehen und dann mit Worten ausdrücken könnten. Das Wort „Gerechtigkeit" bezieht sich nicht auf irgendeine objektive „Präsenz", denn das wäre die falsche Vorstellung eines Logozentrismus und eines transzendentalen Signifikats. Doch nun behaupten Derrida und Caputo, dass es solche objektiven Werte doch gebe: Gerechtigkeit und Dekonstruktion, und sie seien in sich gut, intrinsisch und inhärent gut („sich selbst präsent", um Derridas eigene Beschreibung zu verwenden). So widersprechen Derrida und Caputo genau den Grundprinzipien, auf denen Derrida seine ganze Theorie der literarischen und linguistischen Kritik aufgebaut hat.

Außerdem wurde uns zuvor gesagt: „Einen Diskurs dekonstruieren heißt aufzeigen, wie er selbst die Philosophie, die er vertritt, ... unterminiert."[255] Und nun widersprechen Derrida und Caputo im Namen des Dekonstruktivismus der Dekonstruktionstheorie selbst und versuchen dann, ihre Theorie mit der Behauptung zu schützen, dass zwar jeder andere Text und jede andere Literaturtheorie dekonstruiert werden müsse, die Dekonstruktionstheorie selbst jedoch nicht dekonstruiert werden dürfe. Was ist das anderes als ein Ausdruck von Macht und Privilegierung, die Immunität gegen kritische Fragen fordert, die sie selbst in Bezug auf alles andere stellt? Hier – um Cullers Ausdrucksweise zu verwenden – unterminiert die Dekonstruktion die Philosophie der Dekonstruktion, die sie selbst vertritt.

- ***Die selbst auferlegte Unfähigkeit des Dekonstruktivismus, irgendjemandem bei der Interpretation eines Textes zu helfen***

Die erste Voraussetzung für eine faire Textkritik ist nicht eine unkritische Akzeptanz von allem, was ein Text sagt, sondern eine gewisse positive Sympathie oder Empathie gegenüber dem Autor, die sich um Verständnis bemüht, was der Autor sagen wollte. Die totale Negativität des Dekonstruktivismus, seine Entschlossenheit, den beabsichtigten Sinn eines Textes zu

254 Caputo, *Deconstruction in a Nutshell*, 131
255 Culler, *Dekonstruktion*, 96

zersetzen, unterminieren und dekonstruieren, indem er sich atomistisch auf den vermeintlich unbegrenzten Bedeutungsspielraum einzelner Wörter konzentriert, garantiert nahezu, dass er niemals irgendjemandem helfen wird, den Wert – wie unvollkommen er auch sein mag – irgendeines Textes wertzuschätzen, nicht einmal den Wert der Meisterwerke.

DIE IDEALE SCHRIFT LAUT DERRIDA

Es stellt sich die Frage: Wie würde Derrida selbst vorgehen, wenn er jemals ein literarisches Werk schreiben würde? Angesichts seiner eigenen Prinzipien könnte er nicht davon ausgehen, dass er eine Idee, einen Sinn im Kopf hätte, die er durch das Schreiben eines Textes ausdrücken wollte. Und er könnte auch nicht hoffen, dass irgendjemand überhaupt jemals versuchen würde zu verstehen, was er sagen wollte. Aber wie kann man Wörter schreiben, ohne dabei die Absicht zu haben, etwas durch sie zu sagen? Lassen wir Derrida selbst erklären:

> Schreiben heißt sich zurückzuziehen. Nicht in sein Zelt, um zu schreiben, sondern von seiner Schrift selbst. Weit von seiner Sprache entfernt auf eine Sandbank zu laufen, sie zu emanzipieren und ihr den Ort zu räumen, sie allein und entblößt ihres Weges gehen zu lassen. Die Rede sich selbst zu überlassen. Dichter zu sein, heißt die Rede sein zu lassen. Sie ganz von allein sprechen zu lassen, was sie nur in der Schrift zu tun imstande ist. ... Die Schrift zu *lassen*, heißt nur da zu sein, um ihr den Durchgang zu lassen, um das durchscheinende Element ihres Ausgehens zu sein: alles und nichts. Im Hinblick auf das Werk ist der Schriftsteller alles und nichts zugleich. Wie Gott auch.[256]

Was er ablehnt

> Einerseits die Theologische Enzyklopädie und das nach ihrem Modell entworfene Buch des Menschen.[257]

256 *Die Schrift und die Differenz,* 109. Aber wenn ein Autor nur ein Durchgang ist, durch den die Schrift hindurchgeht, wo kommt die Schrift dann ursprünglich her? Mehr zu den Vorstellungen Derridas, die in diesem Abschnitt zitiert werden, finden Sie im Buch *Divine Discourse* von Nicholas Wolterstorff.

257 *Die Schrift und die Differenz,* 443

Was er akzeptiert und welches Ziel er verfolgt

> Andererseits ein Gewebe von Spuren, welches das Verschwinden eines überstiegenen Gottes oder eines ausgelöschten Menschen kennzeichnete.[258]

> Von seiner Sprache wieder Besitz zu ergreifen ... und im Widerstand gegen einen Vater des Logos die Verantwortung über sie zu beanspruchen.[259]

> (Ein Gedicht) läuft immer Gefahr, sinnlos zu sein; ohne dieses Risiko wäre es nichts.[260]

> Sich selbst riskieren beim Nichts-Sagen-Wollen, das heißt in das Spiel einsteigen.[261]

ABSCHLIESSENDE KOMMENTARE ZU DERRIDA

Es ist klar zu sehen, dass Derridas Theorie der Literaturkritik eine gewisse Rebellion gegen Autorität zugrunde liegt und von ihr motiviert wird – sei es gegen die Autorität des Autors oder des Textes oder der Sprache oder der Metaphysik oder der Tradition oder von Macht und Privilegierung jeglicher Art. Es ist hilfreich, Derridas akademischen Hintergrund zu kennen, um diesen Charakterzug zu verstehen. Ellis zeigt auf:

> Mitte der 60er-Jahre, als die Dekonstruktion entstand, herrschte in den französischen Universitäten ein ungewöhnliches Maß an Strenge und Konservatismus. ... Nirgendwo war konservative Literaturgeschichte und Literaturbiografie pedantischer oder verknöcherter, und nirgendwo gab es mehr Konformismus in dem, was Universitätsstudenten gelehrt wurde. Es gab eine Wahrheit, und sie stand in Gustave Lansons *Literaturgeschichte Frankreichs,* die Studenten sich einprägen mussten. Jede Abweichung von dieser grundlegenden

258 *Die Schrift und die Differenz,* 443
259 *Die Schrift und die Differenz,* 114
260 *Die Schrift und die Differenz,* 114
261 *Positionen,* 36

> Wahrheit hatte eine massive, vereinte Repressalie zur Folge, und diese Tatsache führte zu einer sehr realen Unterdrückung aller alternativen Möglichkeiten.[262]

Vielleicht können nur diejenigen, die selbst unter dem Zwang gelitten haben, eine „korrekte" Theorie der Literaturkritik zu übernehmen, welche ihnen durch irgendeine Autorität aufgezwungen wurde, die Ressentiments gegen Autorität verstehen, die in den Köpfen der Studenten entsteht, wenn es ihnen nicht erlaubt wird, selbst zu denken. Aber es ist schade, dass solche Ressentiments – wie es im Fall von Derrida wohl geschehen ist – zu dem anderen Extrem führen, dass man jegliche Autorität ablehnt: die des Autors, die des Textes, die der Sprache, die der Metaphysik, die des *logos* und die von Gott selbst.

262 *Against Deconstruction*, 83–84

10

POSTMODERNISMUS UND WISSENSCHAFT

Der Einsatz von Wissenschaft hat in einigen Ländern zugleich die fortschrittlichsten Waffen und die schrecklichsten Bürgerkriege, Armut und Hunger hervorgebracht. Nicht ohne Grund attackiert der Postmodernismus daher oft offen die Wissenschaft als den Bösewicht, der für die fürchterliche Aggression, Umweltverschmutzung, Entfremdung und Ausbeutung mitverantwortlich ist.

NUR EINE WEITERE GESCHICHTE?

Postmodernisten tendieren zu der Ansicht, dass die Behauptungen von Wissenschaftlern überzogen sind, weil diese nicht erkennen, wie beeinträchtigt ihre Vernunft manchmal ist. So behaupten manche postmodernen Denker, dass die Naturgesetze, die durch die wissenschaftliche Forschung entdeckt wurden, nichts anderes als gesellschaftliche Konstruktionen sind – d. h., dass sie eher Produkte der eigenen Kultur der Wissenschaftler sind als Reflexionen über die tatsächlichen Funktionsweisen des Universums.

Richard Rorty (1931–2007), ein postmoderner Pragmatiker, schrieb:

> Der Pragmatiker sagt uns, es sei sinnlos zu hoffen, dass Objekte uns dazu nötigen, die Wahrheit über sie zu glauben, wenn man sich ihnen nur mit einem ungetrübten geistigen Auge oder einer genauen Methode oder einer klaren Sprache nähern würde. Er möchte, dass wir den Gedanken aufgeben, dass Gott oder die Evolution oder irgendein Verfasser unseres gegenwärtigen Weltbildes uns als Maschinen programmiert hat, die Dinge akkurat verbal abbilden, und dass die Philosophie uns Selbsterkenntnis schenkt, indem sie uns unser eigenes Programm lesen lässt.[263]

Für Rorty teilt der postmoderne Pragmatiker

> den baconschen und hobbeschen Gedanken, dass Wissen Macht ist, ein Werkzeug, das einem hilft, mit der Realität umzugehen. Aber er führt diese Punkt Bacons ins Extrem. ... Er verwirft gänzlich die Vorstellung von Wahrheit als Korrespondenz mit der Wirklichkeit und sagt, die moderne Wissenschaft befähige uns nicht, mit ihr

263 *Consequences of Pragmatism*, 165

> umzugehen, weil sie mit dieser korrespondiere; sie versetzt uns einfach nur in die Lage, mit ihr umzugehen.[264]

Um diese Ansicht zu stützen, zitiert Rorty Kuhn und Dewey: „Kuhn und Dewey schlugen vor, den Gedanken aufzugeben, dass sich die Wissenschaft auf ein Ziel namens ‚Korrespondenz mit der Wirklichkeit' hin bewegt, und stattdessen nur zu sagen, dass ein bestimmtes Vokabular bei einem bestimmten Zweck besser funktioniert als ein anderes."[265] Sie scheinen damit zu sagen, dass wir eine Reihe von (wissenschaftlichen) Wörtern gefunden haben, die die Bewegungen der Planeten besser beschreiben als eine andere Reihe von Wörtern, aber – so behaupten sie – wir könnten nicht sagen, dass diese Wörter der Wahrheit der realen Situation nahekommen.

In der postmodernen Sicht ist jeder wissenschaftliche Versuch, das Universum zu verstehen, bedingt und mehr oder weniger verzerrt durch den kulturellen Hintergrund der Wissenschaftler selbst. Postmodernisten betrachten Wissenschaft daher als „nur eine weitere Reihe von Erzählungen": Wenn Wissenschaftler uns ein Merkmal des Universums erklären, ist dies einfach ihre eigene Geschichte dazu. Andere Leute könnten sich eine gleichermaßen gültige Geschichte darüber ausdenken. Es sind alles nur Geschichten. Dies bedeutet unweigerlich, dass wir in die absurde Situation geraten, dass wir nicht mehr sagen können, was der Unterschied zwischen Astronomie und Astrologie ist. Hierzu erneut Rorty:

> Es ergibt keinen Sinn zu fragen, ob ein Vokabular der Wirklichkeit näherkommt als ein anderes. Denn unterschiedliche Vokabulare dienen unterschiedlichen Zwecken, und einen Zweck, der näher an der Wirklichkeit wäre als ein anderer Zweck, gibt es nicht ... Nichts wird durch die Aussage vermittelt ..., dass das Vokabular, mit dem wir die Bewegung eines Planeten vorhersagen, mehr dem wirklichen Sachverhalt der Dinge entspricht als das Vokabular, mit dem wir dem Planeten eine astrologische Bedeutung zuordnen. Denn die Aussage, Astrologie sei realitätsfremd, kann nicht erklären, warum Astrologie nutzlos ist: Sie formuliert diese Gegebenheit bloß mit irreführenden gegenständlichen (repräsentationalen) Begriffen neu.[266]

---

264 *Consequences of Pragmatism*, xvii

265 *Consequences of Pragmatism*, 193

266 Richard Rorty in seiner Einleitung zu John P. Murphys *Pragmatism*, 3

Jedoch ist Rorty in seiner Einstellung zur Wissenschaft nicht immer konsequent:

> Die Vorstellung, dass eine Art von Organismus sich anders als alle anderen nicht auf das eigene Wohlergehen, sondern auf die Wahrheit ausrichtet, ist so undarwinistisch wie die Vorstellung, dass jeder Mensch einen eingebauten moralischen Kompass besitzt – ein Gewissen, das unabhängig sowohl vom sozialen Hintergrund als auch vom individuellen Glück ist.[267]

Rortys Aussage ist sehr interessant. Er ist offenbar Darwinist und davon überzeugt, dass Darwins Theorie wahr ist. Aber wie kommt er zu der Überzeugung, dass der Darwinismus recht hat, wenn der Darwinismus lehrt, dass kein Organismus, auch nicht Rorty selbst, sich auf die Wahrheit ausrichtet? Das ist einfach inkohärent.

EINE ÜBERREAKTION AUF DEN MODERNISMUS

Das starke antiwissenschaftliche Element im postmodernen Denken kann leicht die Tatsache verbergen, dass der Postmodernismus in einem sehr realen Sinne eine Überreaktion auf den Modernismus ist, der selbst übers Ziel hinausgeschossen ist. Das zeigt sich an der modernistischen Doktrin des *Szientismus:* dass Wissenschaft die einzige Quelle der Wahrheit ist und alles letztendlich der wissenschaftlichen Analyse weichen muss. Der Szientismus gründet auf einer richtigen Überzeugung: dass die Wissenschaft ein zuverlässiges Instrument ist, um Wissen über das Universum zu gewinnen. Der Fehler des Szientismus liegt jedoch darin, dass er diese Wahrheit dermaßen übertreibt, dass daraus die völlig falsche Vorstellung entsteht, die Wissenschaft sei die einzig gültige Methode der Wahrheitsfindung.[268]

Eine weitere zentrale Doktrin des Modernismus ist die Idee vom Fortschritt. Auch diese gründet auf der zutreffenden Vorstellung, dass Fortschritt sowohl möglich als auch wünschenswert ist. Wenn diese Doktrin jedoch zur Idee überhöht wird, dass der Einsatz von Wissenschaft unweigerlich zu Fortschritt führt, kann dies einen seltsamen Beigeschmack bekommen. Der Einsatz von Wissenschaft hat in einigen Ländern zugleich die

267 *Untruth and Consequences*, 36

268 Siehe der Anhang: „Was ist Wissenschaft?“

fortschrittlichsten Waffen und die schrecklichsten Bürgerkriege, Armut und Hunger hervorgebracht. Nicht ohne Grund attackiert der Postmodernismus daher oft offen die Wissenschaft als den Bösewicht, der für die fürchterliche Aggression, Umweltverschmutzung, Entfremdung und Ausbeutung mitverantwortlich ist.

Um den Postmodernismus zu verstehen, müssen wir uns klar machen, dass er eine (verständliche) Gegenreaktion auf die Extreme der Moderne ist und sowohl den Szientismus als auch den Mythos vom Fortschritt als Machtagenda der herrschenden Kultur ablehnt. Für den Postmodernisten ist die Wissenschaft nur eine „Geschichte", eine rein menschliche Erfindung, deren „wirklicher" Zweck es ist, die Agenda der sozialen Beherrschung durch die wissenschaftliche Elitekultur zu stärken und voranzutreiben. Der Anthropologe Matt Cartmill formuliert die Grundthese der postmodernen Kritik wie folgt:

> Jeder, der behauptet, er besäße objektives Wissen über irgendetwas, versucht, den Rest von uns zu kontrollieren und zu dominieren ... Objektive Tatsachen gibt es nicht. Alle vermeintlichen „Tatsachen" sind durch Theorien kontaminiert, und alle Theorien sind von moralischen und politischen Lehrsätzen verseucht ... Wenn also ein Typ in einem Labormantel Ihnen erzählt, dies oder jenes sei eine objektive Tatsache ..., muss er unter seinen gestärkten weißen Ärmeln eine politische Agenda haben.[269]

EINE REAKTION AUF DEN POSTMODERNISMUS: IST WISSENSCHAFT EIN GESELLSCHAFTLICHES KONSTRUKT?

Ob wir nun zustimmen oder nicht, dass Wissenschaft bloß „*ihre* Geschichte" ist – um der postmodernen Kritik gegenüber fair zu bleiben, müssen wir die Frage stellen: Könnte es sein, dass Wissenschaft und Technologie manchmal von einer gesellschaftlichen oder politischen Agenda motiviert sind? Diese Frage lässt sich mit Ja beantworten. Nun gibt es natürlich gute gesellschaftliche und politische Agenden: Ganz klar trifft dies auf die wissenschaftliche Forschung nach Lösungen für das Problem von Krankheiten zu, ebenso auf die Entdeckung alternativer Energiequellen, und es würden

269 *Oppressed by Evolution*

uns noch weitere Dinge einfallen. Doch schon immer ist die Wissenschaft auch für gesellschaftliche und politische Agenden eingesetzt worden, die nicht gut waren: Manche Länder haben so viele ihrer Ressourcen in die Produktion von ausgefeilten Massenvernichtungswaffen gesteckt, dass ihre Bürger in wirtschaftlicher Armut leben; und das sensible Ökosystem des Planeten Erde wird durch unkontrollierte Ausbeutung ruiniert. Es gibt viel zu kritisieren, und man kommt nicht umhin, Verständnis für diese Kritik am Missbrauch von Wissenschaft zu zeigen.

Aber das bringt uns zum Punkt: Wir müssen hier zwischen zwei Dingen unterscheiden – zwischen dem Missbrauch der Wissenschaft und der Wissenschaft selbst. Lassen Sie uns dies anhand eines extremen Beispiels verdeutlichen. Stellen Sie sich vor, ein kluger Wissenschaftler hegt einen Groll gegen die Gesellschaft und will die Wasserversorgung einer Stadt vergiften. Mit seinem Chemiewissen entwickelt er heimlich ein neues, starkes Gift, doch bevor er es einsetzen kann, wird er zum Glück von der Polizei festgenommen. Die Tatsache, dass er das Gift aus einer bösen Motivation heraus entwickelt hat, die sich aus seiner gesellschaftlichen Situation ergeben hat, heißt nicht, dass die von ihm angewendeten chemischen Gesetze oder das von ihm hergestellte Gift durch zeitgenössische Gesellschaftstheorien entstanden sind! Eine Kostprobe des Giftes würde schnell zeigen, wie lächerlich diese Sicht ist! Daher müssen wir unterscheiden zwischen der Wissenschaft selbst (die chemischen Gesetze, die der Wissenschaftler anwendet, um sein Gift herzustellen) und der ethischen Frage nach dem Zweck, für den Wissenschaft eingesetzt wird.

Diese Unterscheidung ist äußerst wichtig. Denn es ist sicherlich richtig, dass – wie der Postmodernist behauptet – die Wissenschaft uns Technologien zur Herstellung von Massenvernichtungswaffen gegeben hat. Aber wir dürfen nicht vergessen, dass Laser nicht nur Raketen steuern, sondern auch eingesetzt werden, um die Sehfähigkeit wiederherzustellen (so wie Feuer nicht nur verbrennt, sondern auch wärmt). Es wäre nicht fair, die Wissenschaft selbst für die bösen Absichten anzuklagen, für die sie manchmal eingesetzt wird, aber es steht außer Zweifel, dass der Einsatz von Wissenschaft etwas ist, was man einer strengen moralischen Analyse unterziehen sollte. Die Wissenschaft selbst ist jedoch nicht in der Lage, die notwendigen moralischen Kriterien hierfür zu liefern. Einstein sagte: „Was wir Wissenschaft nennen, hat den alleinigen Zweck, zu bestimmen, was ist. Die Bestimmung, was sein sollte, ist davon unabhängig und kann methodisch nicht erreicht werden."[270]

Wenn Wissenschaft nicht in der Lage ist, uns die moralischen Kriterien zu liefern, kann es der Postmodernismus auch nicht. Wie könnte es möglich sein, eine moralische Analyse durchzuführen, wenn – wie der Postmodernismus behauptet – alle Wahrheiten (und damit auch alle moralischen Wahrheiten) gleichsam gültig wären! Da der Postmodernismus diese notwendigen Unterscheidungen nicht macht, entzieht er damit in Wirklichkeit seiner berechtigten Kritik selbst den Boden.

Die Kategorienverwirrung der Postmoderne

Der Physiker Alain Sokal sagt, dass ein Großteil des Unsinns, der in der postmodernen Wissenschaftskritik enthalten ist, tatsächlich dadurch entsteht, dass zwei oder mehr der folgenden Analyseebenen durcheinandergebracht werden:

1. *Ontologie:* Welche Dinge existieren in der Welt? Welche Aussagen über diese Dinge sind wahr?

2. *Erkenntnistheorie:* Wie können Menschen Wahrheiten über die Welt wissen? Wie können sie einschätzen, wie verlässlich dieses Wissen ist?

3. *Soziologie des Wissens:* In welchem Maße sind die Wahrheiten, die Menschen wissen (oder wissen können), in jeder Gesellschaft von sozialen, wirtschaftlichen, politischen, kulturellen und ideologischen Faktoren beeinflusst (oder bestimmt)? Dieselbe Frage stellt sich auch im Hinblick auf Falschaussagen, die irrtümlicherweise für wahr gehalten wurden.

4. *Individuelle Ethik:* Welche Arten von Forschung sollte ein Wissenschaftler (oder Technologe) betreiben (oder sich weigern zu betreiben)?

270 Einstein, *Letters to Solovine,* 119–121

5. *Sozialethik:* Welche Arten von Forschung sollte die Gesellschaft fördern, subventionieren oder öffentlich finanzieren (oder andererseits eindämmen, besteuern oder verbieten)?[271]

Jede dieser Analyseebenen sollte natürlich von Wissenschaftlern und anderen bedacht werden. Die postmoderne Verwirrung entsteht nicht aufgrund der Tatsache, dass alle diese Ebenen überhaupt existieren und wichtig sind, sondern aufgrund der fehlenden Unterscheidung zwischen ihnen.

Auch in unserem Beispiel gerade werden mehrere Ebenen durcheinandergebracht. Lassen Sie uns es noch einmal betrachten. Der kluge Chemiker hat ein neues Gift entdeckt. Auf ontologischer Ebene kann er sagen, dass dieses Gift existiert und es diese oder jene Eigenschaften hat (Ebene 1). Seine Forschung wurde jedoch durch seinen Groll gegen die Gesellschaft motiviert (Ebene 3). Dieser Groll ist in einem sehr realen Sinne ein „gesellschaftliches Konstrukt"; er entsteht durch die Erfahrungen eines Menschen mit der Gesellschaft, aber seine Wissenschaft selbst ist so nicht entstanden.

Beachten Sie, dass wir hier nicht kommentieren, ob dieser Groll gerechtfertigt war oder nicht; wir sagen nur, dass er ein „gesellschaftliches Konstrukt" darstellt. Mit anderen Worten: Nur weil etwas ein gesellschaftliches Konstrukt ist, muss es nicht unbedingt als etwas Schlechtes betrachtet werden. Das ist eine andere Frage. Es gibt auch legitimen Groll bei Menschen, ausgelöst durch gesellschaftliche Missstände, zum Beispiel, wenn es um die industrielle Ausbeutung von Kindern geht.

Die Überschätzung der Subjektivität der Wissenschaft durch den Postmodernismus

Man kann mit Recht sagen, dass es in der Wissenschaft ein subjektives Element gibt. Die Vorstellung, Wissenschaft sei ein völlig unabhängiger Beobachter, der frei von jeglichen vorgefassten Theorien sei, Untersuchungen durchführe und zu unbeeinflussten Schlussfolgerungen komme, aus denen sich die absolute Wahrheit ergebe, ist nur ein Mythos. Erstens gibt es so etwas wie einen völlig unabhängigen Beobachter nicht. Wissenschaftler haben eines mit dem Rest der Menschheit gemein: Sie haben vorgefasste Ideen (sogar Weltanschauungen), die in jeder Situation zum Tragen kommen. Zweitens können wir kaum jemals eine Beobachtung

271 Sokal, *Social Text Affair*, 14–15

machen, ohne dabei auf irgendeine vorherige Theorie zurückzugreifen. Zum Beispiel können wir keine Temperatur messen, ohne als Grundlage eine Theorie über Wärme zu haben. Und drittens: Wenn wir unsere Theorien entwickeln, werden diese oft von Daten unterbestimmt, das heißt, mehr als eine Theorie könnte dieselbe Reihe von Daten erklären. Wenn wir zum Beispiel unsere Daten in einer Grafik als begrenzte Reihe von Punkten darstellen, wird uns elementare Mathematik sagen, dass es keine Begrenzung bei der Anzahl der Kurven gibt, die wir durch diese Punktmenge zeichnen könnten. Das heißt, die Daten, die durch die Punkte auf dem Papier dargestellt werden, bestimmen nicht die Kurve, die wir durch sie zeichnen sollten (obwohl es natürlich in jedem einzelnen Fall auch physikalische Prinzipien geben könnte, die unsere Auswahl bedeutend einschränken).

All das werden die meisten Wissenschaftler auch bereitwillig zugeben. Es liegt in der Natur der Wissenschaft, dass es unweigerlich einen gewissen Grad von Unsicherheit gibt. Andererseits würden Wissenschaftler auch darauf hinweisen, dass der Grad von Unsicherheit in der überwältigenden Mehrheit der Fälle extrem klein ist. Tatsache ist, dass es der wissenschaftsbasierten Technik auf spektakuläre Weise gelungen ist, das Gesicht der Welt grundlegend zu verändern: von Radio und Fernsehen bis hin zu Computern, Flugzeugen, Raumsonden, Röntgenstrahlen und künstlichen Herzen. Es ist daher blanker Unsinn zu behaupten, die Tatsache, dass Unsicherheit und Subjektivität zur Wissenschaft dazugehören, bedeute, dass Wissenschaft ein gesellschaftliches Konstrukt ist. Der Physiker Paul Davies sagt dazu:

> *Man kann mit Recht sagen, dass es in der Wissenschaft ein subjektives Element gibt. Die Vorstellung, Wissenschaft sei ein völlig unabhängiger Beobachter, der frei von jeglichen vorgefassten Theorien sei, Untersuchungen durchführe und zu unbeeinflussten Schlussfolgerungen komme, aus denen sich die absolute Wahrheit ergebe, ist nur ein Mythos.*

Natürlich besitzt die Wissenschaft auch einen kulturellen Aspekt, aber wenn ich sage, dass die Planeten, die sich um die Sonne bewegen, einem quadratischen Abstandsgesetz der Gravitation folgen und ich dem eine präzise mathematische Bedeutung gebe, denke ich, dass es wirklich der Fall ist. Ich glaube nicht, dass es ein kulturelles Konstrukt ist – es ist nichts, was wir erfunden oder uns einfach nur vorgestellt haben, nur damit wir eine Beschreibung haben –, ich glaube,

> es ist eine Tatsache. Und dasselbe glaube ich auch im Hinblick auf die anderen Grundgesetze der Physik.[272]

Eines ist wohl offenkundig: Wenn wir glaubten, die Wissenschaft, die zur Konstruktion eines Düsenflugzeugs geführt hat, sei nur ein subjektives gesellschaftliches Konstrukt, würde wohl niemand jemals in ein Flugzeug steigen. Und um herauszufinden, ob das Gravitationsgesetz ein gesellschaftliches Konstrukt ist oder nicht, gibt es eine sichere Methode: Machen Sie einfach einen Schritt über den Rand eines Hochhausdaches!

Die Sokal-Affäre

Eine Folge ihrer Haltung zur Sprache ist, dass postmoderne Autoren wissenschaftliche Fachsprache oftmals auf völlig absurde Art verwenden – zumindest nach Ansicht der Wissenschaftler, die diese Terminologie ursprünglich erfunden haben. Diese Problematik erlangte durch den bereits von uns zitierten Physiker Alain Sokal weltweite Aufmerksamkeit. Er reichte bei einem renommierten Journal, das postmoderne Literatur veröffentlicht – dem *Social Text* –, einen clever aufgebauten Parodie-Aufsatz ein. In dem Aufsatz mit dem eindrucksvollen, jedoch (für einen Wissenschaftler) unsinnigen Titel „Transgressing the boundaries: towards a transformative hermeneutic of Quantum Gravity" („Die Grenzen überschreiten: Auf dem Weg zu einer transformativen Hermeneutik der Quantengravitation") nahm Sokal scheinbar einen postmodernen Standpunkt ein und tat so, als kritisiere er das modernistische „Dogma ..., dass es eine Außenwelt gibt, deren Eigenschaften unabhängig von jedem einzelnen Menschen und sogar von der Menschheit als Ganzes sind, dass die Eigenschaften in ‚ewigen' physikalischen Gesetzen kodiert sind und dass Menschen zu verlässlichem, wenn auch unvollkommenem und unsicherem Wissen über diese Gesetze kommen können durch ... die ‚objektiven' Prozeduren der ... (sogenannten) wissenschaftlichen Methode".

Dann machte er die erstaunliche Behauptung:

> Feministische und poststrukturalistische Kritiken haben den wesentlichen Inhalt der im Westen allgemein üblichen wissenschaftlichen Praxis entmystifiziert und verborgene Herrschaftsideologie aufgedeckt, die sich hinter der Fassade der Objektivität versteckt. Es ist deutlich geworden, dass die physische „Realität", ebenso wie

272 Wilkinson, *Found in space?*

> die gesellschaftliche „Realität", im Grunde genommen ein soziales und linguistisches Konstrukt ist; dass wissenschaftliches „Wissen" – welches weit davon entfernt ist, objektiv zu sein – die herrschenden Ideologien und Machtverhältnisse jener Kultur widerspiegelt und codiert, die es hervorgebracht hat.

Die Herausgeber des Journals veröffentlichten nichtsahnend den Aufsatz, offenbar, weil er so sehr zu ihren eigenen Präferenzen zu passen schien. Sokal verriet jedoch danach, dass sein Aufsatz von Anfang bis Ende eine Parodie war, voll von komplettem Unsinn, verpackt in pseudowissenschaftlicher Sprache! Er hatte ihn bewusst nach postmoderner Art aufgebaut, um die Tatsache offenzulegen, dass der Postmodernismus selbst größtenteils unsinnig ist. Der daraus resultierende Sturm in der Presse, insbesondere in Frankreich (dem Zuhause vieler postmoderner Autoren), zeigte, dass Sokal damit genau den richtigen Nerv getroffen hatte.

Denn wie die meisten Wissenschaftler glaubt Sokal an eine objektive Welt, die man erforschen kann, und daran, dass Wissenschaftler mithilfe von wissenschaftlichen Theorien – auch wenn diese nicht „Wahrheit" in irgendeinem absoluten Sinne gleichkommen – die Wirklichkeit immer besser begreifen können. Ein Beispiel hierfür ist, wie sich das Verständnis des Universums entwickelt hat: von Ptolemäus über Galileo und Newton bis hin zu Einstein. Sie glauben, dass sie nun zu einem besseren und genaueren Verständnis gelangt sind, auch wenn sie sich bewusst sind, dass zum wissenschaftlichen Fortschritt oft (wie in dem erwähnten Fall) ein Paradigmenwechsel gehört – das heißt eine Veränderung des großen, grundlegenden Rahmens, innerhalb dessen Wissenschaft zu einem Zeitpunkt in der Geschichte praktiziert wird.[273] Ptolemäus' Paradigma war zum Beispiel das eines Universums, in dem die Erde im Mittelpunkt steht und alle Himmelskörper um sie kreisen. Kopernikus und Galileo waren für einen Paradigmenwechsel hin zur Idee eines Sonnensystems verantwortlich. Einsteins Entdeckung der Relativität führte zu einem weiteren Paradigmenwechsel in dem seit Newton etablierten Verständnis der Raumzeit usw.

Die meisten Wissenschaftler sind sich dieser Thematik sehr bewusst und haben die Ansicht, dass – auch wenn Paradigmenwechsel vorkommen und das subjektive Element nie vollkommen eliminiert werden kann – die Wissenschaft dennoch die Realität immer besser in den Griff bekommt. Lewis

273 Die Idee des Paradigmas wurde in einem berühmten Buch von Kuhn *(Die Struktur wissenschaftlicher Revolutionen)* vorgestellt. Siehe Anhang: „Was ist Wissenschaft?", S. 355.

Wolpert, Mitglied der Royal Society, Biologieprofessor am University College in London, drückt es so aus: „Obwohl soziale Prozesse in der Wissenschaft eine Rolle spielen, vertreten Wissenschaftler neue Theorien, weil diese besser mit der Wirklichkeit übereinstimmen."[274] Und an anderer Stelle:

> Rhetorik allein genügt nicht, andere von der Gültigkeit einer neuen Idee zu überzeugen. Sie kann nur mit dazu beitragen, dass andere sich damit beschäftigen und sie überprüfen. Aber alle Überzeugungskraft nützt nichts, wenn die Theorie nicht mit den Gegebenheiten in der Natur übereinstimmt. Wenn sie nicht mit den Beweisen übereinstimmt, wenn sie in sich nicht schlüssig ist und keine adäquate Erklärung liefert, dann werden auch Autoritäten und alle anderen sozialen Faktoren nicht zählen. Die Theorie wird durchfallen. Solch ein Versagen ist zweifellos kulturell bedingt, wobei diese Kultur eine Kultur ist, die einen wissenschaftlichen Ansatzes vertritt.[275]

Sokal selbst ist sich durchaus der sozialen Dimension der Wissenschaft bewusst. Er hält sie sogar für unbestritten:

1. Die Wissenschaft ist ein menschliches Unterfangen, und wie jedes menschliche Unterfangen verdient sie es, einer rigorosen sozialen Analyse unterzogen zu werden. ...

2. Auf einer subtileren Ebene ist sogar der Inhalt der wissenschaftlichen Debatte – welche Arten von Theorien man entwickeln und aufrechterhalten kann, anhand welcher Kriterien man zwischen gegensätzlichen Theorien entscheiden sollte – zum Teil durch vorherrschende Geisteshaltungen eingeschränkt, die wiederum zum Teil aus tief verwurzelten historischen Faktoren entstehen. ...

3. Es ist nichts Falsches an Forschung, die von politischen Verpflichtungen geprägt ist, solange diese Verpflichtung den Forscher nicht blind für unbequeme Tatsachen macht. So gibt es eine lange und ehrenwerte Tradition der gesellschaftspolitischen

274 *Unglaubliche Wissenschaft*, 179
275 *Unglaubliche Wissenschaft*, 200–201

> Wissenschaftskritik, zu der auch antirassistische Kritik an anthropologischer Pseudowissenschaft und Eugenik gehört.[276]

Im Folgenden sagt Sokal jedoch, dass in den vergangenen zwei Jahrzehnten gewisse Soziologen und Literaturspezialisten gieriger geworden sind:

> ... sie wollen die normative Konzeption der wissenschaftlichen Forschung als Suche nach Wahrheit oder annähernder Wahrheiten auf der ganzen Welt attackieren; sie wollen die Wissenschaft nur als eine weitere gesellschaftliche Praxis sehen, die „Erzählungen" und „Mythen" hervorbringt, die nicht mehr Gültigkeit haben als jene, die durch andere gesellschaftliche Praktiken hervorgebracht werden.[277]

Und die Folgen sind absurd. Nehmen wir zum Beispiel einen Artikel über zwei gegensätzliche Ansichten über den Ursprung bestimmter Indianervölker, der am 22. Oktober 1996 auf der Titelseite der *New York Times* erschien. Eine Ansicht war die archäologische Erklärung, dass die ersten Menschen aus Asien über die Beringstraße nach Amerika kamen; die andere war der Mythos der Zuni, dass die Ureinwohner schon seit jener Zeit in Amerika leben, als ihre Ahnen durch einen unterirdischen Weltgeist geschaffen wurden. Es scheint ganz offensichtlich zu sein, dass nicht beide Sichten stimmen können. Und doch – so unglaublich dies auch erscheinen mag – wurde Roger Anyon, ein britischer Archäologe, mit der Aussage zitiert: „Die Wissenschaft ist nur einer von vielen Wegen, die Welt kennenzulernen ... (Die Weltsicht der Zunis) ist genauso gültig wie die archäologische Sichtweise der Urgeschichte."[278] Wenn wir jedoch über Wahrheitsansprüche reden, widersprechen sich beide Erklärungen. Wenn ein Mann behauptet, die Erde sei eine Scheibe, und eine Frau behauptet, die Erde sei eine Kugel, können nicht beide recht haben!

Die Absurdität der postmodernen Relativierung der Wahrheit sieht man auch an einer anderen Tatsache.

---

276 Sokal, *Social Text Affair,* 10

277 Sokal, *Social Text Affair,* 10

278 Zitiert in Stolzenberg, *Reading and relativism,* 50, der wiederum Boghossian, *Social Hoax,* 27, zitiert, der wiederum *Indian Tribes' Creationists Thwart Archaeologists,* New York Times, 22.10.1996, zitiert.

Das Universum ist kein intellektuelles Konstrukt

Wissenschaftler konstruieren mit ihrer Vernunft weder das Universum noch die Gesetze, nach denen es funktioniert. Ihr Weg ist der des Entdeckens. Das Universum war schon da und funktionierte, lange bevor irgendjemand versucht hat, es durch Vernunft zu verstehen und seine Funktionsweise zu beschreiben. Wissenschaftler müssen dem Universum erlauben, ihnen seine Natur „aufzuzwingen", um dann zu entscheiden, welche Theorien Sinn ergeben und welche nicht. Das ist genau das, was wissenschaftliche Theorien von gesellschaftlichen Konstrukten unterscheidet. Wenn man, wie der bekannte Wissenschaftssoziologe Harry Collins, sagt: „Die natürliche Welt spielt nur eine kleine oder gar keine Rolle bei dem Aufbau von wissenschaftlichem Wissen"[279], ist das blanker Unsinn. Wissenschaftler können nicht einfach alles über das Universum sagen, was sie wollen, und behaupten, es sei wahr. Sie sind Realisten und glauben an die Existenz eines objektiven Universums. Sie überprüfen ihre Hypothesen und verwerfen oder modifizieren sie, wenn das Universum sich anders als von ihnen vermutet verhält. So mancher Theorie wurde durch eine beharrliche Tatsache schon der Garaus gemacht!

So mancher Theorie wurde durch eine beharrliche Tatsache schon der Garaus gemacht!

Wenn wir nach der Wahrheit über das Universum und den Menschen suchen, gehen wir natürlich grundsätzlich davon aus, dass die Wahrheit schon existiert und nur noch entdeckt werden muss. Durch Schlussfolgerungen können wir abstrakte mathematische Systeme erschaffen, und manchmal zeigt sich, dass diese Systeme beschreiben können, wie das Universum funktioniert. Doch unsere mathematischen Schlussfolgerungen erschaffen weder das Universum noch seine Gesetze: Sie können diese nur beschreiben. Das ist keine Schwäche und kein Fehler der Vernunft oder der Rationalität: Es zeigt nur, wie wichtig es ist zu erkennen, was die Reichweite und die Funktion der menschlichen Vernunft ist.

Das ist ein sehr wichtiger Punkt. Atome müssen existieren, um gespalten werden zu können. Existierten sie nicht, hätte niemand sie spalten können, und Atombomben würden auch nicht existieren. Die Existenz des Atoms und die Motivation für seine Spaltung sind zwei völlig unterschiedliche Dinge (die Vermischung der Ebenen 1, 3, 4 und 5 von Sokals Analyse).

279 Collins, *Stages in the Empirical Programme of Relativism*, 3

SCHLUSSFOLGERUNG: DIE INTELLEKTUELLE INKOHÄRENZ DER POSTMODERNISTISCHEN ILLUSION

Indem sie die Idee einer objektiven Wahrheit vollkommen ablehnen, stehen Postmodernisten selbst in der Gefahr, sich den Mythenerfindern anzuschließen. Außerdem sagt uns der gesunde Menschenverstand, dass eigentlich niemand ihre Mythen glaubt. Wenn Sie ein Seil kaufen, um damit einen Berg zu besteigen, werden Sie darauf bestehen, die Wahrheit über die Stärke des Seils zu erfahren. Sie würden nicht akzeptieren, dass die Aussagen „Das Seil ist stark genug" und „Das Seil ist nicht stark genug" beide gleichermaßen wahr sind. Sie wissen, dass es eine Wahrheit über das Seil gibt, die man erkennen und demonstrieren kann, und Sie werden erst dann zufrieden sein, wenn Sie diese entdeckt haben, denn von ihr würde nicht weniger als Ihr Leben abhängen.

Richard Dawkins äußert sich kritisch über jene, die die Suche nach Wahrheit verachten:

> Andererseits hat kein Philosoph die geringsten Schwierigkeiten, sich der Sprache der Wahrheit zu bedienen, wenn man ihn fälschlicherweise eines Verbrechens beschuldigt oder wenn er den Verdacht hat, dass seine Frau fremdgeht. „Ist es wahr?" – das hört sich nach einer berechtigten Frage an, wenn man sie im Privatleben stellte, würde sich kaum jemand mit einer Antwort voller logikverdrehender Sophisterei zufriedengeben.[280]

Damit hat Dawkins recht. Im alltäglichen Leben gehen wir alle davon aus, dass es eine feststellbare Wahrheit gibt. Um diesen wichtigen Punkt ganz deutlich zu machen, stellen Sie sich bitte folgende Situation vor: Sie behaupten, zwei Millionen Pfund auf der Bank zu haben, und der Bankleiter behauptet, Sie hätten gar nichts auf der Bank. Jeder würde zustimmen, dass nicht beide Behauptungen wahr sein können. Jeder würde auch zustimmen, dass es eine absolute Wahrheit darüber gibt, wie viel Sie – wenn überhaupt etwas – auf der Bank haben. Der Postmodernismus verabschiedet sich spätestens an der Tür zur Bank!

Wenn zudem die Annahme, dass es so etwas wie eine absolute Wahrheit nicht gibt, selbst richtig wäre, hätte dies weitere, ernsthafte Konsequenzen,

280 *Der entzauberte Regenbogen,* 41–42

die weit über die Wissenschaft hinausreichen würden. Es wäre das Ende wirklicher Gerechtigkeit – denn ohne die Grundlage einer unanfechtbaren Wahrheit könnte kein Richter eine Entscheidung für einen Schuldspruch oder einen Freispruch treffen. Die Entscheidung würde auf der willkürlichen Macht und Autorität des Richters beruhen. Wir wären dann von einer totalitären Autorität abhängig, die darüber entscheidet, was Wahrheit und Gerechtigkeit sind. Dies würde das Ende der Moral bedeuten – denn man könnte über nichts sagen, dass es letztendlich richtig oder falsch ist. Es wäre auch das Ende von jedem menschlichen Freiheitsverständnis – denn wenn Wahrheit relativ wäre, würde darüber letztendlich durch Macht entschieden. Auch hier sind Postmodernisten inkonsequent, denn wenn sie sich über die Ungerechtigkeit verschiedener Machtstrukturen beschweren und auf Toleranz und Gerechtigkeit pochen, berufen sie sich dabei auf absolute moralische Maßstäbe, die von ihnen unabhängig sind. C. S. Lewis sagt:

> Am bemerkenswertesten aber ist, dass auch ein Mensch, der behauptet, er glaube nicht an ein Recht und Unrecht, immer wieder auf diese Unterscheidung zurückgreift. Vielleicht bricht er selbst ein Versprechen, das er uns gegeben hat – aber sobald wir versuchen, unser Versprechen ihm gegenüber ebenfalls nicht einzuhalten, beschwert er sich im Nu und sagt, wie seien nicht fair.[281]

Manche Menschen fühlen sich durch den postmodernen Relativismus angenehm getröstet. Sie fühlen sich dadurch sowohl frei als auch sicher: frei, weil sie nicht länger unter dem Zwang stehen, nach einer unerschütterlichen, autoritativen Wahrheit suchen zu müssen und sich von ihr bestimmen zu lassen; sicher, weil niemand die Wahrheit von dem infrage stellen kann, was sie selber glauben wollen, weil die Kategorie der Wahrheit gar nicht existiert. Und die Unsicherheit, die sie unvermeidlich in Bezug auf die letzten Fragen des Lebens spüren, wird durch den Gedanken zum Schweigen gebracht, dass wir alle im selben Boot sitzen: Niemand kann sich über irgendetwas sicher sein. Die Unsicherheit ist ihre Zuflucht vor der Wirklichkeit geworden. Doch ihre Zuflucht ist eine Illusion: Sie kann sie nicht für immer vor der Wirklichkeit schützen, denn das Grundprinzip, auf dem der Postmodernismus beruht, ist nicht nur falsch, es widerspricht sich auch selbst. Sein Grundprinzip lautet, dass es so etwas wie eine absolute Wahrheit nicht gibt, und doch besteht er darauf, dieses Prinzip selbst als absolute,

281 *Pardon, ich bin Christ*, 20

unbestreitbare Wahrheit festzuschreiben. Aber die Aussage „Es ist eine absolute Wahrheit, dass es so etwas wie eine absolute Wahrheit nicht gibt" ist in sich selbst blanker Unsinn. Denn wenn die Aussage wahr wäre, erklärt sie sich selbst für falsch, was völlig absurd ist.

Jedoch möchten wir am Schluss zur Vorsicht mahnen. Auch wenn ein großer Teil der postmodernen Kritik der Wissenschaft absurd ist, wie wir gesehen haben, gibt es zumindest einen Aspekt, der eine positive Funktion hat: Er lenkt unsere Aufmerksamkeit auf die Möglichkeit (auch wenn diese den meisten Wissenschaftlern ohnehin bewusst ist), dass es Fälle geben kann, in denen Wissenschaftler sich stark einer Politik oder Philosophie verpflichtet fühlen und davon so sehr beeinflusst werden, dass sie beobachtete Tatsachen in der Natur auf eine Weise interpretieren, die kaum durch diese Tatsachen gerechtfertigt wird (das ist im Wesentlichen Sokals dritter Punkt, der davor warnt, dass starke Verpflichtung den Forscher blind für unbequeme Tatsachen machen könnte). Es sollte betont werden, dass so etwas eher selten vorkommt und so gut wie nie bei wissenschaftlichen Untersuchungen, die wiederholt werden können. Viel wahrscheinlicher ist es, dass dies vorkommt, wenn Wissenschaftler die Entstehung von Dingen untersuchen (wie die Ursprünge des Universums und des Lebens) oder wenn die Wissenschaft zu sehr von dem Gedanken an den finanziellen Gewinn beeinflusst wird, der bei der praktischen Umsetzung der Ergebnisse durch Technologien erzielt werden kann.

Unsere Schlussfolgerung ist nun, dass die postmoderne Kritik der echten Wissenschaft sowohl in der Praxis als auch im Prinzip selbst nicht funktioniert. Echte Wissenschaft ist kein gesellschaftliches Konstrukt. Sie versucht, ein Universum zu verstehen, welches sie nicht selbst erfunden hat, und auch wenn sie die absolute Wahrheit nicht garantieren kann, glaubt sie daran, dass es Wahrheit gibt, die man finden kann, und dass sie ein immer größer werdendes Bild dieser Wahrheit erhält. Aus diesem Grund ist Wissenschaft eine Sache, die es wert ist, betrieben zu werden.

ANHANG:
WAS IST WISSENSCHAFT?

*Erfolgreiche Wissenschaft folgt
keinen behaglichen Regeln. Sie ist so komplex
wie die menschlichen Persönlichkeiten,
die Wissenschaft betreiben.*

DIE KLARE STIMME DER WISSENSCHAFT

Wissenschaft hat zu Recht die Kraft, unsere Vorstellungskraft zu befeuern. Wer könnte die Geschichte über die Entschlüsselung der Doppelhelixstruktur der DNA durch Francis Crick und James D. Watson lesen, ohne dabei zumindest etwas von der fast unglaublichen Freude mitzuempfinden, die sie bei dieser Entdeckung gespürt haben müssen? Wer könnte einer Augenoperation mit einem präzise gesteuerten Laserstrahl zusehen, ohne dabei über die menschliche Kreativität und ihren Erfindungsreichtum zu staunen? Wer könnte sich Bilder aus dem Weltraum ansehen mit Astronauten, die schwerelos durch die Kabine der Internationalen Raumstation schweben oder das Hubbleteleskop reparieren, hinter ihnen die fast greifbare Schwärze des Weltraums, ohne dabei etwas wie Ehrfurcht zu empfinden? Die Wissenschaft verdient zu Recht unseren Respekt und unsere aktive Förderung. Es ist eine klare Priorität für jede Nation, junge Menschen für die Wissenschaft zu begeistern und ihnen Ausbildung und Forschungseinrichtungen zur Verfügung zu stellen, um ihr intellektuelles Potenzial zu fördern. Es wäre ein nicht abschätzbarer Verlust, wenn der wissenschaftliche Spürsinn auf irgendeine Weise durch philosophische, wirtschaftliche oder politische Überlegungen unterdrückt werden würde.

> *Da die Wissenschaft eine der stärksten und einflussreichsten Stimmen ist, ist es wichtig, eine Vorstellung davon zu haben, was Wissenschaft ist und was die wissenschaftliche Methode kennzeichnet.*

Doch da die Wissenschaft eine der stärksten und einflussreichsten Stimmen ist, auf die wir hören wollen, wird es für uns sehr wichtig sein – ob wir nun Wissenschaftler sind oder nicht –, eine gewisse Vorstellung davon zu haben, was Wissenschaft ist und was die wissenschaftliche Methode kennzeichnet, bevor wir versuchen zu bewerten, was uns die Wissenschaft zu einem bestimmten Thema sagt. Unser erstes Ziel ist daher, uns einige der Grundprinzipien des wissenschaftlichen Denkens vor Augen zu führen, von denen wir ein paar vielleicht schon kennen. Im Anschluss daran werden wir über das Wesen wissenschaftlicher Erklärung nachdenken und einige der Voraussetzungen untersuchen, die der wissenschaftlichen Tätigkeit zugrunde liegen – grundlegende Überzeugungen, ohne die Wissenschaft nicht möglich ist.

Was also ist Wissenschaft? Sie scheint zu jenen Dingen zu gehören, deren Bedeutung wir kennen, bis wir versuchen, sie zu definieren. Und dann stellen wir fest, dass uns eine genaue Definition nicht möglich ist. Die Schwierigkeit kommt daher, dass wir das Wort auf unterschiedliche Weise benutzen. Zunächst einmal wird „Wissenschaft“ als Kurzbezeichnung für Folgendes verwendet:

1. Wissenschaften – Wissensgebiete wie Physik, Chemie, Biologie etc.;
2. Wissenschaftler – die Menschen, die in diesen Bereichen arbeiten;
3. die wissenschaftliche Methode – die Art und Weise, wie Wissenschaftler ihre Arbeit tun.

Das Wort „Wissenschaft“ wird jedoch auch in Sätzen verwendet wie „Die Wissenschaft sagt …“ oder „Die Wissenschaft hat gezeigt …“ – als ob Wissenschaft ein personales Wesen mit großer Autorität und großem Wissen wäre. Diese Art der Verwendung kann irreführend sein, auch wenn sie verständlich ist. Tatsache ist, dass es strenggenommen so etwas wie „die Wissenschaft“ in diesem Sinne gar nicht gibt. Die Wissenschaft sagt, demonstriert, weiß oder entdeckt gar nichts – es sind Wissenschaftler, die dies tun. Natürlich sind sich Wissenschaftler oft einig, aber es wird zunehmend anerkannt, dass die Wissenschaft als ein sehr menschliches Unterfangen viel komplexer ist, als man oft denkt, und es wird viel diskutiert, was die wissenschaftliche Methode eigentlich ausmacht.

DIE WISSENSCHAFTLICHE METHODE

Unter Wissenschaftsphilosophen ist man sich heute im Allgemeinen einig, dass es nicht die *eine* „wissenschaftliche Methode“ gibt. Daher ist es einfacher, über das zu sprechen, was zur wissenschaftlichen Arbeit gehört, als Wissenschaft an sich genau zu definieren.

Sicherlich spielen Beobachtungen und Experimente eine wichtige Rolle ebenso wie die Argumentationsprozesse, die Wissenschaftler zu ihren

Schlussfolgerungen führen. Ein Blick auf die Geschichte der Wissenschaft wird jedoch zeigen, dass es hierzu noch viel mehr zu sagen gibt. Wir sehen zum Beispiel, dass auch unerklärbare Vermutungen eine bedeutende Rolle gespielt haben. Sogar Träume hatten ihren Platz! Der Chemiker Friedrich August Kekulé studierte die Struktur von Benzol und träumte von einer Schlange, die sich in ihren eigenen Schwanz biss und so einen Ring bildete. Dadurch kam er auf die Idee, dass die Struktur von Benzol der Form einer Schlange gleichen könnte. Er schaute genauer hin und fand heraus, dass Benzol tatsächlich aus einem geschlossenen Ring von sechs Kohlenstoffatomen besteht! Erfolgreiche Wissenschaft folgt keinen behaglichen Regeln. Sie ist so komplex wie die menschlichen Persönlichkeiten, die Wissenschaft betreiben.

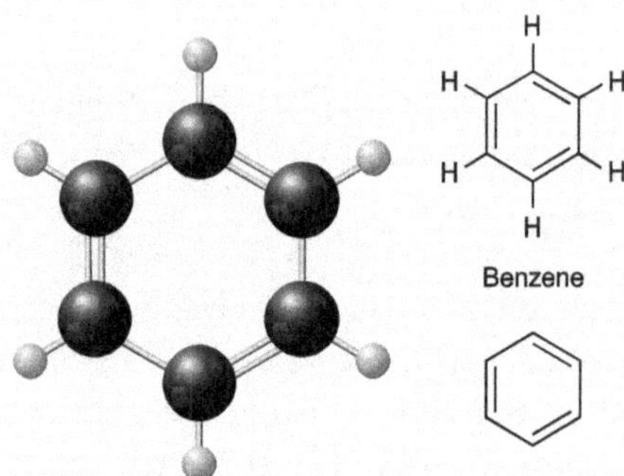

BILD Anh. I. ***Benzolmolekül***
Die Kristallografin Kathleen Lonsdale bestätigte 1929 Kekulés frühere Theorie über die flache, zyklische Natur von Benzol – ein wichtiger Meilenstein in der organischen Chemie.

© shutterstock.com/chromatos

Beobachtungen und Experimente

Es herrscht allgemeine Einigkeit darüber, dass im 16. und 17. Jahrhundert das wissenschaftliche Denken revolutioniert wurde. Bis dahin berief man sich bei der Erforschung der Natur des Universums in erster Linie auf irgendeine Autorität. So hatte beispielsweise Aristoteles im 4. Jahrhundert v. Chr. auf Grundlage philosophischer Prinzipien argumentiert, dass die einzig vollkommene Bewegung kreisförmig sei. Die Antwort auf die Frage nach der Bewegung der Planeten lautete laut Aristoteles so: Weil sie zum Reich der Vollkommenheit jenseits der Mondbahn gehören, müssen sie sich kreisförmig bewegen. Wissenschaftler wie Galileo wandten sich jedoch von diesem Ansatz radikal ab. Sie betonten, der beste Weg, etwas über die Bewegung der Planeten herauszufinden, sei, ein Teleskop zu nehmen und nachzuschauen! Und durch dieses Teleskop sah er Dinge wie die Jupitermonde, die nach dem System von Aristoteles gar nicht existierten.

Galileo verkörpert für viele Menschen den wahren Geist der wissenschaftlichen Forschung: die Freiheit, den Ergebnissen von Beobachtungen und Experimenten gerecht zu werden, auch wenn dies bedeutet, dass man Theorien modifiziert oder gar aufgibt, die man vorher vertreten hat. Diese Freiheit sollte bewahrt und eifrigst gehütet werden.

Daten, Muster, Zusammenhänge und Hypothesen

Die am weitesten verbreitete Ansicht über die wissenschaftliche Methode, die häufig auf Francis Bacon und John Stuart Mill zurückgeführt wird, enthält folgende Komponenten:

1. die Sammlung von Daten (Fakten, die nicht bestritten werden können) durch Beobachtungen und Experimente, von denen weder das eine noch das andere durch Vorannahmen oder Vorurteile beeinflusst wird;
2. die Ableitung von Hypothesen aus den Daten, indem man nach Mustern oder Zusammenhängen sucht und diese dann induktiv verallgemeinert;
3. die Prüfung der Hypothesen, indem man aus ihnen Vorhersagen herleitet und dann Experimente konzipiert und durchführt, um zu überprüfen, ob diese Vorhersagen stimmen;
4. die Verwerfung der Hypothesen, die nicht von den Versuchsdaten gestützt werden, und den Aufbau einer Theorie durch Zusammenführung von bestätigten Hypothesen.

Wissenschaftler sammeln Daten, Versuchsergebnisse und Messungen, die sie aufgezeichnet haben.

Denken Sie zum Beispiel an die Ergebnisse von Blutdruckmessungen Ihrer Klasse vor und nach einer Schulprüfung oder an Gesteinsproben, die Astronauten auf der Mondoberfläche sammeln.

Es gibt jedoch viele andere Dinge, die für uns gleichermaßen real sind, die aber im wissenschaftlichen Sinne kaum als Daten zählen: unsere subjektive Erfahrung eines Sonnenuntergangs, von Freundschaft und Liebe oder von Träumen. Im Fall von Träumen können natürlich Herzfrequenz, Gehirnaktivität und Augenbewegung von Wissenschaftlern beobachtet werden, die schlafende und träumende Menschen überwachen. Aber die subjektive Erfahrung des Traumes selbst kann nicht gemessen werden. Wir sehen also, dass die wissenschaftliche Methode auf jeden Fall ihre Grenzen hat. Die ganze Wirklichkeit kann sie nicht erfassen.

Wissenschaftler sind damit beschäftigt, nach Zusammenhängen und Mustern in ihren Daten zu suchen, und sie versuchen, daraus irgendeine Art von Hypothese oder Theorie abzuleiten, die diese Muster erklärt. Zunächst kann die Hypothese eine kluge oder geniale Vermutung sein, die den Wissenschaftlern aufgrund ihrer Erfahrung als mögliche Erklärung für ihre Beobachtungen in den Sinn kommt. Ein Wissenschaftler könnte zum Beispiel die (sehr vernünftige) Hypothese aufstellen, dass die Ergebnisse der Blutdruckmessungen in Ihrer Klasse so erklärt werden können, dass Tests bei den meisten Menschen Stress verursachen! Um die Hypothese zu überprüfen, wird ein Wissenschaftler dann herausarbeiten, welche Ergebnisse er erwarten kann, wenn die Hypothese stimmt, und wird dann ein Experiment oder eine Versuchsreihe durchführen, um ihre Richtigkeit zu überprüfen. Wird die Erwartung nicht durch die Experimente bestätigt, kann die Hypothese modifiziert oder zugunsten einer anderen verworfen werden, und der Prozess wird wiederholt. Ist eine Hypothese einmal erfolgreich durch wiederholte Experimente überprüft worden, dann wird sie mit der Bezeichnung „Theorie" gewürdigt.[282]

Heute ist man sich unter Wissenschaftlern und Wissenschaftsphilosophen allgemein einig, dass unsere Beschreibung der wissenschaftlichen Methode nicht nur stark idealisiert, sondern auch fehlerhaft ist. Insbesondere wird nun weitgehend akzeptiert (im Gegensatz zu dem, was oben über Beobachtungen und Versuche behauptet wird), dass kein Wissenschaftler – wie ehrlich und sorgfältig er auch sein mag – bei seiner Arbeit völlig vorurteilsfrei ist, also ohne Vorannahmen und Vermutungen forscht. Diese Tatsache ist wichtig, wenn wir den Beitrag der Wissenschaft zu unserer Weltanschauung verstehen wollen. Es ist jedoch einfacher, wenn wir dieses Thema erst betrachten, nachdem wir uns zuvor einige der logischen Konzepte und Verfahren angesehen haben, die der wissenschaftlichen Argumentation und Beweisführung zugrunde liegen.

Induktion

Die Induktion ist wahrscheinlich der wichtigste logische Prozess, den Wissenschaftler für die Formulierung von Gesetzen und Theorien verwenden.[283]

---

282 Die Begriffe *Hypothese* und *Theorie* sind eigentlich fast austauschbar. Der einzige Unterschied im normalen Sprachgebrauch liegt darin, dass eine Hypothese manchmal als mehr provisorisch angesehen wird als eine Theorie.

283 Anmerkung für Mathematiker: Der oben beschriebene Prozess der Induktion ist nicht derselbe wie das Prinzip der mathematischen Induktion, durch den (typischerweise) die

Sie ist auch ein Prozess, der uns allen von frühester Kindheit an vertraut ist (ob wir nun Wissenschaftler sind oder nicht), obwohl wir uns dessen vielleicht nicht bewusst waren. Wenn wir als kleine Kinder zum ersten Mal eine Krähe sehen, stellen wir fest, dass sie schwarz ist. Weil das alles ist, was wir wissen, könnte die nächste Krähe, die wir sehen, auch weiß oder gelb sein. Aber nachdem wir Tag für Tag Krähen beobachtet haben, kommen wir an einen Punkt, an dem unser Gefühl, dass jede weitere Krähe, die wir sehen werden, schwarz sein wird, so stark ist, dass wir zu der Aussage „Alle Krähen sind schwarz" bereit sind. Wir haben einen sogenannten induktiven Schritt gemacht, der auf unseren eigenen Daten basiert – wir haben, sagen wir mal, 435 Krähen gesehen –, um eine allgemeingültige Aussage über Krähen zu machen. Induktion ist also der Prozess der Verallgemeinerung einer begrenzten Datenmenge zu einer allgemeingültigen oder generellen Aussage.

Ein berühmtes Beispiel für den Einsatz von Induktion in der Wissenschaft ist die Herleitung der mendelschen Vererbungsgesetze. Gregor Mendel und seine Assistenten machten eine Reihe von Beobachtungen hinsichtlich der Häufigkeit des Auftretens von bestimmten Eigenschaften in jeder von mehreren Generationen von Erbsen – zum Beispiel, ob die Samen eine unebene oder glatte Oberfläche hatten oder ob die Pflanzen groß oder klein waren – und verallgemeinerten dann induktiv diese Beobachtungen, um die Gesetze zu formulieren, die nun Mendels Namen tragen.

> *Induktion ist der Prozess der Verallgemeinerung einer begrenzten Datenmenge zu einer allgemeingültigen oder generellen Aussage.*

Doch wie Sie vielleicht auch schon gemerkt haben, gibt es bei der Induktion ein Problem. Lassen Sie zur Verdeutlichung nun Ihre Gedanken von den gerade erwähnten Krähen zu den Schwänen wandern. Stellen Sie sich vor, dass jeder Schwan, den Sie seit Ihrer Kindheit gesehen haben, weiß war. Sie würden wohl daher darauf schließen (durch Induktion), dass alle Schwäne weiß sind. Aber dann wird Ihnen eines Tages das Bild eines australischen

---

Wahrheit einer Aussage P(n) für alle positiven Ganzzahlen n durch zwei Sätze festgestellt wird:

1. P(1) ist wahr;
2. für jede positive Ganzzahl k können wir beweisen, dass die Wahrheit von P(k+1) aus der Wahrheit von P(k) folgt.

Der entscheidende Unterschied ist, dass Punkt 2 eine unbegrenzte Reihe von Hypothesen beschreibt (eine für jede positive Ganzzahl), während wir bei der philosophischen Induktion etwas aus einer begrenzten Reihe von Hypothesen verallgemeinern.

schwarzen Schwanes gezeigt, und Sie entdecken, dass Ihre Schlussfolgerung falsch war. Dies veranschaulicht das „Problem der Methode" der Induktion. Wie kann man jemals wirklich wissen, ob man genügend Beobachtungen gemacht hat, um einen allgemeingültigen Schluss aus einer begrenzten Reihe von Beobachtungen zu ziehen?

Aber beachten Sie bitte, was die Entdeckung des schwarzen Schwanes bewirkt hat: Dadurch wurde bewiesen, dass die Aussage „Alle Schwäne sind weiß" falsch ist, aber sie hat nicht die modifizierte Aussage widerlegt, dass, wenn man in Europa einen Schwan sieht, dieser höchstwahrscheinlich weiß sein wird.

Lassen Sie uns ein weiteres Beispiel für Induktion betrachten, dieses Mal aus der Chemie.

Einzelne Beobachtungen:

Zeit	Datum	Stoff	Ergebnis des Lackmustests
09:05	14.08.2015	Schwefelsäure	Lackmuspapier wurde rot
14:35	17.09.2015	Zitronensäure	Lackmuspapier wurde rot
10:45	18.09.2015	Salzsäure	Lackmuspapier wurde rot
19:00	20.10.2015	Schwefelsäure	Lackmuspapier wurde rot

Allgemeingültige oder generelle Aussage (Gesetz): Lackmuspapier wird rot, wenn man es in Säure taucht.

Von diesem Gesetz, das auf Induktion aus einer begrenzten Reihe von einzelnen Beobachtungen von verschiedenen Säuren zu bestimmten Zeiten an bestimmten Orten basiert, wird behauptet, dass es für alle Säuren zu allen Zeiten an allen Orten gilt. Das Problem bei der Induktion ist Folgendes: Wie können wir sicher sein, dass eine generelle Aussage gültig ist, wenn wir (was in der Natur der Dinge liegt) nur eine begrenzte Anzahl von beobachteten Fällen haben, bei denen Lackmuspapier durch den Kontakt mit Säure rot wurde? Die Geschichte des schwarzen Schwanes macht uns diese Schwierigkeit bewusst.

Nun, wir können uns nicht absolut sicher sein, das ist wahr. Doch jedes Mal, wenn wir das Experiment durchführen und merken, dass es funktioniert, erhöht sich unser Vertrauen in den Lackmustest so sehr, dass wir, wenn wir ein Papier in eine Flüssigkeit tauchen und feststellen, dass es nicht rot wird, wahrscheinlich nicht zu dem Schluss kommen würden, dass der

Lackmustest nicht funktioniert, sondern dass das Papier kein Lackmuspapier war oder die Flüssigkeit keine Säure! Natürlich ist es so, dass unser Vertrauen auf der Annahme basiert, dass die Natur sich einheitlich verhält (das heißt, wenn ich ein Experiment morgen unter denselben Bedingungen wie heute durchführe, werde ich dieselben Ergebnisse erhalten).

Lassen Sie uns ein weiteres Beispiel nehmen, mit dem Bertrand Russell das Problem der Induktion in einer komplexeren Situation veranschaulicht hat: Bertrand Russells induktivistischer Truthahn. Ein Truthahn stellt fest, dass er an seinem ersten Tag auf der Truthahnfarm um 9 Uhr gefüttert wird. Zwei Monate lang sammelt er Beobachtungen und stellt fest, dass er – egal, an welchem Tag – um 9 Uhr gefüttert wird. Schließlich schließt er durch Induktion darauf, dass er immer um 9 Uhr gefüttert werden wird. Daher erleidet er am Weihnachtstag einen fürchterlichen Schock, als er, statt gefüttert zu werden, eingefangen und für das Weihnachtsessen geschlachtet wird!

Wie können wir also mit Sicherheit wissen, dass wir bei einem Experiment genug Beobachtungen gemacht haben? Wie oft müssen wir überprüfen, dass sich bestimmte Metalle bei Erhitzung ausdehnen, um daraus schließen zu können, dass sich *alle* Metalle bei Erhitzung ausdehnen? Wie vermeiden wir den Schock des induktivistischen Truthahns? Natürlich können wir sehen, dass das Problem bei dem Truthahn ist, dass er nicht die größere Erfahrung des Farmbetreibers hatte (natürlich nicht haben konnte), der die falsche induktive Schlussfolgerung durch eine richtige, wenn auch kompliziertere hätte ersetzen können: nämlich das Gesetz, dass jeder Truthahn eine Reihe von Tagen erlebt, an denen er gefüttert wird, auf die dann seine Schlachtung folgt!

Es ist hier nicht unsere Absicht, die Wissenschaft auszuhöhlen, indem wir sagen, dass Induktion nutzlos sei oder die Wissenschaft selbst uns nicht zu irgendwelchen fundierten Schlussfolgerungen führen könne. Die Beispiele lehren uns lediglich, die Grenzen jeder Methode anzuerkennen und unsere Schlussfolgerungen, wenn eben möglich, auf eine Kombination von unterschiedlichen Methoden zu gründen.

Die Aufgabe der Deduktion

Ist ein Gesetz einmal durch Induktion formuliert, können wir seine Gültigkeit überprüfen, indem wir anhand des Gesetzes Vorhersagen treffen. Wenn wir beispielsweise davon ausgehen, dass die mendelschen Gesetze wahr sind, können wir aus ihnen eine Vorhersage im Hinblick auf die Frage ableiten, was zum

> *Die Deduktion kann eine wichtige Rolle bei der Bestätigung einer Induktion spielen.*

Beispiel die relative Häufigkeit des Auftretens von blauen Augen in verschiedenen Generationen einer Familie sein sollte. Wenn wir durch direkte Beobachtung herausfinden, dass die Häufigkeit des Auftretens von blauen Augen unserer Vorhersage entspricht, kann man sagen, dass unsere Beobachtungen die Theorie bestätigen, auch wenn diese Art der Bestätigung uns niemals völlige Sicherheit bieten könnte. Hier kann die Deduktion eine wichtige Rolle bei der Bestätigung einer Induktion spielen.

Es kann sein, dass unsere Ausführungen über die Induktion den Eindruck hinterlassen haben, wissenschaftliche Arbeit beginne immer mit der Beobachtung von Daten und mit Schlussfolgerungen, um eine induktive These aufzustellen, die diese Daten dann erklärt. In Wirklichkeit ist die wissenschaftliche Methode jedoch tendenziell komplizierter. Häufig beginnen Wissenschaftler ihre Forschung mit einer vorher getroffenen Entscheidung, nach welcher Art von Daten sie überhaupt suchen wollen. Das heißt, sie haben in ihrem Kopf bereits irgendeine Hypothese oder Theorie, die sie dann überprüfen wollen, und sie suchen nach Daten, die diese Theorie bestätigen könnten. In dieser Situation spielt Deduktion eine wichtige Rolle.

Wie wir bereits im Zusammenhang mit Beobachtungen und Experimenten erwähnt haben, stellten griechische Philosophen die Hypothese auf, dass die Planeten sich in kreisförmigen Umlaufbahnen um die Erde bewegen müssen, da für sie der Kreis die vollkommene Form war. Davon leiteten sie das ab, was sie am Himmel laut dieser Hypothese beobachten sollten. Als ihre Beobachtungen ihre ursprüngliche Hypothese offenbar nicht bestätigten, modifizierten sie diese, indem sie die ursprüngliche Hypothese durch eine weitergehende Hypothese ersetzten, in der zusätzliche Kreisbahnen angenommen wurden, die auf dem ursprünglichen Kreis kreisten (sogenannte Epizykel). Dann benutzten sie diese kompliziertere Hypothese, um daraus ihre Vorhersagen abzuleiten. Die Epizykeltheorie dominierte lange Zeit die Astronomie und wurde schließlich von den revolutionären Ideen von Kopernikus und Kepler aufgehoben und ersetzt.

Keplers Arbeit wiederum veranschaulicht die deduktive Methode. Er griff auf die Beobachtungen des Astronomen Tycho Brahe zurück und versuchte, die Form der Umlaufbahn des Mars vor dem Hintergrund der „Fixsterne“ zu beschreiben. Es gelang ihm zunächst nicht, doch dann kam ihm durch seine geometrischen Studien zur Ellipse eine Idee. Die Idee bestand darin, zunächst die Hypothese aufzustellen, dass die Umlaufbahn des Mars eine Ellipse ist, dann anhand von mathematischen Kalkulationen abzuleiten, was auf Grundlage dieser Hypothese als Beobachtung zu erwarten war, und schließlich diese Vorhersagen mit den tatsächlichen Beobachtungen zu vergleichen. Über die Gültigkeit der Hypothese der elliptischen Umlaufbahn würde dann entscheiden, wie nah die Vorhersagen den tatsächlichen Beobachtungen kämen.

Diese Schlussfolgerungsmethode nennt man deduktive oder hypothetisch-deduktive Methode der Beweisführung: Von einer Hypothese werden logische Vorhersagen abgeleitet, und diese werden dann mit den tatsächlichen Beobachtungen verglichen.

Da Deduktion ein so wichtiges Verfahren ist, ist sie es wert, kurz genauer betrachtet zu werden. Deduktion ist ein logischer Prozess, bei dem eine Behauptung, die wir beweisen wollen (die Schlussfolgerung), logisch aus etwas hergeleitet wird, was wir bereits akzeptieren (die Prämissen). Hier ist ein Beispiel für logische Deduktion (ein sogenannter Syllogismus):

P1:	Alle Hunde haben vier Beine.
P2:	Fido ist ein Hund.
C:	Fido hat vier Beine.

Hier sind die Aussagen P1 und P2 die Prämissen, und C ist die Schlussfolgerung. Wenn P1 und P2 wahr sind, dann ist C wahr. Oder anders ausgedrückt: Wären P1 und P2 wahr und C falsch, läge hier ein logischer Widerspruch vor. Das ist das Wesen einer logisch gültigen Deduktion.

Lassen Sie uns nun ein Beispiel einer logisch ungültigen Deduktion betrachten:

P1:	Viele Hunde haben ein langes Fell.
P2:	Albert ist ein Hund
C:	Albert hat ein langes Fell.

Hier folgt die Aussage C nicht automatisch aus P1 und P2. Es kann durchaus möglich sein, dass P1 und P2 wahr sind und C dennoch falsch ist.

Das scheint so einfach zu sein, dass die Gefahr besteht, jetzt abzuschalten. Aber tun Sie das bitte nicht, sonst wird Ihnen etwas sehr Wichtiges entgehen – und zwar, dass man allein anhand von deduktiver Logik bei keiner der in diesem Verfahren getätigten Aussagen feststellen kann, ob sie überhaupt wahr ist. Alles, was die Logik uns sagen kann (aber das ist sehr wichtig!), ist, dass, wenn die Prämissen stimmen und das Argument logisch gültig ist, die Schlussfolgerung wahr ist. Um dies deutlich zu machen, lassen Sie uns ein letztes Beispiel betrachten:

P1:	Alle Planeten haben einen verborgenen Ozean.
P2:	Merkur ist ein Planet.
C:	Merkur hat einen verborgenen Ozean.

Das ist ein logisch gültiges Argument, auch wenn die Aussagen P1 und C (soweit wir wissen) falsch sind. Das Argument sagt nur, dass, wenn P1 und P2 wahr sind, C auch wahr sein müsste, was ein gültiger Schluss ist. Diese Art von Dingen mag uns zunächst fremd erscheinen, aber das Beispiel kann uns helfen zu verstehen, dass Logik nur die Form eines Arguments überprüfen kann, ob es gültig ist oder nicht.[284] Logik kann uns aber nicht sagen, ob die Prämissen und die daraus abgeleiteten Schlussfolgerungen wahr sind. Logik hat etwas mit der Art und Weise zu tun, wie manche Aussagen von anderen abgeleitet werden, sie kann aber nichts über die Wahrheit dieser Aussagen sagen.

Wir sollten auch beachten, dass die deduktive Schlussfolgerung in der reinen Mathematik eine zentrale Rolle spielt, wo Theorien durch Ableitungen aus genauen und vorgegebenen Axiomen konstruiert werden (wie bei der euklidschen Geometrie). Die Ergebnisse (oder Theoreme, wie sie üblicherweise genannt werden) werden als wahr angesehen, wenn es eine logisch gültige Deduktionskette gibt, mit der sie von den Axiomen abgeleitet werden. Solche deduktiven Beweise geben uns eine Gewissheit (die Stimmigkeit der Axiome vorausgesetzt), die in der induktiven Wissenschaft nicht erreicht werden kann.

> *Logik hat etwas mit der Art und Weise zu tun, wie manche Aussagen von anderen abgeleitet werden, sie kann aber nichts über die Wahrheit dieser Aussagen sagen.*

In der Praxis werden Induktion und Deduktion für gewöhnlich beide bei der Aufstellung von wissenschaftlichen Theorien eingesetzt. Wir haben oben von Keplers Einsatz von Deduktion bei der Herleitung seiner Theorie gesprochen, dass der Mars sich ellipsenförmig um die Sonne bewegt. Er dachte jedoch erst an eine Ellipse (anstelle zum Beispiel einer Parabel oder Hyperbel), weil er durch Brahes

284 Weshalb man auch von „formaler Logik" spricht: Es geht um die Richtigkeit der *Form* der Argumentation, nicht des Inhalts (A. d. V.).

Beobachtungen zu der Überzeugung gelangt war, dass die Umlaufbahn des Mars grob eiförmig ist. Die Eiform war Folge einer anfänglichen Vermutung durch eine Induktion aus astronomischen Beobachtungen.

Aus denselben Daten können gegensätzliche Hypothesen entstehen

Doch hier sollten wir beachten, dass bei der Interpretation der gesammelten Daten unterschiedliche Hypothesen erstellt werden können, die diesen Daten entsprechen. Wir möchten das an zwei Beispielen deutlich machen:

Ein Beispiel aus der Astronomie. Als wir oben über die Rolle der Deduktion nachgedacht haben, haben wir zwei Hypothesen aus der antiken Astronomie angeführt, die zur Erklärung der Bewegungen der Planeten vorgelegt wurden. Die nachfolgenden Verfeinerungen des epizyklischen Modells schienen den Daten zu entsprechen; allerdings wurde die Hypothese damit immer komplizierter, da auch immer mehr Kreise notwendig waren. Keplers Vorschlag hingegen entsprach ebenfalls den Daten, indem er die komplexe Anordnung von Kreisen einfach durch eine einzige Ellipse ersetzte, wodurch die ganze Sache enorm vereinfacht wurde. Angenommen, wir wüssten nichts über die Schwerkraft und dass man anhand der Newtonschen Gesetze daraus elliptische Umlaufbahnen ableiten kann, wie sollten wir uns dann für eine der beiden Erklärungen entscheiden?

An dieser Stelle könnten sich Wissenschaftler auf ein Prinzip berufen, das manchmal als „Ockhams Rasiermesser" (nach Wilhelm von Ockham) bezeichnet wird. Dies ist die Vorstellung, dass die einfacheren Erklärungen für natürliche Phänomene wahrscheinlicher zutreffen als die komplizierteren. Genauer gesagt heißt dies, dass wir im Fall von zwei widersprüchlichen Hypothesen, die denselben Daten entsprechen, uns für die entscheiden sollten, die die geringste Anzahl von zusätzlichen Annahmen oder Komplikationen beinhaltet. Die metaphorische Verwendung des Wortes „Rasiermesser" bezieht sich darauf, dass man von der Hypothese quasi so viel wegschneidet oder abrasiert, bis so wenig Vorannahmen wie möglich übrig bleiben. „Ockhams Rasiermesser" hat sich als sehr nützliche Methode erwiesen, aber wir sollten beachten, dass es sich um eine philosophische Präferenz handelt und diese nicht für alle Fälle als wahr bewiesen werden kann. Daher sollte man sie nur mit Vorsicht anwenden.

> *Das Prinzip, das manchmal als „Ockhams Rasiermesser" (nach Wilhelm von Ockham) bezeichnet wird, ist die Vorstellung, dass die einfacheren Erklärungen für natürliche Phänomene wahrscheinlicher zutreffen als die komplizierteren.*

Ein Beispiel aus der Physik. Ein weiteres Beispiel für die Art und Weise, wie sich unterschiedliche Hypothesen auf dieselben Daten beziehen können, findet man in einer bekannten Übung aus der Schulphysik. Man gibt uns dazu eine Feder, eine Anzahl von Gewichten und ein Lineal, und wir werden aufgefordert, eine Grafik über die Federlänge im Vergleich zum Gewicht zu erstellen, das an deren Ende hängt. Am Ende haben wir, sagen wir mal, 10 Punkte auf dem Papier, die (mit ein bisschen Vorstellungskraft!) so aussehen, als lägen sie auf einer geraden Linie. Dann machen wir einen induktiven Schritt und zeichnen eine gerade Linie, die durch die meisten der Punkte verläuft, und behaupten, dass es ein lineares Verhältnis zwischen der Federlänge und der durch die Gewichte erzeugten Spannung (gemäß dem Hookschen Gesetz) gibt. Aber dann wird uns bewusst, dass man auch ganz andere Kurven durch diese 10 Punkte zeichnen könnte, sogar eine unendliche Anzahl. Würde man die Kurve verändern, würde sich dadurch auch das Verhältnis zwischen Federlänge und Spannung verändern. Aber warum sollten wir uns anstatt für die gerade Linie nicht für eine der anderen Kurven entscheiden? In der gerade beschriebenen Situation gibt es also viele Hypothesen, die derselben Reihe von Daten entsprechen. Wie entscheidet man sich für eine von ihnen?

Die Anwendung von „Ockhams Rasiermesser“ würde dazu führen, dass man sich für die eleganteste oder wirtschaftlichste Lösung entscheidet – eine gerade Linie ist einfacher als eine komplizierte Kurve. Wir könnten das Experiment auch mit 100 Punkten, 200 Punkten usw. durchführen. Die Ergebnisse würden unser Vertrauen darin bestärken, dass die gerade Linie die korrekte Lösung war. Wenn wir Beweise auf diese Weise sammeln, spricht man von „kumulierter Häufigkeit“ oder „Summenhäufigkeit“, die für die Gültigkeit einer Hypothese sprechen.

Bis hierhin haben wir uns verschiedene Methoden angeschaut, die Wissenschaftler anwenden, und haben gesehen, dass uns keine von ihnen eine hundertprozentige Sicherheit bietet (eine Ausnahme bilden deduktive Beweise in der Mathematik, wo es gewiss ist, dass bestimmte Schlüsse aus bestimmten Axiomen folgen). Wir möchten jedoch noch einmal betonen: Dies heißt auf keinen Fall, dass das Gebäude der Wissenschaft kurz vor dem Zusammenbruch steht! Was wir mit „keine hundertprozentige Sicherheit“ meinen, ist, dass immer eine kleine Möglichkeit besteht, dass ein bestimmtes Resultat oder eine bestimmte Theorie falsch sein könnte. Aber das heißt nicht, dass wir Theorien nicht grundsätzlich vertrauen könnten.

In der Tat gibt es manchmal Situationen wie bei dem Lackmustest für Säure, der in der Vergangenheit zu 100 Prozent erfolgreich war. Auch wenn uns dies formal keinen hundertprozentigen Erfolg für die Zukunft garantiert, werden Wissenschaftler es als Tatsache bezeichnen, dass sich Lackmuspapier rot verfärbt, wenn es in Säure getaucht wird. Mit „Tatsache" meinen sie, wie es der Paläontologe Stephen Jay Gould nett ausgedrückt hat, dass etwas „bis zu dem Grad bestätigt ist, dass es widersinnig wäre, ihm die einstweilige Zustimmung vorzuenthalten".[285]

In anderen Situationen sind wir bereit, unser Leben den Ergebnissen von Wissenschaft und Technik anzuvertrauen, auch wenn wir wissen, dass sie nicht hundertprozentig sicher sind. Bevor wir beispielsweise mit dem Zug reisen, wissen wir, dass theoretisch etwas schiefgehen könnte – zum Beispiel könnten die Bremsen und Signale versagen und einen Zugunfall verursachen. Aber aus den Statistiken zu Bahnreisen wissen wir auch, dass die Wahrscheinlichkeit eines solchen Ereignisses tatsächlich sehr gering ist (wenn auch nicht gleich null – Zugunfälle gibt es immer wieder). Da die Wahrscheinlichkeit eines Unfalls so gering ist, denken die meisten von uns, die mit dem Zug unterwegs sind, dabei nicht über das Risiko nach.

Andererseits dürfen wir nicht davon ausgehen, dass wir alle vorgeschlagenen Hypothesen, die mit der wissenschaftlichen Methode aufgestellt wurden, ungeprüft als absolute Tatsachen akzeptieren können.

Eines der Prüfkriterien nennt man Falsifizierbarkeit.

Falsifizierbarkeit

Karl Popper stellte nicht die Verifizierbarkeit einer Hypothese, sondern deren Falsifizierbarkeit in den Mittelpunkt. Leider kann Poppers Terminologie sehr verwirrend sein, da das Adjektiv „falsifizierbar" nicht „wird sich als falsch erweisen" bedeutet. Die Verwirrung wird noch schlimmer, wenn man sich andererseits bewusst macht, dass das Verb „falsifizieren" „aufzeigen, dass etwas falsch ist" bedeutet. Der Begriff „falsifizierbar" hat in Wirklichkeit eine technische Bedeutung. Eine Hypothese wird als falsifizierbar betrachtet, wenn logisch mögliche Beobachtungen denkbar sind, die sie widerlegen könnten.

Es ist natürlich viel einfacher, eine allgemeingültige Aussage zu falsifizieren, als sie zu verifizieren. Zur Veranschaulichung nehmen Sie eines unserer früheren Beispiele. Die Aussage „Alle Schwäne sind weiß" ist sofort leicht falsifizierbar. Man müsste nur einen Schwan entdecken, der schwarz ist, und könnte sie damit falsifizieren. Und da wir wissen, dass schwarze Schwäne existieren, ist diese Aussage schon lange falsifiziert worden.

285 Gould, *Evolution as Fact and Theory*, 119

Es kann jedoch Schwierigkeiten geben, denn der Großteil der wissenschaftlichen Tätigkeit ist viel komplexer als der Umgang mit Behauptungen wie „Alle Schwäne sind weiß“!

> *Der Begriff „falsifizierbar“ hat in Wirklichkeit eine technische Bedeutung. Eine Hypothese wird als falsifizierbar betrachtet, wenn logisch mögliche Beobachtungen denkbar sind, die sie widerlegen könnten.*

Zum Beispiel schienen im 19. Jahrhundert die Beobachtungen des Planeten Uranus zu zeigen, dass seine Bewegung den auf Grundlage der Newtonschen Gesetze getroffenen Vorhersagen widersprachen. Daher bestand die Gefahr, dass die Newtonschen Gesetze falsch waren. Doch statt sofort zu sagen, dass diese nun falsifiziert worden seien, schlugen sowohl der französische Mathematiker Urbain Le Verrier als auch der englische Astronom John Couch Adams (die sich beide nicht kannten) vor, dass es in der Nachbarschaft des Uranus einen bislang unentdeckten Planeten geben könnte, was sein offenbar anormales Verhalten erklären würde. Dies brachte einen weiteren Wissenschaftler, den deutschen Astronomen Johann Galle, dazu, nach einem neuen Planeten zu suchen – und er entdeckte den Planeten Neptun.

Es wäre daher nicht korrekt gewesen, das Verhalten des Uranus so zu verstehen, als falsifiziere es die Newtonschen Gesetze. Das Problem war eine Unkenntnis der Ausgangsbedingungen: In der untersuchten Konfiguration fehlte ein Planet. Mit anderen Worten: Ein Teil der entscheidenden Daten fehlte. Diese Geschichte demonstriert eines der Probleme in Poppers Ansatz. Wenn die Beobachtung nicht der Theorie entspricht, könnte es sein, dass die Theorie falsch ist, aber es könnte ebenso möglich sein, dass die Theorie korrekt ist, die Daten aber unvollständig oder sogar falsch sind oder dass einige der zusätzlichen Annahmen inkorrekt sind. Wie kann man dann darüber entscheiden, welches das korrekte Bild ist?

Die meisten Wissenschaftler haben in der Tat das Gefühl, dass Poppers Vorstellungen viel zu pessimistisch sind und seine Methodologie gegen alle Intuition steht. Denn ihre Intuition und ihre Erfahrung sagen ihnen, dass es ihre wissenschaftlichen Methoden ihnen tatsächlich ermöglichen, das Universum immer besser zu verstehen, und dass sie in diesem Sinne die Wirklichkeit besser in den Griff bekommen. Positiv an Poppers Ansatz ist jedoch, dass er auf der Überprüfbarkeit wissenschaftlicher Theorien besteht.

Wiederholbarkeit und Abduktion

Die wissenschaftliche Tätigkeit, über die wir bis hierhin nachgedacht haben, ist durch *Wiederholbarkeit* gekennzeichnet. Das heißt, wir haben

Situationen betrachtet, in denen Wissenschaftler nach allgemeingültigen Gesetzen gesucht haben, die wiederholbare Phänomene erklären – Gesetze, die (wie die Newtonschen Bewegungsgesetze) durch Experimente immer und immer wieder überprüft werden können. Wissenschaften dieser Art bezeichnet man oft als induktive oder nomologische Wissenschaften (griechisch *nomos* = Gesetz). Sie decken den Großteil der Wissenschaft ab.

Es gibt jedoch auch große Gebiete der wissenschaftlichen Forschung, wo Wiederholbarkeit nicht möglich ist, insbesondere das Studium der Ursprünge des Universums sowie des Ursprungs und der Entwicklung des Lebens.

Nun wollen wir keinesfalls andeuten, dass die Wissenschaft nichts über nicht wiederholbare Phänomene zu sagen hätte. Im Gegenteil: Die Menge an veröffentlichter Literatur (insbesondere, jedoch nicht ausschließlich, auf populärer Ebene) legt die Einschätzung nahe, dass beispielsweise der Ursprung des Universums und des Lebens zu den interessantesten Themen gehören, mit denen sich die Wissenschaft bislang beschäftigt hat.

Doch gerade weil solche nicht wiederholbaren Phänomene so wichtig sind, muss man bedenken, dass die Wissenschaft im Allgemeinen zu ihnen nicht denselben Zugang hat wie zu wiederholbaren Phänomenen. Denn Theorien über diese beiden Bereiche werden der Öffentlichkeit im großen Namen der Wissenschaft tendenziell so präsentiert, als ob es die gleiche Gewissheit gäbe wie bei induktiver Wissenschaft. Daher besteht die reale Gefahr, dass die Öffentlichkeit Spekulationen über nicht wiederholbare Ereignisse, die nicht experimentell verifizierbar sind, dieselbe Autorität und Gültigkeit beimisst wie jenen Theorien, die durch wiederholte Experimente bestätigt wurden.

Der Chemiker und Philosoph Michael Polanyi weist darauf hin, dass das Studium des Ursprungs einer Sache sich üblicherweise sehr von dem Studium ihrer Funktionsweise unterscheidet, obwohl natürlich Hinweise auf den Ursprung auch in der Funktionsweise zu finden sind. Es ist eine Sache, etwas Wiederholbares im Labor zu untersuchen (zum Beispiel die Dissektion eines Frosches, um zu sehen, wie sein Nervensystem funktioniert), aber eine völlig andere, etwas zu erforschen, was nicht wiederholt werden kann (zum Beispiel, wie Frösche als Gattung eigentlich entstanden sind). Und wenn wir hier größer denken, ist es eine Sache, wie das Universum funktioniert, doch wie es entstanden ist, ist eine ganz andere.

> *Es ist eine Sache, wie das Universum funktioniert, doch wie es entstanden ist, ist eine ganz andere.*

Der größte Unterschied zwischen der Erforschung von nicht wiederholbaren und wiederholbaren Phänomenen ist, dass die Methode der Induktion nicht länger angewendet werden kann, da wir keine Reihe von Beobachtungen oder Experimenten haben, von denen wir etwas induzieren könnten, noch irgendeine Wiederholung in der Zukunft stattfinden wird, über die wir Vorhersagen treffen könnten! Die Hauptmethode, die bei nicht wiederholbaren Phänomenen angewendet wird, ist *Abduktion.*

Auch wenn dieser Begriff, der zuerst vom Logiker Charles Peirce im 19. Jahrhundert verwendet wurde, vielleicht nicht sehr bekannt ist, ist die ihm zugrunde liegende Vorstellung weit verbreitet. Denn Abduktion ist das, was jeder gute Kommissar tut, wenn er einen Mordfall aufklären muss! In Zusammenhang mit dem Mord muss etwas Bestimmtes stattgefunden haben. Daran besteht kein Zweifel. Die Frage lautet: Wer oder was war der Grund für dieses Ereignis? Und oft ist bei der Suche nach den Gründen für ein bereits geschehenes Ereignis Abduktion die einzig verfügbare Methode.

Stellen Sie sich als Beispiel für abduktive Schlussfolgerung Folgendes vor:

Daten:	Iwans Auto fuhr über den Klippenrand, und er wurde getötet.
Schlussfolgerung:	Wenn die Bremsen des Autos versagt haben, musste das Auto über den Klippenrand fahren.
Abduktive Folgerung:	Es besteht Anlass zu der Vermutung, dass die Bremsen versagt haben.

Es bietet sich jedoch eine Alternative an (insbesondere für passionierte Krimileser): Wenn jemand Iwans Auto über die Klippe geschoben hätte, wäre das Ergebnis dasselbe gewesen! Es wäre trügerisch und ziemlich töricht, anzunehmen, dass, nur weil wir nur an *eine* Erklärung für die Umstände gedacht haben, diese auch die einzige *ist.*

Die grundlegende Idee der Abduktion zeigt uns das folgende Schema:

Daten:	A wurde festgestellt.
Schlussfolgerung:	Stimmt B, wäre A die Folge davon.
Abduktive Folgerung:	Es gibt Grund zur Annahme, dass B wahr sein könnte.

Natürlich könnte es auch gut eine weitere Hypothese geben, C, über die wir sagen könnten: Wenn C stimmt, würde A daraus folgen. In der Tat gibt es für C viele Möglichkeiten.

Der Kommissar in unserer Geschichte führt eine bestimmte Prozedur durch, um jede einzelne in Erwägung zu ziehen. Zuerst wird er vielleicht die Zufalls-Hypothese B betrachten, dass die Bremsen versagt haben. Dann wird er vielleicht über Hypothese C nachdenken, dass das Ereignis kein Zufall war, sondern absichtlich von einem Mörder geplant wurde, der das Auto über die Klippe geschoben hat. Oder der Kommissar könnte eine komplexere Hypothese D in Betracht ziehen, die Zufall und Absicht kombiniert – dass jemand, der Iwan umbringen wollte, die Bremsen des Autos manipuliert hat, damit sie irgendwann versagen, und dies geschah dann auf den Klippen!

Schluss auf die beste Erklärung. Unser Kriminalfall veranschaulicht, wie durch den Prozess der Abduktion plausible Hypothesen entwickelt werden und wir vor die Frage gestellt werden, welche der Hypothesen am besten zu den Daten passt. Um diese Frage zu beantworten, müssen die Hypothesen im Hinblick auf ihre Aussagekraft verglichen werden. Für wie viele Daten liefern sie eine Erklärung, ist die Theorie in sich stimmig, ist sie vereinbar mit anderen Wissensgebieten usw.?

Zur Beantwortung dieser weiter reichenden Fragen wird oft Deduktion eingesetzt. Wenn beispielsweise B in unserer Kriminalgeschichte stimmt, dann würden wir erwarten, dass eine Untersuchung der Bremsen des Autowracks ergibt, dass manche Teile abgenutzt oder kaputt sind. Wenn C richtig ist, würden wir daraus ableiten, dass die Bremsen in perfektem Zustand sind, und wenn D der Fall ist, würden wir vielleicht Hinweise auf eine absichtliche Beschädigung des hydraulischen Bremssystems finden. Würden wir entsprechende Spuren finden, würde D sofort als die beste der bis dahin gegebenen gegensätzlichen Erklärungen betrachtet werden, da ihre Aussagekraft größer ist als die der anderen.

Daher kann Abduktion zusammen mit dem darauffolgenden Vergleich der gegensätzlichen Hypothesen als „Schluss auf die beste Erklärung“[286]

286 Ein *Schluss auf die beste Erklärung* (*Inference to Best Explanation*, kurz IBE) ist ein abduktiver Schluss, mit dem eine bestimmte Hypothese gegenüber anderen Hypothesen ausgezeichnet wird. (Wikipedia, abgerufen am 12.2.2019, A. d. V.)

betrachtet werden. Das ist die Essenz nicht nur der Arbeit von Polizei und Justiz, sondern auch von Historikern. Sowohl der Kommissar als auch der Historiker müssen die bestmögliche Erklärung aus den vorhandenen Daten schlussfolgern, nachdem die Ereignisse, an denen sie interessiert sind, geschehen sind.

Mehr über den Einsatz von Abduktion in den Naturwissenschaften (insbesondere in den Bereichen Kosmologie und Biologie) erfahren Sie in den Büchern von John Lennox, die am Ende dieses Anhangs aufgeführt sind. Hier müssen wir nun noch einige andere der allgemeinen Themen betrachten, die in Zusammenhang mit der wissenschaftlichen Arbeit stehen.

WIE ERKLÄRT DIE WISSENSCHAFT DINGE?

Erklärungsebenen

Die Wissenschaft erklärt. Das fasst für viele Menschen die Kraft und Faszination der Wissenschaft zusammen. Die Wissenschaft ermöglicht es uns, Dinge zu verstehen, die wir zuvor nicht verstanden haben, und indem sie uns Verständnis schenkt, schenkt sie uns auch Macht über die Natur. Aber was meinen wir, wenn wir sagen: „Die Wissenschaft erklärt"?

In der Umgangssprache sprechen wir von einer angemessenen Erklärung, wenn die Person, der etwas erklärt wird, danach etwas gut versteht, was sie zuvor nicht verstanden hat. Wir müssen jedoch versuchen, präzise zu sein, denn beim Prozess der „Erklärung" gibt es verschiedene Aspekte, die oft verwechselt werden. Eine Veranschaulichung kann uns hier helfen. Wir haben bereits einen ähnlichen Gedankengang im Zusammenhang mit Rosen entwickelt. Lassen Sie uns nun einen Blick auf weitere Beispiele werfen.

Stellen Sie sich vor, Tante Olga hat einen leckeren Kuchen gebacken. Sie präsentiert ihn einer Versammlung von weltweit führenden Wissenschaftlern, und wir bitten diese, uns den Kuchen zu erklären. Der Ernährungswissenschaftler wird uns etwas über die Kalorienanzahl im Kuchen und seinen Nährwert erzählen. Der Biochemiker wird uns über die Struktur der Proteine, Fette usw. informieren und uns erzählen, durch was sie zusammengehalten werden. Der Chemiker wird die einzelnen Elemente aufzählen und ihre Verbindungen beschreiben. Der Physiker wird den Kuchen im Hinblick auf Elementarteilchen analysieren können. Und der Mathematiker wird uns eine Reihe von schönen Gleichungen anbieten, um das Verhalten dieser Teilchen zu beschreiben. Stellen Sie sich also vor, dass uns diese

Experten eine umfassende Beschreibung des Kuchens geliefert haben, jeder aus Sicht seiner wissenschaftlichen Disziplin. Können wir sagen, dass der Kuchen nun vollständig erklärt wurde? Wir haben sicherlich eine Beschreibung erhalten, wie der Kuchen gemacht wurde und in welchem Verhältnis die verschiedenen Elemente zueinander stehen. Aber stellen Sie sich nun vor, wir würden die versammelte Expertengruppe fragen, *warum* der Kuchen gemacht wurde. Wir bemerken das Grinsen in Tante Olgas Gesicht. Sie kennt die Antwort, denn schließlich hat sie den Kuchen gemacht! Aber klar ist: Wenn sie uns die Antwort nicht verrät, wird keine noch so ausgiebige wissenschaftliche Analyse uns je die Antwort liefern.

Also kann die Wissenschaft zwar „Wie"-Fragen hinsichtlich Ursachen und Mechanismen beantworten, aber keine „Warum"-Fragen, Fragen nach Sinn und Absicht – teleologische Fragen, wie sie manchmal genannt werden (griechisch *telos* = Endzweck oder Ziel).

Es wäre jedoch absurd, wenn man zum Beispiel behaupten würde, dass Tante Olgas Antwort auf die teleologische Frage, nämlich dass sie den Kuchen für Sams Geburtstag gebacken habe, der wissenschaftlichen Analyse des Kuchens widerspräche! Nein. Beide Arten von Antworten sind eindeutig logisch vereinbar.

> *Die Wissenschaft kann zwar „Wie"-Fragen hinsichtlich Ursachen und Mechanismen beantworten, aber keine „Warum"-Fragen, Fragen nach Sinn und Absicht.*

Und doch zeigt sich genau diese Vermischung verschiedener Kategorien, wenn Atheisten argumentieren, man brauche nicht länger Gott und das Übernatürliche, um die Abläufe in der Natur zu erklären, da wir nun eine wissenschaftliche Erklärung dafür hätten. Dadurch hat sich in der allgemeinen Öffentlichkeit die Ansicht verbreitet, dass der Glaube an einen Schöpfer einem primitiven und einfachen Stadium des menschlichen Denkens zuzuordnen sei und die Wissenschaft gezeigt habe, dass dieser sowohl unnötig als auch unmöglich sei.

Aber hier gibt es einen offensichtlichen Fehler. Denken Sie an einen Ford-Automotor. Es ist vorstellbar, dass ein primitiver Mensch, der einen solchen Motor zum ersten Mal sieht und die Prinzipien eines Verbrennungsmotors nicht versteht, sich vielleicht vorstellt, in dem Motor sei ein Gott (Herr Ford), der ihn zum Laufen bringe. Zudem könnte dieser Mensch sich vorstellen, dass der Grund für die gute Funktion des Motors sei, dass Herr Ford im Inneren des Motors ihn als Fahrer möge, und wenn der Motor nicht funktioniert, dass Herr Ford ihm nicht wohlgesonnen sei. Wenn dieser primitive Mensch dann zivilisiert werden würde, etwas über

Maschinenbau lernen und den Motor auseinanderbauen würde, würde er natürlich entdecken, dass es in dem Motor keinen Herrn Ford gibt und dass er Herrn Ford nicht als Erklärung für die Funktion des Motors braucht. Was er über die unpersönlichen Prinzipien der Verbrennung gelernt hat, würde allgemein ausreichen, um die Funktion des Motors zu erklären. So weit, so gut. Doch wenn er dann am Ende zu dem Schluss käme, dass ihm nun sein Verständnis der Prinzipien der Verbrennung es unmöglich macht, an die Existenz eines Herrn Ford zu glauben, der den Motor entwickelt hat, wäre dies schlicht und einfach falsch!

BILD Anh. 2. ***Ford-Automobil, Model A aus dem Jahr 1929***
Die Ford Motor Company, die 1913 die erste Fließbandfertigung einführte, baute von 1908 bis 1927 mehr als 15 Millionen T-Modelle. Unser Foto zeigt das Nachfolgemodell Ford A, das zwischen 1928 und 1931 produziert wurde.

© unsplash.com/Philip Schroeder

Ebenso ist es eine Vermischung von Kategorien, wenn man behauptet, unser Verständnis der unpersönlichen Funktionsprinzipien des Universums machten den Glauben an die Existenz eines persönlichen Gottes unnötig oder überflüssig, der den großen Motor namens Universum entworfen und geschaffen hat und auch aufrechterhält. Mit anderen Worten: Wir sollten die Funktionsmechanismen des Universums nicht mit seiner Ursache verwechseln. Jeder von uns kennt den Unterschied zwischen dem bewussten Bewegen eines Armes mit einer bestimmten Absicht und der unwillkürlichen spasmischen Bewegung eines Armes, die durch den zufälligen Kontakt mit elektrischem Strom ausgelöst wird.

> *Wir sollten die Funktionsmechanismen des Universums nicht mit seiner Ursache verwechseln.*

Michael Poole, wissenschaftlicher Gastmitarbeiter am King's College in London im Bereich Wissenschaft und Religion, drückt es in seiner veröffentlichten Debatte mit Richard Dawkins so aus:

> Es gibt keinen logischen Konflikt zwischen vernünftigen Erklärungen, die sich auf Mechanismen beziehen, und vernünftigen Erklärungen, die sich auf die Pläne und Zwecke eines menschlichen oder göttlichen Akteurs beziehen. Dies ist ein Aspekt der Logik, unabhängig davon, ob man nun selbst an Gott glaubt oder nicht.[287]

Einer der Autoren stellte in einer Debatte mit Richard Dawkins fest, dass sein Gegenüber die Kategorien von Mechanismus und handelnder Instanz durcheinanderbrachte:

> Als Isaac Newton beispielsweise sein Gesetz der Schwerkraft entdeckte und die Bewegungsgleichungen niederschrieb, sagte er nicht: „Fabelhaft, jetzt verstehe ich es. Ich habe einen Mechanismus, daher brauche ich Gott nicht." Tatsächlich war genau das Gegenteil der Fall. Weil er die Komplexität der Raffinesse der mathematischen Beschreibung des Universums verstand, lobte er Gott umso mehr. Und ich möchte gerne anmerken, Richard, dass du hier einen Kategoriefehler begehst, weil du Mechanismus und handelnde Instanz verwechselst: Wir hätten einen Mechanismus, der XYZ tut, daher bräuchten wir keine handelnde Instanz. Ich würde behaupten, dass die Raffinesse des Mechanismus – und die Wissenschaft freut sich, wenn sie auf solche Mechanismen stößt – ein Beweis für das reine Wunder der kreativen Genialität Gottes ist.[288]

287 Poole, *Critique of Aspects of the Philosophy and Theology of Richard Dawkins*, 49

288 Lennox' Antwort auf Dawkins' erste These „Glaube ist blind, Wissenschaft basiert auf Beweisen", in *The God Delusion Debate*, moderiert von der Fixed Point Foundation, University of Alabama in Birmingham, gefilmt und live ausgestrahlt am 3. Oktober 2007,

Trotz der Klarheit der Logik, die bei den Kontrapunkten ausgedrückt wird, wird eine berühmte Aussage des französischen Mathematikers Laplace ständig missbraucht, um den Atheismus zu unterstützen. Als er von Napoleon gefragt wurde, wie Gott in seine mathematische Arbeit passe, antwortete Laplace: „Sir, diese Hypothese brauche ich nicht." Natürlich tauchte Gott nicht in Laplaces mathematischer Beschreibung der Funktionsweise von Dingen auf, wie auch Herr Ford in keiner wissenschaftlichen Beschreibung der Gesetze des Verbrennungsmotors auftauchen würde. Aber was beweist das? Ein solches Argument kann man genauso wenig verwenden, um zu beweisen, dass Gott nicht existiert, wie man es verwenden kann, um die Nichtexistenz von Herrn Ford zu beweisen.

Zusammenfassend lässt sich sagen: Man muss sich der Gefahr bewusst sein, dass man verschiedene Erklärungsebenen vertauschen kann und denkt, eine Erklärungsebene erzähle die ganze Geschichte.

Dies bringt uns unmittelbar zu dem damit verbundenen Thema des Reduktionismus.

Reduktionismus

Um eine Sache zu erforschen – insbesondere, wenn sie sehr komplex ist –, teilen Wissenschaftler sie häufig in verschiedene Teile oder Aspekte auf und „reduzieren" sie damit auf einfachere Bestandteile, die einzeln leichter zu untersuchen sind. Diese Art von Reduktionismus, der oft als methodologischer oder struktureller Reduktionismus bezeichnet wird, ist Teil des normalen wissenschaftlichen Prozesses und hat sich als sehr nützlich erwiesen. Es ist jedoch sehr wichtig, dass man dabei im Hinterkopf behält, dass es möglicherweise (meistens ist dem so) mehr über ein gegebenes Ganzes zu sagen gibt als das, was wir erhalten, wenn wir all das zusammennehmen, was wir aus den einzelnen Teilen erkannt haben. Studiert man alle Teile einer Armbanduhr für sich, wird man nie begreifen können, wie die vollständige Armbanduhr als integriertes Ganzes funktioniert.

Neben dem methodologischen Reduktionismus gibt es zwei weitere Arten von Reduktionismus: den epistemologischen und den ontologischen Reduktionismus. Der *epistemologische Reduktionismus* ist die Sicht, dass höhere Ebenen von Wissenschaft vollständig durch die Wissenschaft auf

---

http://fixed-point.org/index.php/video/35-full-length/164-the-dawkins-lennox-debate. Die Niederschrift stammt im Original von ProTorah, http://www.protorah.com/god-delusion-debate-dawkins-lennox-transcript/.

einer niedrigeren Ebene erklärt werden können. Das heißt, Chemie wird durch Physik erklärt, Biochemie durch Chemie, Biologie durch Biochemie, Psychologie durch Biologie, Soziologie durch die Hirnforschung und Theologie durch Soziologie. Wie Francis Crick sagt: „Tatsächlich ist ja auch das Endziel der modernen biologischen Forschung, die *gesamte* Biologie in der Ausdrucksweise von Physik und Chemie verständlich zu machen."[289] Richard Dawkins, ein ehemaliger *Charles Simonyi Professor of the Public Understanding of Science* an der Universität Oxford, hat dieselbe Sicht: „Meine Aufgabe ist es, Elefanten und die Welt komplexer Dinge anhand der einfachen Dinge zu erklären, die die Physiker entweder verstehen oder an deren Verständnis sie arbeiten."[290] Das letzte Ziel des Reduktionismus ist, das gesamte menschliche Verhalten, all unsere Vorlieben und Abneigungen, die ganze mentale Landschaft unseres Lebens auf die Physik zu reduzieren.

Das letzte Ziel des Reduktionismus ist, das gesamte menschliche Verhalten, all unsere Vorlieben und Abneigungen, die ganze mentale Landschaft unseres Lebens auf die Physik zu reduzieren.

Jedoch sind sowohl die Durchführbarkeit als auch die Plausibilität dieses Programmes äußerst fraglich. Der hervorragende russische Psychologe Lew Wygotski (1896–1934) sah gewisse Aspekte dieser reduktionistischen Philosophie, so wie sie auf die Psychologie angewendet wurden, kritisch. Er zeigte auf, dass ein solcher Reduktionismus oft mit dem Ziel in Konflikt steht, alle grundlegenden Merkmale eines zu erklärenden Phänomens oder Ereignisses zu erfassen. Zum Beispiel kann man Wasser (H_2O) auf H und O reduzieren. Wasserstoff ist brennbar und Sauerstoff ist notwendig zum Brennen; Wasser jedoch besitzt keine dieser Eigenschaften, sondern hat viele andere, die wiederum Wasserstoff und Sauerstoff nicht haben. Daher war Wygotski der Ansicht, dass Reduktionismus nur bis zu einer gewissen Grenze möglich sei. Karl Popper sagt: „Es gibt fast immer einen ungelösten Rest, der auch bei den erfolgreichsten Reduktionsversuchen übrig bleibt."[291]

Des Weiteren argumentiert Michael Polanyi, die Erwartung, epistemologischer Reduktionismus funktioniere unter allen Umständen, sei an sich unplausibel.[292] Denken Sie an die unterschiedlichen Prozessebenen beim Bau eines Bürogebäudes mit Mauersteinen. Als Erstes gibt es den Prozess

289 Crick, *Von Molekülen und Menschen*, 20 (Kursivsetzung im Original)
290 Dawkins, *Der blinde Uhrmacher*, 29
291 Popper, *Scientific Reduction*
292 Polanyi, *Implizites Wissen*

der Beschaffung der Rohmaterialien, aus denen die Mauersteine hergestellt werden. Darüber gibt es die Ebene der Mauersteinproduktion (sie produzieren sich nicht selbst), Maurerarbeiten (die Steine setzen sich nicht selbst aufeinander), der Entwurf des Gebäudes (es entwirft sich nicht selbst) und die Planung der Stadt, in der das Gebäude errichtet werden soll (auch diese organisiert sich nicht selbst). Jede Ebene hat ihre eigenen Regeln. Die Gesetze der Physik und der Chemie bestimmen das Rohmaterial der Mauersteine, die Technik bestimmt die Kunst der Mauersteinherstellung, die Architektur belehrt den Bauherren, und die Architekten werden von den Stadtplanern kontrolliert. Jede Ebene wird von der Ebene darüber kontrolliert, aber das Gegenteil trifft nicht zu. Die Gesetze einer höheren Ebene können nicht von den Gesetzen einer niedrigeren Ebene abgeleitet werden (obwohl natürlich das, was auf einer höhere Ebene getan werden kann, von den niedrigeren Ebenen abhängig ist: Wenn beispielsweise die Mauersteine nicht stabil genug sind, wird dies der Größe des Gebäudes, das sicher damit gebaut werden kann, Grenzen setzen).

Betrachten Sie die Buchseite, die Sie gerade lesen. Sie besteht aus mit Druckfarbe bedrucktem Papier (oder, im Falle einer elektronischen Version, aus digital wiedergegebenem Text). Es ist offensichtlich, dass die Physik und Chemie von Farbe und Papier niemals, nicht einmal prinzipiell, uns irgendetwas über die Bedeutung der Formen der Buchstaben auf der Seite sagen können. Und das hat nichts mit der Tatsache zu tun, dass die Fortschritte in der Physik und Chemie noch nicht weit genug sind, um diese Frage zu beantworten. Auch wenn wir diesen Wissenschaften weitere 1000 Jahre Entwicklung zugestehen, werden wir sehen können, dass es keinen Unterschied machen wird, weil die Formen dieser Buchstaben eine absolut andersartige und höhere Erklärungsebene erfordern, als uns Physik und Chemie liefern können. Tatsache ist, dass eine Erklärung nur in Zusammenhang mit den Konzepten von Sprache und Autorenschaft gegeben werden kann – die Kommunikation einer Botschaft durch eine Person. Die Druckfarbe und das Papier sind Träger der Botschaft, aber die Botschaft entsteht nicht automatisch aus ihnen. Was zudem das Thema Sprache selbst angeht, gibt es hier wieder eine Folge von Ebenen – man kann ein Vokabular nicht aus der Phonetik ableiten oder die Grammatik einer Sprache aus ihrem Vokabular usw.

Wie bekannt ist, trägt das genetische Material, die DNA, Information in sich. Wir werden darauf gleich noch genauer eingehen, aber die Grundidee ist folgende: Die DNA – eine Substanz, die in jeder lebenden Zelle zu finden ist – kann man sich als ein langes Band vorstellen, auf dem eine Folge von Buchstaben in einer chemischen Sprache bestehend aus jeweils vier Buchstabengruppen geschrieben ist. Die Buchstabenfolge beinhaltet kodierte Anweisungen (Information), mit der die Zelle Proteine herstellt. Der Biochemiker und Theologe Arthur Peacocke schreibt: „Es ist unmöglich, dass das Konzept der ‚Information', das Konzept der Übermittlung einer Botschaft, anhand der Konzepte von Physik und Chemie artikuliert werden kann, auch wenn Letztere nachweislich erklären kann, wie die molekulare Maschinerie (DNA, RNA und Protein) funktioniert, um Information zu tragen."[293]

In allen diesen zuvor beschriebenen Situationen haben wir eine Reihe von Ebenen, von denen jede höher ist als die vorherige. Was auf einer höheren Ebene passiert, ist nicht vollständig davon ableitbar, was auf der Ebene darunter passiert, sondern erfordert eine andere Erklärungsebene.

In so einer Situation sagt man manchmal, dass sich die Phänomene auf einer höheren Ebene aus der niedrigeren Ebene „ergeben". Leider wird das Wort „ergeben" leicht so missverstanden, dass die Eigenschaften einer höheren Stufe automatisch aus den Eigenschaften der niedrigeren Ebene entstehen. Das ist generell falsch, wie wir anhand der Beispiele der Mauersteinproduktion und der Schrift auf Papier gezeigt haben. Doch ungeachtet der Tatsache, dass sowohl die Schrift auf Papier als auch die DNA gemeinsam haben, dass beide eine kodierte „Botschaft" tragen, beharren die Wissenschaftler, die eine materialistische Philosophie vertreten, darauf, dass die informationstragenden Eigenschaften der DNA automatisch aus geistloser Materie entstanden sein müssen. Denn wenn es, wie der Materialismus behauptet, nichts außer Materie und Energie gibt, folgt logisch daraus, dass sie das inhärente Potenzial besitzen müssen, sich selbst so zu organisieren, dass schließlich all die für das Leben notwendigen komplexen Moleküle entstehen, einschließlich der DNA.[294]

Es gibt noch eine dritte Art von Reduktionismus, genannt *ontologischer Reduktionismus*, auf den man häufig in Aussagen wie der folgenden stößt: Das Universum ist nichts als eine Ansammlung von Atomen in Bewegung, Menschen sind „Maschinen für die Verbreitung von DNA, und die Verbreitung von DNA ist ein sich selbst erhaltender Prozess. Das ist der ausschließliche Zweck des Lebens jedes lebenden Objekts."[295]

---

293 Peacocke, *Experiment of Life*, 54

294 Ob Materie und Energie diese Fähigkeit besitzen, ist eine andere Frage, die in den Büchern diskutiert wird, welche in der Fußnote am Ende dieses Anhangs genannt werden.

295 Dawkins, *Growing Up in the Universe* (Studienband), 21

Wörter wie „nichts als" oder „ausschließlich" sind verräterische Kennzeichen einer (ontologischen) reduktionistischen Denkweise. Wenn wir diese Wörter streichen, bleibt normalerweise etwas übrig, an dem nichts auszusetzen ist. Das Universum ist sicherlich eine Ansammlung von Atomen, und in der Tat verbreiten Menschen DNA. Die Frage ist jedoch: Ist das wirklich alles? Stimmen wir Francis Crick zu, der zusammen mit James D. Watson den Nobelpreis für seine Entdeckung der Doppelhelixstruktur der DNA gewann: „‚Sie', Ihre Freuden und Leiden, Ihre Erinnerungen, Ihre Ziele, Ihr Sinn für Ihre eigene Identität und Willensfreiheit – bei alledem handelt es sich in Wirklichkeit nur um das Verhalten einer riesigen Ansammlung von Nervenzellen und dazugehörigen Molekülen"[296]?

Was sollen wir über menschliche Liebe und Angst, über Konzepte wie Schönheit und Wahrheit sagen? Sind sie bedeutungslos?

Der ontologische Reduktionismus würde uns in letzter Konsequenz dazu auffordern zu glauben, ein Rembrandt-Gemälde sei nichts als auf einer Leinwand verteilte Farbmoleküle. Die Reaktion des Physikers und Theologen John Polkinghorne ist deutlich:

> Es gibt mehr über die Welt zu sagen, als die Physik je ausdrücken kann.
>
> Eine der grundlegenden Erfahrungen des wissenschaftlichen Lebens ist die des Staunens über die schöne Struktur der Welt. Es ist die Belohnung für die mühsamen Stunden der Arbeit, die man in die Forschung investiert. Doch würde dieses Staunen in der von der Wissenschaft beschriebenen Welt einen Platz finden? Oder unsere Erfahrungen von Schönheit? Oder moralische Verpflichtungen? Oder die Gegenwart Gottes? Diese Dinge scheinen mir genauso fundamental zu sein wie all das, was wir im Labor messen können. Eine Weltanschauung, die diese Dinge nicht angemessen berücksichtigt, ist bedauerlicherweise unvollständig.[297]

Die vernichtendste Kritik am ontologischen Reduktionismus lautet, er sei selbstzerstörerisch. Polkinghorne beschreibt sein Programm als letztendlich selbstmörderisch:

> Denn es verbannt nicht nur unsere Erfahrungen von Schönheit, moralischer Verpflichtung und religiöser Erfahrungen auf den

296 Crick, *Was die Seele wirklich ist*, 17
297 Polkinghorne, *One World*, 72–73

epiphänomenalen Müllhaufen. Er zerstört auch die Rationalität. Denken wird ausgetauscht durch elektrochemische, neuronale Prozesse. Zwei solcher Prozesse können nicht in einen rationalen Diskurs miteinander treten. Sie sind weder richtig noch falsch. Sie passieren einfach. ... Sogar die Behauptungen des Reduktionisten selbst sind dann bloß Signale im neuronalen Netz seines Gehirns. Die Welt des rationalen Diskurses reduziert sich auf das absurde Geschwätz feuernder Synapsen. Offen gesagt kann das nicht richtig sein, und das glaubt auch niemand von uns.[298]

GRUNDLEGENDE VORANNAHMEN BEI DER WISSENSCHAFTLICHEN ARBEIT

Bis jetzt haben wir uns auf die wissenschaftliche Methode konzentriert und gesehen, dass dies ein viel komplexeres (und aus diesem Grund auch viel interessanteres) Thema ist, als es zuerst vielleicht den Anschein hatte. Wie angekündigt, müssen wir nun die Auswirkungen der Tatsache bedenken, dass auch Wissenschaftler, wie alle Menschen, nie völlig frei von vorgefassten Meinungen sind. Die weitverbreitete Vorstellung, dass jeder Wissenschaftler ein völlig leidenschaftsloser Beobachter ist – zumindest wenn er sich bemüht unparteiisch zu sein –, ist falsch. Darauf wurde wiederholt von Wissenschaftsphilosophen und Wissenschaftlern selbst hingewiesen. Zumindest müssen Wissenschaftler sich bereits irgendeine Vorstellung oder eine Theorie über die Natur dessen, was sie studieren werden, gebildet haben.

> *Die weitverbreitete Vorstellung, dass jeder Wissenschaftler ein völlig leidenschaftsloser Beobachter ist – zumindest wenn er sich bemüht unparteiisch zu sein –, ist falsch.*

Beobachtungen sind abhängig von einer Theorie

Es ist einfach nicht möglich, Beobachtungen zu machen und Experimente durchzuführen ohne jegliche Vorannahmen. Bedenken Sie nur zum Beispiel die Tatsache, dass die Wissenschaft ihrer Natur nach selektiv sein muss. Es wäre absolut unmöglich, jeden Aspekt jedes Forschungsobjekts in Betracht zu ziehen. Daher müssen Wissenschaftler sich entscheiden, welche Faktoren wahrscheinlich wichtig sein werden und welche nicht. Zum

298 Polkinghorne, *One World*, 92–93

Beispiel berücksichtigen Wissenschaftler nicht die Farbe der Billardkugeln, wenn sie eine Laboruntersuchung über die Anwendung der Newtonschen Gesetze auf die Bewegung durchführen, aber die Form der Kugeln ist sehr wichtig – „würfelförmige Kugeln" würden nicht viel nützen! Wenn sie solche Entscheidungen treffen, werden Wissenschaftler unvermeidlich von bereits vorher gebildeten Vorstellungen und Theorien geleitet, welche Faktoren wahrscheinlich wichtig sein werden. Das Problem ist, dass solche Vorannahmen manchmal falsch sein können, was zur Folge haben kann, dass ihnen entscheidende Aspekte eines Problems entgehen, sodass sie falsche Schlüsse ziehen. Dies lässt sich gut mit einer berühmten Geschichte über den Physiker Heinrich Hertz veranschaulichen.

Maxwells elektromagnetische Theorie besagte, dass sich Radio- und Lichtwellen mit gleicher Geschwindigkeit verbreiten. Hertz entwickelte ein Experiment, um dies zu überprüfen, und fand heraus, dass die Geschwindigkeiten nicht gleich waren. Sein Fehler, der erst nach seinem Tod entdeckt wurde, war, dass ihm nicht bewusst war, dass die Beschaffenheit seines Labors irgendeinen Einfluss auf die Versuchsergebnisse haben könnte. Leider war dies aber doch der Fall. Die Radiowellen wurden von den Wänden reflektiert und verfälschten seine Ergebnisse.

Die Gültigkeit seiner Beobachtungen hingen von der (vorgefassten) Theorie ab, dass die Beschaffenheit des Labors für sein Experiment irrelevant sei. Die Tatsache, dass diese vorgefasste Meinung falsch war, machte seine Ergebnisse ungültig.

Diese Geschichte zeigt eine weitere Schwierigkeit auf: Wie kann man in einer solchen Situation entscheiden, ob der Fehler in der Theorie oder im Experiment selbst liegt? Wann kann man den Versuchsergebnissen trauen, und wann muss man eine Theorie verwerfen und nach einer besseren Theorie suchen? Oder sollte man weiter an der Theorie festhalten und versuchen, den Fehler im Experimentaufbau zu finden? Auf diese Fragen gibt es keine einfache Antwort. Viel wird dabei von der Erfahrung und dem Urteilsvermögen des beteiligen Wissenschaftlers abhängen. Aber dass auch mal Fehler gemacht werden, ist unvermeidbar.

Es gibt kein Wissen ohne Vorannahmen

Wissenschaftler haben nicht nur unvermeidlich vorgefasste Vorstellungen über bestimmte Situationen (wie uns die Geschichte von Hertz gezeigt hat), auch ihre Wissenschaft geschieht in einem Rahmen von allgemeinen Annahmen über die Wissenschaft an sich. Der weltberühmte Genetiker Richard Lewontin von der Universität Harvard schreibt: „Wissenschaftler, wie andere Intellektuelle auch, gehen mit einer Weltanschauung an ihre Arbeit heran, einer Reihe von Vorannahmen, die den Rahmen für ihre Analyse der Welt bilden."[299]

Und diese Vorannahmen können sowohl die Forschungsmethoden der Wissenschaftler bedeutend beeinflussen als auch ihre Ergebnisse und ihre Interpretationen dieser Ergebnisse, wie wir noch sehen werden.

Wir möchten jedoch betonen, dass die Tatsache, dass Wissenschaftler Vorannahmen mitbringen, keine Kritik darstellt. Das wäre wirklich eine unsinnige Einstellung. Denn die Stimme der Logik erinnert uns daran, dass wir nichts erkennen können, wenn wir nicht bereit sind, irgendetwas vorauszusetzen. Lassen Sie uns diese Vorstellung genauer untersuchen, indem wir über eine verbreitete Einstellung nachdenken. „Ich bin nicht bereit, irgendetwas als gegeben anzunehmen", sagt jemand. „Ich werde nur das akzeptieren, was du mir beweisen kannst." Hört sich vernünftig an – ist es aber nicht. Denn wenn Sie diese Sichtweise vertreten, werden Sie nie irgendetwas akzeptieren oder wissen! Denn stellen Sie sich einmal vor, ich wollte, dass Sie irgendeine Aussage A akzeptieren. Sie würden sie nur akzeptieren, wenn ich sie Ihnen bewiese. Aber ich müsste sie Ihnen auf Grundlage irgendeiner anderen Aussage B beweisen. Sie würden B nur akzeptieren, wenn ich Ihnen B bewiese. Ich müsste Ihnen B aber auf der Basis von C beweisen. Und so würde es immer weiter gehen in einer logischen Endlosschleife, in einem sogenannten unendlichen Regress. Das ist die Folge, wenn Sie darauf bestehen würden, nichts von vornherein als gegeben anzunehmen!

Wir alle müssen irgendwo mit etwas anfangen, was wir als gegeben ansehen – Grundannahmen, die man nicht auf Basis von irgendwelchen anderen Dingen beweisen muss. Solche Annahmen werden oft als *Axiome* bezeichnet.[300] Welche Axiome wir auch immer für uns annehmen, wir werden dann anschließend versuchen, die Welt richtig zu deuten, indem wir unsere Überlegungen auf diesen Axiomen aufbauen. Und das gilt nicht nur hinsichtlich unserer Weltanschauung, sondern bei allem, was wir tun. Wir behalten die Axiome, die sich als nützlich erwiesen haben (weil sie uns zu Theorien führen, die besser zur Natur und unserer Erfahrung zu passen scheinen), und wir verwerfen oder modifizieren jene, die nicht so gut

299 Lewontin, *Dialectical Biologist*, 267

300 Man sollte jedoch im Hinterkopf behalten, dass die Axiome, die in verschiedenen Bereichen der reinen Mathematik (zum Beispiel bei der Zahlen- oder der Gruppentheorie) auftauchen, auch nicht aus dem Nichts auftauchen. Sie entstehen für gewöhnlich aus dem Versuch, Jahre (manchmal Jahrhunderte) von mathematischer Forschung in einem sogenannten Axiomensystem zusammenzufassen.

passen. Eines jedenfalls ist absolut klar: Niemand von uns ist völlig frei von anfänglichen Grundannahmen.

Wenn wir Wissen gewinnen wollen, müssen wir unseren Sinnen und anderen Menschen vertrauen

Es gibt im Wesentlichen zwei Quellen, aus denen wir Wissen gewinnen können:

1. direkt durch unsere ganz persönliche Erfahrung (wenn wir zum Beispiel versehentlich unseren Finger in kochendes Wasser tauchen, lernen wir, dass kochendes Wasser uns verbrüht);
2. wir lernen alles Mögliche durch externe Quellen, zum Beispiel durch Lehrer, Bücher, Eltern, die Medien usw.

Dabei brauchen wir immer ein gewisses Vertrauen. Wir vertrauen intuitiv unseren Sinnen, auch wenn wir wissen, dass sie uns manchmal täuschen. So kann sich beispielsweise bei extrem kaltem Wetter ein Metallgeländer heiß anfühlen, wenn wir es berühren.

Wir vertrauen auch unserem Denken, dass es unsere Sinne richtig interpretiert, obwohl wir auch hier wissen, dass unser Denken sich täuschen kann.

Normalerweise glauben wir auch das, was andere Leute uns erzählen – Lehrer, Eltern, Freunde usw. Manchmal überprüfen wir etwas, was wir von ihnen gehört haben, denn – ohne sie beleidigen zu wollen – ist uns klar, dass sogar Freunde sich irren können und andere Leute uns vielleicht sogar täuschen. Viel häufiger jedoch akzeptieren wir Aussagen von Fachleuten – wenn auch nur, weil niemand die Zeit hat, alles zu überprüfen! Bei technischen Themen vertrauen wir unseren Lehrbüchern. Wir vertrauen auf das, was (andere) Wissenschaftler getan haben. Und das ist natürlich auch vernünftig, obwohl diese Experten uns selbst nahelegen würden, kritisch zu sein und nicht alles einfach so zu akzeptieren, was sie sagen. Sie würden uns auch daran erinnern, dass eine Aussage nicht automatisch wahr sein muss, nur weil sie in einem Buch gedruckt wurde!

Der Erwerb wissenschaftlicher Kenntnisse setzt den Glauben an die rationale Verständlichkeit des Universums voraus

Wir alle nehmen die Tatsache so sehr als selbstverständlich hin, dass wir den menschlichen Verstand als Ausgangspunkt zur Erforschung des Universums benutzen können, dass wir dabei übersehen, dass das Universum selbst wirklich etwas ist, über das man sich nur wundern kann. Denn sobald wir versuchen, das Universum zu verstehen, fordert unser Geist eine Erklärung. Doch wo können wir eine finden? Die Wissenschaft kann sie uns nicht liefern aus dem ganz einfachen Grund, weil Wissenschaft die rationale Verständlichkeit des Universums voraussetzen muss, um überhaupt arbeiten zu können. Einstein selbst macht dies sehr deutlich in demselben Artikel, den wir bereits zitiert haben. Denn er sagt dort, dass der Glaube des Wissenschaftlers an die rationale Verständlichkeit des Universums über die Wissenschaft selbst hinausgeht und dass dieser Glaube von Natur aus im Wesentlichen religiös sei:

> Wissenschaft aber kann nur geschaffen werden von Menschen, die ganz erfüllt sind von dem Streben nach Wahrheit und Begreifen. Diese Gefühlsbasis aber entstammt der religiösen Sphäre. Hierher gehört auch das Vertrauen in die Möglichkeit, die in der Welt des Seienden geltenden Gesetzmäßigkeiten seien vernünftig, d. h. durch die Vernunft begreifbar. Ohne solchen tiefen Glauben kann ich mir einen wirklichen Forscher nicht vorstellen. [301]

Einstein sah keinen Grund, sich der Tatsache zu schämen, dass die Wissenschaft in ihrer Wurzel den Glauben an etwas benötigt, was sie selbst nicht rechtfertigen kann.

Mit dem Glauben an die rationale Verständlichkeit des Universums ist der Glaube an eine geordnete Natur verbunden, dass dort Strukturen und gesetzmäßiges Verhalten zu erwarten sind. Die Griechen drückten genau dies mit dem Wort Kosmos aus, was auch „Ordnung" bedeutet. Es ist diese grundlegende Erwartung von Ordnung, die hinter dem Vertrauen steht, mit dem Wissenschaftler die induktive Methode anwenden. Wissenschaftler sprechen davon, dass sie an die Gleichförmigkeit der Natur glauben – an die Vorstellung, dass die Ordnung in der Natur und die sie beschreibenden Gesetze zu allen Zeiten und in allen Teilen des Universums gültig sind.

Viele Theisten aus der jüdischen, islamischen oder christlichen Tradition würden dieses Konzept der Gleichförmigkeit der Natur modifizieren, indem sie ihre Überzeugung hinzufügen, dass Gott der Schöpfer diese Regelmäßigkeit selbst in die Funktionen des Universums eingebaut hat, damit wir von einer allgemeinen Gleichförmigkeit sprechen können – Regeln, nach denen die Natur normalerweise funktioniert. Aber weil Gott der Schöpfer ist, ist er kein Sklave dieser Regeln, sondern kann sie variieren, indem er Dinge passieren lässt, die nicht in das reguläre Muster passen.

301 Einstein, *Aus meinen späteren Jahren*, 43

Auch hier ist das Festhalten an der Gleichförmigkeit der Natur eine Glaubensfrage. Die Wissenschaft kann uns nicht beweisen, dass die Natur gleichförmig ist, da wir die Gleichförmigkeit der Natur voraussetzen müssen, um überhaupt Wissenschaft zu betreiben. Anderenfalls könnten wir nicht darauf vertrauen, dass wir bei der Wiederholung eines Experiments unter denselben Bedingungen auch dieselben Resultate erhalten werden. Unsere Lehrbücher wären dann nutzlos. Doch gewiss könnten wir sagen, dass die Gleichförmigkeit der Natur höchst wahrscheinlich ist, da ihre Annahme zu solch erstaunlichem wissenschaftlichem Fortschritt geführt hat. C. S. Lewis hat jedoch Folgendes beobachtet:

> *Es ist diese grundlegende Erwartung von Ordnung, die hinter dem Vertrauen steht, mit dem Wissenschaftler die induktive Methode anwenden.*

BILD Anh. 3.
Die Galaxie der Milchstraße
Die Galaxie der Milchstraße kann man in klaren Nächten von der Erde aus sehen (außerhalb von Stadtgebieten). Die Spiralbänder von Staub und leuchtendem Nebel erscheinen wie eine Wolke am Nachthimmel, bestehen aber innen aus Milliarden von einzelnen Sternen.

„Die Erfahrung kann also die Gleichförmigkeit nicht beweisen, denn die Gleichförmigkeit muss vorausgesetzt werden, bevor die Erfahrung irgendetwas bewiesen hat. ... Können wir sagen, die Gleichförmigkeit sei in jedem Fall höchstwahrscheinlich? Leider nicht. Wir haben ja gerade gesehen, dass jede Wahrscheinlichkeit von *ihr* abhängt. Nichts ist wahrscheinlich oder unwahrscheinlich, es sei denn, die Natur *ist* gleichförmig.“[302]

Innerhalb der herrschenden Paradigmen forschen

Thomas Kuhn beschrieb in seinem berühmten Buch *Die Struktur wissenschaftlicher Revolutionen* (1962 in den USA, 1967 in Deutschland erschienen), wie die Wissenschaft die folgenden Stufen durchläuft: Vorwissenschaft,

302 Lewis, *Wunder*, 121

normale Wissenschaft, Krise und Revolution, neue Normalwissenschaft, neue Krise usw. Die Vorwissenschaft ist die vielfältige und unorganisierte Tätigkeit, die durch viel Uneinigkeit gekennzeichnet ist und der Entstehung einer neuen Wissenschaft vorausgeht, die schrittweise Struktur erhält, wenn eine Wissenschaftsgemeinschaft sich einem neuen Paradigma anschließt. Dieses Paradigma ist ein Netz von Annahmen und Theorien, auf die man sich mehr oder weniger geeinigt hat und welches das innere Gerüst bildet, um das herum das wissenschaftliche Gebäude errichtet wird. Berühmte Beispiele sind die Paradigmen der kopernikanischen Astronomie, der Newtonschen Mechanik und der Evolutionsbiologie.

Innerhalb eines solchen Paradigmas wird dann Normalwissenschaft praktiziert. Das Paradigma setzt die Standards für die legitime Forschung. Der Normalwissenschaftler verwendet diesen Rahmen, um die Natur zu erforschen. Dabei blickt er häufig nicht kritisch auf das Paradigma selbst, weil so viele damit einverstanden sind. So wie wir am Feuer einer Fackel vorbeischauen und das Objekt anschauen, das sie erleuchtet, statt kritisch auf das Feuer der Fackel selbst zu blicken. Daher ist das Paradigma selbst sehr widerstandsfähig gegen kritische Anfragen. Wenn Anomalien, Schwierigkeiten und offensichtliche Fehler auftreten, werden Normalwissenschaftler versuchen, diese möglichst mit dem Paradigma zu harmonisieren oder durch feine Änderungen des Paradigmas zu erklären. Wenn die Schwierigkeiten jedoch nicht gelöst werden können und zunehmen, entwickelt sich eine Krisensituation, die zu einer wissenschaftlichen Revolution führt, einschließlich der Entstehung eines neuen Paradigmas, das dann immer mehr an Boden gewinnt, sodass das ältere Paradigma schließlich verworfen wird. Das Wesen eines solchen Paradigmenwechsels ist der Austausch eines alten Paradigmas durch ein neues Paradigma, nicht eine Verfeinerung des alten durch das neue. Das bekannteste Beispiel für einen großen Paradigmenwechsel ist der Übergang von der aristotelischen geozentrischen Astronomie (mit der Erde im Mittelpunkt) zur kopernikanischen heliozentrischen Astronomie (mit der Sonne im Mittelpunkt) im 16. Jahrhundert.

Auch wenn Kuhns Arbeit an manchen Stellen durchaus kritisch gesehen werden kann, hat er sicherlich Wissenschaftlern eine Reihe von Themen vor Augen geführt, die wichtig für unser Verständnis davon ist, wie Wissenschaft funktioniert:

1. die zentrale Rolle, die metaphysische Vorstellungen in der Entwicklung von wissenschaftlichen Theorien spielen;

2. die Widerstandskraft von Paradigmen gegen Versuche, sie zu widerlegen;
3. die Tatsache, dass Wissenschaft menschlichen Schwächen unterworfen ist.

Der zweite dieser Punkte hat sowohl eine positive als auch eine negative Auswirkung. Er bedeutet, dass ein gutes Paradigma nicht sofort verworfen wird, wenn erste Versuchsergebnisse oder Beobachtungen scheinbar dagegen sprechen. Andererseits heißt es auch, dass ein Paradigma, das schließlich als unangemessen oder falsch bewiesen wird, vielleicht erst nach sehr langer Zeit verschwinden wird. Es wird lange den wissenschaftlichen Fortschritt behindern, indem es Wissenschaftler in seinem Netz gefangen hält und ihnen nicht die notwendige Freiheit für die Erforschung radikal neuer Ideen gibt, die wirklichen wissenschaftlichen Fortschritt bringen würden.

Wichtig ist, dass wir erkennen, dass Paradigmen selbst oft auf tiefster Ebene von weltanschaulichen Überlegungen beeinflusst werden. Wir haben zuvor gesehen, dass es im Wesentlichen zwei grundlegende Weltanschauungen gibt, die materialistische und die theistische. Es scheint allerdings der Fall zu sein, dass in der Wissenschaft manchmal stillschweigend angenommen wird, dass nur Paradigmen, die auf dem Materialismus basieren, als wissenschaftlich zulässig betrachtet werden können. Richard Dawkins sagt zum Beispiel: „Die Erklärung, die wir geben, darf den Gesetzen der Physik nicht widersprechen. Sie wird sich sogar der Gesetze der Physik bedienen und nur der Gesetze der Physik.“[303] Es ist das Wort „nur“, das zeigt, dass Dawkins lediglich bereit ist, reduktionistisch-materialistische Erklärungen zu akzeptieren.[304]

303 Dawkins, *Der blinde Uhrmacher*, 30

304 Hier noch Literaturhinweise auf weitere Bücher von John Lennox zum Thema des Anhangs:
Stephen Hawking, *das Universum und Gott* (SCM R. Brockhaus, 2011)
Hat die Wissenschaft Gott begraben? Eine kritische Analyse moderner Denkvoraussetzungen (SCM Brockhaus, 2009)
Gott im Fadenkreuz: Warum der Neue Atheismus nicht trifft (SCM R. Brockhaus, 2013)
Sieben Tage, das Universum und Gott: Was Wissenschaft und Bibel über den Ursprung der Welt sagen (SCM R. Brockhaus, 2014)
Auf DVD-ROM erschienen:
Wunder: Ist der Glaube an Übernatürliches irrational? Vortrag mit Oxford-Professor Dr. John Lennox (Christliche Buchhandlung Wolfgang Bühne, 2013)

BIBLIOGRAFIE DER SERIE

Bitte beachten Sie auch die Literaturhinweise auf Seite 357, FN 304

BÜCHER

A

Abbott, Edwin: *Flächenland: ein mehrdimensionaler Roman* (1884), Laxenburg: Götz, 1999.

Ambrose, E. J.: *The Nature and Origin of the Biological World*, New York: Halsted Press, 1982.

Ammon, Otto: *Die Gesellschaftsordnung und ihre natürlichen Grundlagen*, Jena: Gustav Fischer, 1895.

Anderson, J. N. D. (Norman): *Christianity: The Witness of History*, London: Tyndale Press, 1969.

Anderson, J. N. D. (Norman): *The Evidence for the Resurrection* (1950), Leicester: InterVarsity Press, 1990.

Anderson, J. N. D. (Norman): *Islam in the Modern World*, Leicester: Apollos, 1990.

Andreyev, G. L.: *What Kind of Morality Does Religion Teach?*, Moskau: Znaniye, 1959.

Aristoteles: *Metaphysik.*

Aristoteles: *Nikomachische Ethik.*

Arnold, Thomas: *Christian Life, Its Hopes, Its Fears, and Its Close: Sermons preached mostly in the chapel of Rugby School, 1841–1842* (1842), Neuausg., London: Longmans, 1878.

Ashman, Keith M. und Philip S. Baringer (Hg.): *After the Science Wars*, London: Routledge, 2001.

Atkins, Peter: *Creation Revisited*, Harmondsworth: Penguin, 1994.

Augustinus, Aurelius: *Bekenntnisse.*

Avise, John C.: *The Genetic Gods, Evolution and Belief in Human Affairs*, Cambridge, Mass.: Harvard University Press, 1998.

Ayer, A. J. (Hg.): *The Humanist Outlook*, London: Pemberton, 1968.

B

Bacon, Francis: *Advancement of Learning* (1605), hg. von G. W. Kitchin (1915). Repr.: London: Dent, 1930. http://archive.org/details/advancementlearn00bacouoft (Reprod. der Ausgabe von 1915).

Bādarāyana, Śankarācārya und George Thibaut: *The Vedānta Sūtras of Bādarāyana*, Bd. 34 von: *Sacred books of the East*, Oxford: Clarendon Press, 1890.

Baier, Kurt: *Der Standpunkt der Moral: eine rationale Grundlegung d. Ethik* (1958), Düsseldorf: Patmos-Verlag, 1974.

Behe, Michael J.: Darwins Black Box: biochemische Einwände gegen die Evolutionstheorie (1996), Gräfelfing: Resch, 2007.

Bentham, Jeremy: *Eine Einführung in die Prinzipien der Moral und Gesetzgebung* (1780, 1789), Saldenburg: Verl. Senging, 2013.

Berdyaev, N. A.: *The Beginning and The End*, übers. von R. M. French, London: Geoffrey Bles, 1952.

Berlinski, David: *The Deniable Darwin and Other Essays*, Seattle, Wash.: Discovery Institute, 2009.

Bickerton, Derek: *Language and Species* (1990). Repr.: Chicago: University of Chicago Press, 1992.

Biddiss, M. D.: *Father of Racist Ideology: The Social and Political Thought of Count Gobineau*, New York: Weybright & Talley, 1970.

Böhler, Dieter: *1 Esdras*, Stuttgart: Kohlhammer, 2016.

Bouquet, A. C.: *Comparative Religion*, Harmondsworth: Penguin (Pelican), 1962.

Breck, John: *The Sacred Gift of Life: Orthodox Christianity and Bioethics*, Crestwood, N.Y.: St. Vladimir's Seminary Press, 1998.

Bronowski, Jacob: *The Identity of Man*, Harmondsworth: Penguin, 1967.

Brow, Robert: *Religion, Origins and Ideas*, London: Tyndale Press, 1966.

Bruce, F. F.: *1 and 2 Corinthians*, New Century Bible Commentary, London: Oliphants, 1971.

Bruce, F. F.: *Die Glaubwürdigkeit der Schriften des Neuen Testaments: Eine Überprüfung des historischen Befundes*, Bad Liebenzell, 1976.

Butterfield, Herbert: *Christentum und Geschichte*, Stuttgart: Engelhornverl. Ad. Spemann, 1952.

C

Cairns-Smith, A. G.: *The Life Puzzle*, Edinburgh: Oliver & Boyd, 1971.

Caputo, John D. (Hg.): *Deconstruction in a Nutshell: A Conversation with Jacques Derrida, Perspectives in Continental Philosophy Nr. 1.*, 1997. Repr.: New York: Fordham University Press, 2004.

Cary, M. und T. J. Haarhoff: *Life and Thought in the Greek and Roman World*, 5. Aufl., London: Methuen, 1951.

Chalmers, David J.: *The Conscious Mind: In Search of a Fundamental Theory*, Oxford: Oxford University Press, 1996.

Chamberlain, Paul: *Can We Be Good Without God?: A Conversation about Truth, Morality, Culture and a Few Other Things That Matter*, Downers Grove, Ill.: InterVarsity Press, 1996.

Chomsky, Noam: *Knowledge of Language: Its Nature, Origin and Use*, New York: Praeger, 1986.

Chomsky, Noam: *Sprache und Geist*, Frankfurt a. M.: Suhrkamp, 1996.

Chomsky, Noam: *Syntactic Structures*, The Hague: Mouton, 1957.

Cicero, Marcus Tullius: *Cicero, Werke.*

Cicero, Marcus Tullius: *Vom Wesen der Götter.*

Cicero, Marcus Tullius: *Pro Rabirio.*

Clemens von Alexandria: *Stromata.*

Cornford, F. M.: *Before and After Socrates* (1932). Repr.: Cambridge: Cambridge University Press, 1999. DOI: 10.1017/CBO9780511570308 (aufg. am 29.09.2015).

Craig, Edward (allg. Hg.): *Concise Routledge Encyclopaedia of Philosophy*, London: Routledge, 2000.

Craig, William Lane: *Reasonable Faith: Christian Truth and Apologetics* (1994), 3. Aufl., Wheaton, Ill.: Crossway, 2008.

Crane, Stephen: *War Is Kind*, New York: Frederick A. Stokes, 1899. http://www.gutenberg.org/ebooks/9870 (aufg. am 11.09.2015).

Cranfield, C. E. B.: *A Critical and Exegetical Commentary on the Epistle to the Romans*, Bd. 1, The International Critical Commentary, Edinburgh: T&T Clark, 1975.

Crick, Francis: *Das Leben selbst: sein Ursprung, seine Natur* (1981), München, Zürich: Piper, 1983.

Crick, Francis: *Was die Seele wirklich ist: die naturwissenschaftliche Erforschung des Bewusstseins,* München, Zürich: Artemis und Winkler, 1994.

Crick, Francis: *Von Molekülen und Menschen*, München: Goldmann, 1970.

Cudakov, A.: *Komsomol'skaja Pravda* (11.10.1988).

Culler, Jonathan: *Dekonstruktion: Derrida und die poststrukturalistische Literaturtheorie* (1982), Dt. Erstausg., Reinbek: Rowohlt, 1988.

D

Darwin, Charles: *Die Abstammung des Menschen* (1871), 5. Aufl.: Stuttgart: Kröner, 2002.

Darwin, Charles: *Die Entstehung der Arten* (1859), Neumann, Köln: Anaconda, 2018.

Darwin, Francis: *The Life and Letters of Charles Darwin*, London: John Murray, 1887. DOI: http://dx.doi.org/10.5962/bhl.title.1416 (aufgerufen am 29.06.2015).

Davies, Paul und John Gribbin: *Auf dem Weg zur Weltformel* (1991), Berlin: Byblos-Verl., 1993.

Davies, Paul: *Das fünfte Wunder: Auf der Suche nach dem Ursprung des Lebens* (1999), Frankfurt a. M.: Fischer, 2015.

Davies, Paul: *Der Plan Gottes: die Rätsel unserer Existenz und die Wissenschaft* (1992), Frankfurt a. M., Leipzig: Insel, 1996.

Davies, Paul: *Gott und die moderne Physik* (1983), *München: Goldmann, 1989.*

Davies, Paul: *Prinzip Chaos: die neue Ordnung des Kosmos* (1988), *München: Goldmann, 1990.*

Davis, Percival und Dean H. Kenyon: *Of Pandas and People: The Central Question of Biological Origins* (1989), 2. Aufl., Dallas, Tex.: Haughton Publishing, 1993.

Dawkins, Richard: *Das egoistische Gen* (1976), Berlin, Heidelberg, New York: Springer, 1978.

Dawkins, Richard: *Der blinde Uhrmacher: ein neues Plädoyer für den Darwinismus* (1986), München: Kindler, 1987.

Dawkins, Richard: *Der entzauberte Regenbogen: Wissenschaft, Aberglaube und die Kraft der Phantasie* (1998), Reinbek: Rowohlt, 2000.

Dawkins, Richard: *Gipfel des Unwahrscheinlichen: Wunder der Evolution* (1996), Reinbek: Rowohlt, 2008.

Dawkins, Richard: *Growing Up in the Universe. The Royal Institution Christmas Lectures for Children,* 1991. Fünf einstündige Episoden (Regie: Stuart McDonald) für die BBC. Doppel-DVD veröffentlicht am 20.04.2007 durch die Richard Dawkins Foundation, abrufbar auf dem *Ri Channel*: http://www.richannel.org/christmas-lectures/1991/richard-dawkins. Studienführer mit demselben Titel: London: BBC Education, 1991.

Dawkins, Richard und John Lennox: „*The God Delusion Debate*", veranstaltet von der Fixed Point Foundation, University of Alabama in Birmingham, aufgenommen und live ausgestrahlt am 03.10.2007, http://fixed-point.org/index.php/video/35-full-length/164-the-dawkins-lennox-debate. Abschrift mit freundlicher Genehmigung von ProTorah.com, http://www.protorah.com/god-delusion-debate-dawkins-lennox-transcript/.

Dawkins, Richard: *Und es entsprang ein Fluss in Eden: das Uhrwerk der Evolution* (1995), München: Goldmann, 1998.

Deacon, Terrence: *The Symbolic Species: The Co-Evolution of Language and the Human Brain*, London: Allen Lane, 1997.

Dembski, William A.: *Being as Communion: A Metaphysics of Information*, Ashgate Science and Religion, Farnham, Surrey: Ashgate, 2014.

Dembski, William A.: *The Design Inference: Eliminating Chance through Small Probabilities*, Cambridge Studies in Probability, Induction and Decision Theory, Cambridge: Cambridge University Press, 1998.

Dembski, William A. (Hg.): *Uncommon Dissent: Intellectuals Who Find Darwinism Unconvincing*, Wilmington, Del.: Intercollegiate Studies Institute, 2004.

Dennett, Daniel: *Darwins gefährliches Erbe* (1995), Hamburg: Hoffmann und Campe, 1997.

Denton, Michael: *Evolution: A Theory in Crisis* (1986), 3. rev. Ausg., Bethesda, Md.: Adler & Adler, 1986.

Derrida, Jacques: *Grammatologie* (1967), Frankfurt a. M.: Suhrkamp, 1988.

Derrida, Jacques: *Positionen: Gespräche mit Henri Ronse, Julia Kristeva, Jean-Louis Houdebine, Guy Scarpetta* (1972), hg. von Peter Engelmann, 2., überarb. Aufl., Wien: Passagen-Verl., 2009.

Derrida, Jacques: *Die Schrift und die Differenz* (1967), Frankfurt a. M.: Suhrkamp, 1985.

Descartes, René: *Untersuchungen über die Grundlagen der Philosophie* (1641), Hamburg: Meiner, 1960.

Descartes, René: *Abhandlung über die Methode, richtig zu denken und die Wahrheit in den Wissenschaften zu suchen*, Leiden, 1637.

Deutsch, David: *The Fabric of Reality*, London: Penguin, 1997.

Dewey, John: *Ein gemeinsamer Glaube* (1934), in: *Pädagogische Aufsätze und Abhandlungen (1900–1944)*, Zürich: Pestalozzianum, 2002.

Dostojewski, F.: *Ausgewählte Werke.*

Dostojewski, F.: *Die Brüder Karamasoff* (1880), München: Piper, 1980.

E

Eastwood, C. Cyril: *Life and Thought in the Ancient World*, Derby: Peter Smith, 1964.

Easwaran, Eknath: *Die Bhagavad-Gita: die Quelle der indischen Spiritualität* (1985), München: Goldmann, 2012.

Easwaran, Eknath: Die Upanischaden (1987), München: Goldmann Verlag, 2018.

Eccles, John C.: *Die Evolution des Gehirns – die Erschaffung des Selbst*, München, Zürich: Piper, 1989.

Einstein, A.: *Aus meinen späten Jahren,* Stuttgart: DVA, 1984.

Einstein, A.: *Letters to Solovine: 1906–1955,* New York: Philosophical Library, 1987.

Eldredge, Niles: *Reinventing Darwin: The Great Debate at the High Table of Evolutionary Theory*, New York: Wiley, 1995.

Eldredge, Niles: *Time Frames: The Evolution of Punctuated Equilibria* (1985), Princeton, N. J.: Princeton University Press, 1989.

Ellis, John M.: *Against Deconstruction*, Princeton, N.J.: Princeton University Press, 1989.

The Encyclopedia Britannica, 15. Aufl. (Britannica 3), hg. von Warren E. Preece und Philip W. Goetz, Chicago: Encyclopaedia Britannica, 1974–2012.

Engels, Friedrich: *Ludwig Feuerbach und der Ausgang der klassischen deutschen Philosophie* (1886 in *Die Neue Zeit),* Zittau: BMV, 2009.

Erbrich, Paul: *Zufall: eine naturwissenschaftlich-philosophische Untersuchung*, Stuttgart: Kohlhammer, 1988.

Euripides: *Die Bakchen*.

Evans-Pritchard, E. E.: *Nuer Religion* (1956), 2. Aufl., London: Oxford University Press, 1971.

F

Feuerbach, Ludwig: *Das Wesen des Christentums* (1841), Stuttgart: Reclam, 1984.

Feynman, Richard: *Sechs physikalische Fingerübungen* (1963), München: Piper, 2003.

Fischer, Ernst: *Was Marx wirklich sagte,* Wien: Molden, 1968.

Fish, Stanley: *Is There a Text in This Class? The Authority of Interpretive Communities*, Cambridge, Mass.: Harvard University Press, 1980.

Fish, Stanley: *There's No Such Thing as Free Speech, and It's a Good Thing Too*, New York: Oxford University Press, 1994.

Flew, Antony mit Roy Abraham Varghese: *There Is a God: How the World's Most Notorious Atheist Changed His Mind*, London: HarperCollins, 2007.

Fox, S. W. (Hg.): *The Origins of Prebiological Systems and of Their Molecular Matrices*, New York: Academic Press, 1965.

Frazer, J. G.: *Der goldene Zweig: das Geheimnis von Glauben und Sitten der Völker* (ab 1890), Reinbek: Rowohlt, 2000.

Fromm, Erich: *Die Herausforderung Gottes und des Menschen* (1966), Konstanz: Diana, 1970.

G

Gates, Bill: *Der Weg nach vorn: die Zukunft der Informationsgesellschaft* (1995), München: Heyne, 1997.

Geisler, Norman L. und William E. Nix: *A General Introduction to the Bible* (Chicago: Moody Press, 1986).

Gerson, Lloyd P.: *Plotinus*, London: Routledge, 1994.

Gilligan, Carol: *Die andere Stimme: Lebenskonflikte und Moral der Frau* (1982), München: Piper, 1999.

Goldschmidt, Richard: *The Material Basis of Evolution. The Silliman Memorial Lectures Series* (1940). Repr.: Yale University Press, 1982.

Gooding, David W. und John C. Lennox: *The Human Quest for Significance: Forming a Worldview* (auf Russisch). Minsk: Myrtlefield Trust, 1999. (Das vorliegende Buch ist der zweite Band der Reihe in deutscher Sprache.)

Gould, Stephen Jay: *Die Lügensteine von Marrakesch: vorletzte Erkundungen der Naturgeschichte; Essays* (2000), Frankfurt a. M.: Fischer, 2006.

Gould, Stephen Jay: *Zufall Mensch* (1989), Frankfurt a. M.: Fischer, 2003.

Grant, Michael: *Jesus: Leben und Welt des Jesus von Nazareth (1977),* Bergisch Gladbach: Lübbe, 1981.

Grene, Marjorie: *A Portrait of Aristotle*, London: Faber & Faber, 1963.

Groothuis, Douglas: *Truth Decay: Defending Christianity against the Challenges of Postmodernism*, Leicester: InterVarsity Press, 2000.

Guthrie, W. K. C.: *Die griechischen Philosophen von Thales bis Aristoteles* (1950), Göttingen: Vandenhoeck & Ruprecht, 1963.

Guthrie, W. K. C.: *Plato: the man and his dialogues, earlier period*, Bd. 4 von: *A History of Greek Philosophy* (1875). Repr.: Cambridge: Cambridge University Press, 2000.

H

Haldane, J. B. S.: *Possible Worlds* (1927), London: Chatto & Windus, 1945.

Harrison, E.: *Masks of the Universe* (1985), 2. Aufl., New York: Macmillan, 2003. Die Zitate beziehen sich auf die erste Macmillan-Auflage.

Harvey, William: *On the Motion of the Heart and the Blood of Animals* (1628). http://legacy.fordham.edu/halsall/mod/1628harvey-blood.asp (aufg. am 11.09.2015).

Hawking, Stephen und Leonard Mlodinow: *Der große Entwurf: eine neue Erklärung des Universums* (2010), Reinbek: Rowohlt, 2011.

Hawking, Stephen: *Eine kurze Geschichte der Zeit* (1988), Reinbek: Rowohlt, 2018.

Hegel, G. W. F.: *Gesammelte Werke,* Hamburg: Felix Meiner, 1968–2019.

Hegel, G. W. F.: *Phänomenologie des Geistes* (1807), Hamburg: Felix Meiner, 1988 (Nachdruck 2011).

Hegel, G. W. F.: *Vorlesungen über die Philosophie der Geschichte*, Stuttgart: Reclam, 1961.

Hegel, G. W. F.: *Wissenschaft der Logik, Erster Band. Die objektive Logik. Erstes Buch. Das Sein* (1812), Hamburg: Meiner, 1999.

Hemer, Colin: *The Book of Acts in the Setting of Hellenistic History*, Tübingen: J. C. B. Mohr, Paul Siebeck, 1989.

Hengel, Martin: *Judentum und Hellenismus: Studien zu ihrer Begegnung unter bes. Berücks. Palästinas bis zur Mitte d. 2. Jh.s v. Chr.* (1969), Tübingen: Mohr, 1988.

Hengel, Martin: *Studien zur Christologie, Kleine Schriften, Teil 4,* Tübingen: Mohr Siebeck, 2006.

Herodot: *Historien.*

Herzen, Alexander Iwanowitsch: *Byloe i dumy,* (London 1853), übers. von C. Garnett, *My Past and Thoughts, The Memoirs of Alexander Herzen* (1968), rev. von H. Higgens, eingel. von I. Berlin, 1968. Repr.: London: Chatto and Windus, 2008.

Hesiod: *Theogonie.*

Hippolytus: *Widerlegung aller Häresien.*

Holmes, Arthur F.: *Wege zum ethischen Urteil: Grundlagen u. Modelle* (1984), Wuppertal: Brockhaus, 1987.

Honderich, Ted (Hg.): *The Oxford Companion to Philosophy*, Oxford, 1995, 2. Aufl., Oxford: Oxford University Press, 2005.

Hooper, Judith: *Of Moths and Men*, New York: Norton, 2002.

Hooykaas, R.: *Religion and the Rise of Modern Science* (1972). Repr.: Edinburgh: Scottish Academic Press, 2000.

Hospers, John: *An Introduction to Philosophical Analysis* (1953), 4. Aufl., Abingdon: Routledge, 1997.

Houghton, John: *The Search for God – Can Science Help?*, Oxford: Lion Publishing, 1995.

Hoyle, Fred und Chandra Wickramasinghe: *Cosmic Life-Force, the Power of Life Across the Universe*, London: Dent, 1988.

Hoyle, Fred: *Das intelligente Universum: eine neue Sicht von Entstehung und Evolution* (1983), Frankfurt a. M.: Umschau, 1984.

Hoyle, Fred und Chandra Wickramasinghe: *Evolution aus dem Weltraum* (1981), Berlin: Ullstein, 1983.

Hume, David: *Dialoge über natürliche Religion* (1779), Hamburg: Meiner, 2016.

Hume, David: *Eine Untersuchung über den menschlichen Verstand* (1748), Hamburg: Meiner, 1993.

Hume, David: *Ein Traktat über die menschliche Natur, Buch 1: Über den Verstand* (1739–40), Hamburg: Meiner, 1989.

Hume, David: *Ein Traktat über die menschliche Natur, Buch 2: Über die Affekte / Buch 3: Über die Moral* (1739), Hamburg: Meiner, 1978.

Hunt, R. N. Carew: *The Theory and Practice of Communism*, Baltimore: Penguin Books, 1966.

Hurley, Thomas: *Method and Results: Collected Essays*, Bd. 1, London: Macmillan, 1898.

Husserl, Edmund (Hg.): *Jahrbuch für Philosophie und phänomenologische Forschung*, 1. Bd., Teil 1 (1913), Verlag von Max Niemeyer, Halle a. d. S.: 1913.

Huxley, Julian: *Ich sehe den künftigen Menschen: Natur und neuer Humanismus* (1964), München: List, 1965.

Huxley, Julian: *Religion Without Revelation*, New York: Mentor, 1957.

I

Isherwood, Christopher (Hg.): *Vedanta for Modern Man* (1951). Repr.: New York: New American Library, 1972.

J

Jacob, François: *Chance and Necessity: An Essay on the Natural Philosophy of Modern Biology*, New York: Alfred A. Knopf, 1971.

Jacob, François: *The Logic of Life: A History of Heredity*, New York: Pantheon Books, 1973.

Jaeger, Werner: *Die Theologie der frühen griechischen Denker* (1936), Stuttgart: Kohlhammer, 2009.

James, E. O.: *Christianity and Other Religions*, London: Hodder & Stoughton, 1968.

Jaroszwski, T. M. und P. A. Ignatovsky (Hg.): *Socialism as a Social System*, Moskau: Progress Publishers, 1981.

Jeremias, J.: *Neutestamentliche Theologie, Teil 1: Die Verkündigung Jesu* (1971), 2. Aufl., Gütersloh: Gütersloher Verl.-Haus Mohn, 1973.

Joad, C. E. M.: *The Book of Joad: A Belligerent Autobiography (= Under the Fifth Rib)*, London: Faber & Faber, 1944.

Johnson, Phillip E.: *Objections Sustained: Subversive Essays on Evolution, Law and Culture*, Downers Grove, Ill.: InterVarsity Press, 1998.

Jones, Steve: *Gott und die Gene: die Berichte der Bibel und die Erkenntnisse der Genetik* (1996), Hamburg: Hoffmann und Campe, 1998.

Josephus, Flavius: *Jüdische Altertümer.*

K

Kant, Immanuel: *Die Metaphysik der Sitten* (1797), Stuttgart: Reclam, 1990.

Kant, Immanuel: *Kritik der praktischen Vernunft* (1788), Hamburg: Meiner, 2003.

Kant, Immanuel: *Kritik der reinen Vernunft* (1781/87), Hamburg: Meiner, 1998.

Kant, Immanuel: *Metaphysische Anfangsgründe der Tugendlehre* (1785), Berlin: De Gruyter, 2019.

Kant, Immanuel: *Prolegomena zu einer jeden künftigen Metaphysik, die als Wissenschaft wird auftreten können* (1783), Hamburg: Meiner, 2001.

Kantikar, V. P. (Hemant) und W. Owen: *Hinduism – An Introduction: Teach Yourself* (1995). Repr.: London: Hodder Headline, 2010.

Kaye, Howard L.: *The Social Meaning of Modern Biology, From Social Darwinism to Sociobiology* (1986). Repr. mit neuem Epilog: New Brunswick, N.J.: Transaction Publishers, 1997.

Kenny, Anthony: *An Illustrated Brief History of Western Philosophy*, Oxford: Blackwell, 2006. Zunächst veröffentlicht unter dem Titel *A Brief History of Western Philosophy*, 1998.

Kenyon, D. H. und G. Steinman: *Biochemical Predestination*, New York: McGrawHill, 1969.

Kenyon, Frederic: *Our Bible and the Ancient Manuscripts* (1895), 4. Aufl. (1938). Repr.: Eugene, Oreg.: Wipf & Stock, 2011.

Kilner, J. F., C. C. Hook und D. B. Uustal (Hg.): *Cutting-Edge Bioethics: A Christian Exploration of Technologies and Trends*, Grand Rapids: Eerdmans, 2002.

Kirk, G. S., J. E. Raven und M. Schofield: *Die vorsokratischen Philosophen: Einführung, Texte und Kommentare* (1957), Stuttgart: Metzler, 2001.

Kirk, M. und H. Madsen: *After the Ball*, New York: Plume Books, 1989.

Knott, Kim: *Der Hinduismus: eine kleine Einführung* (1998), Stuttgart: Reclam, 2017.

Koertge, Noretta (Hg.): *A House Built on Sand: Exposing Postmodernist Myths About Science*, Oxford: Oxford University Press, 1998.

Kolbanovskiy, V. N.: *Communist Morality*, Moskau, 1951.

Krikorian, Yervant H. (Hg.): *Naturalism and the Human Spirit* (1944). Repr.: New York: Columbia University Press, 1969.

Kuhn, Thomas: *Die Struktur wissenschaftlicher Revolutionen* (1962), Frankfurt a. M.: Suhrkamp, 1996.

Kurtz, Paul: *The Fullness of Life*, New York: Horizon Press, 1974.

Kurtz, Paul: *The Humanist Alternative*, Buffalo, N.Y.: Prometheus, 1973.

Kurtz, Paul (Hg.): *Humanist Manifestos I & II*, Buffalo, N.Y.: Prometheus, 1980.

Kurtz, Paul (Hg.): *Humanist Manifesto II*, Buffalo, N.Y.: Prometheus Books, 1980. http://americanhumanist.org/Humanism/Humanist_Manifesto_II (aufg. am 11.09.2015).

L

Lamont, Corliss: *A Lifetime of Dissent*, Buffalo, N.Y.: Prometheus Books, 1988.

Lamont, Corliss: *The Philosophy of Humanism* (1947), 8. Aufl., Emherst, N.Y.: Humanist Press, 1997.

Labica, Georges: *Karl Marx – Thesen über Feuerbach*, Berlin: Argument-Verl., 1998.

Lapouge, G. Vacher de: *Les Sélections Sociales*, Paris: Fontemoing, 1899.

Leakey, Richard: *Die ersten Spuren: über den Ursprung des Menschen* (1994), München: Goldmann, 1999.

Leitch, Vincent B.: *Deconstructive Criticism: An Advanced Introduction*, New York: Columbia University Press, 1982.

Lenin, Wladimir: *Materialismus und Empiriokritizismus: kritische Bemerkungen über eine reaktionäre Philosophie* (1927), Berlin: Dietz, 1989.

Lenin, Wladimir: *Werke* (erschienen im Dietz Verlag). Siehe: www.mlwerke.de.

Lennox, John C.: *Stephen Hawking, das Universum und Gott*, Witten: SCM Brockhaus, 2011.

Lennox, John C.: *Hat die Wissenschaft Gott begraben?: eine kritische Analyse moderner Denkvoraussetzungen*, Witten: SCM Brockhaus, 2009.

Lennox, John C.: *Vorher bestimmt?: die Souveränität Gottes, Freiheit, Glaube und menschliche Verantwortung (2017),* Dillenburg: Christliche Verlagsgesellschaft, 2019.

Leslie, John: *Universes, London*, Routledge, 1989.

Levinskaya, Irina: *The Book of Acts in its First Century Setting*, Bd. 5, Diaspora Setting, Grand Rapids: Eerdmans, 1996.

Lewis, C. S.: *Die Abschaffung des Menschen* (1943), Einsiedeln: Johannes, 2015.

Lewis, C. S.: *Gedankengänge: Essays zu Christentum* (1967), Basel: Brunnen, 1986.

Lewis, C. S.: *Gott auf der Anklagebank* (1970), Basel: Fontis, 2018.

Lewis, C. S.: *Pardon, ich bin Christ: meine Argumente für den Glauben* (1952), Brunnen, Basel: 2001.

Lewis, C. S.: *Transposition and other Addresses* (1949), London: Geoffrey Bles, 1949.

Lewis, C. S.: Über den Schmerz (1940), Basel: Brunnen, 2005.

Lewis, C. S.: *Wunder: möglich, wahrscheinlich, undenkbar?* (1947), Basel: Brunnen, 2012.

Lewontin, Richard: *The Dialectical Biologist*, Cambridge, Mass.: Harvard University Press, 1987.

Locke, John: *Versuch über den menschlichen Verstand* (1689), in 4 Büchern, Bd. 1, Buch I und II, Hamburg: Meiner, 1981.

Locke, John: *Versuch über den menschlichen Verstand* (1689), in 4 Büchern, Bd. 2, Buch III und IV, Hamburg, Meiner: 1988.

Long, A. A.: *Hellenistic Philosophy* (1974), 2. Aufl., Berkeley, Calif.: University of California Press, 1986.

Lossky, N. O.: *History of Russian Philosophy*, London: Allen & Unwin, 1952.

Lukrez (Titus Lucretius Carus): *Über die Natur der Dinge.*

Lumsden, Charles J. und Edward O. Wilson: Das Feuer des Prometheus: wie das menschliche Denken entstand (1983), München: Piper, 1984.

M

Mabbott, J. D.: *An Introduction to Ethics*, Hutchinson University Library. London: Hutchinson, 1966.

McKay, Donald: *The Clockwork Image: A Christian Perspective on Science*, London: InterVarsity Press, 1974.

Majerus, Michael: *Melanism: Evolution in Action*, Oxford: Oxford University Press, 1998.

Margenau, Henry und Roy Abraham Varghese (Hg.): *Cosmos, Bios, and Theos: Scientists Reflect on Science, God, and the Origins of the Universe, Life, and Homo Sapiens*, La Salle, Ill.: Open Court, 1992.

Marx, Karl und Friedrich Engels: *Werke* (erschienen im Dietz Verlag, Berlin). Siehe: www.mlwerke.de.

Mascall, E. L.: *Words and Images, a study in the Possibility of Religious Discourse*, London: Longmans, 1957.

Mascarō, Juan (Übers.): *The Upanishads*, Harmondsworth: Penguin, 1965.

Maslow, Abraham: *Psychologie des Seins: ein Entwurf* (1968), München: Kindler, 1973.

Masterson, Patrick: *Atheism and Alienation*, Harmondsworth: Pelican, 1972.

May, Rollo: *Antwort auf die Angst: Leben mit einer verdrängten Dimension* (1967), Stuttgart: DVA, 1982.

Medawar, Peter: *Ratschläge für einen jungen Wissenschaftler* (1979), München: Piper, 1984.

Medawar, Peter und Jean Medawar: *The Life Science*, London: Wildwood House, 1977.

Medawar, Peter: *The Limits of Science*, Oxford: Oxford University Press, 1985.

Metzger, Bruce: *Der Text des Neuen Testaments: Eine Einführung in die neutestamentliche Textkritik* (1964), Stuttgart: Kohlhammer, 1966.

Mill, John Stuart: *Der Utilitarismus* (1861, 1863), Stuttgart: Reclam, 2014.

Millard, Alan: *Pergament und Papyrus, Tafeln und Ton: lesen und schreiben zur Zeit Jesu* (2000), Basel: Brunnen, 2000.

Miller, David, Janet Coleman, William Connolly und Alan Ryan (Hg.): *The Blackwell Encyclopaedia of Political Thought* (1987). Repr.: Oxford: Blackwell, 1991.

Monod, Jacques: *From Biology to Ethics*, San Diego: Salk Institute for Biological Studies, 1969.

Monod, Jacques: *Zufall und Notwendigkeit: philosophische Fragen der modernen Biologie* (1970), München: Piper, 1971.

Morris, Simon Conway: *The Crucible of Creation: The Burgess Shale and the Rise of Animals* (1998), Oxford: Oxford University Press, 1999.

Mossner, Ernest C. (Hg.): *David Hume, A Treatise of Human Nature*, London: Penguin, 1985.

Moule, C. F. D.: *The Phenomenon of the New Testament: An Inquiry into the Implications of Certain Features of the New Testament*, London: SCM, 1967.

Murphy, John P.: *Pragmatism: From Peirce to Davidson*, Boulder, Colo.: Westview Press, 1990.

N

Nagel, Thomas: *Das letzte Wort* (1997), Stuttgart: Reclam, 1999.

Nagel, Thomas: *Letzte Fragen* (1979), Darmstadt: Wiss. Buchges., 1996.

Nahem, Joseph: *Psychology and Psychiatry Today: A Marxist View*, New York: International Publishers, 1981.

Nasr, Seyyed Hossein und Oliver Leaman (Hg.): *History of Islamic Philosophy.* Teil 1, Bd. 1 von: *Routledge History of World Philosophies* (1996). Repr.: London: Routledge, 2001.

Nettleship, R. L.: *Lectures on the Republic of Plato*, London: Macmillan, 1922.

Newton, Isaac: *Principia Mathematica.* London, 1687.

Nietzsche, Friedrich: *Jenseits von Gut und Böse* (1886), Hamburg: Nikol, 2017.

Noddings, Nel: *Caring: A Feminine Approach to Ethics and Moral Education* (1984). Repr.: Berkeley, Calif.: University of California Press, 2013.

Norris, Christopher: *Deconstruction: Theory and Practice* (1982), London: Methuen, 2002.

O

Olivelle, Patrick: *The Early Upanishads: Annotated Text and Translation* (1996). Repr.: Oxford: Oxford University Press, 1998.

O'Meara, Dominic J.: *Plotinus: An Introduction to the Enneads*, Oxford: Clarendon Press, 1993.

P

Paley, William: *Natural Theology on Evidence and Attributes of Deity* (1802). Repr.: Oxford: Oxford University Press, 2006.

Patterson, Colin: *Evolution* (1978), Ithaca, N.Y.: Cornstock Publishing Associates, 1999.

Peacocke, Arthur: *The Experiment of Life,* Toronto: University of Toronto Press, 1983.

Pearsall, Judy und Bill Trumble (Hg.): *The Oxford English Reference Dictionary*, Oxford: Oxford University Press, 1996.

Pearse, E. K. Victor: *Evidence for Truth: Science*, Guildford: Eagle, 1998.

Penfield, Wilder: *The Mystery of the Mind*, Princeton, N.J.: Princeton University Press, 1975.

Penrose, Roger: *Computerdenken: die Debatte um künstliche Intelligenz, Bewußtsein und die Gesetze der Physik* (1986), Heidelberg, Berlin: Spektrum, Akad. Verl., 2002.

Penrose, Roger: *Der Weg zur Wirklichkeit: die Teilübersetzung für Seiteneinsteiger* (2004), Heidelberg: Spektrum, Akad. Verl., 2010.

Peterson, Houston (Hg.): *Essays in Philosophy*, New York: Pocket Library, 1959.

Pinker, Steven: *Der Sprachinstinkt: wie der Geist die Sprache bildet* (1994), München: Droemer Knaur, 1998.

Plantinga, Alvin: *Gewährleisteter christlicher Glaube* (2000), Berlin: De Gruyter, 2015.

Platon: *Des Sokrates Verteidigung.*

Platon: *Euthyphron.*

Platon: *Phaidon.*

Platon: *Der Staat.*

Platon: *Timaios.*

Plinius der Jünger: *Briefe.*

Plotin: *Enneaden.*

Polanyi, Michael: *Implizites Wissen* (1966), Frankfurt a. M.: Suhrkamp, 1985.

Polkinghorne, John: *One World: The Interaction of Science and Theology*, London: SPCK, 1986.

Polkinghorne, John: *Reason and Reality: The Relationship between Science and Theology* (1991). Repr.: London: SPCK, 2011.

Polkinghorne, John: *Science and Creation: The Search for Understanding* (1988), rev. Ausg., West Conshohocken, Pa.: Templeton Foundation Press, 2009.

Polkinghorne, John: *Science and Providence: God's Interaction with the World* (1989). Repr.: West Conshohocken, Pa.: Templeton Foundation Press, 2011.

Popper, Karl R. und John C. Eccles: *Das Ich und sein Gehirn* (1977), München: Piper, 1991.

Popper, Karl R.: *Die Welt des Parmenides: der Ursprung des europäischen Denkens* (1998), München, Zürich: Piper, 2005.

Pospisil, Leopold J.: *Kapauku Papuans and their Law*, Yale University Publications in Anthropology 54, New Haven, 1958.

Pospisil, Leopold J.: *The Kapauku Papuans of West New Guinea, Case Studies in Cultural Anthropology* (1963), 2. Aufl., New York: Holt, Rinehart and Winston, 1978.

Powers, B. Ward: *The Progressive Publication of Matthew*, Nashville: B&H Academic, 2010.

Poythress, Vern S.: *Inerrancy and the Gospels: A God-Centered Approach to the Challenges of Harmonization*, Wheaton, Ill.: Crossway, 2012.

Pritchard, J. B. (Hg.): *Ancient Near Eastern Texts Relating to the Old Testament*, Princeton, 1950, 3. Aufl., Princeton, N.J.: Princeton University Press, 1969.

Putnam, Hilary: *Vernunft, Wahrheit und Geschichte* (1981), Frankfurt a. M.: Suhrkamp, 1995.

R

Rachels, James: *Elements of Moral Philosophy*, New York: McGraw-Hill, 1986.

Ragg, Lonsdale und Laura Ragg (Hg.): *The Gospel of Barnabas*, Oxford: Clarendon Press, 1907.

Ramsay, William: *St. Paul the Traveller and the Roman Citizen*, London: Hodder & Stoughton, 1895.

Randall, John H.: *Cosmos*, New York: Random House, 1980.

Raphael, D. D.: *Moral Philosophy* (1981), 2. Aufl., Oxford: Oxford University Press, 1994.

Rawls, John: *Eine Theorie der Gerechtigkeit* (1971), Berlin: Akad.-Verl., 2013.

Redford, Donald B. (Hg.): *The Oxford Encyclopaedia of Ancient Egypt*, Oxford: Oxford University Press (2001); DOI: 10.1093/acref/9780195102345.001.0001.

Reid, Thomas: *An Enquiry Concerning Human Understanding*, Oxford: Clarendon Press, 1777.

Reid, Thomas: *An Inquiry into the Human Mind on the Principles of Common Sense* (1764). Repr.: Cambridge: Cambridge University Press, 2011.

Renfrew, Colin: *Archaeology and Language: The Puzzle of Indo-European Origins* (1987). Repr.: Cambridge: Cambridge University Press, 1999.

Ricoeur, Paul: *Hermeneutics and the Human Sciences* (1981), Repr.: Cambridge: Cambridge University Press, 1998.

Ricoeur, Paul: *Interpretation Theory: Discourse and the Surplus of Meaning*, Fort Worth, Tex.: Texas Christian University Press, 1976.

Ridley, Mark: *Evolution: Probleme – Themen – Fragen* (1985), Berlin: Birkhäuser, 1992.

Rodwell, J. M. (Übers.,): *The Koran*, Hg. von Alan Jones, London: Phoenix, 2011.

Rorty, Richard: *Consequences of Pragmatism: Essays, 1972–1980*, Minneapolis, Minn.: University of Minnesota Press, 1982.

Rose, Steven: *Darwins gefährliche Erben: Biologie jenseits der egoistischen Gene* (1998), München: Beck, 2000.

Ross, Hugh: *The Creator and the Cosmos*, Colorado Springs: NavPress, 1995.

Ross, W. D.: *The Right and the Good*, Oxford: Clarendon Press, 1930. Repr.: 2002.

Rousseau, Jean Jacques: *Der Gesellschaftsvertrag* (1762).

Russell, Bertrand: *Moral und Politik* (1962), München: Nymphenburger Verl.-Hdlg., 1973.

Russell, Bertrand: *Philosophie des Abendlandes: ihr Zusammenhang mit der politischen und der sozialen Entwicklung* (1946), 2. Aufl., Köln: Parkland, 2009.

Russell, Bertrand: *Probleme der Philosophie* (1912), Frankfurt a. M.: Suhrkamp, 1969.

Russell, Bertrand: *Religion and Science*, Oxford: Oxford University Press, 1970.

Russell, Bertrand: *The Autobiography of Bertrand Russell. 1967–69*. Repr.: London: Routledge, 1998.

Russell, Bertrand: *Understanding History* (1943), New York: Philosophical Library, 1957.

Russell, Bertrand: *Warum ich kein Christ bin* (1957), Berlin: Matthes & Seitz, 2017.

Russell, L. O. und G. A. Adebiyi: *Classical Thermodynamics*, Oxford: Oxford University Press, 1993.

Ryle, Gilbert: *Der Begriff des Geistes* (1949), Stuttgart: Reclam, 1973.

S

Sagan, Carl: *Cosmos: The Story of Cosmic Evolution, Science and Civilisation* (1980). Repr.: London: Abacus, 2003.

Sagan, Carl: *Der Drache in meiner Garage oder die Kunst der Wissenschaft, Unsinn zu entlarven* (1996), München: Droemer Knaur, 2000.

Sagan, Carl: *Nachbarn im Kosmos: Leben u. Lebensmöglichkeiten im Universum* (1973), München: DTV, 1978.

Sandbach, F. H.: *The Stoics* (1975), rev. Ausg., London: Bloomsbury, 2013.

Sartre, Jean-Paul: *Das Sein und das Nichts* (1943), Berlin: De Gruyter, 2015.

Sartre, Jean-Paul: *Existentialism and Human Emotions*, New York: Philosophical Library, 1957.

Sartre, Jean-Paul: *Existentialism and Humanism*, London: Methuen, 1948.

Sartre, Jean-Paul: *Die Fliegen/Die schmutzigen Hände. Zwei Dramen* (darin enthalten: *Die Fliegen* (1943), Reinbek: Rowohlt 1984.

Sartre, Jean-Paul: *Drei Essays* (darin enthalten: *Ist der Existentialismus ein Humanismus?* (1946), Frankfurt: Ullstein, 1964.

Schaff, Adam: *Marx oder Sartre?: Versuch einer Philosophie des Menschen* (1963), Berlin: VEB Dt. Verl. d. Wissenschaften, 1965.

Scherer, Siegfried: *Evolution. Ein kritisches Lehrbuch*, Weyel Biologie, Gießen: Weyel Lehrmittelverlag, 1998.

Schmidt, W.: *The Origin and Growth of Religion*, übers. von J. Rose, London: Methuen, 1931.

Scruton, Roger: *Modern Philosophy* (1994), London: Arrow Books, 1996.

Searle, John R.: *Die Konstruktion der gesellschaftlichen Wirklichkeit: zur Ontologie sozialer Tatsachen* (1995), Reinbek bei Hamburg: Rowohlt, 1997.

Searle, John R.: *Geist, Hirn und Wissenschaft* (1984), Frankfurt a. M.: Suhrkamp, 1989.

Selsam, Howard: *Sozialismus und Ethik* (1943), Berlin: Dietz, 1955.

Shakespeare, William: *Wie es euch gefällt.*

Sherrington, Charles S.: *The Integrative Action of the Nervous System* (1906). Repr. mit neuem Vorwort: Cambridge: Cambridge University Press, 1947.

Sherwin-White, A. N.: *Roman Society and Roman Law in the New Testament.* The Sarum Lectures 1960–61. Oxford: Clarendon Press, 1963. Repr.: Eugene, Oreg.: Wipf & Stock, 2004.

Simplicius: *Commentary on Aristotle's Physics* (or, Miscellanies), in: Kirk, G. S., J. E. Raven, und M. Schofield: *The Presocratic Philosophers: A Critical History with a Selection of Texts* (1957), rev. Ausg., Cambridge: Cambridge University Press, 1983.

Simpson, George Gaylord: *The Meaning of Evolution: A Study of the History of Life and of Its Significance for Man*, The Terry Lectures Series (1949), rev. Ausg., New Haven, Conn.: Yale University Press, 1967.

Singer, Peter: *Leben und Tod: der Zusammenbruch der traditionellen Ethik (1994), Erlangen: Fischer, 1998.*

Singer, Peter: *Praktische Ethik* (1979), 3. erw. und rev. Ausg., Stuttgart: Reclam, 2013.

Sire, James: *Die Welt aus der Sicht der anderen: Informationen über Weltanschauungen*, Neuhausen: Hänssler, 1980.

Skinner, B. F.: *Jenseits von Würde und Freiheit* (1971), Reinbek: Rowohlt, 1973.

Skinner, B. F.: *Lectures on Conditioned Reflexes.* New York: International Publishers, 1963.

Skinner, B. F.: *Wissenschaft und menschliches Verhalten* (1953), München: Kindler, 1973.

Sleeper, Raymond S.: *A Lexicon of Marxist-Leninist Semantics*, Alexandria, Va.: Western Goals, 1983.

Smart, J. J. C. und Bernard Williams: *Utilitarianism For and Against* (1973). Repr.: Cambridge: Cambridge University Press, 1998.

Smith, Adam: *Eine Untersuchung über Natur und Wesen des Volkswohlstandes*, Leipzig, Frankfurt a. M.: Deutsche Nationalbibliothek, 2016.

Smith, John Maynard und Eörs Szathmary: Evolution: Prozesse, Mechanismen, Modelle (1995), Heidelberg, Berlin, Oxford: Spektrum, Akad. Verl., 1996.

Smith, Wilbur: *Therefore Stand*, Grand Rapids: Baker, 1965.

Sober, E.: *Philosophy of Biology* (1993), rev. 2. Aufl., Boulder, Colo.: Westview Press, 2000.

Social Exclusion Unit: *Teenage Pregnancy*, Cmnd 4342, London: The Stationery Office, 1999.

Sophokles: *Antigone.*

Spencer, Herbert: *Social Statics*, New York: D. Appleton, 1851.

Stalin, Josef: *Werke* (erschienen im Dietz Verlag). Siehe: https://kommunistische-geschichte.de/stalin-werke/.

Stam, James H.: *Inquiries into the Origin of Language: The Fate of a Question*, New York: Harper & Row, 1976.

Starkey, Mike: *God, Sex, and the Search for Lost Wonder: For Those Looking for Something to Believe In* (1997), 2. Aufl., Downers Grove, Ill.: InterVarsity Press, 1998.

Stauffer, Ethelbert: *Jesus – Gestalt und Geschichte*, Bern: Francke Verlag, 1957.

Storer, Morris B. (Hg.): *Humanist Ethics: Dialogue on Basics*, Buffalo, N.Y.: Prometheus Books, 1980.

Stott, John R. W.: *The Message of Romans*, Leicester: InterVarsity Press, 1994.

Strabo: *Geography*, übers. und eingel. von Duane W. Roller als *The Geography of Strabo*, Cambridge: Cambridge University Press, 2014. Übers. von H. C. Hamilton und W. Falconer, London, 1903, Perseus, Tufts University, http://www.perseus.tufts.edu/hopper/text?doc=Perseus%3Atext%3A1999.01.0239 (aufg. am 11.09.2015).

Strabon: *Geographika.*

Strickberger, Monroe: *Evolution* (1990), 3. Aufl., London: Jones and Bartlett, 2000.

Strobel, Lee: *Der Fall Jesus: Ein Journalist auf der Suche nach der Wahrheit* (1998), Aßlar: Gerth, 2014.

Suetoni: *Kaiserbiographien.*

Sunderland, Luther D.: *Darwin's Enigma*, Green Forest, Ark.: Master Books, 1998.

Swinburne, Richard: *Die Existenz Gottes* (1979), Stuttgart: Reclam, 1987.

Swinburne, Richard: *Glaube und Vernunft* (1981), Würzburg: Echter, 2009.

Swinburne, Richard: *Gibt es einen Gott?* (1996), Frankfurt a. M.: Ontos, 2006.

Swinburne, Richard: *Providence and the Problem of Evil.*, Oxford: Oxford University Press, 1998.

T

Tacitus, Cornelius P.: *Annalen.*

Tada, Joni Eareckson und Steven Estes: *Wie das Licht nach der Nacht: Hoffnung, die im Leiden trägt* (1997), Bielefeld: CLV, 2005.

Tax, Sol und Charles Callender (Hg.): *Issues in Evolution*, Chicago: University of Chicago Press, 1960.

Thaxton, Charles B., Walter L. Bradley und Roger L. Olsen: *The Mystery of Life's Origin*, Dallas: Lewis & Stanley, 1992.

Thibaut, George (Übers.): *The Vedānta Sūtras of Bādarāyana* mit Kommentar von Śankara, 2 Teile, New York: Dover, 1962.

Torrance, T. F.: *The Ground and Grammar of Theology*, Belfast: Christian Journals Limited, 1980; und Charlottesville: The University Press of Virginia, 1980. Repr. mit neuem Vorwort: Edinburgh: T&T Clark, 2001.

Torrance, T. F.: *Theological Science*, Oxford: Oxford University Press, 1978.

U

Unamuno, Don Miguel de: *The Tragic Sense of Life*, übers von. J. E. Crawford, 1921. Repr.: Charleston, SC: BiblioBazaar, 2007.

V

Von Kirchmann, J. H.: *René Descartes' philosophische Werke*, Abt. 1, Berlin: Heimann, 1870.

Von Neumann, John: *Theory of Self-Reproducing Automata*, hg. und erg. von Arthur W. Burks, Urbana: University of Illinois Press, 1966.

W

Waddington, C. H. (Hg.): *Science and Ethics: An Essay*, London: Allen & Unwin, 1942.

Wallis, R. T.: *Neoplatonism* (1972). Repr.: London: Duckworth, 1985.

Ward, Keith: *God, Chance and Necessity* (1996). Repr.: Oxford: Oneworld Publications, 2001.

Warner, Richard und Tadeusz Szubka: *The Mind-Body Problem*, Oxford: Blackwell, 1994.

Weiner, Jonathan: *Der Schnabel des Finken oder der kurze Atem der Evolution* (1994), München: Droemer Knaur, 1996.

Welch, I. David, George A. Tate und Fred Richards (Hg.): *Humanistic Psychology*, Buffalo, N.Y.: Prometheus Books, 1978.

Wenham, John: *Easter Enigma – Do the Resurrection Stories Contradict One Another?*, Exeter: Paternoster Press, 1984. Repr. als *Easter Enigma: Are the Resurrection Accounts in Conflict?*, Eugene, Oreg.: Wipf & Stock, 2005.

Wesson, Paul: *Beyond Natural Selection* (1991). Repr.: Cambridge, Mass.: Massachusetts Institute of Technology Press, 1997.

Westminster Shorter Catechism (Der kürzere Westminster Katechismus) (1647). Siehe z. B.: https://www.bucer.org/fileadmin/_migrated/tx_org/mbstexte061.pdf (aufg. am 15.01.2020).

Wetter, Gustav: *Der dialektische Materialismus,* Wien: Herder, 1956.

Whitehead, Alfred North: *Prozess und Realität: Entwurf einer Kosmologie* (1929), Frankfurt a. M.: Suhrkamp, 1995.

Wilson, Edward O.: *Die Einheit des Wissens* (1998), München: Goldmann, 2000.

Wilson, Edward O.: *Genes, Mind and Culture*, Cambridge, Mass.: Harvard University Press, 1981.

Wilson, Edward O.: *Biologie als Schicksal: Die soziobiologischen Grundlagen menschlichen Verhaltens* (1978), Frankfurt a. M.: Ullstein, 1980.

Wilson, Edward O.: *Sociobiology: The New Synthesis. Cambridge*, Mass.: Harvard University Press, 1975.

Wimsatt, William K. und Monroe Beardsley: *The Verbal Icon: Studies in the Meaning of Poetry* (1954). Repr.: Lexington, Ky.: University of Kentucky Press, 1982.

Wippel, John F. (Hg.): *Studies in Medieval Philosophy*, Bd. 17 von: Studies in Philosophy and the History of Philosophy, Washington D.C.: Catholic University of America Press, 1987.

Wittgenstein, Ludwig.: *Über Gewissheit* (1969), Frankfurt am Main: Suhrkamp, 1990.

Wolpert, Lewis: *Unglaubliche Wissenschaft* (1992), Frankfurt a. M.: Eichborn, 2004.

Wolters, Clifton (Übers.): *The Cloud of Unknowing* (1961). Repr.: London: Penguin, 1978.

Wolstenholme, Gordon/Jungk, Robert (Hg.): *Das umstrittene Experiment der Mensch: 27 Wissenschaftler diskutieren d. Elemente e. biolog. Revolution* (1963), München: Desch, 1966.

Wolterstorff, Nicholas: *Divine Discourse: Philosophical Reflections on the Claim that God Speaks* (1995). Repr.: Cambridge: Cambridge University Press, 2000.

X

Xenophon: *Memorabilien.*

Y

Yancey, Philip: *Warum ich heute noch glaube: Menschen, die mir halfen, die Gemeinde zu überleben* (2001), Wuppertal: R. Brockhaus, 2002.

Yockey, Hubert: *Information Theory and Biology*, Cambridge: Cambridge University Press, 1992.

Z

Zacharias, Ravi: *Jesus – der einzig wahre Gott?: christlicher Glaube und andere Religionen* (2000), Basel: Brunnen-Verl., 2002.

Zacharias, Ravi: *The Real Face of Atheism*, Grand Rapids: Baker, 2004.

Zaehner, Z. C. (Hg.): *The Concise Encyclopedia of Living Faiths* (1959), 2. Aufl., 1971. Repr.: London: Hutchinson, 1982.

ARTIKEL, ABSTRAKTE, KAPITEL UND VORTRÄGE

A

Adams, R. M.: *Religious Ethics in a Pluralistic Society*, in: G. Outka und J. P. Reeder, Jr. (Hg.): *Prospects for a Common Morality*, Princeton, N.J.: Princeton University Press, 1993.

Alberts, Bruce: *The Cell as a Collection of Protein Machines: Preparing the Next Generation of Molecular Biologists*, Cell 92/3 (06.02.1998), 291–4. DOI: 10.1016/ S0092-8674(00)80922-8.

Almond, Brenda: *Liberty or Community? Defining the Post-Marxist Agenda*, in: Brenda Almond (Hg.): *Introducing Applied Ethics*, Oxford: Wiley Blackwell, 1995.

Alpher, R. A., H. Bethe und G. Gamow: *The Origin of Chemical Elements*, Physical Review 73/7 (Apr. 1948), 803–4. DOI: 10.1103/PhysRev.73.803.

Anscombe, G. E. M.: *Modern Moral Philosophy*, *Philosophy 33* (1958), 1–19.

Asimov, Isaac (Interview mit Paul Kurtz): *An Interview with Isaac Asimov on Science and the Bible*, *Free Enquiry* 2/2 (Frühj. 1982), 6–10.

Auer, J. A. C. F.: *Religion as the Integration of Human Life*, *The Humanist* (Frühj. 1947).

Austin, J. L., P. F. Strawson und D. R. Cousin: *Truth*, *Proceedings of the Aristotelian Society, Supplementary Volumes, Vol. 24, Physical Research, Ethics and Logic* (1950), 111–72. http://www.jstor.org/stable/4106745. Repr. in: Paul Horwich (Hg.): *Theories of Truth*, Aldershot: Dartmouth Publishing, 1994.

B

Bada, Jeffrey L.: *Stanley Miller's 70th Birthday. Origins of Life and Evolution of Biospheres* 30/2 (2000), 107–12. DOI: 10.1023/A:1006746205180.

Baier, Kurt E. M.: *Egoism*, in: P. Singer (Hg.): *A Companion to Ethics*, Oxford: Blackwell, 1991. Repr.: 2000, 197–204.

Baier, Kurt E. M.: *Freedom, Obligation, and Responsibility*, in: Morris B. Storer (Hg.): *Humanist Ethics: Dialogue on Basics*, Buffalo, N.Y.: Prometheus Books, 1980, 75–92.

Baier, Kurt E. M.: *The Meaning of Life*, 1947, in: Peter Angeles (Hg.): *Critiques of God*, Buffalo, N.Y.: Prometheus Books, 1976. Repr. in: E. D.

Klemke (Hg.): *The Meaning of Life*, New York: Oxford University Press, 1981, 81–117.

Baker, S. W.: *Albert Nyanza, Account of the Discovery of the Second Great Lake of the Nile, Journal of the Royal Geographical Society* 36 (1866). Auch in: *Proceedings of the Royal Geographical Society of London 10* (1856), 6–27.

Bates, Elizabeth, Donna Thal und Virginia Marchman: *Symbols and Syntax: A Darwinian Approach to Language Development*, in: Norman A. Krasnegor, Duane M. Rumbaugh, Richard L. Schiefelbusch und Michael Studdert-Kennedy (Hg.): *Biological and Behavioural Determinants of Language Development* (1991). Repr.: New York: Psychology Press, 2014, 29–65.

Behe, Michael J.: *Reply to My Critics: A Response to Reviews of Darwin's Black Box: The Biochemical Challenge to Evolution, Biology and Philosophy* 16 (2001), 685–709.

Berenbaum, Michael: *T4 Program*, in: *Encyclopaedia Britannica.* https://www.britannica.com/event/T4-Program (aufg. am 02.11.2017).

Berlinski, David: *The Deniable Darwin, Commentary* (Juni 1996), 19–29.

Bernal, J. D.: *The Unity of Ethics*, in: C. H. Waddington (Hg.): *Science and Ethics: An Essay*, London: Allen & Unwin, 1942.

Black, Deborah L.: *Al-Kindi*, in: Seyyed Hossein Nasr und Oliver Leaman (Hg.): *History of Islamic Philosophy*, Teil 1, Bd. 1 von: *Routledge History of World Philosophies* (1996). Repr.: London: Routledge, 2001, 178–197.

Boghossian, Paul A.: *What the Sokal hoax ought to teach us: The pernicious consequences and internal contradictions of „postmodernist" relativism, Times Literary Supplement*, Kommentar (13.12.1996), 14–15. Repr. in: Noretta Koertge (Hg.): A *House Built on Sand: Exposing Postmodernist Myths about Science*, Oxford: Oxford University Press, 1998, 23–31.

Briggs, Arthur E.: *The Third Annual Humanist Convention, The Humanist* (Frühj. 1945).

Bristol, Evelyn: *Turn of a Century: Modernism, 1895–1925*, Kap. 8 in: C. A. Moser (Hg.): *The Cambridge History of Russian Literature* (1989). Rev. Ausg., 1992. Repr.: 1996, Cambridge: Cambridge University Press, 387–457.

C

Caputo, John D.: *The End of Ethics*, in: Hugh LaFollette (Hg.): *The Blackwell Guide to Ethical Theory*, Oxford: Blackwell, 1999, 111–128.

Cartmill, Matt: *Oppressed by Evolution*, *Discover* Magazine 19/3 (März 1998), 78–83. Repr. in: L. Polnac (Hg.): *Purpose, Pattern, and Process*, 6. Aufl., Dubuque: Kendall-Hunt, 2002, 389–397.

Cavalier-Smith, T.: *The Blind Biochemist*, *Trends in Ecology and Evolution* 12 (1997), 162–163.

Chaitin, Gregory J.: *Randomness in Arithmetic and the Decline and Fall of Reductionism in Pure Mathematics*, Kap. 3, in: John Cornwell (Hg.): *Nature's Imagination: The Frontiers of Scientific Vision,* Oxford: Oxford University Press, 1995, 27–44.

Chomsky, Noam: *Review of B. F. Skinner, Verbal Behavior. Language* 35/1 (1959), 26–58.

Chomsky, Noam: *Science, Mind, and Limits of Understanding*, Abschrift des Vortrags vor der Science and Faith Foundation (STOQ), Vatikan (Jan. 2014). Keine Seiten. http://www.chomsky.info/talks/201401--.htm (aufg. am 03.08.2017).

Chruschtschow, Nikita: *Ukrainian Bulletin* (1.–15.08.1960), 12.

Coghlan, Andy: *Selling the family secrets*, *New Scientist* 160/2163 (05.12.1998), 20–21.

Collins, Harry: *Introduction: Stages in the Empirical Programme of Relativism*, *Social Studies of Science* 11/1 (Feb. 1981), 3–10. http://www.jstor.org/stable/284733 (aufg. am 11.09.2015).

Collins, R.: *A Physician's View of College Sex*, *Journal of the American Medical Association* 232 (1975), 392.

Cook, Sidney: *Solzhenitsyn and Secular Humanism: A Response*, *The Humanist* (Nov./Dez. 1978), 6.

Cookson, Clive: *Scientist Who Glimpsed God*, *Financial Times* (29.04.1995), 20.

Cottingham, John: *Descartes, René*, in: Ted Honderich (Hg.): *The Oxford Companion to Philosophy*, Oxford, 1995, 2. Aufl., Oxford: Oxford University Press, 2005.

Crick, Francis: *Lessons from Biology*, *Natural History* 97 (Nov. 1988), 32–39.

Crosman, Robert: *Do Readers Make Meaning?*, in: Susan R. Suleiman und Inge Crosman (Hg.): *The Reader in the Text: Essays on Audience and Interpretation*, Princeton, N.J.: Princeton University Press, 1980.

D

Davies, Paul: *Bit before It?*, *New Scientist* 2171 (30.01.1999), 3.

Dawkins, Richard: *Put Your Money on Evolution*, Rezension von Maitland A. Edey und Donald C. Johanson: *Blueprint: Solving the Mystery of Evolution*, Penguin, 1989. *The New York Times Review of Books* (09.04.1989), Abs. 7, 34–35.

Dembski, William: *Intelligent Design as a Theory of Information*, *Perspectives on Science and Christian Faith* 49/3 (Sept. 1997), 180–190.

Derrida, Jacques: *Force of Law: The „Mystical Foundation of Authority"*, in: Drucilla Cornell, Michel Rosenfeld und David Gray Carlson (Hg.): *Deconstruction and the Possibility of Justice* (1992). Repr.: Abingdon: Routledge, 2008.

Dirac, P. A. M.: *The Evolution of the Physicist's Picture of Nature*, *Scientific American* 208/5 (1963), 45–53. DOI: 10.1038/scientificamerican0563-45.

Dobzhansky, Theodosius: *Chance and Creativity in Evolution*, Kap. 18 in: Francisco J. Ayala und Theodosius Dobzhansky (Hg.): *Studies in the Philosophy of Biology: Reduction and Related Problems*, Berkeley, Calif.: University of California Press, 1974, 307–336.

Dobzhansky, Theodosius: Diskussion einer Arbeit durch Gerhard Schramm, *Synthesis of Nucleosides and Polynucleotide with Metaphosphate Esters*, in: Sidney W. Fox (Hg.): *The Origins of Prebiological Systems and of Their Molecular Matrices*, 299–315. Protokoll einer Konferenz in Wakulla Springs, Florida, 20.–30.10.1963, unter der Schirmherrschaft des Institute for Space Biosciences, der Florida State University und der National Aeronautics and Space Administration, New York: Academic Press, 1965.

Dobzhansky, Theodosius: *Evolutionary Roots of Family Ethics and Group Ethics*, in: *The Centrality of Science and Absolute Values*, Bd. 1 von: *Proceedings of the Fourth International Conference on the Unity of the Sciences*, New York: International Cultural Foundation, 1975.

Documents of the 22nd Congress of the Communist Party of the Soviet Union, 2 Bände, Documents of Current History, Nr. 18–19, New York: Crosscurrents Press, 1961.

Dose, Klaus: *The Origin of Life: More Questions Than Answers, Interdisciplinary Science Reviews* 13 (Dez. 1988), 348–356.

Druart, Th.-A: *Al-Fārābī and Emanationism*, in: J. F. Wippel (Hg.): *Studies in Medieval Philosophy*, Bd. 17 von: *Studies in Philosophy and the History of Philosophy*, Washington D.C.: Catholic University of America Press, 1987, 23–43.

Dyson, Freeman: *Energy in the Universe, Scientific American* 225/3 (1971), 50–59.

E

Eddington, Arthur: *The End of the World: From the Standpoint of Mathematical Physics, Nature* 127 (21.03.1931), 447–53. DOI: 10.1038/127447a0.

Edwards, William: *On the Physical Death of Jesus Christ, Journal of the American Medical Association* 255/11 (21.03.1986), 1455–1463.

Eigen, Manfred, Christof K. Biebricher, Michael Gebinoga und William C. Gardiner: *The Hypercycle: Coupling of RNA and Protein Biosynthesis in the Infection Cycle of an RNA Bacteriophage, Biochemistry* 30/46 (1991), 11005–18. DOI: 10.1021/ bi00110a001.

Einstein, Albert: *Physics and Reality* (1936), in: Sonja Bargmann (Übers.): *Ideas and Opinions,* New York: Bonanza, 1954.

Einstein, Albert: *Science and Religion* (1941), veröffentlicht in: *Science, Philosophy and Religion, A Symposium.* New York: The Conference on Science, Philosophy and Religion in Their Relation to the Democratic Way of Life (1941). Repr. in: *Out of My Later Years* (1950, 1956) (auf Deutsch erschienen als: *Aus meinen späten Jahren*, Stuttgart: DVA, 1984). Repr.: New York: Open Road Media, 2011.

Eysenck, H. J.: *A Reason with Compassion*, in: Paul Kurtz (Hg.): *The Humanist Alternative,* Buffalo, N.Y.: Prometheus Books, 1973.

F

Feynman, Richard P.: *Cargo Cult Science.* Repr. in: *Engineering and Science* 37/7 (1974), 10–13. http://calteches.library.caltech.edu/51/2/CargoCult.pdf (Faksimile), aufg. am 11.09.2015 (urspr. gehalten als Eröffnungsrede am Caltech 1974 in Pasadena, Calif.).

Fletcher, J.: *Comment by Joseph Fletcher on Nielsen Article*, in: Morris B. Storer (Hg.): *Humanist Ethics: Dialogue on Basics*, Buffalo, N.Y.: Prometheus Books, 1980, 70.

Flew, Anthony: *Miracles*, in: Paul Edwards (Hg.): *The Encyclopedia of Philosophy*, New York: Macmillan, 1967, 5:346–353.

Flew, Anthony: *Neo-Humean Arguments about the Miraculous*, in: R. D. Geivett und G. R. Habermas (Hg.): *In Defence of Miracles*, Leicester: Apollos, 1997, 45–57.

Flieger, Jerry Aline: *The Art of Being Taken by Surprise*, Destructive Criticism: Directions. SCE Reports 8 (Herbst 1980), 54–67.

Fodor, J. A.: *Fixation of Belief and Concept Acquisition*, in: M. Piattelli-Palmarini (Hg.): *Language and Learning: The Debate Between Jean Piaget and Noam Chomsky*, Cambridge, Mass.: Harvard University Press, 1980, 143–149.

Fotion, Nicholas G.: *Logical Positivism*, in: Ted Honderich (Hg.): *The Oxford Companion to Philosophy*, 2. Aufl., Oxford: Oxford University Press, 2005.

Frank, Lawrence K.: *Potentialities of Human Nature*, *The Humanist* (Apr. 1951).

Frankena, William K.: *Is morality logically dependent on religion?*, in: G. Outka und J. P. Reeder, Jr. (Hg.): *Religion and Morality*, Garden City, N.Y.: Anchor, 1973.

G

Genequand, Charles: *Metaphysics*, Kap. 47 in: Seyyed Nossein Nasr und Oliver Leaman (Hg.): *History of Islamic Philosophy*, Bd. 1 von: *Routledge History of World Philosophies*, London: Routledge, 1996, 783–801.

Genné, William H.: *Our Moral Responsibility*, *Journal of the American College Health Association* 15/Suppl. (Mai 1967), 55–60.

Gilbert, Scott F., John Opitz und Rudolf A. Raff: *Resynthesizing Evolutionary and Developmental Biology*, *Developmental Biology* 173/2 (1996), 357–372.

Ginsburg, V. L.: *Poisk* 29–30 (1998).

Gould, Stephen Jay: *Evolution as Fact and Theory*, in: Ashley Montagu (Hg.): *Science and Creationism*, Oxford: Oxford University Press, 1984.

Gould, Stephen Jay: *Evolution's Erratic Pace, Natural History* 86/5 (Mai 1977), 12–16.

Gould, Stephen Jay: *Evolutionary Considerations*, vorgetragen auf der McDonnell Foundation Conference, *Selection vs. Instruction*, Venedig, Mai 1989.

Gould, Stephen Jay: *In Praise of Charles Darwin*, vorgetragen auf der Nobel Conference XVIII, Gustavus Adolphus College, St. Peter, Minn. Repr. in: Charles L. Hamrum (Hg.): *Darwin's Legacy*, San Francisco: Harper & Row, 1983.

Gould, Stephen Jay: *The Paradox of the Visibly Irrelevant, Annals of the New York Academy of Sciences* 879 (Juni 1999), 87–97. DOI: 10.1111/j.1749-6632.1999 .tb10407.x. Repr. in: *The Lying Stones of Marrakech: Penultimate Reflections in Natural History*, 2000. Repr.: Cambridge, Mass.: Harvard University Press, 2011 (auf Deutsch erschienen als: Gould, Stephen Jay: *Die Lügensteine von Marrakesch: vorletzte Erkundungen der Naturgeschichte; Essays*, Frankfurt a. M.: Fischer, 2006.)

Gribbin, John: *Oscillating Universe Bounces Back, Nature* 259 (01.01.1976), 15–16. DOI: 10.1038/259015c0.

Grigg, Russell: *Could Monkeys Type the 23rd Psalm?, Interchange* 50 (1993), 25–31.

Guth, A. H: *Inflationary Universe: A Possible Solution to the Horizon and Flatness Problems, Physical Review* D 23/2 (1981), 347–356.

Guttmacher Institute: *Induced Abortion in the United States*, Informationsblatt, New York: Guttmacher Institute, Jan. 2018. https://www.guttmacher.org/fact-sheet/ induced-abortion-united-states (aufg. am 01.02.2018).

H

Haldane, J. B. S: *When I am Dead*, in: *Possible Worlds* (1927), London: Chatto & Windus, 1945, 204–211.

Hansen, Michèle, J. Kurinczuk, Carol Bower und Sandra Webb: *The Risk of Major Birth Defects after Intracytoplasmic Sperm Injection and in Vitro Fertilization, New England Journal of Medicine* 346 (2002), 725–730. DOI: 10.1056/NEJMoa010035.

Hardwig, John: *Dying at the Right Time: Reflections on (Un)Assisted Suicide*, in: Hugh LaFollette (Hg.): *Ethics In Practice*, Blackwell Philosophy Anthologies, 2. Aufl., Oxford: Blackwell, 1997, 101–111.

Hawking, S. W.: *The Edge of Spacetime: Does the universe have an edge and time a beginning, as Einstein's general relativity predicts, or is spacetime finite without boundary, as quantum mechanics suggests?*, *American Scientist* 72/4 (1984), 355–359. http://www.jstor.org/stable/27852759 (aufg. am 15.09.2015).

Hawking, S. W.: *Briefe an den Herausgeber*, Antwort auf den Brief von J. J. Tanner bezüglich des Artikels *The Edge of Spacetime*, *American Scientist* 73/1 (1985), 12. http://www.jstor.org/stable/27853056 (aufg. am 15.09.2015).

Hawking, S. W. und R. Penrose: *The Singularities of Gravitational Collapse and Cosmology*, *Proceedings of the Royal Society London* A 314/1519 (1970), 529–48. DOI: 10.1098/rspa.1970.0021.

Hocutt, Max: *Does Humanism Have an Ethic of Responsibility?*, in: Morris B. Storer (Hg.): *Humanist Ethic: Dialogue on Basics*, Buffalo, N.Y.: Prometheus Books, 1980, 11–24.

Hocutt, Max: *Toward an Ethic of Mutual Accommodation*, in: Morris B. Storer (Hg.): *Humanist Ethics: Dialogue on Basics*, Buffalo, N.Y.: Prometheus Books, 1980, 137–146.

Hookway, C. J.: *Scepticism*, in: Ted Honderich (Hg.): *The Oxford Companion to Philosophy*, Oxford, 1995, 2. Aufl., Oxford: Oxford University Press, 2005.

Hoyle, Fred: *The Universe: Past and Present Reflections*, *Annual Reviews of Astronomy and Astrophysics* 20 (1982), 1–35. DOI: 10.1146/annurev.aa.20.090182.000245.

Hursthouse, Rosalind: *Virtue theory and abortion*, *Philosophy and Public Affairs* 20, 1991, 223–246.

Huxley, Julian: *The Emergence of Darwinism*, in: Sol Tax (Hg.): *The Evolution of Life: Its Origins, History, and Future*, Bd. 1 von: *Evolution after Darwin*, Chicago: University of Chicago Press, 1960, 1–21.

Huxley, Julian: *The Evolutionary Vision: The Convocation Address*, in: Sol Tax und Charles Callender (Hg.): *Issues in Evolution*, Bd. 3 von: *Evolution after Darwin*, Chicago: University of Chicago Press, 1960, 249–261.

I

Inwood, M. J.: *Feuerbach, Ludwig Andreas*, in: Ted Honderich (Hg.): *The Oxford Companion to Philosophy*, Oxford, 1995, 2. Aufl., Oxford: Oxford University Press, 2005.

J

Jeeves, Malcolm: *Brain, Mind, and Behaviour*, in: Warren S. Brown, Nancey Murphy und H. Newton Malony (Hg.): *Whatever Happened to the Soul: Scientific and Theological Portraits of Human Nature*, Minneapolis: Fortress Press, 1998.

Johnson, Barbara: *Nothing Fails Like Success, Deconstructive Criticism: Directions. SCE Reports* 8 (Herbst 1980), 7–16.

Josephson, Brian: *Briefe an den Herausgeber, The Independent* (12.01.1997), London.

K

Kant, Immanuel: *Beantwortung der Frage: Was ist Aufklärung?*, Berlinische Monatsschrift 4 (Dez. 1784), 481–494. Repr. in: *Kant's Gesammelte Schriften*, Berlin: Akademie Ausgabe, 1923, 8:33–42.

Klein-Franke, Felix: *Al-Kindī*, in: Seyyed Hossein Nasr und Oliver Leaman (Hg.): *History of Islamic Philosophy*, Bd. 1, Teil 1 von: *Routledge History of World Philosophies* (1996). Repr.: London: Routledge, 2001, 165–177.

Kurtz, Paul: *A Declaration of Interdependence: A New Global Ethics, Free Inquiry* 8/4 (Herbst 1988), 4–7. Auch veröffentlicht in: Vern L. Ballough und Timothy J. Madigan (Hg.): *Toward a New Enlightenment: The Philosophy of Paul Kurtz*, New Brunswick, N.J.: Transaction Publishers, 1994 (Kap. 3, *The Twenty-First Century and Beyond: The Need for a New Global Ethic and a Declaration of Interdependence*).

Kurtz, Paul: *Does Humanism Have an Ethic of Responsibility?*, in: Morris B. Storer (Hg.): *Humanist Ethics: Dialogue on Basics*, Buffalo, N.Y.: Prometheus Books, 1980, 11–24.

Kurtz, Paul: *Is Everyone a Humanist?*, in: Paul Kurtz (Hg.): *The Humanist Alternative*, Buffalo, N.Y.: Prometheus Books, 1973.

L

Lamont, Corliss: *The Ethics of Humanism*, in: Frederick C. Dommeyer (Hg.): *In Quest of Value: Readings in Philosophy and Personal Values*, San Francisco: Chandler, 1963, 46–59. Repr. aus Kap. 6 von: Corliss Lamont: *Humanism as a Philosophy*, Philosophical Library, 273–297.

Larson, Erik: *Looking for the Mind*, (Rezension von David J. Chalmers: *The Conscious Mind: In Search of a Fundamental Theory.*) *Origins & Design* 18/1(34) (Winter 1997), Colorado Springs: Access Research Network, 28–29.

Leitch, Vincent B.: *The Book of Deconstructive Criticism, Studies in the Literary Imagination* 12/1 (Frühj. 1979), 19–39.

Lewis, C. S.: *The Funeral of a Great Myth*, in: Walter Hooper (Hg.): *Christian Reflections*, Grand Rapids: Eerdmans, 1967, 102–116.

Lewis, C. S.: *The Weight of Glory*, in: *Transposition and other Addresses*, London: Geoffrey Bles, 1949. Repr. in: *The Weight of Glory and Other Addresses*, HarperOne, 2001 (auf Deutsch erschienen als *Das Gewicht der Herrlichkeit und andere Essays*, Basel: Brunnen, 2005).

Lewontin, Richard C.: *Billions and Billions of Demons, The New York Review of Books* 44/1 (09.01.1997).

Lewontin, Richard C.: *Evolution/Creation Debate: A Time for Truth, BioScience* 31/8 (Sept. 1981), 559. Repr. in: J. Peter Zetterberg (Hg.): *Evolution versus Creationism*, Phoenix, Ariz.: Oryx Press, 1983. http://bioscience.oxfordjournals.org/content/31/8/local/ed-board.pdf (aufg. am 15.09.2015).

Lieberman, Philip und E. S. Crelin: *On the Speech of Neanderthal Man, Linguistic Inquiry* 2/2 (März 1971), 203–222.

Louden, Robert: *On Some Vices of Virtue Ethics*, Kap. 10 in: R. Crisp und M. Slote (Hg.): *Virtue Ethics*, Oxford: Oxford University Press, 1997.

M

Mackie, J. L.: *Evil and Omnipotence, Mind* 64/254 (Apr. 1955), 200–212.

McNaughton, David und Piers Rawling: *Intuitionism*, Kap. 13 in: Hugh LaFollette (Hg.*): The Blackwell Guide to Ethical Theory*, Oxford: Blackwell, 2000, 268–287, Kap. 14 der 2. Aufl., Wiley Blackwell, 2013, 287–310.

Maddox, John: *Down with the Big Bang, Nature* 340 (1989), 425. DOI: 10.1038/ 340425a0.

Marx, Karl: *Differenz der demokritischen und epikureischen Naturphilosophie*, in: Marx, Karl und Friedrich Engels, *Werke*, Bd. 40, Berlin: Dietz, 1985.

Marx, Karl: *Thesen über Feuerbach* (1845), in: Georges Labica: *Karl Marx – Thesen über Feuerbach*, Berlin: Argument-Verl., 1998.

May, Rollo: *The Problem of Evil: An Open Letter to Carl Rogers*, *Journal of Humanistic Psychology* (Sommer 1982).

Merezhkovsky, Dmitry: *On the Reasons for the Decline and on the New Currents in Contemporary Russian Literature*, Vortrag im Jahr 1892, in: Dmitry Merezhkovsky: *On the reasons for the decline and on the new currents in contemporary Russian literature*, Petersburg, 1893.

Meyer, Stephen C.: *The Explanatory Power of Design: DNA and the Origin of Information*, in: William A. Dembski (Hg.): *Mere Creation: Science, Faith and Intelligent Design*, Downers Grove, Ill.: InterVarsity Press, 1998, 114–147.

Meyer, Stephen C.: *The Methodological Equivalence of Design and Descent*, in: J. P. Moreland (Hg.): *The Creation Hypothesis*, Downers Grove, Ill.: InterVarsity Press, 1994, 67–112.

Meyer, Stephen C.: *Qualified Agreement: Modern Science and the Return of the ‚God Hypothesis'*, in: Richard F. Carlson (Hg.): *Science and Christianity: Four Views*, Downers Grove, Ill.: InterVarsity Press, 2000, 129–175.

Meyer, Stephen C.: *The Return of the God Hypothesis*, *Journal of Interdisciplinary Studies* 11/1&2 (Jan. 1999), 1–38. http://www.discovery.org/a/642 (aufg. am 03.08.2017). Die Zitate stammen aus der archivierten, repag. Version. http://www.discovery.org/scripts/viewDB/filesDB-download.php?command= download&id=12006 (aufg. am 03.08.2017).

Miller, J. Hillis: *Deconstructing the Deconstructors*, Rezension von Joseph N. Riddel: *The Inverted Bell: Modernism and the Counterpoetics of William Carlos Williams*, *Diacritics* 5/2 (Sommer 1975), 24–31. http://www.jstor.org/stable/464639 (aufg. am 03.08.2017). DOI: 10.2307/464639.

Monod, Jacques: *On the Logical Relationship between Knowledge and Values*, in: Watson Fuller (Hg.): *The Biological Revolution*, Garden City, N.Y.: Doubleday, 1972.

N

Nagel, Ernest: *Naturalism Reconsidered* (1954), in: Houston Peterson (Hg.): *Essays in Philosophy*, New York: Pocket Books, 1959. Repr.: New York: Pocket Books, 1974.

Nagel, Thomas: *Rawls, John*, in: Ted Honderich (Hg.): *The Oxford Companion to Philosophy* (1995), 2. Aufl., Oxford: Oxford University Press, 2005.

Nagler, Michael N.: *Reading the Upanishads*, in: Eknath Easwaran: *The Upanishads* (1987). Repr.: Berkeley, Calif.: Nilgiri Press, 2007 (auf Deutsch erschienen als: Easwaran, Eknath: *Die Upanischaden, eingel. und übers. von Eknath Easwaran, München: Goldmann, 2018).*

Neill, Stephen: *The Wrath of God and the Peace of God*, in: Max Warren: *Interpreting the Cross*, London: SCM Press, 1966.

Newing, Edward G.: *Religions of pre-literary societies*, in: Sir Norman Anderson (Hg.): *The World's Religions*, 4. Aufl., London: InterVarsity Press, 1975.

Nielsen, Kai: *Religiosity and Powerlessness: Part III of, The Resurgence of Fundamentalism, The Humanist* 37/3 (Mai/Juni 1977), 46–48.

O

The Oxford Reference Encyclopaedia, Oxford: Oxford University Press, 1998.

P

Palmer, Alasdair: *Must Knowledge Gained Mean Paradise Lost?, Sunday Telegraph*, London (06.04.1997).

Penzias, Arno: *Creation is Supported by all the Data So Far*, in: Henry Margenau und Roy Abraham Varghese (Hg.): *Cosmos, Bios, Theos: Scientists Reflect on Science, God, and the Origins of the Universe, Life, and Homo Sapiens*, La Salle, Ill.: Open Court, 1992.

Pinker, Steven und Paul Bloom: *Natural Language and Natural Selection, Behavioral and Brain Sciences* 13/4 (Dez. 1990), 707–27. DOI: 10.1017/S0140525X00081061.

Polanyi, Michael: *Life's Irreducible Structure. Live mechanisms and information in DNA are boundary conditions with a sequence of boundaries above them, Science* 160/3834 (1968), 1308–12. http://www.jstor.org/stable/1724152 (aufg. am 03.08.2017).

Poole, Michael: *A Critique of Aspects of the Philosophy and Theology of Richard Dawkins, Christians and Science* 6/1 (1994), 41–59. http://www.scienceandchristianbelief.org/serve_pdf_free.php?filename=SCB+6-1+Poole.pdf (aufg. am 03.08. 2017).

Popper, Karl: *Scientific Reduction and the Essential Incompleteness of All Science*, in: F. J. Ayala und T. Dobzhansky (Hg.): *Studies in the Philosophy of Biology, Reduction and Related Problems*, London: MacMillan, 1974.

Premack, David: *„Gavagai!" or The Future History of the Animal Controversy, Cognition* 19/3 (1985), 207–96. DOI: 10.1016/0010-0277(85)90036-8.

Provine, William B.: *Evolution and the Foundation of Ethics, Marine Biological Laboratory Science* 3 (1988), 27–28.

Provine, William B.: *Scientists, Face it! Science and Religion are Incompatible, The Scientist* (05.09.1988), 10–11.

R

Rachels, James: *Naturalism*, in: Hugh LaFollette (Hg.): *The Blackwell Guide to Ethical Theory*, Oxford: Blackwell, 2000, 74–91.

Randall, John H.: *The Nature of Naturalism*, in: Yervant H. Krikorian (Hg.): *Naturalism*, 354–382.

Raup, David: *Conflicts between Darwin and Palaeontology, Field Museum of Natural History Bulletin* 50/1 (Jan. 1979), 22–29.

Reidhaar-Olson, John F. und Robert T. Sauer: *Functionally Acceptable Substitutions in: Two α-helical Regions of λ Repressor, Proteins: Structure, Function, and Genetics* 7/4 (1990), 306–316. DOI: 10.1002/prot.340070403.

Rescher, Nicholas: *Idealism*, in: Jonathan Dancy und Ernest Sosa (Hg.): *A Companion to Epistemology* (1992). Repr.: Oxford: Blackwell, 2000.

Ridley, Mark: *Who Doubts Evolution?, New Scientist* 90 (25.06.1981), 830–832.

Rogers, Carl: *Notes on Rollo May, Journal of Humanistic Psychology* 22/3 (Sommer 1982), 8–9. DOI: 10.1177/0022167882223002.

Rorty, Richard: *Untruth and Consequences, The New Republic* (31.07.1995), 32–36.

Ruse, Michael: *Is Rape Wrong on Andromeda?*, in: E. Regis Jr. (Hg.): *Extraterrestrials*, Cambridge: Cambridge University Press, 1985.

Ruse, Michael: *Transcript: Speech by Professor Michael Ruse*, Symposium, *The New Antievolutionism*, 1993 Annual Meeting of the American Association for the Advancement of Science, 13.02.1993. http://www.arn.org/docs/orpages/or151/mr93tran.htm (aufg. am 03.08.2017).

Ruse, Michael und Edward O. Wilson: *The Evolution of Ethics*, *New Scientist* 108/1478 (17.10.1985), 50–52.

Russell, Bertrand: *A Free Man's Worship*, 1903, in: *Why I Am Not a Christian*, New York: Simon & Schuster, 1957 (auf Deutsch erschienen als: Russell, Bertrand: *Warum ich kein Christ bin*, Berlin: Matthes & Seitz, 2017). Auch in: *Mysticism and Logic Including A Free Man's Worship*, London: Unwin, 1986.

Russell, Colin: *The Conflict Metaphor and its Social Origins*, *Science and Christian Belief* 1/1 (1989), 3–26.

S

Sanders, Blanche: *The Humanist* 5 (1945).

Sanders, Peter: *Eutychus*, *Triple Helix* (Sommer 2002), 17.

Sayre-McCord, Geoffrey: *Contractarianism*, in: Hugh LaFollette (Hg.): *The Blackwell Guide to Ethical Theory*, Oxford: Blackwell, 2000, 247–267, 2. Aufl., Wiley Blackwell, 2013, 332–353.

Scruton, Roger: *The Times* (Dez. 1997), London.

Searle, John: *Minds, Brains and Programs*, in: John Haugeland (Hg.): *Mind Design*, Cambridge, Mass.: Cambridge University Press, 1981.

Sedgh, Gilda, et al.: *Abortion incidence between 1990 and 2014: global, regional, and subregional levels and trends*, *The Lancet* 388/10041 (16.07.2016), 258–267. DOI: http://dx.doi.org/10.1016/S0140-6736(16)30380-4.

Shapiro, James A.: *In the Details ... What?*, *National Review* (16.09.1996), 62–65.

Simpson, George Gaylord: *The Biological Nature of Man*, *Science* 152/3721 (22.04.1966), 472–478.

Singer, Peter: *Hegel, Georg Wilhelm Friedrich*, in: Ted Honderich (Hg.): *The Oxford Companion to Philosophy*, Oxford, 1995, 2. Aufl., Oxford: Oxford University Press, 2005.

Skorupski, John: *Mill, John Stuart*, in: Ted Honderich (Hg.): *The Oxford Companion to Philosophy*, Oxford, 1995, 2. Aufl., Oxford: Oxford University Press, 2005.

Slote, Michael: *Utilitarianism*, in: Ted Honderich (Hg.): *The Oxford Companion to Philosophy*, Oxford, 1995, 2. Aufl., Oxford: Oxford University Press, 2005.

Slote, Michael: *Virtue Ethics*, in: Hugh LaFollette (Hg.): *The Blackwell Guide to Ethical Theory*, Oxford: Blackwell, 2000, 325–347.

Sokal, Alan D.: *Transgressing the boundaries: towards a transformative hermeneutic of Quantum Gravity*, *Social Text* (Frühj./Sommer 1996), 217–252.

Sokal, Alan D.: *What the Social Text Affair Does and Does Not Prove*, in: Noretta Koertge (Hg.): *A House Built on Sand: Exposing Postmodernist Myths About Science*, Oxford: Oxford University Press, 1998, 9–22.

Solzhenitsyn, Alexander: *Alexandr Solzhenitsyn – Nobel Lecture*, Nobelprize.org., Nobel Media AB 2014. http://www.nobelprize.org/nobel_prizes/literature/ laureates/1970/solzhenitsyn-lecture.html (aufg. am 15.08.2017).

Spetner, L. M.: *Natural selection: An information-transmission mechanism for evolution*, *Journal of Theoretical Biology* 7/3 (Nov. 1964), 412–29.

Stalin, Josef: *Rede vom 24.04.1924*, New York, International Publishers, 1934.

Stolzenberg, Gabriel: *Reading and relativism: an introduction to the science wars*, in: Keith M. Ashman und Philip S. Baringer (Hg.): *After the Science Wars*, London: Routledge, 2001, 33–63.

T

Tarkunde, V. M.: *Comment by V. M. Tarkunde on Hocutt Article*, in: Morris B. Storer (Hg.): *Humanist Ethics: Dialogue on Basics*, Buffalo, N.Y.: Prometheus Books, 1980, 147–148.

Taylor, Robert: *Evolution is Dead*, *New Scientist* 160/2154 (03.10.1998), 25–29.

W

Walicki, Andrzej: *Hegelianism, Russian*, in: Edward Craig (allg. Hg.): *Concise Routledge Encyclopedia of Philosophy*, London: Routledge, 2000.

Wallace, Daniel: *The Majority Text and the Original Text: Are They Identical?*, *Bibliotheca Sacra*, April–Juni, 1991, 157-8.

Walton, J. C.: *Organization and the Origin of Life*, *Origins* 4 (1977), 16–35.

Warren, Mary Ann: *On the Moral and Legal Status of Abortion*, Kap. 11 in: Hugh LaFollette (Hg.): *Ethics in Practice: An Anthology*, 1997, 72–82, 4. Aufl., Oxford: Blackwell, 2014, 132–140.

Watters, Wendell W.: *Christianity and Mental Health*, *The Humanist* 37 (Nov./Dez. 1987).

Weatherford, Roy C.: *Freedom and Determinism*, in: Ted Honderich (Hg.): *The Oxford Companion to Philosophy*, Oxford, 1995, 2. Aufl., Oxford: Oxford University Press, 2005.

Wheeler, John A.: *Information, Physics, Quantum: The Search for Links*, in: Wojciech Hubert Zurek: *Complexity, Entropy, and the Physics of Information*, Protokoll des *1988 Workshop on Complexity, Entropy, and the Physics of Information*, Mai–Juni 1989, in Santa Fe, N. Mex. Redwood City, Calif.: Addison-Wesley, 1990.

Wigner, Eugene: *The Unreasonable Effectiveness of Mathematics in the Natural Sciences*, Richard Courant Lecture in Mathematical Sciences, vorgetragen an der New York University, 11.05.1959. *Communications in Pure and Applied Mathematics*, 13/1 (Feb. 1960), 1–14. Repr. in: E. Wiger: *Symmetries and Reflections*, Bloomingon, Ind., 1967. Repr.: Woodbridge, Conn.: Ox Bow Press, 1979, 222–237.

Wilford, John Noble: *Sizing Up the Cosmos: An Astronomer's Quest*, New York Times (12.03.1991), B9.

Wilkinson, David: *Found in space?*, Interview mit Paul Davies, *Third Way* 22:6 (Juli 1999), 17–21.

Wilson, Edward O.: *The Ethical Implications of Human Sociobiology*, *Hastings Center Report* 10:6 (Dez. 1980), 27–9. DOI: 10.2307/3560296.

Y

Yockey, Hubert: *A Calculation of the Probability of Spontaneous Biogenesis by Information Theory*, *Journal of Theoretical Biology* 67 (1977), 377–398.

Yockey, Hubert: *Self-Organisation Origin of Life Scenarios and Information Theory*, *Journal of Theoretical Biology* 91 (1981), 13–31.

FRAGEN FÜR LEHRER UND SCHÜLER/STUDENTEN

TEIL 1: WIE KÖNNEN WIR ÜBERHAUPT ETWAS WISSEN?

KAPITEL 1: WIE WIR DIE WELT WAHRNEHMEN

Beschreibung des Problems

1.1 Können wir uns immer auf unsere Sinne verlassen? Können sie uns auch schon einmal täuschen?

1.2 Gibt es Dinge, die der Verstand alleine nicht entscheiden kann? Wenn ja, was für Dinge sind dies?

1.3 Was ist Erkenntnistheorie (bzw. Epistemologie)? Woher kommt die Bezeichnung *Epistemologie*?

1.4 Was bedeutet: „Die Erkenntnistheorie ist eine Disziplin zweiter Ordnung“? Warum ist das wichtig?

1.5 Wovon unterscheidet sich der Ansatz, den ein Naturwissenschaftler bei der Betrachtung der Außenwelt verfolgt, von dem Ansatz, den ein Philosoph wählen würde?

1.6 Glauben Sie, dass wir irgendetwas über die Außenwelt mit Sicherheit wissen können?

1.7 Was ist Skeptizismus? Wie ist er entstanden?

Formen des Skeptizismus

1.8 Würden Sie Sokrates als Skeptiker bezeichnen? Wenn ja, wie begründen Sie dies?

1.9 Auf welche Weise haben manche von Sokrates' Bewunderern die Absicht, die er mit seiner philosophischen Methode verfolgte, missverstanden?

1.10 Wie versuchten die pyrrhonischen Skeptiker zu beweisen, dass es unmöglich ist, irgendetwas mit Sicherheit zu wissen? Waren ihre Argumente stichhaltig?

1.11 Denken Sie über das Beispiel des Turmes nah. Hatten die Skeptiker mit ihrer Schlussfolgerung recht, dass man sich nie auf das eigene Sehvermögen verlassen kann?

1.12 Welche Motive standen hinter dem Skeptizismus von Philosophen wie Sextus Empiricus? Halten Sie diese für legitim?

1.13 Bedeutet die Tatsache, dass wir nicht *alles* über alles wissen können, auch, dass es *nichts* gibt, über das wir etwas mit Gewissheit wissen können?

Beispiele für extremen Skeptizismus

1.14 Warum war Descartes mehr an Wissenschaft als an Philosophie interessiert?

1.15 In welcher Hinsicht unterschieden sich Descartes' Annahmen hinsichtlich des Universums von der aristotelischen Tradition?

1.16 Als was betrachtete Descartes die Informationen, die wir von unseren Sinnen geliefert bekommen?

1.17 Was versuchte Descartes zu erreichen, indem er alles Erdenkliche anzweifelte?

1.18 Was war für Descartes die äußerste Garantie für die Möglichkeit, dass es verlässliches Wissen geben kann?

1.19 Fassen Sie mit eigenen Worten das „Gehirn im Tank"-Argument der Skeptiker zusammen. Was möchten sie mit dieser Analogie beweisen?

1.20 Warum sagen manche Philosophen, dass diese Infragestellung durch die Skeptiker nicht widerlegbar ist?

1.21 Gibt es irgendeinen Grund, aus dem wir glauben könnten, unser menschliches Gehirn sei wie ein Gehirn in einem Tank, das mit einem Computer verbunden ist?

1.22 Stimmen Sie zu, dass es in dieser Analogie der Skeptiker einen fatalen Fehler gibt, aufgrund dessen man ihn eigentlich nicht ernst nehmen kann? Wenn ja, welchen?

1.23 Was ist für Sie die Quelle der menschlichen Rationalität? Woher erhält sie ihre Gültigkeit?

1.24 Wie versuchte G. E. Moore zu begründen, dass wir wissen können, dass die Außenwelt existiert? Finden Sie seine Beweisführung überzeugend?

Wie wir die Außenwelt wahrnehmen

1.25 Was versteht man unter den Begriffen „Direkter Realismus" und „Repräsentative Wahrnehmungstheorie"?

1.26 Wenn die Repräsentative Wahrnehmungstheorie recht hätte, welche Auswirkungen hätte dies für unsere Möglichkeit, die Außenwelt so wahrzunehmen, wie sie wirklich ist?

1.27 Welche unterschiedlichen Konnotationen haben die Verben „sehen" und „wahrnehmen"?

1.28 Was ist der Unterschied zwischen „ein Ereignis sehen" und „eine Tatsache sehen"?

1.29 Was sind die Hauptarten von Argumenten, die gegen den Direkten Realismus vorgebracht werden?

1.30 Was ist eine Luftspiegelung? Stimmt es, wenn man sagt: „Wenn jemand eine Luftspiegelung sieht, sieht er tatsächlich ein reales, objektives Phänomen"? Wenn ja, um was für ein Phänomen handelt es sich?

1.31 Warum sieht ein gerader Stock, der zum Teil in Wasser getaucht wird, so aus, als sei er geknickt?

1.32 Was sind die „Gesetze der Perspektive"?

1.33 Warum ist es wichtig, sich nicht allein auf *einen* der Sinne zu verlassen?

1.34 Was lernen wir aus dem Gedankenexperiment mit dem Zug?

1.35 Was sind die Stärken und Schwächen
a) der Repräsentativen Wahrnehmungstheorie;
b) des Direkten Realismus?

1.36 Erläutern Sie Roger Scrutons Argument mit eigenen Worten.

1.37 Denken Sie, dass man zumindest manche Dinge in der Außenwelt direkt wahrnehmen kann?

KAPITEL 2: DIE EXTREME: FALSCHE ALTERNATIVEN

Idealismus und Realismus

2.1 Was versteht man unter dem philosophischen Begriff „Idealismus"?

2.2 Wie würden Sie den Unterschied zwischen „Idealismus" und „Realismus" beschreiben?

2.3 Was bedeutet: „Gäbe es unseren Geist nicht, gäbe es auch keinen Schmerz"?

2.4 Wie würden Sie den Ansichten von George Berkeley widersprechen?

2.5 Hätte eine Blume in einem abgelegenen Tal auch dann einen Duft, wenn ihn niemand jemals riechen würde?

2.6 Stimmt die folgende Aussage: „Wenn wir die Natur erforschen, können wir nur das verstehen, was in unsere vorgefassten Vorstellungen passt"?

2.7 Nennen Sie Beispiele dafür, wie moderne wissenschaftliche Entdeckungen zuvor vertretene Vorstellungen verändert haben.

2.8 Sie sind eher Idealist oder Realist?

Wissen ist subjektiv und Wissen ist objektiv

2.9 In welchem Sinne wird der Begriff „Subjekt" in der Erkenntnistheorie verwendet?

2.10 Was bedeutet: „Um Probleme zu lösen oder die Welt der Physik, Botanik, Biologie oder des Kochens kennenzulernen, müssen wir kreatives Denken einsetzen"?

2.11 Haben Sternenkonstellationen irgendeine Bedeutung, die über jene hinausgeht, die wir ihnen geben? Oder sind sie für uns eine objektive Möglichkeit, die Jahreszeiten zu kennzeichnen, ob wir sie nun wahrnehmen oder nicht?

2.12 Mit welchem Prozess erlangen wir laut John Locke Wissen über die Außenwelt?

2.13 Warum lehnte N. A. Berdjajew Lockes Sichtweise ab?

2.14 Wie unterscheidet sich die biblische Sicht der materiellen Welt von der Sicht des Hinduismus und Neuplatonismus?

2.15 Was bedeutet: „Um als wahr gelten zu können, muss unser Wissen über die Außenwelt immer einer Überprüfung anhand der objektiven Realität standhalten"?

Rationalismus und Empirismus

2.16 Was bedeuten die Wörter „Rationalismus“ und „Empirismus“?

2.17 Wie unterscheiden sich Rationalismus und Empirismus als Positionen in der Erkenntnistheorie?

2.18 Was war die Aufklärung, und wie erhielt sie diesen Namen?

2.19 Welchen Wahlspruch gab Kant den Denkern der Aufklärung? Was bedeutete dieser in seinem historischen Kontext?

2.20 In welchem Sinne war Aristoteles' Sicht des Universums dualistisch?

2.21 Welche Folgen hatten Galileos und Newtons Entdeckungen auf die aristotelische Kosmologie?

Lockes Erkenntnistheorie

2.22 Mit welchen Mitteln und Prozessen erhalten wir laut Locke unser Wissen über die Außenwelt?

2.23 War der Empirist Locke in manchen Dingen anderer Meinung als der Rationalist Descartes? In welcher Hinsicht ähneln sich ihre Sichtweisen?

2.24 Was ist der grundlegende Unterschied zwischen Empirismus und Rationalismus?

2.25 Was meinte Leibniz mit „notwendigen Wahrheiten“ und „kontingenten Wahrheiten“? Nennen Sie Beispiele dafür, wie sich diese Begriffe unterscheiden.

2.26 Was war laut Leibniz die grundlegende Schwäche in Lockes Empirismus?

2.27 Wie müssen laut Locke abstrakte mathematische Theorien überprüft werden? Welche Bedeutung hat das Werk von N. O. Losskij?

2.28 Bei welchen Arten von Ideen muss immer ihre Gültigkeit überprüft werden, indem man sie auf die Außenwelt bezieht?

2.29 Glauben Sie, dass Menschen mit gewissen Ideen geboren werden, die sich bereits in ihrem Geist befinden, also angeboren sind? Was halten Sie von Noam Chomskys Sicht?

Eine ernsthafte Schwäche in Lockes Erkenntnistheorie

2.30 Was meint Locke mit dem Begriff „Ideen“? Von welchen beiden Quellen erhalten wir sie und wie?

2.31 Was sind laut Locke primäre Qualitäten und was sekundäre Qualitäten?

2.32 Welchen Unterschied sieht Locke zwischen Ideen, die in unserem Geist durch die primären Qualitäten eines Gegenstands hervorgerufen werden, und Ideen, die durch die sekundären Qualitäten dieses Gegenstands erzeugt werden?

2.33 Locke sagt, ein Schneeball habe die Kraft, in uns drei Ideen zu erzeugen. Um welche Ideen handelt es sich? Und welche davon ist eine primäre Qualität, welche eine sekundäre Qualität des Schneeballs?

2.34 Was würden Sie auf die Aussage erwidern, dass unsere Vorstellung, ein Schneeball sei kalt, falsch sei, und dass es im Schneeball keine Kälte gebe?

2.35 Was passiert, wenn wir sehen, wie ein Eisenklumpen in einem Feuerofen erst rot glüht und dann weiß? Was ist die Ursache dieses Phänomens?

2.36 Sind manche Sterne wirklich rot und manche wirklich blau? Oder sehen sie für uns nur so aus?

2.37 Ist Gras wirklich grün?

2.38 Was ist sichtbares Licht?

2.39 Ist es richtig zu sagen, dass die Farbe im Licht ist?

2.40 Was sind die Stäbchen und Zapfen im Auge? Was ist ihre Funktion?

2.41 Würden Sie sagen:
a) „Es sind meine Augen, die sehen" oder
b) „Es ist mein Gehirn, das sieht" oder
c) „Ich bin es, der/die sieht"?

David Humes Erkenntnistheorie

2.42 Was sind nach Hume Eindrücke und Vorstellungen?

2.43 Was ist nach Hume der Prozess, durch den wir Dinge wissen können?

2.44 Wie begreifen wir gesprochene Information?

2.45 Wie beantworten Sie die Frage: „Was bin ich?" Sind Sie sich Ihrer selbst bewusst als eine unverwechselbare, individuelle Persönlichkeit?

2.46 Würden Sie sagen, dass Sie, wenn Sie schlafen, nicht existent sind?

2.47 Was ist für Sie die Bedeutung des menschlichen Selbst? Was ist ein Mensch? Was ist für Sie „eine Person"?

2.48 Was möchte Hume mit seinem Beispiel der zwei Billardkugeln beweisen?

2.49 Hatte Hume recht mit seiner Aussage, wir könnten nicht wirklich von Wirkungen auf Ursachen schließen? Nennen Sie Beispiele, die Ihre Antwort stützen.

2.50 Glauben Sie, dass etwas ohne vorherige Ursache zu existieren beginnen kann?

2.51 Was bedeutet: „Humes Erkenntnistheorie zersetzt die menschliche Persönlichkeit"?

2.52 Was bedeutet: „Das Nichts ist das finale Schicksal, auf das alle Atheisten hoffen"? Ist das wahr?

2.53 Warum ist eine Kommunikation durch das gesprochene Wort der visuellen Kommunikation überlegen?

KAPITEL 3: DIE ERKENNTNISTHEORIE VON IMMANUEL KANT

Kants Metaphysik

3.1 Warum wird Kant als Philosoph der Aufklärung bezeichnet?

3.2 Was ist die Quintessenz seiner Beschreibung, wofür die Aufklärung steht?

3.3 Was ist nach Kant der Unterschied zwischen reiner Vernunft und praktischer Vernunft?

3.4 Welche Auswirkungen hatte diese Unterscheidung auf Kants Philosophie?

3.5 Kant sagt, dass er von einem göttlichen Autor des Universums ausgehen muss, um die Natur gewinnbringend erforschen zu können. Wie kam er zu dieser Annahme? Würden Sie ihr zustimmen?

3.6 Auf welcher moralischen Grundlage glaubte Kant, dass es notwendig ist, an Gott zu glauben?

3.7 Würden Sie Kants Ansicht zustimmen, dass man, um dem Glauben an Gott Raum zu geben, die Möglichkeit leugnen muss, dass Gottes Existenz rational bewiesen werden kann?

3.8 Was sagt Christus über die Möglichkeit, Gott in diesem gegenwärtigen Leben zu erkennen?

Kants „kopernikanische Wende"

3.9 Warum war die Frage der Kausalität so wichtig für Kant?

3.10 Auf welcher Grundlage lehnte Descartes Harveys Erklärung für den Blutkreislauf ab?

3.11 Wie lautete Leibniz' Argument gegen Newtons Gravitationstheorie?

3.12 Warum meinte Hume, dass unsere Vorstellungen von Kausalität ungültig sind?

3.13 Wie versuchte Kant, Humes Empirismus mit seinem eigenen Rationalismus zu vereinbaren?

3.14 Woher erhalten wir nach Kant unsere Vorstellung von Kausalität?

3.15 Welche Lektion soll mit dem Beispiel des faulenden Apfels veranschaulicht werden?

3.16 Welche Veränderung schlug Kant mit seiner „kopernikanischen Wende" für den Prozess vor, mit dem wir die Außenwelt kennenlernen können?

3.17 Was bedeutet: „Die Natur hat ihre eigene geschaffene Intelligibilität"?

3.18 Mit welcher Einstellung gegenüber der Natur sollten wir wissenschaftliche Forschung betreiben?

3.19 In welchem Sinne war Kants vorgeschlagene „kopernikanische Wende" in der Philosophie genau das Gegenteil von Kopernikus' Wende in der Kosmologie?

Kants erstes Prinzip eines synthetischen Wissens a priori

3.20 Was ist der Unterschied zwischen analytischen und synthetischen Sätzen?

3.21 Welche der folgenden Sätze sind analytisch und welche synthetisch?
a) Die Sonne ging um 6 Uhr auf.
b) Der Mond ist der Himmelskörper, der die Erde umkreist.
c) Dienstag kommt nach Montag.
d) Dienstag war ein nasser Tag.

3.22 Würden Sie zustimmen, dass 7 + 5 = 12 ein synthetischer Satz ist? Wenn nicht, warum nicht?

3.23 Was sind Logikgesetze? Wie können wir im Voraus sicher wissen, dass sie immer richtig sein werden?

3.24 Welches Logikgesetz verbietet uns zu denken, dass eine Birke gleichzeitig eine Buche ist?

3.25 Wie versucht Kant zu beweisen, dass die Aussage „eine gerade Linie zwischen zwei Punkten ist die kürzeste" a priori synthetisch ist? Finden Sie sein Argument überzeugend?

3.26 Empfinden Sie es als seltsam, dass wir manche Dinge über Objekte im Voraus wissen können, ohne dass wir sie zuerst erfahren haben, ihnen begegnet sind oder von ihnen gehört haben?

Kants zweites Prinzip eines synthetischen Wissens a priori

3.27 Was meint Kant mit „transzendentaler Ästhetik"?

3.28 Was ist laut Kant der Raum? Glaubte er, dass er wirklich existiert? Wenn nein, wie kommen wir zu der Vorstellung, dass er existiert?

3.29 Glauben Sie, dass der Raum *etwas* ist? Oder ist er einfach *nichts*? Und wenn er *nichts* ist, wie kann man dann von seiner Existenz sprechen?

3.30 Was ist laut Kant die Zeit?

3.31 Was ist der Unterschied zwischen euklidischer und nicht euklidischer Geometrie?

3.32 Wenn Kant seine Vorstellung vom Raum von Newton hat, was zeigt uns dies über Kants „transzendentale Ästhetik"?

3.33 Hätte ein moderner Astronaut dieselbe Vorstellung von Zeit und Raum wie Kant?

Die Grenzen des Wissbaren nach Kant: Erkenntnistheorie und Psychologie

3.34 Was meint Kant mit dem Begriff „Phaenomena"?

3.35 Was meint Kant mit dem Begriff „Noumena"?

3.36 Was sagte Kant über unsere Möglichkeit der Erkenntnis, was ein Regenbogen ist und was Regen ist?

3.37 Würde die Wissenschaft zustimmen, dass wir nicht wissen können, was Regen an sich ist? Würden Sie dem zustimmen?

3.38 Wie wurden die Ansichten von Ernst Mach über die Frage nach der Realität von Atomen durch Kants Theorien beeinflusst?

3.39 Was bedeutet: „Kant schlug eine unüberbrückbare Kluft zwischen unsere mentalen und unsere geistigen Kräfte"?

3.40 Was verstehen Sie unter den Begriffen „Seele" und „Geist"?

3.41 Auf welcher Grundlage sagte Kant, dass wir durch reine Vernunft nicht wissen könnten, ob wir eine Seele haben? Ergibt dies für Sie Sinn?

3.42 Was ist laut Kant die Einstellung der praktischen Vernunft gegenüber der Existenz der Seele?

3.43 Glaubte Kant, dass ein Mensch aus nichts außer seelenloser Materie besteht?

3.44 Warum sagte Kant, dass wir uns statt auf „Spiritualism" nur auf Gegenstände der Erfahrung konzentrieren sollten?

3.45 Welche Art von geistlicher Erfahrung ermöglicht uns die Bibel zu unserem Nutzen?

Die Grenzen des Wissbaren nach Kant: Kosmologie und Theologie

3.46 Wie lautet das erste traditionelle Argument, das hier für die Existenz Gottes angeführt wird?

3.47 Wie lautet das zweite traditionelle Argument, das hier für die Existenz Gottes angeführt wird?

3.48 Warum lehnte Kant das Argument der Gestaltung (des Designs) ab?

3.49 Was meinte Kant damit, dass die Zweckmäßigkeit und die Ordnung des Universums nur die Existenz eines Erbauers des Universums beweisen, nicht aber die eines Schöpfers? Und warum sagt er das? Würden Sie dem zustimmen?

3.50 Was können wir nach der Bibel von der Schöpfung über Gott lernen?

3.51 Was würde die moderne Wissenschaft über Kants Behauptung sagen, wir sollten keine nicht beobachtbaren Ursachen aus beobachtbaren Auswirkungen ableiten?

3.52 Was denken Sie über das folgende Argument Kants: Wenn Gott die Ursache der Reihe aller Ursachen und Auswirkungen im Universum wäre, müsste Gott Teil dieser Reihe sein. Was sagt die Bibel darüber?

3.53 Was bedeutet: „Kants ‚kopernikanische Wende' verzerrt das wahre Verhältnis zwischen Vernunft und Gott"?

3.54 Was ist für Sie die Quelle der Verstandeskräfte des Menschen?

3.55 Als Kant sagte, die Existenz Gottes könne nicht durch reine Vernunft bewiesen werden, was meinte er da mit „reiner Vernunft", und wie unterscheidet sich reine Vernunft von praktischer Vernunft?

KAPITEL 4: VERNUNFT UND GLAUBE

Eine vierte falsche Alternative

4.1 Warum sind für manche Leute „Vernunft“ und „Glaube“ Begriffe, die sich gegenseitig ausschließen?

4.2 An was für Dinge glauben wir alle, ohne dass sie uns zuvor durch reine Vernunft bewiesen wurden?

4.3 In welchem Sinne ist die Wissenschaft von Glauben abhängig?

4.4 Was ist der Unterschied zwischen Wissen und Weisheit?

4.5 Welchen Einfluss hat unsere Sympathie oder Liebe zu einer Sache auf den erfolgreichen Einsatz unserer kognitiven Fähigkeiten?

4.6 Glauben Sie, dass unsere kognitiven Fähigkeiten zu einem Zweck gestaltet wurden, genauso wie unser Herz? Wenn ja, in welchem Sinne sind sie gestaltet worden und zu welchem Zweck?

4.7 Würden Sie sagen, dass es streng genommen irrational ist zu glauben, dass Gott unsere Vernunft geschaffen hat? Wenn ja, warum? Welchen alternativen Ursprung der Vernunft würden Sie vermuten?

Die Natur des theistischen Glaubens

4.8 Warum beschäftigt sich die Erkenntnistheorie mehr mit dem Kennen von Fakten als mit dem Kennen von Personen? Worin liegt der Unterschied?

4.9 Was könnte ein Theist erwidern, wenn ein Atheist behauptet, man müsse zuerst Gottes Existenz philosophisch beweisen, bevor man zu Recht etwas über seine Eigenschaften sagen könne?

4.10 Was ist „das ontologische Argument für Gott“?

4.11 Was ist „das kosmologische Argument für Gott“?

4.12 Was ist „das moralische Argument für Gott“?

4.13 Lesen Sie erneut die zitierte Bibelstelle Römer 1,19-21. Was sind Ihrer Meinung nach die Hauptpunkte, die dort angeführt werden?

Die Punkte, die Römer 1,19-21 anführt

4.14 Was bedeutet, dass Gott die Initiative ergreifen muss (und ergriffen hat), indem er sich uns zu erkennen gegeben hat?

4.15 Stimmt es, dass dann, wenn eine Person sich von einer anderen kennenlernen lässt, eine Beziehung zwischen dem Gekannten und dem Kennenden entsteht? Würde dies auch auf uns zutreffen, wenn es möglich wäre, Gott kennenzulernen?

4.16 Welche zwei Dinge über den Schöpfer sollen uns anhand der Schöpfung deutlich werden?

4.17 Was sind „Anthropomorphismen“? Glauben Sie, dass die Menschen Gott nach ihrem eigenen Bild geschaffen haben?

4.18 Diskutieren Sie folgende Aussage: „Theisten glauben, dass der Ursprung der Menschheit etwas Höheres ist als die Menschheit selbst. Atheisten glauben, dass der Ursprung der Menschheit etwas Geringeres ist als die Menschheit selbst.“

4.19 Nennen Sie Beispiele für Intuition. Was bedeutet es, wenn wir behaupten, wir nähmen Gottes Macht und Göttlichkeit genauso wahr, wie wir die Schönheit einer Rose wahrnähmen?

4.20 Christus sagte, dass Gott manche Dinge vor den Weisen verbirgt. Welche Dinge? Und warum?

4.21 Was meinen moderne Erkenntnistheoretiker mit „basalen Überzeugungen“ bzw. „angemessen basalen Überzeugungen“? Nennen Sie einige Beispiele. Was hat dies mit dem Glauben an Gott zu tun?

4.22 Empfinden Sie dasselbe wie Kant, als er den Sternenhimmel betrachtete?

4.23 Was ist für Sie der Unterschied zwischen der mentalen Zustimmung zu der Proposition, dass Gott existiert, und dem persönlichen Glauben an Gott?

Einwände und Antworten

4.24 Was sind nach Ihrer Erfahrung die Hauptgründe, die Menschen dafür nennen, dass sie kein Gottesbewusstsein haben?

4.25 Welcher dieser Gründe ist Ihrer Ansicht nach der stärkste?

4.26 Was meinen Bibelexperten mit der fortschreitenden göttlichen Offenbarung?

4.27 Was bedeutet: „Zur Erkenntnis Gottes gelangt man durch eine Beziehung, sie ist nicht nur reine Theorie"?

4.28 Mit welchen Analogien und Begriffen beschreibt die Bibel Gottes Beziehung zu den Menschen, die an ihn glauben?

4.29 Welche falsche Wendung nahm die Menschheit laut der Bibel in ihrer Beziehung zu Gott?

4.30 Diskutieren Sie folgende Aussage: „Lebt man, als gäbe es keinen Schöpfer, dann lebt man mit einer unrealistischen Unwahrheit."

4.31 Wie würde jemand, der behauptet, Gott zu kennen, diese Behauptung rechtfertigen?

TEIL 2:
WAS IST WAHRHEIT?

KAPITEL 5: AUF DER SUCHE NACH DER WAHRHEIT

Unsere ambivalente Einstellung zur Wahrheit

5.1 Denken auch Sie, dass unsere Einstellung zur Wahrheit ambivalent ist? Wenn ja, warum ist sie ambivalent?

5.2 Wären Sie jemals bereit, öffentlich zu sagen: „Ich hasse die Wahrheit und tue alles, um sie zu unterdrücken“? Wenn nein, warum nicht?

5.3 Auf welche Art und Weise beeinflusst die Frage nach der Wahrheit folgende Bereiche:
a) Sport;
b) Geschäftsleben;
c) Geschichte;
d) Ehe und Familienleben;
e) Gerechtigkeit?

5.4 Betrachten Sie die fünf genannten Einwände, die manchmal als Grund dafür genannt werden, dass man die Idee einer objektiven, universellen Wahrheit ablehnt. Finden Sie Argumente für und gegen einen davon (oder gegen alle).

5.5 Was verstehen Sie unter dem Begriff „Metaerzählung“? Warum sind Metaerzählungen aus der Mode gekommen?

5.6 In welchem Maße ist es (wenn überhaupt) gerechtfertigt, die intellektuelle Akzeptanz
a) einer Ideologie, oder
b) einer Religion
erzwingen zu wollen?

5.7 Warum ist Ihrer Ansicht nach die Bibel in verschiedenen Zeiten im Laufe der Geschichte durch so unterschiedliche Elemente wie Heidentum, Atheismus und die Christenheit selbst unterdrückt worden?

5.8 Welche weltweiten Auswirkungen erwarten Sie als Resultat der Globalisierung des Wissens?

Langzeitfolgen einer Abwertung der objektiven Wahrheit

5.9 Was hat das Streben nach Wahrheit mit Bildung zu tun?

5.10 Wenn der gesellschaftliche Zusammenhalt letztendlich auf gegenseitigem Vertrauen basiert, auf welcher Grundlage kann Vertrauen entstehen, wenn nicht auf der Wahrheit?

5.11 Gibt es irgendeinen tatsächlichen Unterschied zwischen einem Geschichtsbuch und einem Roman? Wenn ja, welchen?

5.12 Was sollte das Ziel eines historischen Dokumentarfilms sein? Soll er die Wahrheit vermitteln oder unterhalten? Manche Produzenten von Dokumentarfilmen haben schon an manchen Stellen historische Fakten verändert, um die Sympathie und damit das höhere Interesse der Zuschauer zu gewinnen. Ist es richtig, Fiktion mit Geschichte zu vermengen?

5.13 Ist es für einen Geschäftsmann möglich, immer die Wahrheit zu sagen? Sind Unwahrheiten akzeptabel oder sind sie immer falsch, auch im Geschäftsleben?

5.14 Auf welcher Grundlage oder anhand welchen Maßstabs wären Sie bereit zu sagen, dass irgendetwas ein wahres Kunstwerk ist?

5.15 Wenn Sie im Zuge eines Streites schon mal gesagt haben: „Die Wahrheit ist auf meiner Seite“, was genau meinten Sie da mit Wahrheit?

Konventionalismus und die Definition von Wahrheit

5.16 Was ist „Konventionalismus"? Glauben Sie, dass seine grundsätzliche Behauptung wahr ist? Begründen Sie Ihre Antwort.

5.17 Was bedeutet: „Sprachen sind nur Reihen von Symbolen, deren Bedeutungen kulturell bestimmt sind"? Nennen Sie Beispiele aus zwei Sprachen, die Sie kennen. Heißt dies, dass alle Wahrheiten, die durch Sprache vermittelt werden, nur relativ sind?

5.18 Stimmen Sie der Behauptung zu, dass wir alle eine Vorstellung davon haben, was Wahrheit ist? Nennen Sie Beispiele aus dem Alltag, die Ihre Ansicht veranschaulichen.

5.19 Was ist die Korrespondenztheorie der Wahrheit? Welche Gültigkeit haben die Einwände gegen sie?

5.20 Was ist die Kohärenztheorie der Wahrheit?

5.21 Was bedeutet: „Kohärenz ist eine notwendige, aber nicht ausreichende Bedingung für Wahrheit"?

5.22 Was ist die pragmatische Theorie der Wahrheit? Führen Sie Argumente für und gegen die pragmatische Theorie an.

5.23 Welche Wahrheitstheorie ergibt für Sie am meisten Sinn?

KAPITEL 6: EINZELNE WAHRHEITEN UND DIE LETZTE WAHRHEIT

6.1 Was heißt es, wenn wir über verschiedene Ebenen der Wahrheit sprechen?

6.2 Denken Sie, dass es verschiedene Arten von Wahrheit gibt? Wenn ja, nennen Sie Beispiele.

6.3 Was meinen Christen, wenn sie sagen, alle Wahrheit sei Gottes Wahrheit?

6.4 Was für eine Lektion können wir aus der Geschichte lernen?

6.5 Was ist der Unterschied zwischen Geschichte und Historizismus?

6.6 Ist es möglich, durch das Studium der vergangenen Geschichte vorherzusagen, wie sich die Zukunft entwickeln wird? Wenn nein, warum nicht? Wenn ja, auf welcher Grundlage?

6.7 Was meint Hegel mit „Dialektik"?

6.8 Warum meint Losskij, dass Hegels Theorien ein grundlegendes Logikgesetz brechen? Stimmen Sie dem zu?

6.9 Was in Hegels Denken führt Leute zu der Aussage, er sei Pantheist oder Panentheist gewesen?

6.10 Was meinte Hegel mit „Geist"?

6.11 Stimmt Hegels Theorie über die Entwicklung der menschlichen Freiheit mit den geschichtlichen Tatsachen überein? Gibt es heute nirgendwo in der Welt mehr Sklaverei oder Sklavenhandel?

6.12 Ist die Moral der modernen Welt besser als zum Beispiel im Römischen Reich?

KAPITEL 7: DIE BIBLISCHE SICHT VON WAHRHEIT

Eine einleitende Studie des Wortes und seines Gebrauchs

7.1 Sehen Sie im Lichte des hebräischen Wortes *'emet* irgendeinen Zusammenhang zwischen der Idee von „Wahrheit" auf der einen Seite und „Treue" und „Verlässlichkeit" auf der anderen Seite?

7.2 Lesen Sie erneut 1. Johannes 3,17-18, Galater 2,13-14 und 1. Mose 32,10-11 und diskutieren Sie dann folgende Fragen:
a) Was ist Scheinheiligkeit?
b) Warum ist es nicht egal, wenn sich jemand in religiösen Kontexten

nicht im Einklang mit dem verhält, wozu er sich bekennt? Kann dasselbe auch in anderen Lebensbereichen passieren?

c) Welchen Schaden füge ich anderen Leuten zu, wenn ich ständig Versprechen breche, die ich ihnen gegeben haben? Welchen Schaden füge ich damit auch mir selbst zu?

7.3 Lesen Sie erneut 2. Mose 18,21-22. Diskutieren Sie im Lichte der Tatsache, dass in manchen Ländern Bestechung weitverbreitet und fast schon ein Lebensstil ist, folgende Fragen:

a) Wenn Sie betrogen wurden, fänden Sie es dann in Ordnung, wenn der Betrüger den Richter und die Geschworenen bestechen würde, damit sie ein Urteil zu seinen Gunsten fällen?

b) Ist es falsch, wenn ein Staatsbeamter Bestechungsgelder fordert und akzeptiert?

c) Was genau ist an Bestechung falsch?

7.4 Lesen Sie erneut Jeremia 9,2-4 und Sacharja 8,16-17. Diskutieren Sie folgende Frage: Was sind die gesellschaftlichen, wirtschaftlichen und politischen Folgen, wenn Leute akzeptieren, dass Falschdarstellungen, Täuschungen, Unwahrheiten, Lügen, gebrochene Versprechen und Vereinbarungen ganz normal und zu erwarten sind?

7.5 Lesen Sie erneut Johannes 4,22-24 und diskutieren Sie dann die Frage: Ist religiöse Anbetung wahrhaftig, vorausgesetzt, der Anbetende meint es ernst und findet die Anbetung ästhetisch und emotional befriedigend?

7.6 Lesen Sie Psalm 23 und diskutieren Sie dann seine poetische Bildsprache:

a) Versuchen Sie, seine Bedeutung in moderner Prosa auszudrücken. Kann dies erfolgreich gelingen?

b) Was ist mit „Tal des Todesschattens“ gemeint?

c) Was bedeutet: „Ich kehre zurück ins Haus des HERRN lebenslang“?

7.7 Welche Relevanz und Bedeutung hat die Wahrheit (oder Unwahrheit) in den Formulierungen eines Ehevertrags für die erfolgreiche Entwicklung einer sicheren persönlichen Beziehung zwischen Mann und Frau?

7.8 Wenn Sie jemand nach Ihrem Namen fragt, und Sie wahrheitsgemäß antworten, die Person Ihnen aber nicht glauben will und Ihnen unterstellt, ein Lügner zu sein, wie würden Sie das empfinden?

7.9 „Ein bisschen Erfahrung ist so viel wert wie eine Tonne Theorie." Stimmen Sie dem zu? Oder ist eine richtige Theorie wichtig, um die Erfahrung zu bewerten?

7.10 „Für den Atheisten ist das Universum keine Offenbarung von irgendetwas. Es hat nur die Bedeutung, für die sich der menschliche Verstand entscheidet." Erklären und diskutieren Sie diese Aussage.

7.11 „Wahrheit ist aufgrund ihrer Natur exklusiv und muss ihr Gegenteil verneinen." Stimmen Sie dem zu?

7.12 Manche Philosophen haben behauptet, dass die kontingenten Fakten der Geschichte uns niemals ewige, notwendige Wahrheiten lehren könnten. Meinen Sie, Christen würden dem zustimmen? Wenn nicht, warum nicht?

7.13 Was bedeutet nach der Bibel „ewiges Leben"?

KAPITEL 8: DIE WAHRHEIT AUF DER ANKLAGEBANK

Der Wahrheit ins Auge sehen

8.1 Was bedeutet: „Wenn wir mit der Wahrheit direkt konfrontiert sind und überlegen, was wir mit ihr anfangen wollen, ist es nicht die Wahrheit, über die wir richten, es sind wir selbst, über die die Wahrheit richtet"?

8.2 Warum betrachteten Ihrer Ansicht nach die Bürger des alten Athens Sokrates als jemanden, der einen zersetzenden Einfluss hatte?

8.3 Welche anderen berühmten Gerichtsszenen kennen Sie aus der Geschichte oder Literatur?

8.4 Stimmt das Sprichwort: „Ein Wort der Wahrheit wiegt die Welt auf"?

Der Gerichtsprozess von Christus, sein Hintergrund und die erste Phase

8.5 Als Konstantin der Große zum Christentum konvertierte, ließ er der Überlieferung nach das Zeichen des Kreuzes auf den Militärfahnen seiner Armeen anbringen. War das eine gute Sache für das Christentum oder eine schlechte?

8.6 Kann echter Glaube an eine Ideologie oder Religion mit Gewalt erzwungen werden?

8.7 Warum entschieden sich die jüdischen Priester Ihrer Meinung nach für Barabbas und nicht für Jesus?

Pilatus entdeckt seine eigene Verantwortung

8.8 Tut Pilatus Ihnen leid?

8.9 Was hätten Sie an Pilatus' Stelle getan? Hätten Sie den Mut gehabt, Jesus freizulassen?

8.10 Was an Jesus brachte die jüdischen Priester so sehr gegen ihn auf?

8.11 Wofür steht für Sie das christliche Symbol des Kreuzes?

8.12 Als Jesus sagte, er sei in die Welt gekommen, um für die Wahrheit Zeugnis zu geben, was, glauben Sie, meinte er da mit „Wahrheit"?

8.13 Warum war der Tod Jesu bedeutender als zum Beispiel der Tod des Sokrates oder irgendeines anderen Märtyrers, der im Laufe der Geschichte für die Wahrheit starb?

8.14 Betrachten Sie das Gemälde von Nikolai Ge (aus dem Jahr 1890) mit dem Titel „Was ist Wahrheit? Christus und Pilatus".[305] Wie interpretieren Sie die Gestik, die der Künstler Pilatus verliehen hat? Soll dies Zynismus, Ungeduld oder etwas anderes ausdrücken?

305 https://en.wikipedia.org/wiki/Nikolai_Ge#/media/File:What-is-truth02.jpg, abgerufen am 14.8.2020.

TEIL 3: POSTMODERNES DENKEN

KAPITEL 9: POSTMODERNISMUS, PHILOSOPHIE UND LITERATUR

Einleitung

9.1 Welche Denkrichtungen umfasst der Postmodernismus?

9.2 Aus welchen Gründen diskutieren wir im Zusammenhang mit der Erkenntnistheorie die Einstellung des Postmodernismus zur Literaturkritik?

9.3 Wie würden Sie das Verhältnis des Postmodernismus zum Modernismus beschreiben? Wo ähneln sie einander, wo unterscheiden sie sich?

9.4 Warum neigen Postmodernisten dazu, alle Restriktionen von außen abzulehnen, die ihre Freiheit einschränken wollen, Literatur genau so zu interpretieren, wie sie möchten?

9.5 Was meinen Postmodernisten mit dem Begriff „Metaerzählungen"? Warum mögen sie diese nicht?

9.6 Welche Position vertrat Jaques Derrida, und welche Bedeutung hat diese in der Geschichte und Praxis der Literaturkritik?

Das Verbot, sich auf einen vom Autor beabsichtigten Sinn zu berufen

9.7 Was versteht man in der Literaturkritik unter der Theorie vom „intentionalen Fehlschluss"?

9.8 Welche Gründe können Sie anführen, die für diese Theorie sprechen?

9.9 Welche Einstellung gegenüber dieser Theorie vertritt Ricoeur?

9.10 Wie wird diese Theorie durch die Art und Weise, wie ein Richter Parlamentsbeschlüsse interpretiert, unterstützt?

9.11 Welche offensichtlichen Einschränkungen sollten für diese Theorie gelten?

9.12 Wie verwendete Freud den Ödipus-Mythos für seine Arbeit? Was meinte er mit „Ödipus-Komplex"?

9.13 Der antike griechische Dichter Sophokles schieb ein Stück, das auf dem Ödipus-Mythos basiert. In welchem Maße können wir auf Grundlage des Textes dieses Stückes sicher sein, was der Autor mit den Stück *nicht* sagen wollte? Warum ist das wichtig?

Übertreibungen der Rezeptionsästhetik

9.14 Was verstehen Sie unter der Theorie der Rezeptionsästhetik in der Literaturkritik?

9.15 In welchem Maße kann man sagen, dass der Sinn eines literarischen Textes einfach der Sinn ist, den irgendein Leser darin sieht? Gilt diese Ansicht nur mit Einschränkungen?

9.16 Was soll mit dem Beispiel der Mona Lisa veranschaulicht werden?

9.17 Was bedeutet: „Die Freiheit zu besitzen, nicht unbedingt die Absichten des Autors eines Textes berücksichtigen zu müssen, bedeutet nicht, dass man den Text selbst nicht ernst nehmen muss"?

9.18 Welche Merkmale eines Textes schränken unsere Interpretationsmöglichkeiten ein?

9.19 „Ein Gedicht hat in Wirklichkeit den Sinn, den irgendein Leser ernsthaft darin sieht." Stimmen Sie dem zu? Derrida mag es nicht, wenn dieses Prinzip auch auf seine Schriften angewendet wird. Welche Schlüsse können wir daraus ziehen?

9.20 Gibt es Grenzen bei den unterschiedlichen Interpretationen einer Partitur durch verschiedene Dirigenten?

9.21 „Die Anzahl der möglichen Bedeutungen eines Gedichts ist an sich unbegrenzt." Welche Auswirkungen hätte dies, wenn dies zuträfe?

Fragen, die das Zitat von Stanley Fish aufwirft

9.22 Lesen Sie erneut das Zitat von Stanley Fish auf Seite 272. Auf welcher Grundlage sagt Fish, dass, wenn sich zwei Menschen über die Bedeutung eines Textes uneinig sind, man sich nicht auf den Text berufen kann, um zu entscheiden, wer von beiden richtig liegt?

9.23 Stimmt es, dass, wenn Fishs Prinzip wahr wäre, dies das Ende der Literaturkritik bedeuten würde? Warum wäre dies die Folge?

9.24 Was würde ein Richter tun, wenn zwei Geschäftsleute über die Interpretation eines Geschäftsvertrags unterschiedlicher Meinung sind und der eine den anderen vor Gericht verklagt? Würde sich der Richter weigern, den Vertragstext zu konsultieren, um zu einer Entscheidung zu kommen? Wenn nein, warum nicht?

9.25 Welche möglichen Entscheidungen könnte der Richter treffen, um den Streit der beiden Geschäftsleute über die gegensätzlichen Interpretationen des Textes beizulegen?

9.26 Niemand kann behaupten, dass seine oder ihre Interpretation eines großen literarischen Werkes die endgültige Wahrheit ist. Aber heißt dies auch, dass jede Interpretation genauso gut ist wie jede andere? Wenn nein, warum nicht?

9.27 Wäre es richtig zu sagen, dass die Natur und die Struktur des Atoms genau so sind, wie irgendein Wissenschaftler ernsthaft glaubt?

9.28 Wäre es richtig zu sagen, dass dann, wenn sich zwei Wissenschaftler uneinig über die Interpretation von Kernteilchen sind, es keinen Sinn hat, Kernteilchen weiter zu erforschen?

Das Leugnen der Metaphysik

9.29 Warum kann der Übersetzer eines russischen Textes ins Japanische diesen nicht Wort für Wort übersetzen?

9.30 „Übersetze Sinn, nicht Worte.“ Was heißt dies, und wie macht man das? Unterscheidet sich „Sinn“ irgendwie von Wörtern?

9.31 Was meinten die alten Stoiker mit dem Begriff *logos*? In welchem Verhältnis stand dieser „logos" zum Universum und zum Menschen?

9.32 Was meint das Neue Testament mit *logos*? In welchem Verhältnis steht dieser *logos* zur Schöpfung und zum Menschen (siehe Joh 1,1-4)?

9.33 Was bedeutet der Begriff „Logozentrismus" in Derridas Philosophie und in der Literaturtheorie? Warum lehnt er diesen wohl ab?

9.34 Was meint Derrida mit dem „leibnizschen Buch"? Und warum lehnt er es ab?

9.35 „Der Sinn muss warten, bis er benannt oder geschrieben wird, um das zu werden, was er ist: der Sinn". Was, glauben Sie, meint Derrida damit?

Präsenz

9.36 Lesen Sie erneut Wolterstorffs Kommentar zu Derridas Theorie. Ist Wolterstorffs Schlussfolgerung logisch wahr?

9.37 Sind Sie schon einmal in einem dunklen Raum gewesen und haben gespürt, dass noch jemand da war, obwohl Sie ihn bzw. sie weder hören noch sehen konnten?

9.38 Was, glauben Sie, meint Derrida mit Präsenz im Hinblick auf
a) Gott an sich?
b) Gott im Verhältnis zu uns?
c) die Bezeichnungen, die sich auf Grundlagen, Prinzipien und das Zentrum aller Dinge beziehen?

9.39 Wie erklärt Jonathan Culler den Logozentrismus der Metaphysik in Derridas Denken?

9.40 Derrida ist ein unerbittlicher Gegner der Metaphysik. Warum sagt er dann, es sei logisch unmöglich,
a) die Metaphysik zu vermeiden, und
b) sie zu widerlegen?

9.41 Warum versucht er, Ihrer Meinung nach, dennoch, sie zu vermeiden?

Die Behauptung, dass die Schrift vor der Rede steht und dass Bezeichnung (Signifikation) Sinn erzeugt

9.42 „Wörter sind in erster Linie Klänge." Was heißt das?

9.43 Welche Beweise gibt es dafür, dass die Rede vor der Schrift existierte?

9.44 Welche verschiedenen Formen der Schrift hat es im Laufe der Geschichte gegeben?

9.45 Was, glauben Sie, meint Derrida mit seiner Behauptung: „Es gibt kein sprachliches Zeichen, das der Schrift vorherginge"?

9.46 Stimmen Sie Derridas Behauptung zu? Wenn nein, warum nicht?

9.47 Warum fand Derrida wohl die Vorstellung attraktiv, dass die Schrift Priorität vor der Rede besitzt?

9.48 Welche Vorteile hat die Schrift gegenüber der Rede?

Was der Konventionalismus bestreitet – Punkt 1

9.49 Was meinen Philosophen und Sprachtheoretiker damit, wenn sie leugnen, dass Sprache im direkten Kontakt zur Realität steht?

9.50 Was behauptet der Konventionalismus über Sprache?

9.51 In welchem Maße hat der Konventionalismus recht?

9.52 In welcher Hinsicht hat er nicht recht?

9.53 „Ein Wort kann etwas bezeichnen, das in der Welt nicht existiert und auch nie existiert hat". Nennen Sie Beispiele dafür.

9.54 Nennen Sie Beispiele für Wörter in Ihrer eigenen Sprache, deren Bedeutung sich im Laufe der Jahrhunderte verändert hat.

9.55 Was ist der Unterschied in der Bedeutung des Wortes „warm" im Englischen und im Deutschen?

9.56 Was bedeutet dieser Unterschied *nicht*?

9.57 Wenn, wie Derrida behauptet, Sinn durch Signifikation geschaffen wird, hat unser Wort „Dinosaurier" dann die Dinosaurier geschaffen?

9.58 Was bedeutet: „Das Wort ‚Atom' bezog sich ursprünglich nur auf ein theoretisches Konzept"?

9.59 Hat es sich gezeigt, dass dieses Konzept ganz oder teilweise der Wirklichkeit entspricht?

9.60 Warum hat sich die Bedeutung des Wortes „Atom" im Lauf der Geschichte verändert?

Was der Konventionalismus bestreitet – Punkte 2 und 3

9.61 Was drücken die zwei griechischen syntaktischen Konstruktionen aus, die im Text erwähnt werden?

9.62 Warum müssen Ihnen diese logischen Konzepte erst klar sein, bevor Sie verstehen können, was mit diesen beiden Konstruktionen ausgedrückt wird?

9.63 Was ist der logische Unterschied zwischen einem Mord und einem versehentlichen Totschlag? Wie wichtig ist dieser Unterschied?

9.64 Was meint Noam Chomsky, wenn er sagt, dass ein Kind eine angeborene Sprachfähigkeit besitzt? Meinen Sie, er könnte recht haben?

9.65 Lesen Sie erneut die Zitate von Bates, Thal und Marchman. Welche alternativen Erklärungen liefern sie für die universelle Grammatik?

9.66 Denken Sie, dass ein fünfjähriges Kind verstehen kann, was „etwas mit Absicht tun" bedeutet (im Unterschied zu „etwas ohne Absicht zu tun")?

9.67 Denken Sie, dass Wissenschaftler die Grundsätze selbst erschaffen, nach denen das Universum funktioniert? Oder entdecken sie diese nur?

9.68 Warum haben Menschen, Ihrer Ansicht nach, das Empfinden, dass es falsch ist, Kinder aus Spaß zu quälen?

9.69 Auf welcher Annahme basiert die Vorstellung, dass die menschliche Sprache uns nichts über Gott sagen kann? Denken Sie, dass diese Annahme sich als wahr erwiesen hat?

Das Bestreiten, dass Wörter einen innewohnenden Sinn haben

9.70 Was meint Derrida, wenn er sagt, der Sinn eines Worts sei immer aufgeschoben? Nennen Sie Beispiele, um aufzuzeigen, in welchem Sinne dies stimmt.

9.71 Heißt dies:
a) dass kein Wort irgendeine Kernbedeutung hat?
b) dass diese Aufschiebung des Sinnes bzw. der Bedeutung einen unbegrenzten Spielraum an Bedeutungen ermöglicht?

9.72 Was meint Derrida mit „einen Text dekonstruieren“?

9.73 „Dekonstruktion ist negativ, und die Terminologie, die sie verwendet, ist die eines Revolutionärs.“ Was heißt dies? Ist dies ein faires Urteil über Derridas Theorie?

9.74 Was sind die Gegenstände der negativen, zersetzenden Kritik der Dekonstruktion?

9.75 Kommentieren Sie folgende Aussage: „Derridas Literaturkritik wird durch die Ablehnung aller Formen von Macht und Privilegierung motiviert.“

9.76 „Was die Dekonstruktion an die Stelle der traditionellen Literaturkritik setzen möchte, würde zu literarisch-kritischer Anarchie führen.“ Was heißt das? Stimmt das?

9.77 „Indem er es ablehnt, Dekonstruktion auf seine eigene Theorie anwenden zu lassen, widerspricht Derrida seiner eigenen Theorie.“ Wie?

9.78 „Derridas Theorie bietet keine wirkliche, positive Hilfe für das Verständnis eines literarischen Textes". Ist das richtig? Wenn ja, warum?

9.79 Was verstehen Sie unter dem Ideal, das Derrida beim Schreiben eines literarischen Werkes vor Augen hat? Für wie sinnvoll halten Sie dies?

9.80 Denken Sie, dass Derridas Erfahrung als Student der französischen Universitäten in den 1960er-Jahren uns dabei helfen kann, seine eigene Einstellung gegenüber der Literarturkritik zu verstehen? Erzeugt dies in Ihnen irgendein Mitgefühl für ihn?

KAPITEL 10: POSTMODERNISMUS UND WISSENSCHAFT

10.1 Entwertet die Tatsache, dass Wissenschaft durch politische oder gesellschaftliche Überlegungen motiviert sein kann, ihre Wahrheitsansprüche?

10.2 Welche Beweise würden Sie für die Vorstellung vorbringen, dass die Wissenschaft (auch wenn sie kulturell beeinflusst ist) uns Ergebnisse liefert, die kulturunabhängig sind?

10.3 Warum kann die Wissenschaft uns nicht selbst den Moralapparat liefern, mit dem man ihre Aktivitäten kritisieren könnte? Wo kann man solche moralischen Kriterien finden?

10.4 Erklären Sie die „Sokal-Affäre" mit Ihren eigenen Worten. Was leiten Sie davon für die Gültigkeit der postmodernen Kritik an der Wissenschaft ab?

10.5 Sollten Wissenschaftler die Freiheit haben, alles über das Universum sagen zu dürfen, was sie möchten, ungeachtet der Fakten? Gibt es Ihrer Meinung nach irgendwelche objektiven Fakten über das Universum?

10.6 Was sind einige der Konsequenzen, die es hat, wenn man die Idee einer absoluten Wahrheit ablehnt?

10.7 Diskussionsthema: „Dieses Gremium glaubt, dass der Postmodernismus intellektuell inkohärent ist."

ANHANG: WAS IST WISSENSCHAFT?

Die wissenschaftliche Methode

A.1 Welche unterschiedlichen Verwendungen des Wortes „Wissenschaft" haben Sie schon gehört? Wie würden Sie sie definieren?

A.2 Auf welche Weise ist Induktion sowohl Teil unserer alltäglichen Erfahrung als auch der wissenschaftlichen Arbeit?

A.3 Wie unterscheidet sich Deduktion von Induktion, und welche Rolle spielen beide bei wissenschaftlichen Experimenten?

A.4 Sagt Ihnen die Idee der „Falsifizierbarkeit" zu oder finden Sie sie eher unbefriedigend? Warum?

A.5 Wie unterscheidet sich Abduktion sowohl von Induktion als auch von Deduktion, und in welchem Verhältnis stehen die drei zueinander?

Wie erklärt die Wissenschaft Dinge?

A.6 Wie viele Erklärungsebenen fallen Ihnen ein, um einen Kuchen zu erklären (wie, woraus und warum wurde er gemacht?)? Was können Wissenschaftler uns hierzu sagen? Was kann „Tante Olga" uns sagen?

A.7 Auf welche Weise ist Reduktionismus in der wissenschaftlichen Forschung hilfreich, und auf welche Weise kann er die wissenschaftliche Forschung einschränken oder ihr sogar schaden?

A.8 Wie reagieren Sie auf die Aussage des Physikers und Theologen John Polkinghorne, Reduktionismus verbanne „unsere Erfahrungen von Schönheit, moralischer Verpflichtung und religiöser Erfahrungen auf den epiphänomenalen Müllhaufen. Er zerstört auch die Rationalität"?

Grundlegende Voranahmen bei der wissenschaftlichen Arbeit

A.9 Was bedeutet die Aussage: „Beobachtungen sind abhängig von einer Theorie“?

A.10 Nennen Sie ein paar der Axiome, auf denen Ihr Denken über wissenschaftliches Wissen beruht.

A.11 Welche Rolle spielt Vertrauen bei der Gewinnung von Wissen?

A.12 Welche Rolle spielt Glaube bei der Gewinnung von Wissen?

A.13 Wie entstehen laut dem Physiker und Wissenschaftsphilosophen Thomas Kuhn neue wissenschaftliche Paradigmen?

BIBELSTELLENVERZEICHNIS

WEITERE ANTIKE LITERATUR

PERSONEN- UND STICHWORTVERZEICHNIS

Z

ÜBER DIE AUTOREN

David W. Gooding (1925–2019) war emeritierter Professor für alttestamentliches Griechisch an der *Queen's University Belfast* und Mitglied der *Royal Irish Academy.* Er war als internationaler Bibellehrer tätig und hielt Vorträge über die Authentizität der Bibel und ihre Relevanz für Philosophie, die Weltreligionen und das alltägliche Leben. Er veröffentlichte wissenschaftliche Artikel über die Septuaginta und alttestamentliche Überlieferungen sowie Auslegungen zum Lukas- und Johannesevangelium, der Apostelgeschichte, dem Hebräerbrief, dem Gebrauch des Alten Testaments im Neuen Testament und mehrere Bücher, die sich mit kritischen Argumenten gegen die Bibel und den christlichen Glauben auseinandersetzen. Seine Analyse der Bibel und unserer Zeit hat das Denken von Wissenschaftlern, Lehrern und Studenten gleichermaßen geprägt.

John C. Lennox (geb. 1943) ist emeritierter Professor für Mathematik an der *University of Oxford* und *Emeritus Fellow* in Mathematik und Philosophie der Wissenschaften am *Green Templeton College.* Er ist auch *Associate Fellow* der *Saïd Business School.* Zudem ist er Lehrbeauftragter am *Oxford Centre for Christian Apologetics* (Zentrum für christliche Apologetik in Oxford) und ein *Senior Fellow* des *Trinity Forum.* Neben seinen akademischen Publikationen hat er Bücher über das Verhältnis von Wissenschaft und Christentum, zum 1. Buch Mose, zum Buch Daniel sowie zur Lehre von der Souveränität Gottes und dem freien Willen des Menschen veröffentlicht. Er hält international Vorträge und hat an einer Reihe von TV-Debatten mit weltweit führenden atheistischen Denkern teilgenommen.

David W. Gooding (rechts)
und John C. Lennox (links)

© Barbara Hamilton

David Gooding / John Lennox
Was ist der Mensch?
Würde, Möglichkeiten, Freiheit und Bestimmung

Wie sollen wir unseren Weg finden in einer sich rasant verändernden Welt? In dieser Buchreihe, die mit „Was ist der Mensch?“ beginnt, nehmen Gooding und Lennox unterschiedliche Weltanschauungen unter die Lupe: Was ist die Wahrheit über unsere Welt? Dabei hören sie auf die Bibel als Gottes Offenbarung, nehmen aber auch auf, was Intuition, Wissenschaft, Philosophie und die Geschichte zu sagen haben. Was ist der Grundwert eines Menschen? Wo ist menschliche Freiheit gefährdet? Was sind die Maßstäbe für Moral? Welche Macht hat der Mensch über die Natur und wo sind die Grenzen? Und was ist die letzte Bestimmung des Menschen? Warum leben wir?

Gb., 400 S., 15,1 x 22,8 cm
Best.-Nr. 271 651
ISBN 978-3-86353-651-0

BAND 3 DER REIHE AB FRÜJAHR 2021

David Gooding / John Lennox
Was sollen wir tun?
Was ist das beste Konzept für Ethik?

Was sollen wir tun? Wir sind nicht die erste Generation, die mit der ethischen Frage ringt. Deshalb präsentieren Gooding und Lennox im dritten Band der Reihe *Die Suche nach Wirklichkeit und Bedeutung* die wichtigsten ethischen Theorien. Diese Konzepte erheben alle den Anspruch, allgemein gültige Grundprinzipien zu vertreten. Die Autoren vergleiche die Vorteile und Schwächen, prüfen die Grundlagen und obersten Ziele jedes Systems und dessen konkrete Regeln für den Alltag. Dabei wird deutlich, dass selbst die besten Theorien unmöglich konsequent befolgt werden können. Die christliche Ethik unterscheidet sich hier an einem ganz entscheidenden Punkt.

Gb., ca. 448 S., 15,1 x 22,8 cm
Best.-Nr. 271 727
ISBN 978-3-86353-727-2

Peter J. Williams
glaubwürdig
Können wir den Evangelien vertrauen?

Die Evangelien – Matthäus, Markus, Lukas und Johannes – sind vier Berichte über Jesu Leben und Lehre. Doch sind sie auch als historisch akkurat anzuerkennen? Welche Belege gibt es dafür, dass die aufgezeichneten Ereignisse wirklich stattgefunden haben? In dieser Argumentation für die historische Zuverlässigkeit der Evangelien untersucht der Neutestamentler Peter Williams Belege aus nichtchristlichen Quellen, bewertet den Übereinstimmungsgrad zwischen biblischen und außerbiblischen Informationen zum kulturellen Kontext der damaligen Zeit, vergleicht verschiedene Berichte desselben Ereignisses und begutachtet, wie diese Texte über die Jahrhunderte weitergegeben wurden. Jeder, vom Laien bis zum Lehrer, wird hier überzeugende Argumente dafür finden, dass die Evangelien vertrauenswürdige Berichte über Jesu irdisches Leben sind.

Pb., 160 S., 13,5 x 21 cm
Best.-Nr. 271 715
ISBN 978-3-86353-715-9

institut für glaube
und wissenschaft

Das Institut für Glaube und Wissenschaft will seit seiner Gründung 1999 Denkanstöße und Orientierung in einer pluralistischen Gesellschaft geben und den Dialog zwischen Wissenschaft und christlichem Glauben fördern.

Dies tun wir durch Vorträge, interdisziplinäre Tagungen sowie Publikationen und zwei Websites. Ergänzend zu unserer Buchreihe über Glaube und Wissenschaft sollen unsere Dokumentarfilme die wissenschaftliche Diskussion verständlich und anschaulich nahebringen und kommen auch im Schulunterricht zum Einsatz. Unsere Internetseiten bieten eine umfangreiche Textsammlung zu Ethik, Geschichte, Literatur, Naturwissenschaft, Philosophie, Psychologie, Theologie und Zeitfragen.

Auf **www.begründet-glauben.org** finden Sie Videos, Audios und Texte, die Fragen beantworten und nach Schwierigkeitsgrad gefiltert werden können. Auch einen Podcast bieten wir an. Das Institut gehört zur SMD e.V. (**www.smd.org**).

www.iguw.de
www.begruendet-glauben.org
www.shop.iguw.de

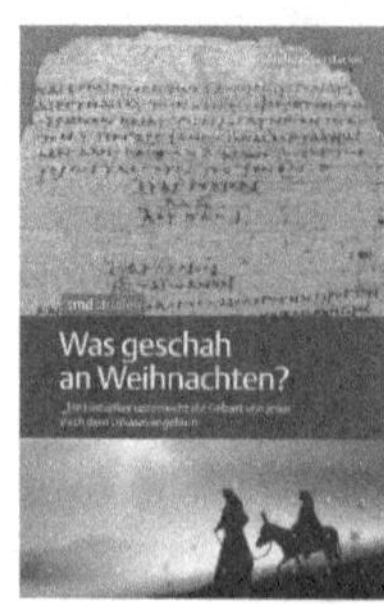